省级精品课程教材
高等院校工商管理类创新课程体系教材

李莉 主编

高级财务会计

Advanced Financial Accounting

（第三版）

东北财经大学出版社
Dongbei University of Finance & Economics Press
大连

图书在版编目（CIP）数据

高级财务会计 / 李莉主编．—3版．—大连：东北财经大学出版社，2022.8（2025.7重印）

（高等院校工商管理类创新课程体系教材）

ISBN 978-7-5654-4544-6

Ⅰ．高…　Ⅱ．李…　Ⅲ．财务会计-高等学校-教材　Ⅳ．F234.4

中国版本图书馆CIP数据核字（2022）第091358号

东北财经大学出版社出版

（大连市黑石礁尖山街217号　邮政编码　116025）

网　　址：http://www.dufep.cn

读者信箱：dufep@dufe.edu.cn

大连天骄彩色印刷有限公司印刷　东北财经大学出版社发行

幅面尺寸：185mm×260mm　字数：495千字　印张：21.25

2022年8月第3版　2025年7月第3次印刷

责任编辑：王　莹　周　晗　责任校对：何　群

封面设计：张智波　版式设计：钟福建

定价：48.00元

教学支持　售后服务　联系电话：（0411）84710309

如有印装质量问题，请联系营销部：（0411）84710711

第三版前言

党的二十大报告中对“实施科教兴国战略，强化现代化建设人才支撑”的论述，彰显了党和国家对科教兴国、精育良才的宏观部署和对重视教育、培育人才的顶层设计。

自2019年本书第二版出版以来，财政部陆续发布了《企业会计准则解释第13号》《企业会计准则解释第14号》《企业会计准则解释第15号》《企业会计准则解释第18号》《关于修订印发合并财务报表格式（2019版）的通知》，对本书相关章节产生了影响。

为了落实党的二十大报告提出的“坚持为党育人、为国育才”理念，及时反映相关准则和法规的最新变化，体现课程教学的“高阶性、创新性、挑战度”，我们对教材进行了第三版的修订。本次修订的主要内容有：

1. 增加了“思政园地”版块。党的二十大报告指出，“教育是国之大计、党之大计。培养什么人、怎样培养人、为谁培养人是教育的根本问题。育人的根本在于立德”。该版块扎实推进了习近平新时代中国特色社会主义思想进课堂、进教材、进头脑，深入挖掘专业课程中的育人功能，将课程思政与专业课教学进行有机融合。

2. 根据租赁准则以及租赁准则应用指南，修订了第2章“租赁”。

3. 将第5章更新为“股份支付”，替换原有的“会计政策、会计估计变更和差错更正”，不断提升高级财务会计课程的“高阶性”。

4. 修订了部分陈旧的导入案例，增加了与注册会计师考试难度相当的习题比例，补充了练习题的答案解析，在增加课程的“挑战度”基础上，更加注重学生的学习体验。

党的二十大报告指出要“建设全民终身学习的学习型社会、学习型大国”。在本教材现有微课视频的基础上，读者朋友们还可以通过“学习强国”学习平台手机客户端、教育部“国家高等教育智慧教育平台”搜索李莉主讲的“高级财务会计”课程，进行其他重要知识点的自主学习。

本书由李莉担任主编，负责总体框架和课程思政素材的搜集与整理。各章编写人员及分工如下：纪同臻编写第1章；刘丹编写第2章；毛淑珍编写第3章；李莉编写第4、5、6、7、8、9、10章，并对各章习题及答案解析进行了完善。

本书第二版得到了众多用书单位的广泛认可，为本书编写团队对教材进行进一步深化和持续更新注入了强大动力。由于水平有限，书中纰漏之处在所难免，欢迎各位读者与教育界同仁多提宝贵意见和建议，我们期待与大家深入交流，共同推进《高级财务会计》教材建设，为党和国家培养更多有理想、有本领、有担当的会计人才。

编　者

2022年5月于青岛

2025年7月修订

第一版前言

本书是青岛理工大学商学院系列教材之一，是山东省精品课程及青岛理工大学特色名校工程建设的成果。

会计是伴随着社会经济的发展而不断发展的。当随着客观环境的变化，传统财务会计未包括的新业务、特殊业务产生时，以及需要根据环境的变化对某些类型的业务进行深入论述时，传统的财务会计无法对相关内容予以涵盖，就需要对其进行补充、延伸和开拓。因此，高级财务会计之所以称为“高级”，是因为它专门研究财务会计中的特殊问题、疑难问题、新问题、仅在个别行业存在的问题以及在现行会计理论和实务研究中尚不成熟的问题。但是，高级财务会计应当涵盖哪些内容，中外相关教材可谓仁者见仁，智者见智。

本书在“博采众长，为我所用”理念的指引下，并与本系列教材的其他教材相配合，将外币折算、租赁、所得税会计、资产负债表日后事项、会计政策、会计估计变更和差错更正、企业合并、长期股权投资、合并财务报表等专题作为主要内容。

本书编写的特点主要体现在以下几个方面：

1. 反映学科前沿

本书在编写期间参考了我国财政部和国际会计准则理事会截至2015年8月31日发布的最新会计准则和相关解释公告，以使相关内容更具时效性。对于我国已经出台的新准则，本书完全按最新准则的精神进行编写；对于国际财务报告准则已经更新而我国尚未出台征求意见稿的部分专题，则进行前沿知识的介绍。

2. 注重案例的导入和运用

在教学过程中发现，如果对每一专题都配有生动鲜活的导入案例，则既能避免开篇即对深奥晦涩的理论知识进行阐述，又能启发学生理论联系实际，带着问题思考学习的内容，从而取得更好的教学效果。因此，教材在编排中，每一章都以导入案例作为切入点，以引起学生的学习兴趣。

3. 体现研究性教学理念

研究性教学的开展可以激发学生探究知识和真理的积极性，提高学生未来从事会计工作的职业判断能力、适应商业环境的应变能力，从而令学生终身受益。本书的“特别提示”栏目体现了编写团队在教学实践中的经验心得，这些提示大多是往届学生所提问题的集中和容易出错的地方，本次编写过程中将其进行归纳和总结，体现了“教学启发科研，科研反哺教学”的良性互动。

4. 注重学生自我提升的需求

由于近年来大学的扩招和开设财经类专业的高等院校数量的增加，会计学专业的学生无论是选择就业还是选择考研都面临着激烈的竞争，因此本书在编写的时候兼顾了学生的实际诉求。每章都精选了相应的会计职称和注册会计师考试试题，既可以用于复习巩固知识，又可以备考。教材设置的“拓展阅读”栏目有利于启发学生对知识点的延伸思考。另外，教材的第10章是对特殊业务情况下合并财务报表编制的探讨，难度比较大，可以不作为教学内容，而由学生自学。该章节对于将来有意继续攻读硕士学位的学生来说，能够在拓展理论研究视野、培养创新能力方面起到一定的帮助作用。

本书适合会计学专业和其他相关专业的本科生及有兴趣从事财务会计领域的学习、研究和工作的读者使用。

本书由李莉主编，负责总体框架和大纲的确定，并对教材进行总纂。宋荣兴对教材中的案例进行了统筹和修订。华文健对各章习题及答案进行了审定。各章编写分工如下：吴涛编写第1章，毛淑珍编写第3章，姜蔚编写第4章，高丽华编写第5章，李莉编写第2、6、7、8、9、10章。

在教材编写期间，青岛理工大学商学院王曙光教授和杨成文教授多次关心写作进展，并提供了宝贵的指导和建议，东北财经大学出版社对于本书的出版给予了大力帮助，在此一并表示由衷的感谢！

由于作者水平有限，本书难免存在不足和偏颇，恳请各界同仁不吝指正，以便及时修正。

编　者

2016年1月

目　录

第1章　外币折算/1

1.1　记账本位币的确定/2
1.2　外币交易的会计处理/3
1.3　外币财务报表的折算/14
本章小结与思维导图/22
章末习题/23

第2章　租　赁/26

2.1　租赁概述/27
2.2　承租人会计处理/33
2.3　出租人的会计处理/40
2.4　特殊租赁业务的会计处理/47
本章小结与思维导图/48
章末习题/50

第3章　所得税/53

3.1　所得税会计概述/53
3.2　资产、负债的计税基础/59
3.3　递延所得税负债与递延所得税资产的确认和计量/70
3.4　所得税费用的确认和计量/76
本章小结与思维导图/82
章末习题/84

第4章　资产负债表日后事项/87

4.1　资产负债表日后事项概述/87
4.2　资产负债表日后调整事项/91

4.3 资产负债表日后非调整事项/99
本章小结与思维导图/100
章末习题/101

第5章 股份支付/105

5.1 股份支付概述/105
5.2 股份支付的确认和计量/109
5.3 股份支付的特殊问题/115
本章小结与思维导图/125
章末习题/127

第6章 企业合并/130

6.1 企业合并概述/130
6.2 同一控制下企业合并的处理/134
6.3 非同一控制下企业合并的处理/139
6.4 反向购买/145
6.5 多次交易分步实现控制/150
本章小结与思维导图/154
章末习题/156

第7章 长期股权投资/159

7.1 长期股权投资的初始计量/159
7.2 长期股权投资的后续计量/165
7.3 投资比例变化时的会计处理/177
本章小结与思维导图/184
章末习题/186

第8章 合并财务报表（上）——基本理论/189

8.1 合并财务报表概述/189
8.2 合并范围的确定/191
8.3 合并财务报表编制原则、前期准备事项及程序/196
本章小结与思维导图/207
章末习题/209

第9章 合并财务报表（中）——一般业务/211

9.1 “两调一抵”的基本思路/212
9.2 对子公司的调整处理/213
9.3 对母公司的调整处理/217

9.4　母公司的长期股权投资与子公司所有者权益项目的抵销/220
9.5　母公司投资收益与子公司利润分配的抵销/230
9.6　集团内部债权债务的抵销/235
9.7　集团内部交易的抵销（1）——存货/238
9.8　集团内部交易的抵销（2）——固定资产/248
9.9　集团内部交易的抵销（3）——无形资产/258
9.10　递延所得税事项的抵销和确认/264
9.11　合并现金流量表的编制/275
本章小结与思维导图/278
章末习题/279

◆**第10章　合并财务报表（下）——特殊业务/283**

10.1　“一调一抵”的基本思路——成本法编制合并财务报表/284
10.2　企业集团内部债券业务的合并抵销处理/288
10.3　母公司间接控制下的合并抵销处理/293
10.4　交叉持股情况下的合并抵销处理/299
10.5　优先股的合并抵销处理/304
10.6　母公司持股比例变化时合并财务报表的编制/310
10.7　“不调一抵”的思路——对下推会计的探讨/321
本章小结与思维导图/324
章末习题/325

◆**主要参考文献/328**

第1章/
外币折算

学习目标：掌握记账本位币的确定方法；掌握外币交易的会计处理；掌握我国外币财务报表的折算方法。

引导案例

安琪酵母股份有限公司（以下简称安琪酵母）拥有三家境外子公司，分别为安琪酵母埃及有限公司（以下简称安琪埃及）、安琪酵母香港有限公司（以下简称安琪香港）和安琪酵母俄罗斯有限公司（以下简称安琪俄罗斯）。安琪埃及、安琪俄罗斯是安琪酵母的海外生产基地，安琪香港则是公司的海外销售平台，自成立以来分别采用埃镑、美元和卢布作为记账本位币。

2020年新冠肺炎疫情的发生对全球经济造成了重大影响。旅游业是埃及主要收入来源之一，受疫情影响，严格的各国间人员流动限制导致埃及旅游收入锐减，埃及国内经济受到较大冲击，2020年埃镑兑人民币汇率贬值6.5%。为应对新冠肺炎疫情的冲击，美联储将利率降至零，美国经济增长持续疲软，量化宽松和低利率货币政策长期推行，政府财政赤字大幅增加，美元贬值趋势更加明显。2020年以来俄罗斯国内的新冠肺炎病例也不断增加，经济受到了较大冲击，卢布汇率持续下跌，与2020年初相比兑人民币贬值幅度达到23%。

为应对外币贬值的风险，安琪酵母加大了与境外子公司的人民币贸易结算，三家境外子公司与客户和供应商签订的购销协议均以人民币作为计价基础。经安琪酵母审慎考虑，认为采取人民币作为记账本位币有利于提供更可靠的会计信息，更加客观地反映其经营成果和财务状况，因此，安琪酵母决定自2020年10月1日起将上述三家境外子公司的记账本位币全部变更为人民币，并采用变更当日的即期汇率将所有项目折算为变更后的记账本位币。

什么是记账本位币？企业可以变更记账本位币吗？什么情况下可以变更？本章将对上述问题进行探讨。

1.1 记账本位币的确定

1.1.1 记账本位币的定义

记账本位币，是指企业经营所处的主要经济环境中的货币。主要经济环境通常是指企业主要产生和支出现金的环境，使用该环境中的货币最能反映企业主要交易的经济结果。

从会计的角度理解，记账本位币以外的货币就是外币。如果企业的记账本位币是人民币，那么各种其他国家或地区的币种对该企业而言都是外币，发生的业务就是外币交易；如果企业以人民币以外的货币作为记账本位币，那么人民币反而成为该企业的外币。

1.1.2 记账本位币的具体确定

企业确定记账本位币时应考虑以下因素：

（1）从日常活动收入的角度看，所选择的货币能够对企业商品和劳务销售价格起主要作用，通常以该货币进行商品和劳务的计价和结算；

（2）从日常活动支出的角度看，所选择的货币能够对商品和劳务所需人工、材料和其他费用产生主要影响，通常以该货币进行上述费用的计价和结算；

（3）融资活动获得的货币以及保存从经营活动中收取款项所使用的货币。

在确定企业的记账本位币时，上述因素的重要程度因企业具体情况不同而不同，需要企业管理层根据实际情况进行判断。一般情况下，综合考虑前两项因素，第三项为参考因素，依据其对企业收支现金的影响程度而定。在综合考虑前两个因素无法确定企业记账本位币的情况下，第三个因素才会起重要作用。

拓展阅读

区分记账本位币、功能货币与列报货币

我国《企业会计准则第19号——外币折算》中规定的“记账本位币”与《国际会计准则第21号——外汇汇率变动的影响》中使用的“功能货币”本质相同，均为企业经营所处主要经济环境中的货币。而《国际会计准则第21号——外汇汇率变动的影响》所指的“列报货币”则是列报财务报表时所使用的货币。同一企业的记账本位币和列报货币可能相同，也可能不同。《中华人民共和国会计法》（以下简称《会计法》）规定，企业通常应选择人民币作为记账本位币。业务收支以人民币以外的货币为主的企业，可以选定一种货币作为记账本位币，但是编报的财务报表应当折算为人民币。

1.1.3 境外经营记账本位币的确定

境外经营，是指企业在境外的子公司、合营企业、联营企业、分支机构。企业在境内的子公司、合营企业、联营企业、分支机构，采用的记账本位币不同于企业的记账本位币，也应当视同境外经营。由此可见，境外经营并不单纯地以地理位置是否在境外为判定标准，还要看其选定的记账本位币是否与企业相同。

企业选择境外经营的记账本位币时，除考虑1.1.2中提及的三个因素外，还应考虑下列因素：

1）境外经营对其所从事的活动是否拥有很强的自主性

如果境外经营所从事的活动只是企业经营活动的延伸，该企业的境外经营应选择与企业记账本位币相同的货币作为记账本位币；如果境外经营所从事的活动具有很大的自主性，那么境外经营应根据所处的主要经济环境选择记账本位币。

2）境外经营活动中与企业的交易是否在境外经营活动中占有较大比重

如果境外经营与企业的交易在境外经营活动中所占的比例较大，境外经营应当选择与企业记账本位币相同的货币作为记账本位币；否则，境外经营应根据所处的主要经济环境选择记账本位币。

3）境外经营活动产生的现金流量是否直接影响企业的现金流量，是否可以随时汇回

如果境外经营活动产生的现金流量能直接影响企业的现金流量，并可随时汇回，境外经营应当选择与企业记账本位币相同的货币作为记账本位币；否则，境外经营应根据所处的主要经济环境选择记账本位币。

4）境外经营活动产生的现金流量是否足以偿还其现有债务和可预期的债务

如果境外经营活动产生的现金流量在企业不提供资金的情况下，不能偿还其现有债务和可预期的债务，境外经营应当选择与企业记账本位币相同的货币作为记账本位币；否则，境外经营应根据所处的主要经济环境选择记账本位币。

1.1.4　记账本位币的变更

企业管理层根据实际情况确定的记账本位币只有一种，该货币一经确定，不得随意改变，除非企业经营所处的主要经济环境发生了重大变化。当企业因经营所处的主要经济环境发生重大变化，确需变更记账本位币的，应采用变更当日的即期汇率将所有项目折算为变更后的记账本位币，折算后的金额作为新的记账本位币的历史成本。由于采用的是同一即期汇率折算，所以不会产生汇兑差额。此时企业需要提供确凿的证据证明企业所处的经营环境确实发生了重大变化，并应当在附注中披露变更的理由。

如果记账本位币发生变更，企业的比较财务报表应以可比当日的即期汇率折算资产负债表和利润表的所有项目。

1.2　外币交易的会计处理

1.2.1　外币交易的定义及内容

外币交易，是指企业以记账本位币以外的货币计价或者结算的交易。外币交易主要包括以下几种：

1）买入或者卖出以外币计价的商品或者劳务

这是指以外币买卖商品，或者以外币结算劳务合同。这里所说的商品，可以是存货、固定资产等有实物形态的商品，也可以是无形资产、债权或股权等无实物形态的商品。

2）借入或者借出外币资金

这是指企业向银行或非银行金融机构借入以记账本位币以外的货币表示的资金，或者

发行以外币计价或结算的债券等。

3）外币兑换

这是指企业与银行进行货币兑换业务。

4）其他以外币计价或者结算的交易

比如接受外币资本投资、外币现金捐赠等。

1.2.2 外币交易的核算方法

1）外币交易的记账方法

外币交易的记账方法有两种：一种是外币统账制；另一种是外币分账制。外币统账制是以记账本位币作为统一记账金额的记账方法，发生外币业务时立即折算为记账本位币入账。外币分账制，则是在日常核算时按照外币原价记账，分币种核算损益和编制财务报表，在资产负债表日将外币财务报表折算为记账本位币表示的财务报表，并与记账本位币财务报表进行汇总，编制企业整体的财务报表。

两种方法只是账务处理方法不同，产生的汇兑差额在确认、计量和列报上的最终结果是一致的。目前，我国绝大多数企业采用外币统账制。外币交易频繁、外币币种较多的金融企业，则可以采用外币分账制进行日常核算。本章主要按照外币统账制进行讲解。

2）外币统账制的账户设置

外币统账制下，企业需要对外币货币性项目设置如下明细账，具体格式见表1–1。

表1–1 银行存款（外币）

日期	摘要	借方			贷方			余额		
		外币	汇率	记账本位币	外币	汇率	记账本位币	外币	汇率	记账本位币

微课1.1 货币性项目有哪些

货币性项目是指企业持有的货币资金和将以固定或可确定的金额收取的资产或者偿付的负债。货币性项目包括货币性资产和货币性负债。货币性资产包括库存现金、银行存款、应收账款、其他应收款、债权投资、长期应收款等；货币性负债包括短期借款、应付票据、应付账款、应付职工薪酬、长期借款、应付债券、长期应付款等。非货币性项目，则是指货币性项目以外的项目，如存货、交易性交融资产、其他债权投资、其他权益工具投资、预付账款、长期股权投资、固定资产、合同资产、合同负债、交易性金融负债、主营业务收入、股本、资本公积等。

3）汇率的选择

汇率是两种货币之间兑换的比率，也可看作是一个国家或地区的货币对另一种货币的价值。汇率会因为利率、通货膨胀、国家的政治和经济等因素而发生变动。

根据《企业会计准则第19号——外币折算》的规定，企业在处理外币交易和对外币财务报表进行折算时，应当采用交易发生日的即期汇率或按照系统合理的方法确定的、与交易发生日即期汇率近似的汇率折算。

即期汇率，通常是指中国人民银行公布的当日人民币外汇牌价的中间价。但是在企业发生货币兑换交易时，仅用中间价不能反映银行进行货币买卖的损益，需要使用买入价或卖出价折算。买入价和卖出价是针对银行买入或卖出其他货币的价格，买入价和卖出价的算术平均数就是中间价。银行作为追求利润的金融企业，卖出价一定会高于买入价，以获取差价盈利。

拓展阅读

现钞买入价与现汇买入价

在中国人民银行每天公布的外汇牌价中，有两个容易混淆的汇率——现钞买入价和现汇买入价。现钞买入价是指银行买入外币现钞、客户卖出外币现钞的价格；现汇买入价则是指银行买入外币现汇、客户卖出外币现汇的价格。比如2022年3月8日，100美元的现钞买入价是624.68元人民币，现汇买入价是629.8元人民币。这二者为什么定价不同呢？这是因为银行在买入外币现钞的时候，在验别真伪、进行清点、保管和运输等环节都要花费人工成本，所以收到外币现钞比外币现汇支付的金额要少。需要注意的是，在计算即期汇率的时候，使用的是现汇买入价，而非现钞买入价。

当汇率变动不大时，为简化核算，企业在外币交易日或对外币财务报表的某些项目进行折算时，也可以选择即期汇率的近似汇率。即期汇率的近似汇率是指按照系统合理的方法确定的、与交易发生日即期汇率近似的汇率。它可以按照当期平均汇率进行计算，或以外币交易金额作为权重计算加权平均汇率。

确定即期汇率近似汇率的方法应在前后各期保持一致。如果汇率波动使得采用即期汇率的近似汇率折算不适当时，应当采用交易发生日的即期汇率折算。

1.2.3　外币交易的会计处理

1）交易日的会计处理

在外币统账制下，企业对于发生的外币交易应当在初始确认时，根据折算汇率将外币金额折算为记账本位币金额登记有关账户；涉及外币货币性项目的，在登记记账本位币的同时，还要登记外币金额。

（1）买入或者卖出以外币计价的商品或者劳务

【例1-1】甲企业的记账本位币为人民币，属于增值税一般纳税企业，增值税税率13%。20×3年5月4日，从国外购入原材料，共计80 000美元，当日的即期汇率为1美元=6.56元人民币，进口关税为52 480元人民币，增值税为75 046.4元人民币，货款尚未支付，进口关税及增值税已由银行存款支付。甲企业的账务处理如下：

借：原材料　　577 280

　　应交税费——应交增值税（进项税额）　　75 046.4

　贷：应付账款——美元　　（80 000×6.56）524 800

　　　银行存款——人民币　　127 526.4

在该例中，“原材料”是非货币性项目，“应交税费”和“银行存款——人民币”虽然是货币性项目，但不是外币货币性项目，只有“应付账款——美元”才是外币货币性项目，需要同时登记外币金额、折算汇率和记账本位币金额。具体在账户中的登记情况见表1-2。

表1-2 应付账款（美元）

日期	摘要	借方			贷方			余额		
		外币	汇率	记账本位币	外币	汇率	记账本位币	外币	汇率	记账本位币
5月4日					80 000	6.56	524 800			

【例1-2】甲企业的记账本位币为人民币。20×3年12月1日，向国外的乙企业出口一批商品，货款为100 000美元，尚未收到，当日汇率为1美元=6.75元人民币。假定不考虑增值税等相关税费，甲企业的账务处理如下：

借：应收账款——美元　（100 000×6.75）675 000

　贷：主营业务收入　675 000

具体在账户中的登记情况见表1-3。

表1-3 应收账款（美元）

日期	摘要	借方			贷方			余额		
		外币	汇率	记账本位币	外币	汇率	记账本位币	外币	汇率	记账本位币
12月1日		100 000	6.75	675 000						

（2）借入或者借出外币资金

【例1-3】甲企业的记账本位币为人民币。20×3年3月25日，从中国银行借入50 000欧元，期限为6个月，当日的即期汇率为1欧元=7.87元人民币。甲企业的账务处理如下：

借：银行存款——欧元　（50 000×7.87）393 500

　贷：短期借款——欧元　（50 000×7.87）393 500

具体在账户中的登记情况见表1-4、表1-5。

表1-4 银行存款（欧元）

日期	摘要	借方			贷方			余额		
		外币	汇率	记账本位币	外币	汇率	记账本位币	外币	汇率	记账本位币
3月25日		50 000	7.87	393 500						

表1-5 短期借款（欧元）

日期	摘要	借方			贷方			余额		
		外币	汇率	记账本位币	外币	汇率	记账本位币	外币	汇率	记账本位币
3月25日					50 000	7.87	393 500			

（3）外币兑换业务

当企业买入外币时，取得的外币按照即期汇率折算，支付的本位币按照银行的卖出价进行折算，二者的差额作为财务费用；当企业卖出外币时，支付的外币按照即期汇率折算，收到的本位币按照银行的买入价进行折算，二者的差额也作为财务费用。

【例1-4】甲企业的记账本位币是人民币，对其外币业务采用业务发生时的即期汇率进行折算。20×3年3月18日，从银行购入50 000欧元，银行当日的欧元卖出价为1欧元=7.63元人民币，即期汇率为1欧元=7.54元人民币。甲企业的账务处理如下：

借：银行存款——欧元　　（50 000×7.54）377 000

　　财务费用——汇兑差额　　4 500

　贷：银行存款——人民币　　381 500

具体在账户中的登记情况见表1-6。

表1-6　**银行存款（欧元）**

日期	摘要	借方			贷方			余额		
		外币	汇率	记账本位币	外币	汇率	记账本位币	外币	汇率	记账本位币
3月18日		50 000	7.54	377 000						

【例1-5】甲企业的记账本位币是人民币，对其外币业务采用业务发生时的即期汇率进行折算。20×3年3月20日将50 000美元兑换为人民币，银行当日的美元买入价为1美元= 6.64元人民币，即期汇率为1美元= 6.65元人民币。甲企业的账务处理如下：

借：银行存款——人民币　　332 000

　　财务费用——汇兑差额　　500

　贷：银行存款——美元　　（50 000×6.65）332 500

具体在账户中的登记情况见表1-7。

表1-7　**银行存款（美元）**

日期	摘要	借方			贷方			余额		
		外币	汇率	记账本位币	外币	汇率	记账本位币	外币	汇率	记账本位币
3月20日					50 000	6.65	332 500			

（4）接受外币资本投入

企业收到投资者以外币投入的资本，应当采用交易发生日的即期汇率折算，不得采用合同约定汇率和即期汇率的近似汇率折算，因此外币投入资本与相应的货币性项目的记账本位币金额之间不产生外币资本折算差额。

【例1-6】甲企业的记账本位币为人民币。20×3年3月26日，与某外商签订投资合同，当日收到外商投入资本80 000美元，当日汇率为1美元=6.6元人民币，假定投资合同约定汇率为1美元=6.5元人民币。甲企业的账务处理如下：

借：银行存款——美元　　（80 000×6.6）528 000

　贷：实收资本　　528 000

具体在账户中的登记情况见表1-8。

表1-8 **银行存款（美元）**

日期	摘要	借方			贷方			余额		
		外币	汇率	记账本位币	外币	汇率	记账本位币	外币	汇率	记账本位币
3月26日		80 000	6.6	528 000						

2）资产负债表日的会计处理

资产负债表日，企业应当区分外币货币性项目和外币非货币性项目进行处理。

（1）外币货币性项目

对于外币货币性项目，应将所有外币货币性项目的外币余额，按照期末即期汇率折算为记账本位币金额，并与原记账本位币金额进行比较，调增或调减外币货币性项目的记账本位币金额，该金额与交易发生时已经登记入账的记账本位币之间的差额作为汇率波动产生的汇兑差额，该差额通常计入财务费用，属于利息资本化范畴，则计入相关资产的成本。即：

外币货币性项目期末汇兑差额=期末外币余额×期末即期汇率-已经登记入账的记账本位币账户余额

【例1-7】承【例1-1】，20×3年5月31日货款仍未归还，当日的汇率为1美元=6.58元人民币。

在该笔业务中，外币货币性项目"应付账款——美元"在20×3年5月31日应折算为人民币526 400元（80 000×6.58），与交易日已经折算为记账本位币524 800元相差1 600元，应调增应付账款的金额，并将该差额计入当期损益。甲企业的账务处理如下：

借：财务费用——汇兑差额　　1 600

　贷：应付账款——美元　　1 600

具体在账户中的登记情况见表1-9。

表1-9 **应付账款（美元）**

日期	摘要	借方			贷方			余额		
		外币	汇率	记账本位币	外币	汇率	记账本位币	外币	汇率	记账本位币
5月4日					80 000	6.56	524 800			
5月31日							1 600	80 000	6.58	526 400

【例1-8】承【例1-2】，20×3年12月31日货款仍未收到，当日的即期汇率为1美元=6.71元人民币。

在该笔业务中，外币货币性项目"应收账款——美元"在20×3年12月31日应折算为人民币671 000元（100 000×6.71），与交易日已经折算为记账本位币675 000元相差4 000元，应调减应收账款的金额，并将该差额计入当期损益。甲企业的账务处理如下：

借：财务费用——汇兑差额　　4 000

　贷：应收账款——美元　　4 000

具体在账户中的登记情况见表1-10。

表1-10　应收账款（美元）

日期	摘要	借方			贷方			余额		
		外币	汇率	记账本位币	外币	汇率	记账本位币	外币	汇率	记账本位币
12月1日		100 000	6.75	675 000						
12月31日							4 000	100 000	6.71	671 000

【例1-9】承【例1-3】，20×3年3月31日借款尚未归还，当日的即期汇率为1欧元=7.9元人民币。

在该笔业务中，外币货币性项目“银行存款——欧元”在20×3年3月31日应折算为人民币395 000元（50 000×7.9），与交易日已经折算为记账本位币393 500元相差1 500元，应调增银行存款的金额，并将该差额计入当期损益。甲企业的账务处理如下：

借：银行存款——欧元　　1 500

　贷：财务费用——汇兑差额　　1 500

具体在账户中的登记情况见表1-11。

表1-11　银行存款（欧元）

日期	摘要	借方			贷方			余额		
		外币	汇率	记账本位币	外币	汇率	记账本位币	外币	汇率	记账本位币
3月25日		50 000	7.87	393 500						
3月31日				1 500				50 000	7.9	395 000

外币货币性项目“短期借款——欧元”在20×3年3月31日应折算为人民币395 000元（50 000×7.9），与交易日已经折算为记账本位币393 500元相差1 500元，应调增短期借款的金额，并将该差额计入当期损益。甲企业的账务处理如下：

借：财务费用——汇兑差额　　1 500

　贷：短期借款——欧元　　1 500

具体在账户中的登记情况见表1-12。

表1-12　短期借款（欧元）

日期	摘要	借方			贷方			余额		
		外币	汇率	记账本位币	外币	汇率	记账本位币	外币	汇率	记账本位币
3月25日					50 000	7.87	393 500			
3月31日							1 500	50 000	7.9	395 000

【例1-10】甲企业的记账本位币为人民币，对发生的外币业务采用业务发生时的即期汇率进行折算。该企业20×7年12月31日有关账户余额见表1-13。

表1-13 **甲企业相关账户余额表**

账户名称	欧元	汇率	人民币（元）
银行存款	20 000	8	160 000
应收账款	100 000	8	800 000
应付账款	40 000	8	320 000
长期借款（工程项目尚未达到预定可使用状态）	20 000	8	160 000

该企业20×8年1月份发生下列经济业务，不考虑增值税等相关税费：

① 该企业收回客户前欠账款60 000欧元存入银行，当日即期汇率为1欧元=8.2元人民币。

② 将20 000欧元存款兑换为人民币存款，兑换当日汇率为：买入价1欧元=8.1元人民币，卖出价1欧元=8.3元人民币，当日即期汇率为1欧元=8.2元人民币。

③ 用银行存款20 000欧元偿还应付账款，当日即期汇率为1欧元=8.3元人民币。

④ 用银行存款20 000欧元归还长期借款，当日即期汇率为1欧元=8.3元人民币。20×8年1月31日工程仍未达到预定可使用状态。

20×8年1月31日中国人民银行公布的汇率为1欧元=8.35元人民币。

①收回前欠货款时

借：银行存款——欧元　　（60 000×8.2）492 000

　贷：应收账款——欧元　　（60 000×8.2）492 000

②将欧元兑换人民币时

借：银行存款——人民币　　162 000

　　财务费用——汇兑差额　　2 000

　贷：银行存款——欧元　　（20 000×8.2）164 000

③偿还欠款时

借：应付账款——欧元　　（20 000×8.3）166 000

　贷：银行存款——欧元　　（20 000×8.3）166 000

④归还借款时

借：长期借款——欧元　　（20 000×8.3）166 000

　贷：银行存款——欧元　　（20 000×8.3）166 000

⑤月末，对外币货币性项目进行调整时的情况见表1-14。

表1-14 **汇兑差额调整表** 人民币单位：元

账户名称	欧元余额	月末汇率	调整后的人民币余额	调整前的人民币余额	差额（借或贷）
银行存款	20 000	8.35	167 000	156 000①	11 000（借）
应收账款	40 000	8.35	334 000	308 000②	26 000（借）
应付账款	20 000	8.35	167 000	154 000③	13 000（贷）
长期借款	0	8.35	0	−6 000④	6 000（贷）

注：① 156 000=期初160 000+借方发生额492 000−贷方发生额（164 000+166 000+166 000）

② 308 000=期初800 000−贷方发生额492 000

③ 154 000=期初320 000−借方发生额166 000

④ −6 000=期初160 000−借方发生额166 000

借：银行存款——欧元　　11 000

　　应收账款——欧元　　26 000

　贷：应付账款——欧元　　13 000

　　　财务费用——汇兑差额　　24 000

借：在建工程　　6 000

　贷：长期借款——欧元　　6 000

【例1-11】甲公司的记账本位币为人民币。20×5年1月1日，为建造某固定资产，专门借入长期借款20 000美元，期限为2年，年利率为5%，次年年初开始支付利息，到期还本。20×5年1月1日的即期汇率为1美元=6.45元人民币，20×5年12月31日的即期汇率为1美元=6.2元人民币，20×6年1月1日的即期汇率为1美元=6.22元人民币。假定不考虑相关税费的影响，固定资产3年后竣工。

①20×5年1月1日，取得专门借款

借：银行存款——美元　　（20 000×6.45）129 000

　贷：长期借款——美元　　（20 000×6.45）129 000

②20×5年12月31日，计提当年利息

由于工程尚未完工，利息应予以资本化，计入相关资产的成本。

借：在建工程　　6 200

　贷：应付利息——美元　　（1 000×6.2）6 200

③20×5年12月31日，对外币货币性项目进行调整

该公司美元借款的本金期末应有数124 000元（20 000×6.2），业务发生时已经登记129 000元，由于工程尚未完工，因此汇率变动产生的汇兑差额5 000元应予以资本化，进行的账务处理为：

借：长期借款——美元　　5 000

　贷：在建工程　　5 000

该公司美元借款的利息“应付利息——美元”也是外币货币性项目，由于是在20×5年12月31日计提，因此不产生汇兑差额。

④20×6年1月1日，支付20×5年利息

借：应付利息——美元　　（1 000×6.22）6 220

　贷：银行存款——美元　　（1 000×6.22）6 220

由于工程尚未完工，应付利息由于汇率变动产生的汇兑差额也应当予以资本化，计入在建工程成本。进行的账务处理为：

借：在建工程　　20

　贷：应付利息——美元　　20

（2）外币非货币性项目

外币非货币性项目在初始确认时根据当时的外币金额以及业务发生时的即期汇率折算为记账本位币，该金额作为外币非货币性项目的历史成本，并按该历史成本进行持续计量。在这种情况下，如果按照每个资产负债表日的即期汇率进行折算，会使这些非货币性项目的价值不断波动，对相关资产的折旧、摊销、减值损失等不断进行调整，既违背了历

史成本原则，又增加了工作量。因此，在实际工作中并不对非货币性项目设置外币账户，同时也不在资产负债表日对该类项目进行汇兑差额的调整。

①对于以历史成本计量的外币非货币性项目，由于已在交易发生日按当日即期汇率折算，资产负债表日不应改变其原记账本位币金额，因此不产生汇兑差额。

【例 1-12】甲企业的记账本位币为人民币。20×3 年 2 月 5 日进口一台不需要安装的设备，设备价款 250 000 欧元尚未支付，当日的即期汇率为 1 欧元=7.6 元人民币。甲企业适用的增值税税率为13%，增值税以银行存款支付。甲企业的账务处理如下：

借：固定资产　　1 900 000
　　应交税费——应交增值税（进项税额）　　247 000
　贷：应付账款——欧元　　（250 000×7.6）1 900 000
　　　银行存款——人民币　　247 000

由于固定资产属于非货币性项目，因此，20×3年2月28日不需要按当日即期汇率进行调整。

②对于以成本与可变现净值孰低计量的存货，如果其可变现净值以外币确定，则在确定存货的期末可变现净值时，应先将可变现净值折算为记账本位币，再与记账本位币反映的存货成本进行比较。

【例 1-13】甲企业的记账本位币为人民币。20×3 年 3 月 18 日以每台 5 000 美元的价格从美国购入设备 6 台，并于当日支付了货款，即期汇率为 1 美元=6.63 元人民币。20×3 年 12 月 31 日，已售出 4 台设备，国内市场仍无该设备供应，但该设备在国际市场的价格已降至每台 4 000 美元，即期汇率为 1 美元=6.62 元人民币。

存货作为非货币性项目，本来不需要在资产负债表日进行调整，但由于存货在期末需要采用成本与可变现净值孰低计量，如果购入存货的可变现净值是以外币反映，则计提存货跌价准备时应当考虑汇率对可变现净值的影响。假定不考虑增值税等相关税费，甲企业的账务处理如下：

①3 月 18 日，购入存货

借：库存商品　　198 900
　贷：银行存款——美元　　（30 000×6.63）198 900

②12 月 31 日，计提存货跌价准备

由于库存 2 台该设备市场价格下跌，其可变现净值低于成本，应计提存货跌价准备的金额为 13 340 元（5 000×2×6.63−4 000×2×6.62=66 300−52 960）。

借：资产减值损失　　13 340
　贷：存货跌价准备　　13 340

思　考

以下两种情况是否需要计提存货跌价准备？

（1）如果期末存货的价格为 5 100 美元，即期汇率为 1 美元=6.4 元人民币；

（2）如果期末存货的价格为 4 900 美元，即期汇率为 1 美元=6.8 元人民币。

微课 1.2　对【例 1-13】的拓展思考

③对于以公允价值计量的股票、基金等非货币性项目，如果期末的公允价值以外币反映，则应先将该外币金额按照公允价值确定日的即期汇率折算为记账本位币金额；再与原记账本位币金额进行比较，其差额作为公允价值变动损益或其他综合收益。该差额是金融资产市价变动和汇率变动的综合结果。

【例1-14】甲企业的记账本位币为人民币。20×3年12月2日，该企业以每股5美元的价格购入美国A公司股票20 000股作为交易性金融资产，当日即期汇率为1美元=6.5元人民币。20×3年12月31日，购入的A公司股票的市价变为每股5.2美元，当日即期汇率为1美元=6.6元人民币。20×4年3月31日，以每股5.5美元全部售出，当日的即期汇率为1美元=6.7元人民币。假定不考虑相关税费的影响。甲企业的账务处理如下：

①20×3年12月2日，购入股票

借：交易性金融资产——成本　　650 000

　贷：银行存款——美元　　（100 000×6.5）650 000

②20×3年12月31日，公允价值变动

交易性金融资产作为非货币性项目本来也不需要在资产负债表日进行汇率调整，但由于其需要在资产负债表日确定公允价值，而该交易性金融资产以外币计价，因此其公允价值需同时考虑股票市价和汇率变动的影响。该交易性金融资产在资产负债表日以人民币表示的公允价值为686 400元（5.2×20 000×6.6），与原入账时的历史成本650 000元的差额为36 400元人民币，该公允价值变动金额中既包含股票公允价值变动的影响，也包含汇率变动的影响，无须进一步区分，全部计入公允价值变动损益。

借：交易性金融资产——公允价值变动　　36 400

　贷：公允价值变动损益　　36 400

③20×4年3月31日，股票变卖

对于股票市价的变动和汇率的变动也不加以区分，差额全部作为投资收益处理。

借：银行存款——美元　　（110 000×6.7）737 000

　贷：交易性金融资产——成本　　650 000

　　　　　　　　　——公允价值变动　　36 400

　　投资收益　　50 600

如果上述金融资产被划分为其他权益工具投资，企业按10%提取法定盈余公积，则相关的账务处理如下：

借：其他权益工具投资——成本　　650 000

　贷：银行存款——美元　　（100 000×6.5）650 000

借：其他权益工具投资——公允价值变动　　36 400

　贷：其他综合收益　　36 400

借：银行存款——美元　　（110 000×6.7）737 000

　贷：其他权益工具投资——成本　　650 000

　　　　　　　　　　——公允价值变动　　36 400

　　盈余公积——法定盈余公积　　5 060

　　利润分配——未分配利润　　45 540

借：其他综合收益　　36 400

　贷：盈余公积——法定盈余公积　　3 640

　　利润分配——未分配利润　　32 760

拓展阅读

一项交易观和两项交易观

在外币商品购销交易中，只要商品交易与款项结算未同时进行，就存在汇率变动是否影响销售方销售收入和购货方购货成本的问题。

一项交易观认为，应当将交易的发生与以后相应款项的结算视为一项交易的两个阶段，从交易日至款项结算日汇率变动的影响作为对原已入账的销售收入或购货成本的调整。这样，企业的销售收入或购货成本在交易日不能确定，须待款项结算时由当日的汇率确定。

两项交易认为，外币交易的发生与相应款项的结算是两个独立的事项，交易产生的销售收入或购货成本在交易日由当日的汇率确定，以后不再因汇率的变动而予以调整，汇率变动的风险由因交易而产生的应收或应付款承担。

一项交易观要随汇率的变动不断调整销售收入或购货成本的账面金额，违背了历史成本原则和权责发生制原则，同时也无法客观反映企业因赊购、赊销财务决策导致的外币交易汇率风险，因此无法向企业管理层提供决策有用的信息。目前《国际会计准则第21号——外汇汇率变动的影响》建议采用两项交易观处理外币交易事项，美国财务会计准则委员会在第52号公告《外币交易和外币报表折算的会计处理》中也建议采用该方法，我国外币交易的处理实质上采用的也是两项交易观，因此一项交易观实质上已被两项交易观取代。

1.3 外币财务报表的折算

1.3.1 外币财务报表折算的意义

外币财务报表折算是指为了特定目的将以某一货币表示的财务报表转换为另一种货币表示。在当今经济全球化、一体化迅猛发展的形势下，国内企业不断向境外拓展业务，随着越来越多境外子公司或分支机构的建立，跨国公司、境外业务势必日益增多，与境外企业的经济往来更加频繁，外币财务报表的折算问题也具有了更现实和重要的意义：

（1）外币财务报表折算是公司合并财务报表编制的前提。通过对子公司外币财务报表的折算，编制跨国集团公司的合并财务报表，以满足母公司股东和债权人等信息需求者的需要，反映集团综合财务状况和经营成果。

（2）满足母公司考核、评价国外子公司的财务状况、经营成果的需要。

（3）提供特种财务报表，以满足境外股东和其他报表使用者的需要。

（4）为了在境外证券市场上发行股票和债券，需要按一定的汇率将本国货币表示的财务报表折算为外币表示的财务报表，以向境外的投资者和债权人提供财务信息。

1.3.2 外币财务报表折算的主要会计问题

由于汇率经常变动，外币财务报表折算问题成为财务会计的难题之一，主要面临以下两个问题：

1）折算汇率的选择

对外币财务报表各个项目进行折算时，可供选择的汇率有现行汇率（资产负债表日即期汇率）、历史汇率（交易发生日的即期汇率）、平均汇率三种。在进行外币财务报表折算时，首先要确定以何种汇率进行折算。在实务中，不同的折算方法对汇率的选择是不同的，并且对所有报表项目并非采用单一汇率折算，而是对不同的报表项目采用不同的汇率进行折算。

2）外币财务报表折算差额的处理

外币财务报表折算差额是指外币财务报表折算时，由于财务报表的不同项目采用不同的汇率折算而产生的差额。

（1）外币财务报表折算差额的影响因素

① 处于汇率变动风险下的相关资产和负债项目相比的差额；

② 汇率变动方向，即汇率是上升还是下降。

以上两个因素共同影响着外币财务报表折算差额。当汇率上升或下降时，如果处于外汇风险下的资产金额与负债金额相等，那么资产和负债产生的折算差额相互抵销；如果处于外汇风险下的资产金额大于负债金额，当外币升值时就会产生折算利得，贬值时则会产生折算损失；如果处于外汇风险下的资产金额小于负债金额，当外币升值时就会产生折算损失，贬值时则会产生折算利得。

（2）外币财务报表折算差额的会计处理

对于外币财务报表折算差额的会计处理，主要有递延法和当期损益法两种处理方法。

①递延法

递延法是指将外币财务报表折算差额作为所有者权益中的一个项目递延处理，不与所有者权益的其他项目合并列示。这种处理方法的理由是，外币财务报表折算差额只是将外币表示的报表以母公司的记账本位币重新折算产生的调整数额，并非已实现的损益。因此，如果将这一折算差额计入当期损益，就会误导财务报表的使用者。递延法下各期的折算损失或折算利得可以相互抵销，最终在企业清算时作为清算损益处理。递延法使得财务报表有关项目能保持原有的比例关系，有利于财务分析。

② 当期损益法

当期损益法是将本期发生的外币财务报表折算差额，以汇兑损益项目列入利润表。这种处理方法的理由是，汇率变动是客观存在的，对合并财务报表的影响也不容忽视，如果采用递延法就会掩盖汇率变动的客观影响，因此，将外币财务报表折算差额计入当期损益，才能向报表使用者提供真实的财务信息。但是，采用当期损益法在汇率大幅度波动时，会造成大额的汇兑损益，势必对净利润有较大影响，从而引起报表使用者对财务报表信息产生误解。并且，企业按利润总额纳税以及进行股利分配时，容易把资本当作利润分掉，不利于企业资本的保全。

（3）外币交易汇兑差额与外币财务报表折算差额的区别

① 二者产生的原因不同。外币交易汇兑差额或者是在交易过程中发生的，如外币兑换业务，或者是在资产负债表日对外币货币性项目进行调整时产生的；而外币财务报表折算差额则是将以外币表示的财务报表折算为另一种货币表示的财务报表时产生的差额。

② 二者的性质不同。外币交易汇兑差额包括已实现和未实现的部分，外币兑换业务产生的为已经实现的部分，期末对外币货币性项目调整产生的则为未实现的部分；按照递延法的观点，外币财务报表折算差额全部是未实现的部分。

③ 二者记录的方式不同。外币交易汇兑差额在会计账簿中记录；而外币财务报表折算差额通常不记录在会计账簿中，只在折算后的财务报表中反映。

1.3.3 我国对境外经营财务报表的折算

在对企业境外经营财务报表进行折算前，应当调整境外经营的会计期间和会计政策，使之与企业会计期间和会计政策相一致，根据调整后的会计政策和会计期间编制相应货币的财务报表，然后按照以下方法对境外经营财务报表进行折算：

（1）资产负债表中的资产和负债项目，采用资产负债表日的即期汇率折算，所有者权益项目除“未分配利润”项目外，其他项目采用发生时的即期汇率折算。

特别提示

《企业会计准则第19号——外币折算》中并未明示“未分配利润”项目如何折算，从表1-17可以看出，“未分配利润”其实是根据所有者权益变动表其他影响期末未分配利润的项目最终确定。

（2）利润表中的收入和费用项目，采用交易发生日的即期汇率或即期汇率的近似汇率折算。

按照上述方法折算后产生的外币财务报表折算差额，在资产负债表的“其他综合收益”项目中单独列示。比较财务报表的折算比照上述规定处理。

（3）现金流量表中项目的折算，适用《企业会计准则第31号——现金流量表》。该准则第七条规定：“外币现金流量以及境外子公司的现金流量，应当采用现金流量发生日的即期汇率或按照系统合理的方法确定的、与现金流量发生日即期汇率近似的汇率折算。汇率变动对现金的影响额应当作为调节项目，在现金流量表中单独列报。”

【例1-15】甲公司以人民币作为记账本位币，乙公司为其拥有的境外子公司。为了编制合并财务报表，甲公司需要将乙公司的外币财务报表折算为以人民币表示的财务报表。20×4年12月31日的即期汇率为1欧元=7.46元人民币，20×4年的平均汇率为1欧元=8.00元人民币，子公司实收资本发生日的即期汇率为1欧元=8.20元人民币。20×3年12月31日的累计盈余公积为350万欧元，折算成人民币为2 947万元，累计未分配利润为300万欧元，折算成人民币为2 526万元。年末按当年实现净利润的10%提取盈余公积。该企业外币财务报表及折算后的财务报表见表1-15至表1-17。

表1-15　**资产负债表（简表）**

20×4年12月31日　人民币单位：万元

资产	期末数（万欧元）	汇率	人民币金额	负债和股东权益	期末数（万欧元）	汇率	人民币金额
流动资产：				流动负债：			
货币资金	3 000	7.46	22 380	应付账款	500	7.46	3 730
应收账款	4 600	7.46	34 316	应付职工薪酬	1 500	7.46	11 190
存货	3 400	7.46	25 364	流动负债合计	2 000	—	14 920
流动资产合计	11 000	—	82 060	非流动负债：			
非流动资产：				长期借款	2 700	7.46	20 142
长期应收款	2 600	7.46	19 396	非流动负债合计	2 700	—	20 142
固定资产	6 600	7.46	49 236	负债合计	4 700	—	35 062
无形资产	2 800	7.46	20 888	股东权益：			
非流动资产合计	12 000	—	89 520	实收资本	16 000	8.20	131 200
				其他综合收益			-13 355*
				盈余公积	515	—	4 267
				未分配利润	1 785	—	14 406
				股东权益合计	18 300	—	136 518
资产总计	23 000	—	171 580	负债和股东权益总计	23 000	—	171 580

注：*为外币财务报表折算差额。

表1-16　**利润表（简表）**

20×4年　人民币单位：万元

项目	本期金额（万欧元）	折算汇率	人民币金额
一、营业收入	8 000	8.00	64 000
减：营业成本	4 800	8.00	38 400
销售费用	200	8.00	1 600
管理费用	800	8.00	6 400
财务费用	200	8.00	1 600
二、营业利润	2 000	—	16 000
加：营业外收入	300	8.00	2 400
减：营业外支出	100	8.00	800
三、利润总额	2 200	—	17 600
减：所得税费用	550	8.00	4 400
四、净利润	1 650	—	13 200
五、其他综合收益的税后净额	0		-13 355
六、综合收益总额	1 650	—	-155

表1-17　　所有者权益变动表（简表）

20×4年　　人民币单位：万元

项目	实收资本			其他综合收益	盈余公积			未分配利润		股东权益合计
	万欧元	汇率	人民币		万欧元	汇率	人民币	万欧元	人民币	
一、本年年初余额	16 000	8.20	131 200		350	—	2 947	300	2 526	136 673
二、本年增减变动金额										
（一）综合收益总额				−13 355				1 650	13 200	−155
（二）所有者投入和减少资本										
（三）利润分配										
提取盈余公积					165	8.00	1 320	−165	−1 320	—
三、本年年末余额	16 000	8.20	131 200	−13 355	515	—	4 267	1 785	14 406	136 518

1.3.4　外币财务报表折算的方法

外币财务报表折算方法主要有现行汇率法、流动与非流动项目法、货币与非货币项目法和时态法。

1）现行汇率法

现行汇率法又称期末汇率法或单一汇率法。它是以现行汇率（资产负债表日即期汇率）为主要折算汇率的外币财务报表折算方法，是四种方法中最简单的折算方法。但是，在按历史成本计量的会计模式下，以现行汇率来折算历史成本金额，在理论上没有依据。

（1）采用现行汇率法折算外币财务报表的基本原则

① 资产负债表中的资产与负债项目均按资产负债表日的即期汇率进行折算。

② 所有者权益项目中除“未分配利润”项目外，均按发生时的历史汇率折算。“未分配利润”项目则是从折算后的所有者权益变动表中“本年年末余额”项目转入。

③ 资产负债表中折算差额通过倒挤确定，作为所有者权益的项目单独列示。

④ 利润表中的收入和费用项目按编表期内的平均汇率折算。

（2）现行汇率法的优缺点

优点：现行汇率法简单易行，容易为报表使用者理解，能反映现实的价值，并使报表原结构基本保持不变，据此计算出来的多种财务比率符合公司的实际情况。

缺点：现行汇率法将外币财务报表中以历史成本表示的资产按资产负债表日的即期汇率折算，折算结果既非资产的历史成本，也非资产的现行市价，而是资产的历史成本与资产负债表日即期汇率的乘积，这种不同时点的乘积使折算后的资产价值失去了意义。另外，现行汇率法假设所有的资产、负债都暴露在汇率风险之下，且遭受汇率风险的程度是相同的，这与事实不相符。

2）流动与非流动项目法

流动与非流动项目法是将资产负债表的项目区分为流动性项目与非流动性项目两大

类，将流动性项目按现行汇率折算、非流动性项目按历史汇率折算的一种外币财务报表折算方法。

这种方法的理论依据是，非流动资产在短期内不会转变为现金，非流动负债在短期内不需要偿还，因此非流动性项目不受现行汇率的影响。

（1）采用流动与非流动项目法折算外币财务报表的基本原则

① 流动资产和流动负债按照资产负债表日的即期汇率折算。

② 对于非流动性项目的资产和负债，按照入账时的历史汇率折算。

③ 资产负债表中的“未分配利润”项目属于平衡数，可倒挤确定或从折算后的所有者权益变动表中转入。

④ 利润表中的折旧费、摊销费项目，按相关资产取得时的历史汇率折算；其他项目按会计报告期的平均汇率折算。

（2）流动与非流动项目法的优缺点

优点：流动资产和流动负债采用现行汇率折算，便于对公司营运资金进行核算分析。

缺点：这一方法规定流动性项目按照现行汇率折算，非流动性项目按照历史汇率折算，缺乏足够的理论依据，掩盖了非流动性项目也会受汇率变动的影响，如长期应收款、长期应付款、长期借款、应付债券等项目也承受汇率变动的风险。另外，流动性项目的折算汇率与计价基础不一致，影响了折算后项目金额的意义，如存货这一流动资产项目采用现行汇率而非历史汇率进行折算，不符合会计核算的历史成本原则，因此该方法目前只有少数国家采用。

3）货币与非货币项目法

货币与非货币项目法是将资产负债表的项目，按照性质划分为货币性项目与非货币性项目两大类，将货币性项目按现行汇率折算、非货币性项目按历史汇率折算的一种外币财务报表折算方法。

该方法的理论依据是，外币货币性项目在以后期间将要收回或付出固定的金额，它们的价值会因市场汇率的变动而变动，因此应按现行汇率折算。

（1）货币与非货币项目法折算外币财务报表的基本原则

① 资产负债表中的货币性项目，按照资产负债表日的现行汇率折算。

② 资产负债表中的非货币性项目和所有者权益项目（除“未分配利润”项目外），按照原入账时的历史汇率折算，“未分配利润”项目可倒挤确定或从折算后的所有者权益变动表中转入。

③ 利润表中的折旧费、摊销费项目，按相关资产取得时的历史汇率折算；其他项目按会计报告期的平均汇率折算。

（2）货币与非货币项目法的优缺点

优点：体现了汇率变动对资产、负债项目的不同影响，反映了货币性项目承受汇率风险的事实。

缺点：不同项目对不同折算汇率的选择未必与资产、负债项目的分类存在直接联系，因此该方法并没有解决外币财务报表折算的实际问题，即外币会计计量的问题。在境外子公司独立性强、收付业务很少使用母公司的货币的情况下，按该方法折算将因汇率变动导致的折算差额计入当期损益，利润表反映的利润信息就会失真。

4）时态法

时态法，也称时间度量法，是对货币与非货币项目法的完善和发展，是以资产、负债项目的计量属性作为选择折算汇率依据的一种外币财务报表折算方法。在时态法下，库存现金、应收及应付项目（包括流动性项目与非流动性项目）按照资产负债表日的现行汇率折算，其他以货币价格计量的资产和负债根据其特征，按照发生时的历史汇率或现行汇率进行折算。

该方法的理论依据是：外币折算只是一种计量变更程序，是对既定价值的重新表述，只改变了计量单位，并不改变项目的计量属性。折算后的财务报表应保持资产、负债项目在报表中的计量属性。

（1）采用时态法折算外币财务报表的基本原则

① 库存现金、应收和应付项目，按照现行汇率进行折算。

② 按历史成本反映的非货币性资产，按历史汇率折算。

③ 按现行成本反映的非货币性资产，按现行汇率折算。

④ 所有者权益项目中除“未分配利润”项目外均按照历史汇率折算，“未分配利润”项目作为一个平衡数列入。

⑤ 利润表中的折旧费、摊销费项目，按相关资产取得时的历史汇率折算；其他项目按会计报告期的平均汇率折算。

（2）时态法的优缺点

优点：时态法是根据各资产和负债项目的计量属性选择折算汇率，比较灵活，只改变了外币财务报表项目的计量单位，并没有改变其计量属性，符合资产和负债的计量基础。

缺点：操作较复杂，把折算损益列入当前损益中，改变了原外币财务报表各项目之间的比例关系。

综上所述，四种外币财务报表的折算方法各有优缺点，虽然采用现行汇率法进行外币财务报表折算缺乏足够的理论支持，但其突出的优点在于保持了报表折算前后大多数财务指标的一致性，且简单易行，容易理解。目前，我国外币财务报表折算实质上采用的就是现行汇率法。

1.3.5 恶性通货膨胀经济中境外经营的财务报表折算

1）恶性通货膨胀的概念

通货膨胀是指整体物价水平普遍持续上升，货币的购买力因此持续萎缩。在经济发展过程中，2%～3%的通货膨胀率会像润滑油一样刺激经济的发展，而恶性通货膨胀是一种不能控制的通货膨胀，一旦发生将使经济完全失控。恶性通货膨胀有诸多的恶劣影响，物价急速上涨使货币快速失去价值，阻碍财政政策和货币政策作用的发挥，导致大量现金外流，整体购买力下降，严重破坏经济秩序，影响人们的生活水平，削弱国家的竞争力。

2）恶性通货膨胀的判断标准

根据《〈企业会计准则第19号——外币折算〉应用指南》，恶性通货膨胀通常按照以下特征进行判断：

（1）最近3年累计通货膨胀率接近或超过100%；

（2）利率、工资和物价与物价指数挂钩；

（3）公众不是以当地货币，而是以相对稳定的外币为单位作为衡量货币金额的基础；

（4）公众倾向于以非货币性资产或相对稳定的外币来保存自己的财富，持有的当地货币立即用于投资以保持购买力；

（5）即使信用期限很短，赊销、赊购交易仍按补偿信用期预计购买力损失的价格成交。

思政园地

2009年1月，津巴布韦发行了一套世界上最大面额的新钞，这套面额在万亿以上的新钞包括10万亿、20万亿、50万亿和100万亿津元四种。在该国的餐厅里，一个汉堡就要约1 500万津元，正可谓：在津巴布韦，人人都是“亿万富翁”。根据2008年7月的官方统计，该国通胀率达到231 000 000%。

2009年4月，津政府宣布不再流通本国货币，美元、南非兰特、博茨瓦纳普拉、英镑和欧元成了该国法定货币。在以后的几年里，津政府又允许澳元、日元、印度卢比成为法定货币。2015年7月，津政府又规定将人民币作为津巴布韦法定货币。于是津巴布韦成了世界上唯一一个九种货币共存的国度，唯独没有他们自己的本国货币。2015年6月，津政府宣布，从2015年6月15日起至2015年9月30日止，民众可把津元拿到银行兑换美元。175千万亿津元可换5美元，每个津元账户最少可得5美元。

众所周知，近代中国在国民党统治时期也曾经发生过恶性通货膨胀。当时的国民政府不顾人民祈求和平的愿望，肆意进行内战，为应对庞大的战争开支，填补政府赤字，更多地发行法币，使得法币成为一张废纸。后来，国民政府开始发放金圆券，要求市民用美元、黄金和法币兑换新币金圆券，在榨干市民的血汗钱之后，金圆券最终也和法币一样，成为废纸一张。

3）恶性通货膨胀经济中境外经营的财务报表折算

根据我国《企业会计准则第19号——外币折算》，企业对处于恶性通货膨胀经济中的境外经营的财务报表，应当按照下列规定进行折算：对资产负债表项目运用一般物价指数予以重述，对利润表项目运用一般物价指数变动予以重述，再按照最近资产负债表日的即期汇率进行折算。

对资产负债表项目重述时，因为库存现金、应收账款、其他应收款等货币性项目已经以资产负债表日的计量单位表述，所以不需要再进行重述；对于通过协议与物价变动挂钩的资产和负债，应依据协议调整；在非货币性项目中，有些是以资产负债表日的计量单位列示的，如存货已经按可变现净值列示了，就不需要再进行重述，其他如固定资产、无形资产、投资等非货币性项目，应从购置日起以一般物价指数变动予以重述。

对利润表项目重述时，所有项目金额都要从初始确认之日开始，以一般物价指数变动予以重述，以使利润表的项目都以资产负债表日的计量单位表述。由于重述而产生的差额计入当期净利润。

对资产负债表和利润表项目重述后，再按资产负债表日的即期汇率将资产负债表和利润表折算为记账本位币报表。

当境外经营不再处于恶性通货膨胀经济中时，应当停止重述，按照停止之日的价格水平重述的财务报表进行折算。

4）境外经营的处置

企业可能通过出售、清算、返还股东或放弃全部或部分权益等方式处置其在境外经营中的权益。企业在处置境外经营时，应当将资产负债表中所有者权益项目下列示的、与该境外经营相关的外币财务报表折算差额，自所有者权益项目转入处置当期损益；部分处置境外经营的，应当按处置的比例计算处置部分的外币财务报表折算差额，转入处置当期损益。

1.3.6 外币财务报表折算业务的披露

企业应当在附注中披露与外币财务报表折算有关的下列信息：

（1）企业及其境外经营选定的记账本位币及选定的原因，记账本位币发生变更的，说明变更理由。

（2）采用近似汇率的，披露近似汇率的确定方法。

（3）计入当期损益的汇兑差额。

（4）处置境外经营对外币财务报表折算差额的影响。

本章小结与思维导图

本章着重讲解了记账本位币的确定、外币交易的会计处理和外币财务报表的折算方法。

记账本位币，是指企业经营所处的主要经济环境中的货币。记账本位币以外的货币就是外币。

外币业务的记账方法有两种：外币统账制和外币分账制。目前我国绝大多数企业采用外币统账制。

对于外币货币性项目需要设置单独的外币账户，期末对外币货币性项目进行调整。

外币财务报表折算是指为了特定目的将以某一货币表示的财务报表转换为另一种货币表示，主要解决折算汇率的选择和折算差额的处理问题。

外币财务报表折算方法主要有现行汇率法、流动与非流动项目法、货币与非货币项目法和时态法。目前我国外币财务报表的折算实质上实行的是现行汇率法。

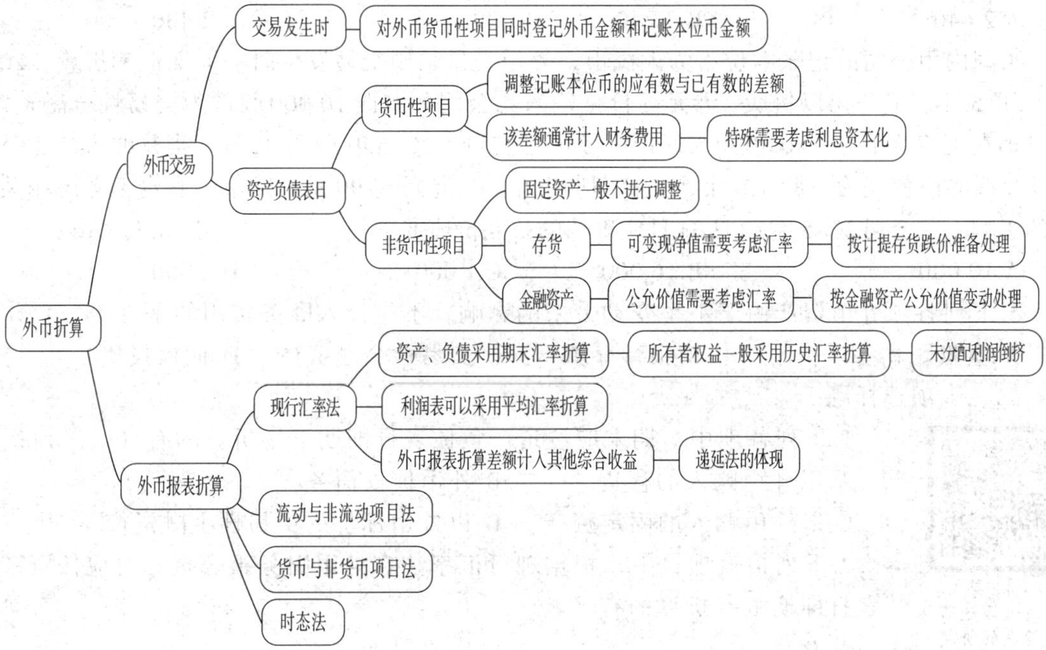

章末习题

一、单项选择题

1.企业发生的下列外币业务中，不得使用即期汇率的近似汇率进行折算的是（　　）。

A.取得的外币借款

B.投资者以外币投入的资本

C.以外币购入的固定资产

D.销售商品取得的外币营业收入

微课1.3　第1章单项选择题第2题的讲解

2.甲公司外币业务采用业务发生时的即期汇率进行折算，按月计算汇兑损益。5月20日，甲公司对外销售产品发生应收账款500万欧元，当日的市场汇率为1欧元=10.30元人民币。5月31日的市场汇率为1欧元=10.28元人民币；6月1日的市场汇率为1欧元=10.32元人民币；6月30日的市场汇率为1欧元=10.35元人民币。7月10日收到该应收账款，当日市场汇率为1欧元=10.34元人民币。该应收账款6月份应当确认的汇兑收益为（　　）万元人民币。

A.−10　　B.15　　C.25　　D.35

3.甲公司以人民币为记账本位币，外币业务采用交易发生时的即期汇率折算。20×5年11月20日，以每台1 000美元的价格从美国购入国际最新型号的A商品10台，并于当日以美元支付了货款。20×5年12月31日，甲公司已售出A商品2台，国内市场上仍无A商品，但A商品在国际市场上的价格已降至每台950美元。11月20日的即期汇率为1美元=6.20元人民币，12月31日的即期汇率为1美元=6.10元人民币。假定不考虑增值税等相关税费，甲公司20×5年12月31日应计提的存货跌价准备为（　　）元人民币。

A.2 440　　B.3 240　　C.0　　D.2 480

4.国内甲公司的记账本位币为人民币，外币交易采用交易发生时的即期汇率折算。20×5年12月5日，甲公司以每股7港元的价格购入乙公司的H股10 000股作为交易性金融资产，当日即期汇率为1港元=0.80元人民币，款项已支付。20×5年12月31日，当月购入的乙公司H股股票的市价变为每股8港元，当日即期汇率为1港元=0.90元人民币。假定不考虑相关税费的影响。甲公司20×5年12月31日应确认的公允价值变动损益为（　　）元人民币。

A.10 000　　B.16 000　　C.1 000　　D.2 000

5.下列各项外币资产由于汇率变动带来的影响，不应计入财务费用的是（　　）。

A.应收账款　　B.银行存款　　C.交易性金融资产　　D.债权投资

二、多项选择题

微课1.4　第1章多项选择题第1、2题的讲解

1.下列各项中，期末应按资产负债表日即期汇率折算的有（　　）。

A.以外币购入的存货　　B.外币债权债务

C.以外币购入的固定资产　　D.以外币标价的交易性金融资产

2.下列报表项目中，根据现行汇率法在外币财务报表折算时应按资产负债表日即期汇率折算的有（　　）。

A.存货　　B.应收票据

C.固定资产　　D.交易性金融资产

3.下列关于我国外币财务报表折算的表述中，正确的有（　　）。

A.外币财务报表折算差额应在其他综合收益项目中列示

B.采用历史成本计量的资产项目应按资产确认时的即期汇率折算

C.采用公允价值计量的资产项目应按资产负债表日即期汇率折算

D."未分配利润"项目以外的其他所有者权益项目应按发生时的即期汇率折算

4.下列项目中属于货币性项目的有（　　）。

A.银行存款　　B.应收账款　　C.应付账款　　D.存货

5.按照我国现行会计准则的规定，下列交易在发生时可能会产生汇兑差额的是（　　）。

A.外币投入资本业务　　B.外币借贷业务

C.企业将外币卖给银行　　D.企业从银行买入外币

三、业务题

甲公司以人民币作为记账本位币，其外币交易采用交易日的即期汇率折算，按月计算汇兑差额。甲公司在银行开设有英镑账户。甲公司有关外币账户20×3年5月31日的余额见表1-18。

表1-18　甲公司有关外币账户

项目	外币账户余额（英镑）	汇率	人民币账户余额（元）
银行存款	800 000	9.55	7 640 000
应收账款	400 000	9.55	3 820 000
应付账款	200 000	9.55	1 910 000

甲公司20×3年6月份发生的有关外币交易或事项如下：

① 6月5日，以人民币向银行买入200 000英镑。当日即期汇率为1英镑=9.69元人民币，当日银行卖出价为1英镑=9.75元人民币。

② 6月12日，从英国购入一批原材料，总价款为400 000英镑。该原材料已验收入库，货款尚未支付。当日即期汇率为1英镑=9.64元人民币。另外，以银行存款支付该原材料的进口关税644 000元，增值税585 000元。

③ 6月16日，出口销售一批商品，销售价款为600 000英镑，货款尚未收到。当日即期汇率为1英镑=9.41元人民币。假设不考虑相关税费。

④ 6月25日，收到应收账款300 000英镑，款项存入银行。当日即期汇率为1英镑=9.54元人民币。

⑤ 6月30日，即期汇率为1英镑=9.64元人民币。

要求：

（1）编制相关会计分录；

（2）计算期末产生的汇兑差额，并编制相关会计分录。

四、思考题

1. 什么是记账本位币？记账本位币如何确定？

2. 什么是外币交易？外币交易的内容有哪些？

3. 如何确认外币货币性项目期末的汇兑差额？

4. 为什么要进行外币财务报表折算？哪些情况下需进行外币财务报表折算？

5. 在我国现行会计准则下，如何进行外币财务报表折算？

第1章习题答案

第2章/ 租　赁

学习目标：掌握租赁的定义；理解租赁三要素的内容；理解租赁的相关概念；掌握承租人的会计处理；掌握出租人的会计处理；了解特殊租赁业务的会计处理。

引导案例

美国电动汽车及能源公司特斯拉于2018年12月19日在上海自贸区注册了一家融资租赁公司——特斯拉融资租赁（中国）有限公司。特斯拉在华设立融资租赁公司，看好的是融资租赁行业在中国的发展前景，深入布局中国新能源汽车市场。2015年8月31日，国务院办公厅印发《关于加快融资租赁业发展的指导意见》（下称《意见》）。《意见》表示，改革制约融资租赁发展的体制机制，加快重点领域融资租赁发展，支持融资租赁创新发展，加强融资租赁事中事后监管。2018年12月17日，中国（上海）自由贸易试验区管理委员会发布《中国（上海）自由贸易试验区关于进一步促进融资租赁产业发展的若干措施》，提及支持融资租赁企业设立和发展，支持融资租赁企业准入便利化。

特斯拉汽车在进驻中国初期，因为车价较高，曾经让很多特斯拉粉丝望而却步，消费者喜欢追求“物美价廉”的事物，也希望能享受“物美价廉”的消费，于是，特斯拉在2013年6月与银行达成战略合作，通过分期月供降低购车门槛。特斯拉此举是希望淡化特斯拉汽车只是富人玩具的色彩，以推动新能源汽车消费的普及。融资租赁作为一种特殊的金融服务，具有普惠的属性，能降低承租人的资金成本。特斯拉成立融资租赁公司的本意也是降低购车门槛，以快速拓展中国市场。所以，随着特斯拉租赁业务的逐步开展，未来不仅能带动我国新能源汽车的消费，同时也能促进国内融资租赁的发展。

什么是融资租赁？融资租赁如何进行会计处理？本章将对这些问题进行深入探讨。

2.1 租赁概述

2.1.1 租赁的定义

《企业会计准则第21号——租赁》（2018年修订）规定：租赁，是指在一定期间内，出租人将资产的使用权让与承租人以获取对价的合同。

一项合同要被分类为租赁，必须满足三要素：一是存在一定期间；二是存在已识别资产；三是资产供应方向客户转移对已识别资产使用权的控制。

在合同中，“一定期间”也可以表述为已识别资产的使用量，例如，某项设备的产出量。如果客户有权在部分合同期内控制已识别资产的使用，则合同包含一项在该部分合同期间的租赁。

在合同开始日，企业应当评估合同是否为租赁或者包含租赁。如果合同一方让渡了在一定期间内控制一项或多项已识别资产使用的权利以换取对价，则该合同为租赁或者包含租赁。除非合同条款或条件发生变化，企业无须重新评估合同是否为租赁或者是否包含租赁。

1）已识别资产具备的特征

（1）已识别资产通常由合同明确指定，也可以在资产可供客户使用时隐性指定。

例如，甲公司与乙公司签订了使用乙公司一节火车车厢的5年期合同。该车厢专为用于运输甲公司的特殊材料而设计，未经重大改造，不适合其他客户使用。合同中没有明确通过序列号指定轨道车辆，但是乙公司仅拥有一节适合甲公司使用的火车车厢。如果车厢不能正常工作，乙公司负责修理或更换车厢。本例中虽然具体是哪节火车车厢未在合同中明确指定，但是其已被隐性指定，因为乙公司仅拥有一节适合甲公司使用的火车车厢，必须使用它来履行合同，乙公司无法自由替换该车厢。因此，该火车车厢是一项已识别资产。

（2）物理可区分。

如果资产的部分产能在物理上可区分（例如，建筑物的一层），则该部分产能属于已识别资产。如果资产的某部分产能与其他部分在物理上不可区分（例如，光缆的部分容量），则该部分不属于已识别资产，除非其实质上代表该资产的全部产能，从而使客户获得因使用该资产所产生的几乎全部经济利益的权利。

（3）实质性替换权。

即使合同已对资产进行指定，如果资产供应方在整个使用期间拥有对该资产的实质性替换权，则该资产不属于已识别资产。其原因在于，如果资产供应方在整个使用期间均能自由替换合同资产，那么实际上，合同只规定了满足客户需求的一类资产，而不是被唯一识别出的一项或几项资产。也就是说，在这种情况下，合同资产并未和资产供应方的同类其他资产明确区分开来，并未被识别出来。只有同时符合下列条件，才表明资产供应方拥有资产的实质性替换权：

① 资产供应方拥有在整个使用期间替换资产的实际能力。例如，客户无法阻止供应方替换资产，且用于替换的资产对于资产供应方而言易于获得或者可以在合理期间内取得。

② 资产供应方通过行使替换资产的权利将获得经济利益。也就是，替换资产的预期经济利益将超过替换资产所需成本。

需要注意的是，如果合同仅赋予资产供应方在特定日期或者特定事件发生日或之后拥有替换资产的权利或义务，考虑到资产供应方没有在整个使用期间替换资产的实际能力，资产供应方的替换权不具有实质性。

2）客户是否控制已识别资产使用权的判断

为确定合同是否让渡了在一定期间内控制已识别资产使用的权利，企业应当评估合同中的客户是否有权获得在使用期间因使用已识别资产所产生的几乎全部经济利益，并有权在该使用期间主导已识别资产的使用。

（1）客户是否有权获得因使用资产所产生的几乎全部经济利益。

在评估客户是否有权获得因使用已识别资产所产生的几乎全部经济利益时，企业应当在约定的客户权利范围内考虑其所产生的经济利益。

例如，如果合同规定汽车在使用期间仅限在某一特定区域使用，则企业应当仅考虑在该区域内使用汽车所产生的经济利益，而不包括在该区域外使用汽车所产生的经济利益；如果合同规定客户在使用期间仅能在特定里程范围内驾驶汽车，则企业应当仅考虑在允许的里程范围内使用汽车所产生的经济利益，而不包括超出该里程范围使用汽车所产生的经济利益。

为了控制已识别资产的使用，客户应当有权获得整个使用期间使用该资产所产生的几乎全部经济利益（例如，在整个使用期间独家使用该资产）。客户可以通过多种方式直接或间接获得使用资产所产生的经济利益，例如，通过使用、持有或转租资产。使用资产所产生的经济利益包括资产的主要产出和副产品（包括来源于这些项目的潜在现金流量）以及通过与第三方之间的商业交易实现的其他经济利益。

如果合同规定客户应向资产供应方或另一方支付因使用资产所产生的部分现金流量作为对价，该现金流量仍应视为客户因使用资产而获得的经济利益的一部分。例如，如果客户因使用零售区域需向供应方支付零售收入的一定比例作为对价，该条款本身并不妨碍客户拥有获得使用零售区域所产生的几乎全部经济利益的权利。因为零售收入所产生的现金流量是客户使用零售区域获得的经济利益，而客户支付给零售区域供应方的部分现金流量是使用零售区域权利的对价。

（2）客户是否有权主导资产的使用。

存在下列情形之一的，可视为客户有权主导对已识别资产在整个使用期间的使用：

① 客户有权在整个使用期间主导已识别资产的使用目的和使用方式；

② 已识别资产的使用目的和使用方式在使用期间前已预先确定，并且客户有权在整个使用期间自行或主导他人按照其确定的方式运营该资产，或者客户设计了已识别资产（或资产的特定方面）并在设计时已预先确定了该资产在整个使用期间的使用目的和使用方式。

2.1.2 租赁的分拆与合并

1）租赁合同内容的分拆

合同中同时包含租赁成分和非租赁成分的，承租人和出租人应当将租赁成分进行分拆，分别进行会计处理。在对合同中所包含的租赁成分和非租赁成分进行分拆时，承租人应当按照各租赁部分和非租赁部分的单独价格在价格合计中所占的相对比例分摊合同对价，出租人应当根据《企业会计准则第14号——收入》关于交易价格分摊的规定分摊合同对价。

租赁合同中同时包含多项单独租赁的，承租人和出租人应当将合同予以分拆，分别对各个单项租赁合同进行会计处理。

如果承租人可以通过使用某项资产（包括单独使用或将其与易于获得的其他资源一起使用）而获利，且该资产与租赁合同中的其他资产不存在高度依赖关系，则可以将使用该资产的权利列为单个租赁合同。

为简化处理，承租人可以按照租赁资产的类别，选择是否分拆合同中所包含的租赁和非租赁部分。承租人选择不分拆的，应当将该合同整体作为租赁合同进行会计处理。但是，对于按照《企业会计准则第22号——金融工具确认和计量》应予以分拆的嵌入衍生工具，承租人不应将其与租赁部分合并进行会计处理。

【例2-1】甲公司从乙公司租赁一台推土机、一辆卡车和一台长臂挖掘机用于采矿业务，租赁期为4年。乙公司负责在整个租赁期内维护各项设备。合同固定对价为300万元，其中包含了各项设备的维护费用。租金按年支付，每年支付75万元。

甲公司观察到乙公司在市场上单独出租租赁期为4年的推土机、卡车和长臂挖掘机的价格分别为90万元、58万元和120万元，同时甲公司能够确定推土机、卡车和长臂挖掘机维护服务的可观察单独价格分别为16万元、8万元和28万元。甲公司将合同固定对价分摊至三个租赁部分和对应的三个非租赁部分（维护服务），情况见表2-1。

表2-1　**租赁和非租赁部分计算分摊表**　单位：元

		推土机	卡车	长臂挖掘机	合计
可观察的单独价格	租赁	900 000	580 000	1 200 000	2 680 000
	非租赁	160 000	80 000	280 000	520 000
	合计				3 200 000
固定对价总额					3 000 000
分摊率					93.75%
租赁分摊的金额		843 750	543 750	1 125 000	2 512 500
非租赁部分分摊的金额		150 000	75 000	262 500	487 500

2）租赁合同的合并

企业与相同的交易对方或该交易对方的关联方，在同一时点（或时段）所订立的多份合同，如果满足下列条件之一，则应合并为一份合同进行会计处理：

（1）这些合同是基于总体性的商业目标所达成的一揽子合同，即这些合同必须同时发挥作用才能达成该商业目标；

（2）这些合同中任意一份合同的对价，取决于其余合同的定价或履约情况；

(3) 这些合同中所让渡的资产使用权共同构成一项单个租赁业务。

2.1.3 与租赁会计相关的概念

1) 概念1——租赁期

租赁期是指承租人有权使用租赁资产且不可撤销的期间；承租人有续租选择权，即有权选择续租该资产，且合理确定将行使该选择权的，租赁期还应当包含续租选择权涵盖的期间；承租人有终止租赁选择权，即有权选择终止租赁该资产，但合理确定将不会行使该选择权的，租赁期应当包含终止租赁选择权涵盖的期间。

2) 概念2——租赁期开始日

租赁期自租赁期开始日起计算。租赁期开始日，是指出租人提供租赁资产使其可供承租人使用的起始日期。如果承租人在租赁协议约定的起租日或租金起付日之前，已获得对租赁资产使用权的控制，则表明租赁期已经开始。租赁协议中对起租日或租金支付时间的约定，并不影响租赁期开始日的判断。

例如，在某商铺的租赁合同中，出租人于20×1年1月1日将房屋钥匙交付承租人，承租人在收到钥匙后，就可以自主安排对商铺的装修布置，并安排搬迁。合同约定有3个月的免租期，起租日为20×1年4月1日，承租人自起租日开始支付租金。

此交易中，虽然起租日和租金起付日是20×1年4月1日，但由于承租人自20×1年1月1日起就拥有对商铺使用权的控制，因此租赁期开始日为20×1年1月1日。

3) 概念3——不可撤销期间

在确定租赁期和评估不可撤销租赁期间时，企业应根据租赁条款约定确定可强制执行合同的期间。

如果承租人和出租人双方均有权在未经另一方许可的情况下终止租赁，且罚款金额不重大，则该租赁不再可强制执行。如果只有承租人有权终止租赁，则在确定租赁期时，企业应将该项权利视为承租人可行使的终止租赁选择权予以考虑。如果只有出租人有权终止租赁，则不可撤销的租赁期包括终止租赁选择权所涵盖的期间。

4) 概念4——续租选择权和终止租赁选择权

在租赁期开始日，企业应当评估承租人是否合理确定将行使续租或购买标的资产的选择权，或者将不行使终止租赁选择权。在评估时，企业应当考虑对承租人行使续租选择权或不行使终止租赁选择权带来经济利益的所有相关事实和情况，包括自租赁期开始日至选择权行使日之间的事实和情况的预期变化。需考虑的因素包括但不限于以下方面：

(1) 与市价相比，选择权期间的合同条款和条件。例如，选择权期间内为使用租赁资产而需支付的租金；可变租赁付款额或其他或有款项，如因终止租赁的罚款和对余值进行担保导致的应付款项；初始选择权期间后可行使的其他选择权的条款和条件，如续租期结束时可按低于市价的价格行使的购买选择权。

例如，甲公司与乙公司签订了一份房屋租赁合同，包括2年不可撤销期限和1年期固定价格续租选择期间，续租选择期间的合同条款和条件与市价接近，则在租赁期开始日，确定的租赁期为2年。

(2) 在合同期内，承租人进行或预期进行重大租赁资产改良的，在可行使续租选择权、终止租赁选择权或者购买租赁资产选择权时，预期能为承租人带来的重大经济利益。

例如，甲公司与乙公司签订了一份商铺租赁合同，作为生产产品的旗舰店，租赁合同约定了4年不可撤销期限和2年按照市价行使的续租选择权期间。甲公司花费了大量资金对商铺进行了改良，预计4年结束后该改良仍具有重大价值，且该价值只有通过继续使用租赁资产才能实现，如果此时放弃租赁，改良资产将蒙受重大经济损失，则甲公司确定的租赁期应该为6年。

(3) 与终止租赁相关的成本。例如，谈判成本、搬迁成本、寻找与选择适合承租人需求的替代资产所发生的成本、将新资产融入运营所发生的整合成本、终止租赁的罚款、将租赁资产恢复至租赁条款约定状态的成本、将租赁资产归还至租赁条款约定地点的成本等。

(4) 租赁资产对承租人运营的重要程度。例如，租赁资产是否为一项专门资产，租赁资产位于何地以及是否可获得合适的替换资产等。

(5) 与行使选择权相关的条件及满足相关条件的可能性。例如，租赁条款约定仅在满足一项或多项条件时方可行使选择权，此时还应考虑相关条件及满足相关条件的可能性。

5）概念5——租赁付款额

租赁付款额是指租赁期内由承租人向出租人支付的与租赁资产使用权相关的款项，包括以下五项内容：

(1) 固定付款额及实质固定付款额，存在租赁激励的，扣除租赁激励相关金额。

(2) 取决于指数或比率的可变租赁付款额。可变租赁付款额，是指承租人为取得在租赁期内使用租赁资产的权利，而向出租人支付的因租赁期开始日后的事实或情况发生变化（而非时间推移）而变动的款项。

可变租赁付款额可能与下列三项指标或情况挂钩：

① 由于市场比率或指数数值变动导致的价格变动。例如，与消费者价格指数挂钩的款项、与基准利率挂钩的款项和为反映市场租金费率变化而变动的款项等。

② 承租人源自租赁资产的绩效。例如，零售业不动产租赁可能会要求基于使用该不动产取得的销售收入的一定比例确定租赁付款额。

③ 租赁资产的使用。例如，车辆租赁可能要求承租人在超过特定里程数时支付额外的租赁付款额。

需要注意的是，可变租赁付款额中，仅取决于指数或比率的可变租赁付款额（即①）纳入租赁负债的初始计量中，此类可变租赁付款额应当根据租赁期开始日的指数或比率确定。除此之外，其他可变租赁付款额（即②和③）均不纳入租赁负债的初始计量中，而是在实际发生时计入当期损益。

(3) 购买选择权的行权价格。如果承租人合理确定将行使购买标的资产的选择权，则租赁付款额中应包含购买选择权的行权价格。

(4) 行使终止租赁选择权需支付的款项。如果承租人合理确定将行使终止租赁选择权，则租赁付款额中应包含行使终止租赁选择权需支付的款项，并且租赁期不应包含终止租赁选择权涵盖的期间。

(5) 根据承租人提供的担保余值预计应支付的款项。

6）概念6——租赁收款额

租赁收款额是指在租赁期内出租人因让渡使用租赁资产的权利而应向承租人收取的款项，包括以下五项内容：

（1）承租人需支付的固定付款额及实质固定付款额。存在租赁激励的，应当扣除租赁激励相关金额。

（2）取决于指数或比率的可变租赁付款额。需要注意的是，出租人取得的与资产的未来绩效或使用情况挂钩的可变租赁付款额，不计入租赁收款额，应当在实际发生时计入当期损益。

（3）购买选择权的行权价格，前提是合理确定承租人将行使该选择权。

（4）承租人行使终止租赁选择权需支付的款项，前提是租赁期反映出承租人将行使终止租赁选择权。

（5）由承租人、与承租人有关的一方以及有经济能力履行担保义务的独立第三方向出租人提供的担保余值。

特别提示

租赁收款额（概念6）=租赁付款额（概念5）+与承租人有关的一方以及有经济能力履行担保义务的独立第三方向出租人提供的担保余值。

7）概念7——担保余值

为了促使承租人谨慎地使用租赁资产，尽量减少出租人自身的风险和损失，租赁合同有时要求承租人或与其有关的一方以及独立第三方对租赁资产的余值进行担保。其中，资产余值是指在租赁期开始日估计的租赁期届满时租赁资产的公允价值。

就承租人而言，担保余值是指由承租人或与其有关的一方担保的资产余值；就出租人而言，担保余值是就承租人而言的担保余值加上独立于承租人和出租人、有经济能力履行担保义务的独立第三方担保的资产余值。

8）概念8——未担保余值

未担保余值是指租赁资产余值中扣除就出租人而言的担保余值以后的资产余值。对出租人而言，如果租赁资产余值中包含未担保余值，表明这部分余值的风险和报酬并没有转移，其风险应由出租人承担。

如一项租赁资产的余值为100万元，承租人担保的金额为40万元，与承租人有关的一方担保的金额为30万元，有经济能力的独立第三方担保的金额为20万元，此时就承租人而言的担保余值为70万元，就出租人而言的担保余值为90万元，未担保余值为10万元。

9）概念9——租赁投资总额

租赁投资总额是指出租人的租赁收款额和未担保余值之和。该金额代表租赁业务未来能够给出租人带来的经济利益的总流入。用公式表示为：

租赁投资总额（概念9）=租赁收款额（概念6）+未担保余值（概念8）

10）概念10——租赁投资净额

从理论上讲，租赁投资净额应为租赁期开始日出租人对租赁业务进行的初始投资，在金额上，它等于租赁投资投资总额按租赁内含利率（概念11）计算的现值。用公式表示为：

$$租赁投资净额(概念10)=\sum_{t=1}^{n}\frac{第t期的租赁收款额}{(1+r)^t}+\frac{未担保余值}{(1+r)^n}$$

11）概念11——租赁内含利率

租赁内含利率是出租人在融资租赁业务中取得的收益率，是使出租人的租赁收款额的现值与未担保余值的现值之和（即租赁投资净额，概念10）等于租赁资产公允价值与出租人的初始直接费用（概念13）之和的利率。

用公式表示为：

$$\frac{租赁资产}{公允价值}+\frac{出租人的}{初始直接费用}=\sum_{t=1}^{n}\frac{第t期的租赁收款额}{(1+r)^t}+\frac{未担保余值}{(1+r)^n}$$

12）概念12——增量借款利率

增量借款利率是指承租人在类似经济环境下为获得与使用权资产价值接近的资产，在类似租赁期间以类似抵押条件借入资金需支付的利率。当承租人无法获得租赁内含利率（概念11）时，可以用增量借款利率替代。承租人在确定增量借款利率时，通常应参考同期银行贷款利率、相关租赁合同利率、最近一期类似资产抵押贷款利率以及与承租人信用状况相似企业发行的同期债券利率等。

13）概念13——初始直接费用

初始直接费用是指承租人和出租人在租赁谈判和签订合同过程中发生的、可直接归属于某租赁项目的增量成本。增量成本就是企业若不取得该租赁合同，则不会发生的成本，主要包括印花税、佣金、律师费、差旅费、谈判费等。需要注意的是，无论是否实际取得租赁都要发生的支出，则不属于初始直接费用，如为评估是否签订租赁而发生的差旅费、法律费用等，此类费用应当在发生时计入当期损益。

2.2 承租人会计处理

在租赁期开始日，承租人应当对租赁确认使用权资产和租赁负债，应用短期租赁和低价值资产租赁简化处理的除外。

2.2.1 承租人使用的会计科目

1）“使用权资产”科目

该科目是资产类科目，核算承租人可在租赁期内使用租赁资产的权利。在租赁期开始日，承租人应当按照成本对使用权资产进行初始计量。该成本包括以下四项：

（1）租赁负债的初始计量金额，即尚未支付的租赁付款额现值。

（2）在租赁期开始日或之前支付的租赁付款额，存在租赁激励的，应扣除已享受的租赁奖励相关金额。

（3）承租人发生的初始直接费用。

（4）承租人为拆除及移除租赁资产、复原租赁资产所在场地或将租赁资产恢复至租赁条款约定状态预计将发生的成本。

2）“使用权资产累计折旧”科目

该科目核算使用权资产的累计折旧。与“累计折旧”科目性质相同，都是资产备抵类科目。

3）“使用权资产减值准备”科目

该科目核算使用权资产的减值准备。与“固定资产减值准备”科目性质相同，都是资产备抵类科目。

4）“租赁负债”科目

该科目是负债类科目，核算承租人尚未支付的租赁付款额的现值。本科目分别设置“租赁付款额”和“未确认融资费用”两个二级科目。

特别提示

租赁期间尚未支付的“本金”，也就是尚未支付的租赁付款额的现值，计入“使用权资产”成本中；而“租赁负债——未确认融资费用”反映的是租赁期间的“累计利息”；只有租赁付款额（2.1.3中的概念5）中尚未支付的总额，即租赁期间尚未支付的“本息和”，才形成“租赁负债——租赁付款额”的核算内容。上述三者的关系用公式表示为：

尚未支付的租赁付款额现值（本金）+未确认融资费用（累计利息）=尚未支付的租赁付款额（本息和）

2.2.2 承租人的账务处理

1）租赁期开始日的处理

① 在租赁期开始日，承租人应当按尚未支付的租赁付款额现值，借记“使用权资产”科目，按尚未支付的租赁付款额，贷记“租赁负债——租赁付款额”科目，按尚未支付的租赁付款额与其现值的差额，借记“租赁负债——未确认融资费用”科目。

② 对于租赁期开始日之前支付的租赁付款额（扣除已享受的租赁激励），借记“使用权资产”科目，贷记“预付账款”等科目。

③ 按发生的初始直接费用，借记“使用权资产”科目，贷记“银行存款”科目。

④ 按预计将发生的为拆除及移除租赁资产、复原租赁资产所在场地或将租赁资产恢复至租赁条款预定状态等成本的现值，借记“使用权资产”科目，贷记“预计负债”科目。该处理类似于固定资产弃置费用的会计处理。

2）确认各期利息的处理

承租人在确认租赁期内各个期间的利息时，应当按照固定的周期性利率计算租赁负债在租赁期内各期间的利息费用，并计入当期损益，符合《企业会计准则第17号——借款费用》等其他准则规定应当计入相关资产成本的，从其规定。借记“财务费用”“在建工程”等科目，贷记“租赁负债——未确认融资费用”科目。

此处的周期性利率，是指承租人对租赁负债进行初始计量时所采用的折现率，或者因租赁付款额发生变动或因租赁变更而需按照修订后的折现率对租赁负债进行重新计量时，承租人所采用的修订后的折现率，一般是租赁内含利率（2.1.3中的概念11）或增量借款利率（2.1.3中的概念12）。

3）支付租赁付款额的处理

承租人支付租赁付款额时，应当借记“租赁负债——租赁付款额”科目，贷记“银行存款”科目。

4）承租人对使用权资产计提折旧和减值准备的处理

承租人通常应当自租赁期间开始日按月计提使用权资产的折旧，借记“制造费用”“研发支出”“管理费用”等科目，贷记“使用权资产累计折旧”科目。当月计提确有困难的，也可从下月起计提折旧，并在附注中予以披露。承租人能够合理确定租赁期届满时取得租赁资产所有权的，应当在租赁资产剩余使用寿命内计提折旧；承租人无法合理确定租赁期届满时能够取得租赁资产所有权的，应当在租赁期与租赁资产剩余使用寿命两者孰短的期间内计提折旧。如果使用权资产的剩余使用寿命短于前两者，则应在使用权资产的剩余使用寿命内计提折旧。

使用权资产发生减值的，应按减记的金额，借记“资产减值损失”科目，贷记“使用权资产减值准备”科目。使用权资产减值准备一旦计提，不得转回。

5）租赁期届满的处理

（1）承租人返还租赁资产，应借记“使用权资产累计折旧”科目，贷记“使用权资产”科目。

（2）承租人按照合同约定的优惠条款继续承租该租赁资产，此时应视同该项租赁一直存在而作出相同的账务处理。如果租赁期届满承租人没有续租，根据租赁合同规定应向出租人支付违约金时，借记“营业外支出”科目，贷记“银行存款”科目。

（3）承租人按照合同预定的优惠条款留购租赁资产，承租人在支付购买价款时，借记“租赁负债”科目，贷记“银行存款”科目，同时将租赁资产从“使用权资产”科目转入“固定资产”科目，将“使用权资产累计折旧”转入“累计折旧”科目。

【例2-2】20×0年1月1日，甲公司就某栋建筑物的3个楼层与出租人乙公司签订了为期10年的租赁协议，并拥有5年的续租选择权。相关资料如下：

初始租赁期内的不含税租金为每年1 000万元，续租期间的不含税租金为每年1 100万元。所有款项均需每年年初支付。除固定付款额外，合同还规定租赁期间甲公司3个楼层当年营业收入超过4 000万元的，当年还应再按实际营业收入的1%计算租金，于当年年末支付。假设在第三年，甲公司的营业收入是5 000万元。

为获得该项租赁，甲公司发生的初始直接费用为400万元，其中，300万元为向该楼层前任租户支付的款项，100万元为向促成此项租赁交易的房地产中介支付的佣金。作为对甲公司的激励，乙公司同意补偿甲公司100万元的佣金。

在租赁期开始日，甲公司评估后认为不能合理确定将行使续租选择权，因此将租赁期确定为10年。

甲公司由于无法取得租赁内含利率，其增量借款年利率为5%。

预计租赁期结束时将上述建筑物3个楼层恢复最初状态将发生的成本为100万元，期满后甲公司返还租赁资产。

（1）甲公司租赁期开始日的会计处理：

第一步：确认租赁负债和使用权资产。

尚未支付的租赁付款额=1 000×9=9 000（万元）

尚未支付的租赁付款额现值=1 000×（P/A，5%，9）=1 000×7.10782=7 107.82（万元）

未确认融资费用=尚未支付的租赁付款额-尚未支付的租赁付款额现值

=9 000-7 107.82=1 892.18（万元）

编制的会计分录为：

借：使用权资产　　71 078 200

　　租赁负债——未确认融资费用　　18 921 800

　贷：租赁负债——租赁付款额　　90 000 000

借：使用权资产　　10 000 000

　贷：银行存款　　10 000 000

第二步：将初始直接费用计入使用权资产的初始成本。

借：使用权资产　　4 000 000

　贷：银行存款　　4 000 000

第三步：将租赁激励从使用权资产的入账价值中扣除。

借：银行存款　　1 000 000

　贷：使用权资产　　1 000 000

第四步：将复原费用的现值计入使用权资产成本。

复原费用的现值=100×（P/F，5%，10）=100×0.6139=61.39（万元）

借：使用权资产　　613 900

　贷：预计负债　　613 900

甲公司的使用权资产的初始成本=7 107.82+1 000+400-100+61.39=8 469.21（万元）

（2）确认各期利息费用，见表2-2。

表2-2　**利息费用计算表**　单位：万元

年度	租赁负债年初金额①	租赁付款额②	利息③=（①-②）×5%	租赁负债年末金额④=①-②+③
20×0	7 107.82	—	355.39	7 463.21
20×1	7 463.21	1 000	323.16	6 786.37
20×2	6 786.37	1 000	289.32	6 075.69
20×3	6 075.69	1 000	253.78	5 329.47
20×4	5 329.47	1 000	216.47	4 545.94
20×5	4 545.94	1 000	177.30	3 723.24
20×6	3 723.24	1 000	136.16	2 859.4
20×7	2 859.4	1 000	92.97	1 952.37
20×8	1 952.37	1 000	47.63*	1 000
20×9	1 000	1 000	0	0
合计	—	9 000	1 892.18	

注：*尾数调整。

20×0年年末分摊未确认融资费用的会计处理为：

借：财务费用　　3 553 900

　贷：租赁负债——未确认融资费用　　3 553 900

20×0年年末计提复原费用应负担的利息=61.39×5%=3.07（万元）

借：财务费用　　30 700

　贷：预计负债　　30 700

20×1年初支付租金时的会计处理为：

借：租赁负债——租赁付款额　　10 000 000

　贷：银行存款　　10 000 000

20×1年年末分摊未确认融资费用的会计处理为：

借：财务费用　　3 231 600

　贷：租赁负债——未确认融资费用　　3 231 600

20×1年年末计提复原费用应负担的利息=（61.39+3.07）×5%=3.22（万元）

借：财务费用　　32 200

　贷：预计负债　　32 200

其他年度的会计处理略。

（3）对使用权资产计提折旧。

甲公司的使用权资产的初始成本为8 469.21万元，按年限平均法计提折旧，租期10年，每年计提的折旧金额为846.921万元。

借：管理费用　　8 469 210

　贷：使用权资产累计折旧　　8 469 210

（4）支付第三年的可变租赁付款额：

由于该可变租赁付款与未来的营业收入挂钩，而并非取决于指数或比率，因此发生时计入当期损益。

借：销售费用　　500 000

　贷：银行存款　　500 000

（5）期满后，将办公楼恢复原样并归还。

借：预计负债　　1 000 000

　贷：银行存款　　1 000 000

借：使用权资产累计折旧　　84 692 100

　贷：使用权资产　　84 692 100

6）涉及租赁负债、使用权资产重新计量的处理

在租赁期开始日后，当发生下列四种情形时，承租人应当按照变动后的租赁付款额的现值重新计量租赁负债，并相应调整使用权资产的账面价值。使用权资产的账面价值已调减至零，但租赁负债仍需进一步调减的，承租人应当将剩余金额计入当期损益。

（1）实质固定付款额发生变动。

如果租赁付款额最初是可变的，但在租赁期开始日后的某一时点转为固定，那么，在潜在可变性消除时，该付款额成为实质固定付款额，应纳入租赁负债的计量中。承租人应

当按照变动后租赁付款额的现值重新计量租赁负债。在该情形下，承租人采用的折现率不变，即仍然采用租赁期开始日确定的折现率。

（2）担保余值预计的应付金额发生变动。

在租赁期开始日后，承租人应对其在担保余值下预计支付的金额进行估计。该金额发生变动的，承租人应当按照变动后租赁付款额的现值重新计量租赁负债。在该情形下，承租人采用的折现率不变。

（3）用于确定租赁付款额的指数或比率发生变动。

在租赁期开始日后，因浮动利率的变动而导致未来租赁付款额发生变动的，承租人应当按照变动后租赁付款额的现值重新计量租赁负债。在该情形下，承租人应采用反映利率变动的修订后的折现率进行折现。

在租赁期开始日后，因用于确定租赁付款额的指数或比率（浮动利率除外）的变动而导致未来租赁付款额发生变动的，承租人应当按照变动后租赁付款额的现值重新计量租赁负债。在该情形下，承租人采用的折现率不变。

需要注意的是，仅当现金流量发生变动时，即租赁付款额的变动生效时，承租人才应重新计量租赁负债，以反映变动后的租赁付款额。承租人应基于变动后的合同付款额，确定剩余租赁期内的租赁付款额。

（4）购买选择权、续租选择权或终止租赁选择权的评估结果或实际行使情况发生变化。

租赁期开始日后，承租人应采用修订后的折现率对变动后的租赁付款额进行折现，以重新计量租赁负债。

2.2.3 租赁变更的会计处理

租赁变更，是指原合同条款之外的租赁范围、租赁对价、租赁期限的变更，包括增加或终止一项或多项租赁资产的使用权，延长或缩短合同规定的租赁期等。租赁变更生效日，是指双方就租赁变更达成一致的日期。

1）租赁变更作为一项单独租赁处理

租赁发生变更且同时符合下列条件的，承租人应当将该租赁变更作为一项单独租赁进行会计处理：

（1）该租赁变更通过增加一项或多项租赁资产的使用权而扩大了租赁范围；

（2）增加的对价与租赁范围扩大部分的单独价格按该合同情况调整后的金额相当。

2）租赁变更未作为一项单独租赁处理

租赁变更未作为一项单独租赁进行会计处理的，在租赁变更生效日，承租人应当按照新租赁准则有关租赁分拆的规定对变更后合同的对价进行分摊；按照新租赁准则有关租赁期的规定确定变更后的租赁期；并采用变更后的折现率对变更后的租赁付款额进行折现，以重新计量租赁负债。在计算变更后租赁付款额的现值时，承租人应当采用剩余租赁期间的租赁内含利率作为折现率；无法确定剩余租赁期间的租赁内含利率的，应当采用租赁变更生效日的承租人增量借款利率作为折现率。

就上述租赁负债调整的影响，承租人应区分以下情形进行会计处理：

（1）租赁变更导致租赁范围缩小或租赁期缩短的，承租人应当调减使用权资产的账面价值，以反映租赁的部分终止或完全终止。承租人应将部分终止或完全终止租赁的相关利得或损失计入当期损益。

（2）其他租赁变更，承租人应当相应调整使用权资产的账面价值。

2.2.4　短期租赁和低价值资产租赁

对于短期租赁和低价值资产租赁，承租人可以选择不确认使用权资产和租赁负债。作出该选择的，承租人应当将短期租赁和低价值资产租赁的租赁付款额，在租赁期内各个期间按照直线法或其他系统合理的方法计入相关资产成本或当期损益。其他系统合理的方法能够更好地反映承租人的受益模式的，承租人应当采用该方法。

1）短期租赁

短期租赁，是指在租赁期开始日，租赁期不超过12个月的租赁。例如，承租人与出租人签订了一份租赁合同，约定不可撤销期间为9个月，且承租人拥有5个月的续租选择权。在租赁期开始日，因为续租期的月租赁付款额明显低于市场价格，承租人判断可以合理确定将行使续租选择权。在此情况下，承租人确定租赁期为14个月，不属于短期租赁。同理，包含购买选择权的租赁，即使租赁期不超过12个月，也不属于短期租赁。

对于短期租赁，承租人可以按照租赁资产的类别作出采用简化会计处理的选择。如果承租人对某类租赁资产，即企业运营中具有类似性质和用途的一组租赁资产，作出了简化会计处理的选择，未来该类资产下所有的短期租赁都应采用简化会计处理。按照简化会计处理的短期租赁发生租赁变更或者其他原因导致租赁期发生变化的，承租人应当将其视为一项新租赁，重新按照上述原则判断该项新租赁是否可以选择简化会计处理。

2）低价值资产租赁

低价值资产租赁，是指单项租赁资产为全新资产时价值较低的租赁。常见的低价值资产如平板电脑、普通办公家具、投影仪等小型资产。

低价值资产租赁的标准是一个绝对金额，即仅与资产全新状态下的绝对价值有关，不受承租人规模、性质等影响，不考虑该资产对于承租人或相关租赁交易的重要性，也不考虑资产已使用的年限。

特别提示

《企业会计准则第21号——租赁》中并没有直接指定低价值租赁的金额范围。但是在企业会计准则编审委员会编制的《企业会计准则案例讲解（2022年版）》中的例21-45指出“通常情况下，符合低价值资产租赁的资产全新状态下的绝对价值应低于人民币40 000元”。

对于低价值资产租赁，承租人可根据每项租赁的具体情况作出简化会计处理选择。低价值资产同时还应满足以下条件：只有承租人能够从单独使用该低价值资产或将其与承租人易于获得的其他资源一起使用中获利，且该项资产与其他租赁资产没有高度依赖或高度关联关系时，才能对该资产租赁选择进行简化会计处理。例如，对于服务器中的组件，尽管单个组件的价格较低，但由于每个组件都与服务器中的其他部分高度相关，承租人若不租赁服务器，是不会租赁这些组件的，因此不能将单个组件作为低价值租赁资产进行会计处理。

2.3 出租人的会计处理

2.3.1 出租人的租赁分类

出租人应当在租赁期开始日将租赁分为融资租赁和经营租赁。如果一项租赁实质上转移了与资产所有权相关的全部风险和报酬，则该项租赁应归类为融资租赁；反之，则该项租赁应归类为经营租赁。

一项租赁是融资租赁还是经营租赁，取决于交易的实质而不是合同的形式。满足下列标准之一的，即可确认为融资租赁：

（1）在租赁期届满时，资产的所有权转移给承租人，即如果在租赁协议中约定，或者根据其他条件在租赁期开始日就可以合理地判断，租赁期届满时出租人会将资产的所有权转移给承租人，那么该项租赁应当认定为融资租赁。

（2）承租人有购买租赁资产的选择权，所订立的购买价款预计远低于行使选择权时租赁资产的公允价值，因此在租赁期开始日就可以合理地确定承租人将会行使这种选择权。《企业会计准则第21号——租赁》中并没有给出“远低于”的具体标准，需要企业结合具体情况进行必要的判断。

例如，出租人和承租人签订了一项租赁协议，租赁期限为3年，租赁期届满时承租人有权以100元的价格购买租赁资产，在签订租赁协议时估计该租赁资产租赁期届满时的公允价值为40 000元，由于购买价格远低于公允价值，如果没有特别的情况，承租人在租赁期届满时将会购买该项资产。在这种情况下，即可判断该项租赁为融资租赁。

（3）即使资产的所有权不转移，但租赁期占租赁资产使用寿命的大部分。实务中“大部分”通常是指租赁期占租赁期开始日租赁资产尚可使用寿命的75%以上（含75%）。

特别提示

这条标准强调的是租赁期占租赁资产尚可使用寿命的比例，而非租赁期占该项资产全部可使用年限的比例。如果租赁资产是旧资产，在租赁前已使用年限超过资产自全新时起算可使用年限的75%以上时，则这条判断标准不适用，不能使用这条标准确定租赁的分类。

例如，某项租赁设备全新时可使用年限为10年，已经使用了3年，从第4年开始租出，租赁期为6年，由于在租赁期开始日该设备尚可使用年限为7年，租赁期占租赁设备尚可使用年限的85.7%（6÷7×100%），满足融资租赁的条件。如果从第4年开始出租，租赁期为5年，租赁期占租赁设备尚可使用年限的71.4%（5÷7×100%），则不应确定为融资租赁（假设也不满足其他判断标准）。如果该设备已经使用了8年，从第9年开始租出，租赁期为2年，此时该设备尚可使用年限为2年，尽管租赁期占租赁设备尚可使用年限的100%（2÷2×100%），但由于在开始此次租赁前，该设备的已使用年限超过了全新时可使用年限的75%，因此不能根据该标准确定其为融资租赁。

（4）在租赁期开始日，最低租赁收款额的现值几乎相当于租赁资产的公允价值。实务中“几乎相当于”通常指在90%以上（含90%）。

（5）租赁资产性质特殊，如果不做较大改造，只有承租人才能使用。这条标准是指租赁资产是出租人根据承租人对资产型号、规格等方面的特殊要求专门购买或建造的，具有专购、专用性质。这些租赁资产如果不做较大的重新改造，其他企业通常难以使用。在这种情况下，该项租赁也应当认定为融资租赁。

一项租赁存在下列一项或多项迹象的，也可能分类为融资租赁：

（1）若承租人撤销租赁，撤销租赁对出租人造成的损失由承租人承担。

（2）资产余值的公允价值波动所产生的利得或损失归属于承租人。例如，租赁结束时，出租人以相当于资产销售收益的绝大部分金额作为对租金的退还，说明承租人承担了租赁资产余值的几乎所有风险和报酬。

（3）承租人有能力以远低于市场水平的租金继续租赁至下一期间。此经济激励政策与购买选择权类似，如果续租选择权行权价远低于市场水平，可以合理确定承租人将继续租赁至下一期间。

值得注意的是，出租人判断租赁类型时，上述情形和迹象并非总是决定性的，而是应综合考虑经济激励的有利方面和不利方面。若有其他特征充分表明，租赁实质上没有转移与租赁资产所有权相关的几乎全部风险和报酬，则该租赁应分类为经营租赁。若租赁资产的所有权在租赁期结束时是以相当于届时其公允价值的可变付款额转让至承租人，或者因存在可变租赁付款额导致出租人实质上没有转移几乎全部风险和报酬，就可能出现这种情况。

2.3.2　出租人使用的会计科目

1）“应收融资租赁款”科目

该科目用于核算出租人融资租赁中的租赁收款额、未担保余值和未实现融资收益，为此，该科目应设置“租赁收款额”、“未担保余值”和“未实现融资收益”明细科目。其中“应收融资租赁款——租赁收款额”科目用于核算出租人因出租标的资产应向承租人收取的款项；“应收融资租赁款——未担保余值”科目用于核算标的资产余值中未被担保部分的价值；“应收融资租赁款——未实现融资收益”科目用于核算租赁投资总额（2.1.3中的概念9）与租赁投资净额（2.1.3中的概念10）之间的差额，即租赁期内的融资租赁收益。

2）“应收融资租赁款减值准备”科目

该科目用于核算出租人应收融资租赁款发生减值时计提的减值准备。与“坏账准备”性质相同，都是资产备抵类科目。

3）“融资租赁资产”科目

该科目用于核算出租人为开展融资租赁业务取得的资产的成本。租赁业务不多的企业，也可通过“固定资产”科目核算。融资租赁资产可按固定资产等相关会计准则的规定进行核算。

4）“租赁收入”科目

该科目用于核算租赁企业作为出租人确认的融资租赁和经营租赁的租金收入。出租人是金融企业时，应将租金收入记入“利息收入”科目。不设置该科目的企业，可以在“其他业务收入”科目中核算。

2.3.3 出租人对融资租赁的会计处理

1）初始计量

出租人购入和以其他方式取得融资租赁资产的，借记“融资租赁资产”科目，贷记“银行存款”等科目。

在租赁期开始日，出租人应当对融资租赁确认应收融资租赁款，并终止确认融资租赁资产。出租人按尚未收到的租赁收款额，借记“应收融资租赁款——租赁收款额”科目，按预计租赁期结束时的未担保余值，借记“应收融资租赁款——未担保余值”科目，按已经收取的租赁款，借记“银行存款”等科目，按融资租赁方式租出资产的账面价值，贷记“融资租赁资产”科目，融资租赁方式租出资产的公允价值与账面价值的差额，借记或贷记“资产处置损益”科目，按发生的初始直接费用，贷记“银行存款”科目，差额贷记“应收融资租赁款——未实现融资收益”科目。

特别提示

如同“租赁付款额”（2.1.3中的概念5）与“租赁负债——租赁付款额”的关系一样，只有租赁收款额（2.1.3中的概念6）中尚未收到的款项，才在“应收融资租赁款——租赁收款额”中进行核算。

2）后续计量

出租人应当按照固定的周期性利率计算并确认租赁期内各个期间的利息收入，借记“应收融资租赁款——未实现融资收益”科目，贷记“租赁收入”“其他业务收入”等科目。

出租人收到租赁收款额时，借记“银行存款”科目，贷记“应收融资租赁款——租赁收款额”科目。

应收融资租赁款预期信用损失，按减记的金额，借记“信用减值损失”科目，贷记“应收融资租赁款减值准备”科目。转回已计提的减值准备时，应借记“应收融资租赁款减值准备”科目，贷记“信用减值损失”科目。

出租人应定期复核计算租赁投资总额时所使用的未担保余值。若预计未担保余值降低，出租人应修改租赁期内的收益分配，并立即确认预计的减少额。

【例2-3】20×2年12月31日，甲公司与乙公司签订了一份租赁合同。租赁合同主要条款如下：

（1）租赁资产为一台全新的塑钢机，使用寿命为7年。

（2）租赁期自20×3年1月1日至20×8年12月31日，共6年。

（3）自20×3年1月1日，每年年末支付租金16万元。如果甲公司能够在每年年末的最后一天及时付款，则给予减少租金1万元的激励。

（4）租赁期开始日租赁资产的公允价值为70万元，账面价值为60万元。

（5）签订租赁合同过程中乙公司发生可归属于租赁项目的手续费、佣金1万元。

（6）租赁期届满时，甲公司享有优惠购买该机器的选择权购买价为2万元，估计该日租赁资产的公允价值为8万元。

（7）20×3年和20×4年两年，甲公司每年按该机器所生产的产品——塑钢窗户的年销售收入的5%向乙公司支付经营分享收入。假设每年的销售收入均为500万元。

（8）甲公司享有终止租赁选择权。在租赁期间，如果甲公司终止租赁，需支付的款项为剩余租赁期间的固定租金支付金额。

（9）担保余值和未担保余值均为0。

出租人乙公司的会计处理如下：

第一步，判断租赁类型。

本例存在优惠购买选择权，优惠购买价2万元远低于行使选择权日租赁资产的公允价值8万元，因此在20×2年12月31日就可合理确定甲公司将会行使这种选择权。另外，在本例中，租赁期6年，占租赁期开始日租赁资产使用寿命7年的85.7%（大于75%）。同时，乙公司综合考虑其他各种情形和迹象，认为该租赁实质上转移了与该项设备所有权有关的几乎全部风险和报酬，因此将这项租赁认定为融资租赁。

第二步，确定租赁收款额。

（1）承租人的固定付款额为考虑扣除租赁激励后的金额，本例为90万元（（16-1）×6）。

（2）承租人购买选择权的行权价格为2万元。

（3）终止租赁的罚款。虽然甲公司享有终止租赁选择权，但若终止租赁，甲公司需支付的款项为剩余租赁期间的固定租金支付金额，因此可以合理确定甲公司不会行使终止租赁选择权。

（4）由承租人向出租人提供的担保余值。本例中甲公司提供的担保余值为0，因此：

租赁收款额=90+2=92（万元）

第三步，确认租赁投资总额。

租赁投资总额=融资租赁下出租人应收的租赁收款额+未担保余值=92+0=92（万元）

第四步，确认租赁投资净额和未实现融资收益。

租赁投资净额=租赁资产在租赁期开始日的公允价值+出租人发生的初始直接费用=70+1=71（万元）

未实现融资收益=租赁投资总额-租赁投资净额=92-71=21（万元）

第五步，根据公式，计算租赁内含利率。

70+1=15×（P/A，r，6）+2×（P/F，r，6）+0×（P/F，r，6）

利用差值法计算得到的租赁内含利率为7.82%。

第六步，进行会计处理。

20×3年1月1日：

借：应收融资租赁款——租赁收款额	920 000	
贷：银行存款		10 000
融资租赁资产		600 000
资产处置损益		100 000
应收融资租赁款——未实现融资收益		210 000

计算租赁期内各期的租赁收入，见表2-3。

表2-3　　　　**租赁收入计算表**　　　　单位：元

日期	收取租赁款项 ①	确认的租赁收入 ②=期初③×7.82%	应收租赁款净额 期末③=期初③-①+②
20×3.1.1			710 000
20×3.12.31	150 000	55 522	615 522
20×4.12.31	150 000	48 134	513 656
20×5.12.31	150 000	40 168	403 824
20×6.12.31	150 000	31 579	285 403
20×7.12.31	150 000	22 319	157 722
20×8.12.31	150 000	12 278*	20 000
20×8.12.31	20 000	—	—
合计	920 000	210 000	

注：* 尾数调整。

会计处理为：

①20×3年12月31日

借：银行存款　150 000

　贷：应收融资租赁款——租赁收款额　150 000

借：应收融资租赁款——未实现融资收益　55 522

　贷：租赁收入　55 522

借：银行存款　250 000

　贷：租赁收入　250 000

②20×4年12月31日

借：银行存款　150 000

　贷：应收融资租赁款——租赁收款额　150 000

借：应收融资租赁款——未实现融资收益　48 134

　贷：租赁收入　48 134

借：银行存款　250 000

　贷：租赁收入　250 000

③20×5年12月31日

借：银行存款　150 000

　贷：应收融资租赁款——租赁收款额　150 000

借：应收融资租赁款——未实现融资收益　40 168

　贷：租赁收入　40 168

④20×6年12月31日

借：银行存款　150 000

　贷：应收融资租赁款——租赁收款额　150 000

借：应收融资租赁款——未实现融资收益　　31 579

　贷：租赁收入　　31 579

⑤20×7年12月31日

借：银行存款　　150 000

　贷：应收融资租赁款——租赁收款额　　150 000

借：应收融资租赁款——未实现融资收益　　22 319

　贷：租赁收入　　22 319

⑥20×8年12月31日

借：银行存款　　170 000

　贷：应收融资租赁款——租赁收款额　　170 000

借：应收融资租赁款——未实现融资收益　　12 278

　贷：租赁收入　　12 278

2.3.4　出租人对经营租赁的会计处理

在经营租赁下，与租赁资产所有权有关的风险和报酬并没有实质上转移给承租人，出租人对经营租赁的会计处理也比较简单，主要是解决应收的租金与当期收入之间的关系、经营租赁资产折旧的计提等问题。

1）租金的处理

在租赁期各个期间，出租人应采用直线法将经营租赁的租赁收款额确认为租金收入。如果其他系统合理的方法能够更好地反映因使用租赁资产所产生经济利益消耗模式的，则出租人应采用该方法确认租金收入。

2）出租人对经营租赁提供激励措施

出租人提供了免租期，应将租金总额在不扣除免租期的整个租赁期内，按直线法或其他合理的方法进行分配，即免租期内也应当确认租金收入。出租人承担了承租人某些费用的，出租人应将该费用自租金收入总额中扣除，按扣除后的租金收入余额在租赁期内进行分配。

3）初始直接费用

出租人发生的与经营租赁有关的初始直接费用应当资本化至租赁标的资产的成本，在租赁期内按照与租金收入相同的确认基础分期计入当期损益。

4）折旧和减值

在经营租赁下，租赁资产的所有权始终归出租人所有，因此，出租人仍应按自有资产的处理方法，采用类似资产的折旧政策计提折旧；对于其他经营租赁资产，应当根据该资产适用的企业会计准则，采用系统合理的方法进行摊销。

出租人应当按照《企业会计准则第8号——资产减值》的规定，确定经营租赁资产是否发生减值，并对已识别的减值损失进行会计处理。

5）可变租赁付款额

出租人取得的与经营租赁有关的可变租赁付款额，如果是与指数或比率挂钩的，应在租赁期开始日计入租赁收款额；除此之外的，应当在实际发生时计入当期损益。

6）经营租赁的变更

经营租赁发生变更的，出租人应自变更生效日开始，将其作为一项新的租赁进行会计处理，与变更前租赁有关的预收或应收租赁收款额视为新租赁的收款额。

【例2-4】20×3年1月1日，A公司向B公司租入办公设备一台，租期3年。设备价值为100万元，预计使用年限为10年。租赁合同规定，租赁期开始日A公司向B公司一次性预付租金15万元，第一年年末支付租金15万元，第二年年末支付租金20万元，第三年年末支付租金25万元。租赁期届满后B公司收回设备，3年的租金总额为75万元。

此项租赁没有满足融资租赁的任何一条标准，B公司应作为经营租赁处理。在确认租金收入时，不能依据各期实际收到的租金金额确定，而应采用直线法分摊确认各期的租金收入。此项租金收入总额为75万元，每年应分摊的租金收入为25万元，会计处理如下：

（1）20×3年1月1日

借：银行存款	150 000	
贷：其他应收款		150 000

（2）20×3年12月31日

借：银行存款	150 000	
其他应收款	100 000	
贷：租赁收入		250 000

（3）20×4年12月31日

借：银行存款	200 000	
其他应收款	50 000	
贷：租赁收入		250 000

（4）20×5年12月31日

借：银行存款	250 000	
贷：租赁收入		250 000

思政园地

随着我国城镇化进程的加速和流动人口规模的扩大，新市民、青年人的住房困难问题日益凸显。2021年6月24日，国务院办公厅发布《国务院办公厅关于加快发展保障性租赁住房的意见》（简称《意见》），明确加快发展保障性租赁住房，破解新市民、青年人“买不起房又租不到好房”的困局。

《意见》明确了国家层面的住房保障体系顶层设计，即加快完善以公租房、保障性租赁住房和共有产权住房为主体的住房保障体系。将保障性租赁住房作为“十四五”期间住房建设的重点任务。引导多主体投资、多渠道供给，注重实现职住平衡。《意见》明确了保障性租赁住房建设的5种方式，包括利用集体经营性建设用地、企事业单位自有闲置土地、产业园区配套用地、非居住存量房屋和新供应国有建设用地建设。各地充分利用这些土地支持政策，引导村集体经济组织、企事业单位、园区企业、住房租赁企业、房地产开发企业等积极发展保障性租赁住房。各地均明确保障性租赁住房主要面向无房新市民、青年人，不设收入线门槛，以小户型为主，租金低于同地段同品质市场租赁住房租金。

2.4 特殊租赁业务的会计处理

2.4.1 转租赁的会计处理

转租情况下，原租赁的承租人兼任转租赁的出租人，由于原租赁合同和转租赁合同通常都是单独协商的，交易对手也是不同的企业，准则要求转租出租人对原租赁合同和转租赁合同分别根据承租人和出租人的会计处理要求，进行会计处理。

承租人在对转租赁进行分类时，应基于原租赁中产生的使用权资产，而不是租赁资产（如作为租赁对象的不动产或设备）。因为原租赁中的租赁资产不归其所有，该租赁资产也未计入其资产负债表，因此，应基于其控制的资产（即使用权资产）进行会计处理。

如果承租人已经或者预期要把相关资产进行转租赁，则不能将原租赁按照低价值资产租赁进行简化会计处理。如果原租赁为短期租赁，且转租出租人作为承租人已按照准则采用简化会计处理方法的，应将转租赁分类为经营租赁。

【例2-5】甲企业（原租赁承租人）与乙企业（原租赁出租人）就8 000平方米办公场所签订了一项为期5年的租赁（原租赁）合同。在第三年年初，甲企业将该8 000平方米办公场所转租给丙企业，期限为原租赁的剩余3年时间（转租赁）。

甲企业应基于原租赁形成的使用权资产对转租赁进行分类。本例中，转租赁的期限覆盖了原租赁的所有剩余期限，综合考虑其他因素，甲企业判断其实质上转移了与该项使用权资产有关的几乎全部风险和报酬，甲企业将该项转租赁分类为融资租赁。

甲企业的会计处理为：

（1）终止确认与原租赁相关且转给丙企业（转租赁承租人）的使用权资产，并确认转租赁投资净额。

（2）使用权资产与转租赁投资净额之间的差额确认为损益。

（3）在资产负债表中保留原租赁的租赁负债，该负债代表应付原租赁出租人的租赁付款额。在转租期间，原租赁承租人（转租赁出租人）既要确认转租赁的融资收益，也要确认原租赁的利息费用。

2.4.2 生产商或经销商出租人的融资租赁会计处理

生产商或经销商通常为客户提供购买或租赁其产品或商品的选择。如果生产商或经销商出租其产品或商品构成融资租赁，则该交易产生的损益应相当于按照考虑适用的交易量或商业折扣后的正常售价直接销售标的资产所产生的损益。

1）主营业务收入的确认

在租赁期开始日，应当按照租赁资产公允价值与租赁收款额按市场利率折现的现值两者孰低确认收入。

2）主营业务成本的确认

按照租赁资产账面价值扣除未担保余值的现值后的余额结转销售成本。

3）取得融资租赁所发生的成本不属于初始直接费用

由于取得融资租赁所发生的成本主要与生产商或经销商赚取的销售利得相关，生产商或经销商出租人应当在租赁期开始日将其计入损益（销售费用），即与其他融资租赁出租人不同，生产商或经销商出租人取得融资租赁所发生的成本不属于初始直接费用，不计入租赁投资净额。

2.4.3 售后租回交易的会计处理

若企业（卖方兼承租人）将资产转让给其他企业（买方兼出租人），并从买方兼出租人租回该项资产，则卖方兼承租人和买方兼出租人均应按照售后租回交易的规定进行会计处理。企业应当按照《企业会计准则第14号——收入》（2017）的规定，评估确定售后租回交易中的资产转让是否属于销售，并区别进行会计处理。

在标的资产的法定所有权转移给出租人并将资产租赁给承租人之前，承租人可能会先获得标的资产的法定所有权。但是，是否具有标的资产的法定所有权本身并非会计处理的决定性因素。如果承租人在资产转移给出租人之前已经取得对标的资产的控制，则该交易属于售后租回交易。然而，如果承租人未能在资产转移给出租人之前取得对标的资产的控制，那么即便承租人在资产转移给出租人之前先获得标的资产的法定所有权，该交易也不属于售后租回交易。

1）售后租回交易中的资产转让属于销售

（1）卖方兼承租人应当按原资产账面价值中与租回获得的使用权有关的部分，计量售后租回所形成的使用权资产，并仅就转让至买方兼出租人的权利确认相关利得或损失。

（2）买方兼出租人根据其他适用的《企业会计准则》对资产购买进行会计处理，并根据租赁准则对资产出租进行会计处理。如果销售对价的公允价值与资产的公允价值不同，或者出租人未按市场价格收取租金，企业应当进行以下调整：

① 销售对价低于市场价格的款项作为预付租金进行会计处理。

② 销售对价高于市场价格的款项作为买方兼出租人向卖方兼承租人提供的额外融资进行会计处理。同时，承租人按照公允价值调整相关销售利得或损失，出租人按市场价格调整租金收入。

在进行上述调整时，企业应当按以下二者中较易确定者进行：

（1）销售对价的公允价值与资产的公允价值的差异；

（2）合同付款额的现值与按市场租金计算的付款额的现值的差异。

2）售后租回交易中的资产转让不属于销售

卖方兼承租人不终止确认所转让的资产，而应当将收到的现金作为金融负债，并按照《企业会计准则第22号——金融工具确认和计量》（2017）进行会计处理。买方兼出租人不确认被转让资产，而应当将支付的现金作为金融资产，并按照《企业会计准则第22号——金融工具确认和计量》（2017）进行会计处理。

本章小结与思维导图

本章主要论述了租赁的概念、承租人的会计处理、出租人的会计处理以及特殊租赁业务的会计处理。

租赁，是指在一定期间内，出租人将资产的使用权让与承租人以获取对价的合同。一项合同要被分类为租赁，必须满足三要素：一是存在一定期间；二是存在已识别资产；三是资产供应方向客户转移对已识别资产使用权的控制。

承租人一般应对租赁确认使用权资产和租赁负债，短期租赁和低价值资产租赁除外。

使用权资产按成本模式进行后续计量，从租赁期开始的当月计提折旧。租赁负债按租赁期开始日尚未支付的租赁付款额的现值进行初始计量。

出租人需要区分融资租赁和经营租赁。满足5个条件之一的就是融资租赁，除此之外的是经营租赁。

融资租赁的出租人应以租赁投资净额作为应收融资租赁款的入账价值，终止确认融资租赁资产，并分期确认租赁期内的租赁收入。经营租赁的出租人应按直线法将租赁收款额确认为租金收入。

特殊的租赁业务包括转租赁、生产商或经销商出租人的融资租赁、售后租回交易。

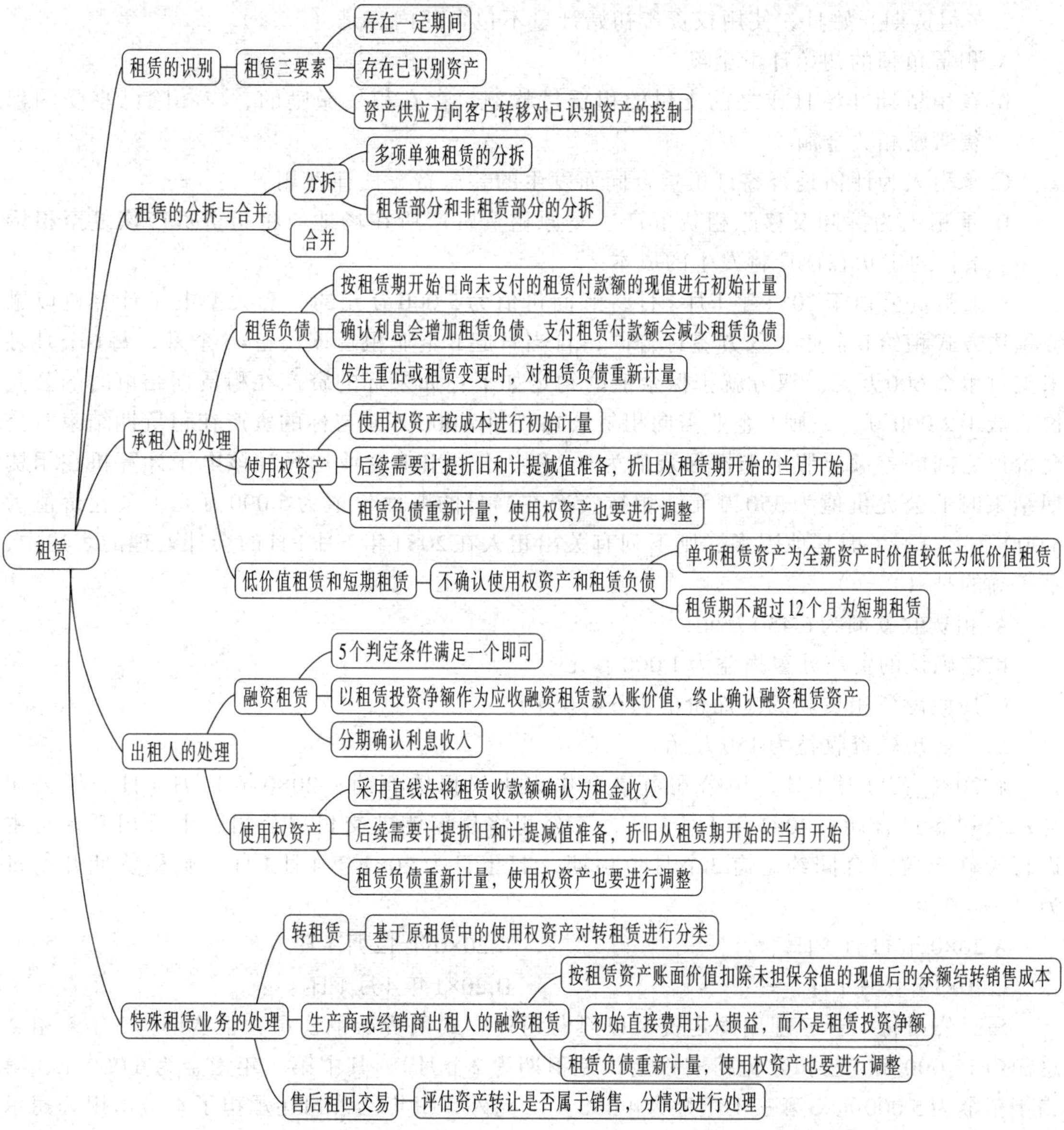

章末习题

一、单项选择题

1.下列各项中，属于“取决于指数或比率的可变租赁付款额”的是（　　）。

A.船舶租赁中要求承租人在超过特定航行里程数时支付的额外租赁付款额

B.根据基准利率变动而调整的租赁付款额

C.商铺租赁中根据租赁期内承租人取得销售收入的一定比例而确定的租赁付款额

D.生产设备租赁中要求承租人在超过特定产量时支付的额外租赁付款额

2.在租赁期开始日，使用权资产初始计量不包含的内容是（　　）。

A.租赁负债的初始计量金额

B.在租赁期开始日或之前支付的租赁付款额；存在租赁激励的，应扣除已享受的租赁激励相关金额

C.承租人为评估是否签订租赁合同而发生的差旅费、法律费用

D.承租人为拆卸及移除租赁资产、复原租赁资产所在场地或将租赁资产恢复至租赁条款约定状态预计将发生的成本

3.某租赁公司于20×1年1月1日将账面价值为5 000万元的一套大型电子计算机以融资租赁方式租给B企业。双方签订合同，自当日起B企业租赁该设备48个月，每6个月月末支付租金600万元。双方就担保余值的约定如下：如果标的资产在租赁期结束时的公允价值低于2 000万元，则B企业需向租赁公司支付2 000万元与标的资产在租赁期结束时公允价值之间的差额。假定未担保余值为0，租赁公司和B企业均预计该电子计算机在租赁期结束时的公允价值为350万元。租赁资产在当日的账面价值为5 000万元，公允价值为6 000万元。不考虑其他因素，则下列有关出租人在20×1年1月1日的会计处理的表述中，不正确的是（　　）。

A.租赁收款额为6 450万元

B.应确认的资产处置损益为1 000万元

C.应收融资租赁款的账面价值为6 450万元

D.未实现融资收益为450万元

4.20×0年11月1日，甲公司董事会作出决议租赁商铺；20×0年12月1日，甲公司与乙公司签订合同；20×1年1月1日，乙公司将房屋钥匙交付甲公司，甲公司开始自主进行装修布置。合同约定有3个月免租期，起租日为20×1年4月1日，则租赁期开始日为（　　）。

A.20×0年11月1日　　　　B.20×0年12月1日

C.20×1年1月1日　　　　D.20×1年4月1日

5.乙公司将一台管理用固定资产以经营租赁方式租赁给甲公司，租赁期为3年，租金总额为15 000元（已扣除免租期租金，免租期为2个月），其中第一年租金为6 000元，第二年租金为5 000元，第三年租金为4 000元。此外，每年乙公司还承担了本应由甲公司承担的固定资产修理费用，每年的金额为300元。假定甲公司将该项租赁业务认定为低价值

租赁。下列关于有关甲公司的会计处理中，表述正确的是（　　）。

A. 每年确认的租金费用为4 700元

B. 每年确认管理费用为4 900元

C. 第一年确认的租金费用为6 000元

D. 第二年、第三年确认的租金费用分别是5 000元、4 000元

二、多项选择题

1. 下列各项中，属于租赁业务的初始直接费用的有（　　）。

A. 因签订租赁合同而发生的佣金

B. 因签订租赁合同而发生的印花税

C. 为评估是否签订租赁合同而发生的差旅费

D. 为评估是否签订租赁合同而发生的法律费用

2. 下列各项中，应计入出租人租赁收款额的有（　　）。

A. 承租人需支付的固定付款额及实质固定付款额，存在租赁激励的，应当扣除租赁激励相关金额

B. 取决于指数或比率的可变租赁付款额，该款项在初始计量时根据租赁期开始日的指数或比率确定

C. 能合理确定承租人将行使购买选择权而将支付的行权价格

D. 租赁期反映出承租人将行使终止租赁选择权的情况下，承租人行使终止租赁选择权需支付的款项

3. 下列关于出租人融资租赁后续计量的表述中，正确的有（　　）。

A. 纳入出租人租赁投资净额的可变租赁付款额只包含取决于指数或比率的可变租赁付款额

B. 出租人应定期复核计算租赁投资总额时所使用的未担保余值

C. 若预计未担保余值降低，出租人应修改租赁期内的收益分配，并立即确认预计的减少额

D. 与资产的未来绩效或使用情况挂钩的可变租赁付款额，应当在实际发生时计入当期损益

4. 承租人甲公司与出租人乙公司签订了为期10年的租赁合同。每年的固定租赁付款额为100万元，在每年年末支付，除固定付款额外，合同还规定按照租赁期间甲公司商铺年销售额的5%额外计算当年租金，于当年年末支付。甲公司该商铺在租赁期的第一年的销售额为1 000万元，则下列会计处理表述正确的有（　　）。

A. 未纳入租赁负债计量的、并非取决于指数或比率的可变租赁付款额，应当在实际发生时计入当期损益

B. 对于第一年应支付的可变租赁付款额50万元，应在实际发生时计入当期损益

C. 应将第一年的可变租赁付款额50万元计入营业外支出

D. 应将第一年的可变租赁付款额50万元计入使用权资产

5. 关于售后租回交易的会计处理，下列表述中正确的有（　　）。

A. 售后租回交易中的资产转让属于销售的，卖方兼承租人应当按原资产账面价值中

与租回获得的使用权有关的部分，计量售后租回所形成的使用权资产

B. 售后租回交易中的资产转让属于销售的，卖方兼承租人应仅就转让至买方兼出租人的权利确认相关利得或损失

C. 售后租回交易中的资产转让属于销售的，如果销售对价的公允价值与资产的公允价值不同，或者出租人未按市场价格收取租金，则销售对价低于市场价格的款项应作为预付租金处理

D. 售后租回交易中的资产转让不属于销售的，卖方兼承租人应终止确认所转让的资产

三、业务题

20×2年1月1日，A公司与B租赁公司签订了一份租赁合同。相关资料如下：

（1）租赁标的物：程控生产线。

（2）租赁期开始日：租赁物运抵A公司生产车间之日（即20×2年1月1日）。

（3）租赁期：从租赁期开始日算起36个月（即20×2年1月1日—20×4年12月31日）。

（4）租金支付方式：自租赁期开始日起每年年末支付租金1 000万元。

（5）该生产线为全新设备，估计使用年限为5年。其在20×2年1月1日的账面价值和公允价值均为2 600万元。B公司为该项租赁发生初始直接费用100万元。

（6）20×3年和20×4年两年，A公司每年按该生产线所生产产品的年销售收入5%向B公司支付经营分享收入。A公司在20×3年和20×4年分别实现产品销售收入10 000万元和15 000万元。

（7）A公司在租赁谈判和签订租赁合同等过程中发生可归属于该租赁项目的手续费为10万元。A公司对使用权资产采用年限平均法计提折旧。

（8）担保余值和未担保余值均为0。

（9）20×4年12月31日，A公司将该生产线退还B公司。

其他资料：B公司该项租赁的内含利率为5.46%；假定A公司未能获知该利率，A公司的增量借款年利率为8%。（P/A，8%，3）=2.5771，（P/A，5.46%，3）=2.7000。

要求：分别按年编制A公司和B公司的会计分录（以万元为单位）。

四、思考题

1. 租赁合同应具备哪些特征？

2. 租赁收款额和租赁付款额的构成项目有哪些，二者的关系是什么？

3. 租赁投资总额和租赁投资净额的关系是什么？

4. 承租人对使用权资产和租赁负债如何进行计量？

5. 出租人融资租赁和经营租赁的区别是什么？

第2章习题答案

第3章/ 所得税

学习目标：了解所得税会计核算方法的历史沿革；掌握与所得税会计相关的基本概念；掌握资产负债表债务法的应用。

引导案例

哈森商贸（中国）股份有限公司2016年、2017年根据税法计算的亏损所得额分别为-23 367 030.65元、-63 403 625.34元。2016年、2017年公司根据整体内销业务情况预测，在未来税法规定的期限内，可以获得足够的可弥补亏损所得，弥补前述亏损，从而在2016年、2017年分别确认了递延所得税资产5 841 757.66元、15 850 906.34元。2018年，根据税法计算的亏损所得额为-68 720 160.64元。由于整体内销业绩继续下滑及根据税法计算的亏损额进一步加大，公司预测在未来税法规定的期限内，难以实现可弥补亏损所得。2019年4月27日，基于谨慎性原则，公司对2016年、2017年根据税法计算的亏损所得额确认的递延所得税资产21 692 664.00元予以冲回，同时不确认2018年根据税法计算的亏损所得额对应的递延所得税资产17 180 040.16元，两者合计影响2018年度净利润-38 872 704.16元。

什么是递延所得税资产？什么情况下可以确认递延所得税资产？递延所得税资产在什么情况下可以冲回？本章将对这些问题进行探讨。

3.1 所得税会计概述

企业所得税是对我国境内的企业和其他取得收入的组织的生产经营所得和其他所得征收的一个税种。它既体现了国家对企业的宏观管理，为国家建设筹集财政资金、调节产业结构、促进经济发展，又能促进企业改善经营管理，体现企业对国家应承担的社会义务。由于个人独资企业、合伙企业属于自然人性质企业，不具有法人资格，股东承担无限责任，因此按照中国法律、行政法规成立的个人独资企业、合伙企业，不属于企业所得税的纳税义务人，不缴纳企业所得税。

企业的应纳税所得额是按照税法规定进行计算的，而会计利润是按照会计准则的要求核算出来的结果，二者之间可能会存在差异，对此差异进行处理的理论和方法就是所得税会计。

3.1.1 所得税会计的产生与发展

所得税会计是税法和会计准则相互分离的必然结果，其产生和发展大致经历了三个阶段。

1）所得税会计与财务会计合二为一的共同发展时期

这一时期，税法和会计经历了一段相互承认、相互修正、共同发展的时期。税法借鉴会计的可行方法和合理的思想内容，促进了其发展，而税法的改进也加速了优良的会计实务的推广和使用，从而使得会计程序和概念得到修正和发展。这一时期，由于会计准则与税法在收入、费用、利润、资产、负债等方面的确认和计量基本一致，这就使得按会计准则规定计算的税前会计利润与按照税法规定计算的应纳税所得额也基本一致。

2）所得税会计和财务会计的逐步分离时期

税法和会计两者联系密切，但由于各自的服务宗旨、工作目标和研究对象的差异，最终导致了二者停止相互效仿，朝着各自的学科方向发展。税法和会计的差别主要体现在：

（1）目标不同。会计的目标是提供企业真实、完整的财务状况、经营成果和现金流量信息，以帮助会计信息的使用者作出合理决策；税法则以课税为目的，就所得税而言，即确定企业经营在一定时期内的应纳税所得额，进而确定企业应缴纳的所得税。

（2）依据不同。会计核算和税法处理分别依据不同的原则。会计的确认、计量、记录和报告应当依据企业会计准则的规定；税法的处理则依据国家有关税收法律、法规的规定。

（3）核算基础不同。会计的核算基础是权责发生制，税法则按照收付实现制和权责发生制混合计量，许多情况下以现金的实际收入和费用的实际支付作为标准。

3）所得税会计的产生和发展时期

随着税法和财务会计偏离程度的加深，如果不对按这两种规定计算的所得额的差异进行会计处理和协调，将导致企业税后利润不真实，所得税会计由此产生和发展。我国于1994年6月颁布了《企业所得税会计处理的暂行规定》，标志着我国产生了所得税会计，其核心内容是研究如何处理会计利润和应纳税所得额之间的差异。2006年2月财政部颁布了《企业会计准则第18号——所得税》，进一步规范和完善了资产负债表债务法的核算。

3.1.2 所得税会计核算方法沿革

所得税会计核算方法经历了“应付税款法”和“纳税影响会计法”两个阶段。“纳税影响会计法”按是否根据变化了的税率调整递延所得税余额，分为“递延法”和“债务法”两种。债务法又按照着眼于利润表还是资产负债表分为“利润表债务法”和“资产负债表债务法”两种。这些方法之间的关系如图3-1所示。

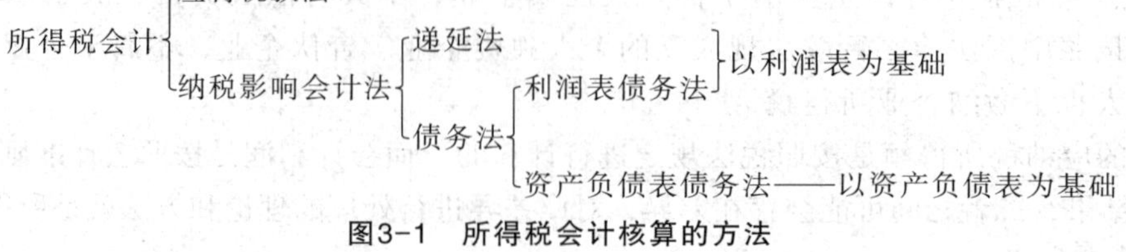

图3-1 所得税会计核算的方法

1）应付税款法

应付税款法是将本期税前会计利润与应纳税所得额之间的所有差异（包括永久性差异和时间性差异）均在当期确认为所得税费用，不递延到以后各期的方法。我国1994年颁布的《企业所得税会计处理的暂行规定》中规定，企业所得税的会计核算可以采用“应付税款法”。

采用应付税款法，企业当期利润表中的所得税费用与按照税法计算的应交所得税一致。因此，在应付税款法下，所得税费用的金额是按照本期应纳税所得额与适用所得税税率计算的应交所得税的金额。应付税款法的最大优点是简单、易于操作，但这种方法也存在明显的缺点：

（1）从利润表的角度来看，由于应付税款法对时间性差异的所得税影响不进行跨期分摊，会导致确认的所得税费用与税前会计利润之间不配比，容易引起报表使用者的误解。

（2）从资产负债表的角度看，应付税款法只在资产负债表上反映法定的应交所得税，而不确认由于所得税因素会导致未来经济利益流出企业的递延所得税负债，以及会导致未来经济利益流入企业的递延所得税资产，这就使得资产负债表不能如实反映企业的财务状况和经营成果。

很明显，应付税款法基于收付实现制的核算基础，不符合收入和费用配比的原则，不能正确反映企业会计利润与应纳税所得额不一致情况下企业实际的所得税费用。国际会计准则和美国会计准则在20世纪60年代取消了这种处理方法。

2）以利润表为基础的纳税影响会计法

纳税影响会计法是将本期税前会计利润和应纳税所得额之间产生的时间性差异造成的对所得税的影响金额递延和分配到以后各期。该方法相对于应付税款法的根本特点在于，其反映了时间性差异的跨期影响。《企业所得税会计处理的暂行规定》规定，除了可以采用“应付税款法”外，也可以采用“以利润表为基础的纳税影响会计法”，即选择纳税影响会计法中的任意一种进行所得税会计处理，包括递延法和以利润表为基础的债务法。

递延法和债务法均将本期由于时间性差异而产生的对所得税的影响金额保留递延到这一差异发生相反变化的以后期间予以转回。区别在于当税率发生变化或开征新税时，是否调整由于税率变化或开征新税对递延税款余额的影响。

3）资产负债表债务法

2006年《企业会计准则第18号——所得税》颁布后，以利润表为基础的纳税影响会计法被取消，企业所得税会计处理一律采用资产负债表债务法。资产负债表债务法具体的处理方法将在3.2节进行探讨。

3.1.3　所得税会计的基本概念

1）会计利润与应纳税所得额

会计利润是根据企业会计准则确认的收入与费用的差额计算的利润，应纳税所得额是根据税法规定确认的收入总额与准予扣除项目金额之间的差额确定的。由于会计准则和税法对收入确认的时间和口径不同，对费用扣除的标准和时间不同，使得会计利润和应纳税所得额往往不一致。会计利润与应纳税所得额的关系可用如下公式表示：

应纳税所得额=会计利润＋纳税调整增加额-纳税调整减少额

2）永久性差异、时间性差异和暂时性差异

（1）永久性差异

永久性差异是指企业一定时期的税前会计利润与应纳税所得额之间由于计算口径不同而产生的，且不能在以后各期转回的差异。这种差异在本期发生，不会在以后各期转回，一旦发生即永远存在，使得按会计准则计算出的会计利润和按税法规定计算出的应纳税所得额永远不一致，故称为永久性差异。按永久性差异产生的原因和性质，可将其分为四类：

①某项收益，会计确认而税法不确认所产生的永久性差异。例如，企业购买的国债所产生的国债利息收入，按会计准则规定，应将该利息收入作为投资收益，计入利润总额。而我国税法规定，国债利息收入不计入应纳税所得额，不缴纳所得税。

②某项收益，会计不确认而税法确认所产生的永久性差异。例如，企业接受的捐赠收入，税法规定应计入应纳税所得额，征收所得税。而2001年的《企业会计制度》曾规定，该捐赠所得应计入企业当期的“待转资产价值”中，并不影响当期的收益。当然在新的企业会计准则体系（2006）中，已经不再设置“待转资产价值”了。

③某项费用或损失，会计确认而税法不确认所产生的永久性差异。这里主要存在两种情况：

第一，口径范围不同，即会计上作为费用或损失项目处理，可以抵减所得税，而税法上不作为扣除项目处理，不允许抵税，例如，各种税收滞纳金和罚款。

第二，标准不同，即有些费用和损失，会计和税法上都允许抵减所得税，但是税法规定只能在一定标准范围内抵减，会计上抵减的金额超过了税法规定的标准，超过部分要缴纳所得税。例如，企业支付给职工的超过计税标准的工资费用、超过标准的业务招待费等。

④某项费用或损失，会计不确认而税法确认所产生的永久性差异。例如，为了鼓励企业自行研发，企业内部研发无形资产发生的费用化支出，税法规定可在企业据实扣除的基础上加计75%扣除。对于该75%加计扣除的部分，会计上并没有确认，而税法则允许扣除。

永久性差异对所得税的影响见表3-1。

表3-1 永久性差异对所得税的影响

项目	会计	税法	对所得税的影响
某项收益	确认	不确认	纳税调减
某项收益	不确认	确认	纳税调增
某项费用或损失	确认	不确认	纳税调增
某项费用或损失	不确认	确认	纳税调减

综上所述，在仅存在永久性差异的情况下，应纳税所得额等于税前会计利润加或减发生的永久性差异，按照应纳税所得额和现行所得税税率计算的应交所得税即为当期所得税费用。

(2) 时间性差异

时间性差异是以利润表为基础的纳税影响会计法的基本概念。时间性差异是指企业的税前会计利润和应纳税所得额虽然计算的口径一致，但由于二者确认的时间不同而产生的差异。这种差异在某一时期产生以后，应按税法规定在当期调整，但可以在以后一期或若干期内转回，最终使得整个纳税期间税前会计利润和应纳税所得额相互一致，因此称为时间性差异。按时间性差异产生的原因和性质，可将其分为四类：

① 某项收益，会计当期确认，而税法当期不确认，以后才确认，因此产生了时间性差异。例如，企业长期股权投资采用权益法核算时，在每年年末确认投资收益；但是按照税法规定不予确认，待以后被投资单位进行利润分配宣告分配股利或利润时才确认相应的投资收益。

② 某项收益，会计当期不确认，以后才确认，但税法规定当期就应当确认，因此产生了时间性差异。例如，企业提前收取租金、利息等收入，会计按照权责发生制原则确认为合同负债，在收款时不确认收入；而税法按照收付实现制原则，应确认为当期的应纳税所得额。

③ 某项费用或损失，会计当期确认，税法当期不确认，以后才确认，因此产生了时间性差异。例如，企业预提的产品售后保修费，会计上在计提时确认为销售费用，而税法规定，该项费用在预提时不予扣除，待实际发生时才可扣除。

④ 某项费用或损失，会计当期不确认，以后才确认，但税法规定当期就应当确认，因此产生了时间性差异。例如，企业对固定资产采用年限平均法计提折旧，税法规定采用双倍余额法计提折旧，在该固定资产使用的前期，计入会计利润的折旧金额小于计入应纳税所得额的折旧金额。

上述四类时间性差异，按照对应纳税所得额的影响，又可以分为两类：应纳税时间性差异和可抵扣时间性差异。

应纳税时间性差异是指未来应增加应纳税所得额的时间性差异。上述的第①类和第④类属于应纳税时间性差异。可抵扣时间性差异则是指未来可以从应纳税所得额中扣除的时间性差异。上述的第②类和第③类属于可抵扣时间性差异。

时间性差异对所得税的影响见表3-2。

表3-2　**时间性差异对所得税的影响**

项目	会计	税法	对所得税的影响
某项收益	当期确认	当期不确认，以后确认	当期纳税调减，未来纳税调增
某项收益	当期不确认，以后确认	当期确认	当期纳税调增，未来纳税调减
某项费用或损失	当期确认	当期不确认，以后确认	当期纳税调增，未来纳税调减
某项费用或损失	当期不确认，以后确认	当期确认	当期纳税调减，未来纳税调增

综上所述，在仅存在时间性差异的情况下，应纳税所得额等于会计利润减去应纳税时间性差异加上可抵扣时间性差异。

（3）暂时性差异

暂时性差异是资产负债表债务法下的基本概念。由于会计和税法的目的不同，因此往往对相同的资产和负债项目采用了不同的计量属性，从而导致资产、负债项目的账面价值与计税基础产生了差异，这些差异随着时间的推移，即随着资产的耗用或处置、负债的偿还而逐渐消失，因此称为暂时性差异。它由如下公式计算得出：

暂时性差异=资产（或负债）的账面价值 - 资产（或负债）的计税基础

根据暂时性差异对未来所得税的影响情况，又可以进一步分类为应纳税暂时性差异和可抵扣暂时性差异。3.2节将对暂时性差异进行深入探讨。

（4）永久性差异、时间性差异和暂时性差异的区别和联系

①永久性差异和时间性差异。

永久性差异和时间性差异都属于会计利润与应纳税所得额之间的差异。区别在于：永久性差异未来不能转回，时间性差异未来能转回；永久性差异只影响当期所得税，时间性差异既影响当期所得税，又影响未来期间的所得税。

②永久性差异和暂时性差异。

永久性差异和暂时性差异性质不同，一般情况下，永久性差异不影响资产、负债的账面价值与计税基础，因此与暂时性差异无关。另外，永久性差异只对当期所得税费用产生影响。虽然根据暂时性差异确认的递延所得税资产或递延所得税负债会对当期所得税费用产生影响，但暂时性差异主要着眼于对未来所得税产生的影响。

③时间性差异和暂时性差异。

某些交易或事项的发生，产生了时间性差异，一定会同时产生暂时性差异，而且差异类型相同，金额相等，即：如果产生了应纳税时间性差异时，一定会产生金额相等的应纳税暂时性差异；产生可抵扣时间性差异时，一定会产生金额相等的可抵扣暂时性差异。

但是有些交易或事项的发生，产生了暂时性差异，并不一定产生时间性差异。如交易或事项的发生既不影响会计利润又不影响应纳税所得额时，不会产生时间性差异，但会产生暂时性差异。如其他权益工具投资的公允价值变动，会计准则规定计入其他综合收益，不影响会计利润和应纳税所得额，所以不产生时间性差异，但会导致该资产账面价值与计税基础不同，因此产生了暂时性差异。

由此可见，产生暂时性差异的情况比产生时间性差异的范围要广。

3）应纳所得税额和所得税费用

应纳所得税额是每期期末企业应向税务部门缴纳的所得税，在没有缴纳之前，形成企业的一项负债，它由下列公式计算得出：

应纳所得税额＝应纳税所得额×所得税税率

所得税费用是企业的一项费用，从当期利润总额中扣除所得税费用才能得到净利润。在资产负债表债务法下，所得税费用包括当期所得税和递延所得税。所得税费用的确认和计量将在3.4节中详述。

3.2 资产、负债的计税基础

2006年，我国财政部颁布的企业会计准则体系最突出的变化是核心价值理念由“配比收益”转变为“全面收益”，会计视角由“收入费用观”转变为“资产负债观”，反映在所得税的处理方法上，即摒弃了利润表债务法，改为资产负债表债务法。

资产负债表债务法要求企业从资产负债表出发，通过比较资产负债表中列示的资产、负债按照会计准则确定的账面价值与按照税法确定的计税基础，对于二者的差异分别应纳税暂时性差异和可抵扣暂时性差异，确认相关的递延所得税负债和递延所得税资产，并在此基础上确定每一会计期间利润表中的所得税费用。

3.2.1 资产负债表债务法的核算程序

（1）比较资产或负债的账面价值与计税基础，根据二者的差额计算暂时性差异。

（2）分析和评价暂时性差异，对于符合确认条件的应纳税暂时性差异，确认递延所得税负债的期末应有余额；对于符合确认条件的可抵扣暂时性差异，确认递延所得税资产的期末应有余额。

（3）比较递延所得税负债或递延所得税资产的期末应有余额与调整前余额，确定期末应调整增加或减少的递延所得税负债和递延所得税资产的金额。

（4）分析涉税交易或事项的性质，确定对递延所得税负债或递延所得税资产期末余额的调整额应计入所得税费用、所有者权益项目还是商誉项目。

（5）就企业当期发生的交易或事项，按照适用的税法规定，将会计利润调整为当期的应纳税所得额，将应纳税所得额与适用的所得税税率计算的结果确认为当期应交所得税。

（6）根据当期应交所得税和递延所得税，确认所得税费用。

对于资产负债表债务法的基本账务处理为：

借：所得税费用（倒挤）
　　递延所得税资产
　　递延所得税负债
　贷：应交税费——应交所得税
　　　或递延所得税资产
　　　或递延所得税负债

3.2.2 资产的计税基础

资产的计税基础，是指企业收回资产账面价值过程中，计算应纳税所得额时按照税法规定可以自应税经济利益中抵扣的金额，即某一项资产在未来期间计税时按照税法规定可以税前扣除的金额。通俗地说，就是站在税法的角度看待某项资产应有的金额。

资产在初始确认时，其计税基础一般为取得成本，但在资产持续使用的过程中，由于会计准则与税法存在的差异，即按照会计准则确认的资产的账面价值往往与按照税法确认的资产的计税基础存在差异，形成了暂时性差异。

1）固定资产

以各种方式取得的固定资产，初始确认时按照会计准则规定确定的入账价值基本上是被税法认可的，即取得时的账面价值一般等于计税基础。

固定资产在持有期间进行后续计量时，由于会计与税法规定就折旧方法、折旧年限以及固定资产减值准备的提取等处理的不同，可能造成固定资产的账面价值与计税基础的差异。

（1）折旧方法、折旧年限的差异。会计准则规定，企业应当根据与固定资产有关的经济利益和预期实现方式合理选择折旧方法，如可以按年限平均法计提折旧，也可以按照双倍余额递减法、年数总和法等计提折旧。税法中除某些可以加速折旧的情况外，基本上可以税前扣除的是按照年限平均法计提的折旧；另外，税法还就每一类固定资产的最低折旧年限作出了规定，而会计准则规定折旧年限是由企业根据固定资产的性质和使用情况合理确定的。如果企业进行会计处理时确定的折旧年限与税法规定不同，也会产生固定资产持有期间账面价值与计税基础的差异。

【例3-1】甲企业于20×6年年末以750万元购入一项生产用固定资产，按照该项固定资产的预计使用情况，甲企业在会计核算时估计其使用寿命为5年。计税时，按照适用税法规定，其最低折旧年限为10年。假定会计与税法规定均按年限平均法计提折旧，净残值均为零。20×7年固定资产未发生减值。

20×7年12月31日该项固定资产的账面价值为600万元（750-750÷5）。

按照税法的规定，该固定资产应按10年计提折旧，因此站在税法的角度重新计算固定资产的价值，即该固定资产的计税基础为675万元（750-750÷10）。

该项固定资产的账面价值600万元与计税基础675万元之间形成了75万元的暂时性差异。

（2）因计提固定资产减值准备产生的差异。会计准则规定，期末固定资产出现减值迹象时，应按固定资产的可收回金额与账面价值的差额计提固定资产减值准备。但税法规定，企业计提的资产减值准备在发生实质性损失前不允许税前扣除，这就会造成固定资产的账面价值与计税基础的差异。

【例3-2】甲企业于20×6年12月20日取得的某项固定资产，原价为750万元，使用年限为10年，会计上采用年限平均法计提折旧，净残值为零。税法规定，该类固定资产由于技术进步、产品更新换代较快，可采用双倍余额递减法计提折旧，净残值为零。20×8年12月31日，企业估计该项固定资产的可收回金额为550万元。

20×8年12月31日，该项固定资产的账面价值为600万元（750-750÷10×2），该金额大于可收回金额，根据两者之间的差额计提了50万元的固定资产减值准备。计提减值准备之后固定资产的账面价值为550万元（600-50）。

按照税法的规定，该固定资产按双倍余额递减法计提折旧，不允许扣除计提的减值准备，因此站在税法的角度重新计算固定资产的价值，该固定资产的计税基础为480万元（750-750×20%-600×20%）。

固定资产的账面价值550万元与计税基础480万元之间形成了70万元的暂时性差异。

2）无形资产

除内部研究开发形成的无形资产外，其他方式取得的无形资产，初始确认时按照会计准则规定确定的入账价值与按照税法规定确定的计税基础之间一般不存在差异。无形资产的差异主要产生于内部研究开发形成的无形资产以及使用寿命不确定的无形资产。

微课3.1　对研发形成无形资产的涉税思考

（1）内部研究开发形成的无形资产，会计上确定的成本为开发阶段符合资本化条件以后至达到预定用途前发生的支出，除此之外，研究开发过程中发生的其他支出应予以费用化计入当期损益。税法规定，自行开发的无形资产，以开发过程中该资产符合资本化条件后至达到预定用途前发生的支出为计税基础。

为进一步激励企业加大研发投入，支持科技创新，企业开展研发活动中实际发生的研发费用，未形成无形资产计入当期损益的，在按规定据实扣除的基础上，再按照实际发生额的75%在税前加计扣除；形成无形资产的，在上述期间按照无形资产成本的175%在税前摊销。

【例3-3】甲企业当期为开发新技术发生研究开发支出2 000万元，其中研究阶段支出500万元，开发阶段符合资本化条件前发生的支出为300万元，符合资本化条件后至达到预定用途前发生的支出为1 200万元。开发形成的无形资产在20×3年12月达到预定用途。该无形资产按10年进行摊销。

甲企业当期发生的研究开发支出中，按照会计准则规定应予以费用化的金额为800万元（500+300），按照税法规定可在当期税前扣除的金额为1 400万元（800×175%），二者的差额600万元为永久性差异。

20×3年12月31日，按照会计准则确认的无形资产账面价值为1 190万元（1 200−1 200÷10÷12），按照税法规定重新计算的无形资产的价值，即该无形资产的计税基础为2 082.5万元（1 190×175%），二者的差额892.5万元形成了暂时性差异。

思政园地

2020年，新冠肺炎疫情给我国经济社会发展带来前所未有的冲击，财政增支减收压力也随之加大，全国一般公共预算收入同比下降3.9%，一些地方财政运转存在困难。在此情况下，我国为帮助市场主体恢复元气、增强活力，继续优化和落实减税降费政策，连续发布实施7批28项减税降费政策，帮助中小企业应对挑战、渡过难关。这其中就包括延续执行企业研发费用加计扣除75%政策，并将制造业企业加计扣除比例提高到100%。国家将减税降费这个大“红包”不打折扣地送到企业手中，让企业能有更多切切实实的获得感，成为推动企业轻装上阵、高质量发展的“一剂良方”，凸显了党中央和国务院保市场主体尤其是保中小微企业的态度和决心。

全国工商联发布的《2021中国民营企业500强调研分析报告》显示，2020年民营企业500强税后净利润达19 697.38亿元，同比增加41.4%。民营经济稳步复苏、持续向好发展，这与我国推出的一系列减税降费政策密切相关。

（2）无形资产后续计量时，会计与税法的差异主要产生于是否需要摊销以及是否需要提取无形资产减值准备。

会计准则规定，应根据无形资产的使用寿命情况，区分为使用寿命有限的无形资产与使用寿命不确定的无形资产。对于使用寿命不确定的无形资产，不要求摊销，但在持有期间每年年末进行减值测试。税法规定，企业取得无形资产的成本应在一定期限内摊销。对于使用寿命不确定的无形资产，会计处理时虽不予以摊销，但计税时按照税法规定确定的摊销额允许税前扣除，因此形成了该类无形资产账面价值与计税基础之间的差异。

在对无形资产计提减值准备的情况下，因税法规定计提的无形资产减值准备在转变为实质性损失前不允许税前扣除，即无形资产的计税基础不会随减值准备的提取发生变化，从而造成无形资产的账面价值与计税基础之间的差异。

【例3-4】20×3年1月1日，乙企业以1 500万元取得某项无形资产，根据各方面情况判断，乙企业无法合理预计其使用期限，将其作为使用寿命不确定的无形资产。20×3年12月31日，对该项无形资产进行减值测试，提取了200万元的减值准备。税法规定，对该项无形资产按照10年的期限采用直线法摊销，摊销金额允许税前扣除。

20×3年12月31日该无形资产的账面价值为1 300万元（1 500-200）。

20×3年12月31日该无形资产的计税基础为1 350万元（1 500-1 500÷10）。

无形资产的账面价值1 300万元与计税基础1 350万元之间形成了50万元的暂时性差异。

3）以公允价值计量的金融资产

（1）按照《企业会计准则第22号——金融工具确认和计量》的规定，以公允价值计量且其变动计入当期损益的金融资产在会计期末的账面价值为其在该日的公允价值。税法规定，企业以公允价值计量且其变动计入当期损益的金融资产，持有期间公允价值的变动不计入应纳税所得额，在实际处置时，将处置取得的价款扣除历史成本后的差额计入处置期间的应纳税所得额。按照该规定，以公允价值计量且其变动计入当期损益的金融资产在持有期间市价的波动在计税时不予考虑，该金融资产在某一会计期末的计税基础为其取得成本，从而造成公允价值变动时，以公允价值计量且其变动计入当期损益的金融资产账面价值与计税基础之间存在差异。

【例3-5】20×3年10月20日，甲公司自公开市场取得一项权益性投资，支付价款2 000万元，作为以公允价值计量且其变动计入当期损益的金融资产，即按交易性金融资产核算。20×3年12月31日，该投资的市价为2 200万元。

该交易性金融资产的期末公允价值为2 200万元，因此在20×3年12月31日的账面价值为2 200万元。

因税法规定以公允价值计量且其变动计入当期损益的金融资产在持有期间公允价值的变动不计入应纳税所得额，其在20×3年12月31日的计税基础应维持原取得成本不变，为2 000万元。

交易性金融资产的账面价值2 200万元与计税基础2 000万元之间产生了200万元的暂时性差异。

（2）企业持有的以公允价值计量且其变动计入其他综合收益的金融资产计税基础的确

定，与以公允价值计量且其变动计入当期损益的金融资产类似，可比照上述处理规定。需要注意的是，此时该金融资产公允价值变动计入的是其他综合收益，并没有影响应纳税所得额。在实际处置时，处置取得的价款扣除历史成本后的差额计入处置期间的留存收益，也不影响应纳税所得额。

【例3-6】20×3年10月20日，甲公司自公开市场取得一项权益性投资，支付价款1 500万元，作为以公允价值计量且其变动计入其他综合收益的金融资产，即按其他权益工具投资核算。20×3年12月31日，该投资的市价为1 575万元。

按照企业会计准则的规定，该其他权益工具投资在会计期末应以公允价值计量，其账面价值为期末的公允价值1 575万元。

税法规定，对以公允价值计量且其变动计入其他综合收益的金融资产的计税基础维持原取得时的历史成本不变，所以其计税基础为1 500万元。

其他权益工具投资账面价值1 575万元与计税基础1 500万元之间产生了75万元的暂时性差异。

4）其他资产

因会计准则规定与税法规定不同，企业持有的其他资产的账面价值与计税基础之间也可能存在差异。

（1）投资性房地产

企业对持有的投资性房地产进行后续计量时，会计准则规定可以采用两种模式：一种是成本模式，采用该模式计量的投资性房地产，其计税基础的确定与固定资产、无形资产相同；另一种是在符合规定条件的情况下，可以采用公允价值模式进行后续计量。采用该模式计量的投资性房地产，其计税基础的确定与交易性金融资产和其他权益工具投资相似，都不认可公允价值的变动，而需按历史成本持续计量确认价值。

【例3-7】甲企业于20×3年1月1日将自用房屋用于对外出租，该房屋的成本为750万元，预计使用年限为20年。转为投资性房地产之前，已使用4年，企业按照年限平均法计提折旧，预计净残值为零。转为投资性房地产核算后，预计能够持续可靠取得该投资性房地产的公允价值，甲企业采用公允价值模式对该投资性房地产进行后续计量。假定税法规定的折旧方法、折旧年限及净残值与会计规定相同。该项投资性房地产在20×3年12月31日的公允价值为900万元。

该投资性房地产在20×3年12月31日的账面价值为公允价值900万元，计税基础为取得成本扣除按照税法规定允许扣除的折旧额后的金额，即计税基础为562.5万元（750-750÷20×5）。

该投资性房地产的账面价值900万元与计税基础562.5万元之间产生了337.5万元的暂时性差异。

（2）其他计提了减值准备的各项资产

资产计提了减值准备后，其账面价值会随之下降，而税法规定资产在发生实质性损失之前，不允许税前扣除，即计税基础不会因减值准备的提取而发生变化，造成在计提资产减值准备以后，资产的账面价值与计税基础之间产生差异。

【例3-8】甲企业20×3年购入原材料成本为5 000万元，因部分生产线停工，当年未领用任何原材料，20×3年12月31日估计原材料的可变现净值为4 000万元。假定该原材料在20×3年的期初余额为零。

该项原材料因期末可变现净值低于成本，应计提的存货跌价准备为1 000万元（5 000-4 000）。计提存货跌价准备后，该项原材料的账面价值为4 000万元。

原材料的计税基础不会因存货跌价准备的提取而发生变化，其计税基础为5 000万元不变。

存货的账面价值4 000万元与计税基础5 000万元之间产生了1 000万元的暂时性差异。

【例3-9】20×3年12月31日，甲企业应收账款余额为6 000万元，期末对应收账款计提了600万元的坏账准备。税法规定，各项资产减值准备在发生实质性损失前不允许税前扣除。假定该公司应收账款及坏账准备的期初余额均为零。

该项应收账款在20×3年12月31日的账面价值为5 400万元（6 000-600），因有关的坏账准备不允许税前扣除，其计税基础仍为6 000万元。

应收账款账面价值5 400万元与计税基础6 000万元之间产生了600万元的暂时性差异。

微课3.2　所得税的两不认

3.2.3　负债的计税基础

负债的计税基础，是指负债的账面价值减去未来期间计算应纳税所得额时按照税法规定可予抵扣的金额。用公式表示为：

负债的计税基础=账面价值-未来期间计算应纳税所得额时按照税法规定可予税前抵扣的金额

由上述公式可以看出，负债的账面价值中扣除税法允许扣除的金额，剩余的其实就是税法不允许抵扣的金额。对于大多数负债来说，它们的确认与偿还一般不会影响企业的损益，也不会影响企业的应纳税所得额，如应付账款、短期借款等，未来期间计算应纳税所得额时按照税法规定可予抵扣的金额为零，不允许抵扣的就为负债本身的价值，因此计税基础和账面价值是相等的。但是，在某些情况下，负债的确认可能会影响企业的损益，进而影响不同期间的应纳税所得额，使得账面价值与计税基础之间产生暂时性差异。

1）企业因销售商品提供售后服务等原因确认的预计负债

按照《企业会计准则解释第18号》的规定，不属于单项履约义务的保证类质量保证产生的预计负债进行会计核算时，企业应当根据《企业会计准则第13号——或有事项》有关规定，按确定的预计负债金额，借记主营业务成本、其他业务成本等科目，贷计预计负债科目。

而税法规定，与销售产品相关的支出应于发生时税前扣除，即未来按照实际的发生额可以全部税前扣除，因此该类事项产生的预计负债在期末的计税基础为其账面价值与未来期间全部可税前扣除的金额之间的差额，即为零。

特别提示

此时，还可以按照下列思路进行理解：企业提供售后服务确认的预计负债，从所得税据实扣除的角度来看，实际发生时才能计入损益类科目，而损益类科目和负债类科目是两种并列的会计科目，因此它就不能同时是负债，所以该负债的计税基础是零。

【例3-10】甲企业20×7年因销售产品承诺提供3年的保修服务，在当年利润表中确认了500万元的营业成本，同时确认为预计负债，当年未发生任何保修支出。按照税法规定，与产品售后服务相关的费用在实际发生时允许税前扣除。

该项预计负债在20×7年12月31日的账面价值为500万元。

该项预计负债的计税基础=账面价值-未来期间计算应纳税所得额时按照税法规定可予抵扣的金额
=500-500 =0

该项预计负债的账面价值500万元与计税基础零之间产生了500万元的暂时性差异。

特别提示

如果是消费者额外购买的商品延保服务，企业应作为单项履约义务，按《企业会计准则第14号——收入》进行确认和计量。本例中企业提供的保修服务，是履行《中华人民共和国消费者权益保护法》规定的义务进行的保修，企业需按《企业会计准则第13号——或有事项》的规定，确认预计负债和主营业务成本或其他业务成本。

其他交易或事项中确认的预计负债，应按照税法规定的计税原则确定计税基础。在某些情况下，因有些事项确认的预计负债，税法规定无论是否实际发生均不允许税前扣除，即未来期间按照税法规定可予抵扣的金额为零，此时该预计负债的账面价值等于计税基础。

【例3-11】20×7年12月20日，甲公司由于为乙公司银行借款提供担保，乙公司未如期偿还借款，遂被银行提起诉讼，要求履行担保责任。12月31日，该案件尚未结案。甲公司预计很可能履行的担保责任为300万元。税法规定，企业为其他单位债务提供担保发生的损失不允许在税前扣除。

该项预计负债在20×7年12月31日的账面价值为300万元。

该项预计负债的计税基础=账面价值-未来期间计算应纳税所得额时按照税法规定可予抵扣的金额
=300-0=300（万元）

由于该负债的账面价值等于计税基础，不产生暂时性差异。

2）合同负债

企业在收到客户预付的款项时，因不符合收入确认条件，会计上将其确认为负债。税法中对于收入的确认原则一般与会计准则规定相同，即会计上未确认收入时，计税时一般也不计入应纳税所得额，该部分经济利益在未来期间计税时需要缴税，可予税前扣除的金额为零，因此计税基础等于账面价值。

如果不符合会计准则规定的收入确认条件，但按照税法规定应计入当期应纳税所得额时，未来期间对该部分无须再缴税，未来期间可全部抵扣，因此合同负债的计税基础为零。

特别提示

会计准则中确认的合同负债，说明站在会计的角度，并没有将其确认为收入，而是确认为负债。如果税法将其计入当期应纳税所得额，说明站在所得税的角度，将其视为收入。由于收入和负债是两个并列的会计要素，因此它就不能同时是负债，此时该合同负债的计税基础是零。

3）应付职工薪酬

（1）货币性应付职工薪酬

《企业会计准则第9号——职工薪酬》规定，企业为获得职工提供的服务给予的各种形式的报酬以及其他相关支出均应作为企业的成本费用，在未支付之前确认为负债。税法中对于合理的职工薪酬基本允许税前扣除，但如果税法中规定了税前扣除标准的，按照会计准则规定计入成本费用支出的金额超过规定标准的部分，即对该部分永久性差异应进行纳税调整。因超过部分在发生当期不允许税前扣除，在以后期间也不允许税前扣除，因此应付职工薪酬的计税基础等于账面价值。

微课3.3 对【例3-12】的讲解

【例3-12】20×1年12月甲企业计入成本费用的职工工资总额为4 000万元，至20×1年12月31日尚未支付。按照税法规定，当期计入成本费用的4 000万元工资支出中，可予税前扣除的合理部分为3 000万元。

20×1年12月31日，应付职工薪酬的账面价值为4 000万元。

该应付职工薪酬的计税基础=账面价值−未来期间计算应纳税所得额时按照税法规定可予抵扣的金额

=4 000−0=4 000（万元）

应付职工薪酬的账面价值4 000万元与计税基础4 000万元相同，不形成暂时性差异。

（2）以现金结算的股份支付形成的应付职工薪酬

对于以现金结算的股份支付形成的非货币性职工薪酬，企业在每一个资产负债日根据有关规定计算确认应付职工薪酬时，其相关费用已计入当期损益。但是当期该事项并未实际发生，按税法规定，当期不予以扣除，待未来实际发生时才允许扣除，即未来可按应付职工薪酬的价值扣除，因此计税基础为零。

【例3-13】20×5年1月1日，甲公司为其100名中层以上管理人员每人授予100份现金股票增值权。甲企业规定，这些人员从20×5年1月1日起必须在公司连续服务3年，即自20×8年1月1日起，可根据股价的增长幅度获得现金。该增值权应在20×8年12月31日之前行使完毕。20×5年12月31日，甲公司确认的应付职工薪酬为100万元。

该应付职工薪酬账面价值为100万元。

由于税法规定该应付职工薪酬形成的管理费用在当期并没有实际发生，等待将来兑现时才允许扣除，因此：

应付职工薪酬的计税基础=账面价值−未来期间计算应纳税所得额时按照税法规定可予抵扣的金额

=100−100=0

应付职工薪酬的账面价值100万元与计税基础零之间形成了100万元的暂时性差异。

4）其他负债

其他负债如企业应交的行政罚款和滞纳金等，在尚未支付之前确认为企业的营业外支出，同时作为其他应付款反映。税法规定，行政罚款和滞纳金不能税前扣除，即该部分费用无论是在发生当期还是在以后期间均不允许税前扣除，实质上形成的就是永久性差异。此时负债的计税基础为账面价值减去未来期间计税时可予税前扣除的金额（为零）之间的差额，即计税基础等于账面价值。

其他交易或事项产生的负债，其计税基础的确定应当遵从适用税法的相关规定。

【例3-14】甲企业20×3年12月因违反当地有关环保法规的规定，接到环保部门的处罚通知，要求支付罚款500万元。税法规定，企业因违反国家有关法律法规支付的罚款和滞纳金，计算应纳税所得额时不允许税前扣除。至20×3年12月31日，该项罚款尚未支付。

上述业务形成的其他应付款账面价值为500万元。

该项负债的计税基础=账面价值-未来期间计算应纳税所得额时按照税法规定可予抵扣的金额
=500-0=500（万元）

该项负债的账面价值500万元与计税基础500万元相同，不形成暂时性差异。

3.2.4　应纳税暂时性差异和可抵扣暂时性差异

暂时性差异是指资产、负债的账面价值与其计税基础不同产生的差额。根据暂时性差异对未来期间应纳税所得额的影响，分为应纳税暂时性差异和可抵扣暂时性差异。

1）应纳税暂时性差异

应纳税暂时性差异，是指在确定未来收回资产或清偿负债期间的应纳税所得额时，将导致产生应纳税金额的暂时性差异，即在未来期间不考虑该事项影响的应纳税所得额的基础上，由于该暂时性差异的转回，会进一步增加转回期间的应纳税所得额和应交所得税金额，在其产生当期应当确认相关的递延所得税负债。应纳税暂时性差异通常产生于以下两种情况：

（1）资产的账面价值大于计税基础。

资产的账面价值代表的是企业在持续使用或最终出售该项资产时将取得的经济利益的总额，而计税基础代表的是资产在未来期间可予税前扣除的总金额。资产的账面价值大于其计税基础，该项资产在未来期间产生的经济利益不能全部税前抵扣，两者之间的差额需要交税，因此产生了应纳税暂时性差异。承【例3-2】，固定资产的账面价值550万元，大于计税基础480万元，它们之间形成的70万元暂时性差异会造成未来期间应纳税所得额的增加，因此形成的是应纳税暂时性差异。

（2）负债的账面价值小于计税基础。

根据负债的计税基础公式可知，当负债的账面价值小于计税基础时，即未来期间计税时按照税法规定可予税前扣除的金额小于零，即增加未来期间的应纳税所得额，因此形成的是应纳税暂时性差异。

2）可抵扣暂时性差异

可抵扣暂时性差异是指在确定未来收回资产或清偿负债期间的应纳税所得额时，将导致产生可抵扣金额的暂时性差异。该差异在未来期间转回时会减少转回期间的应纳税所得额，减少未来期间的应交所得税。在可抵扣暂时性差异产生当期，符合确认条件时，应当确认相关的递延所得税资产。可抵扣暂时性差异一般产生于以下两种情况：

（1）资产的账面价值小于计税基础。

该情况意味着资产在未来期间产生的经济利益少，按照税法规定允许税前扣除的金额多，两者之间的差额可以减少企业在未来期间的应纳税所得额并减少应交所得税，符合有关条件时，应当确认相关的递延所得税资产。承【例3-1】，该项固定资产的账面价值600万元，小于计税基础675万元，它们之间形成的75万元暂时性差异，可以使未来期间在其自身账面价值的基础上多扣除75万元，使未来期间应纳税所得额减少，因此形成的是可抵扣暂时性差异。

（2）负债的账面价值大于计税基础。

根据负债的计税基础公式可知，当负债的账面价值大于计税基础时，即未来期间计税时按照税法规定可予税前扣除的金额大于零，即应减少未来期间的应纳税所得额，因此形成的是可抵扣暂时性差异。

暂时性差异的分析判断见表3-3。

表3-3　　　　　　　　　　　　**暂时性差异分析判断表**

	账面价值>计税基础	账面价值<计税基础
资产	应纳税暂时性差异	可抵扣暂时性差异
负债	可抵扣暂时性差异	应纳税暂时性差异

3.2.5　特殊项目产生的暂时性差异

1）未作为资产、负债确认的项目产生的暂时性差异

某些交易或事项发生以后，因为不符合资产、负债确认条件而未体现为资产负债表中的资产或负债，但按照税法规定能够确认其计税基础的，其账面价值零与计税基础之间的差异也构成暂时性差异，如广告费用和业务宣传费支出。一般企业（不包括烟草企业）发生的符合条件的广告费和业务宣传费支出不超过当年销售收入15%的部分，准予扣除；超过部分，准予在以后纳税年度结转扣除。对于化妆品制造或销售、医药制造和不包括酒类的饮料制造企业，不超过当年销售收入30%的部分，准予扣除；超过部分，准予在以后纳税年度结转扣除。该类费用在发生时按照会计准则规定即计入当期损益，不形成资产负债表中的资产，但按照税法规定可以确定其计税基础，两者之间的差异也形成暂时性差异。

【例3-15】甲家电生产企业20×3年支付了2 000万元广告费支出，发生时已作为销售费用计入当期损益。甲企业20×3年实现销售收入10 000万元。

该广告费支出因按照会计准则规定在发生时已计入当期损益，不体现为期末资产负债表中的资产，如果将其视为资产，其账面价值为0。

因按照税法的规定，该类支出税前列支有一定的标准限制，根据当期甲家电生产企业销售收入的15%计算，当期可予以税前扣除1 500万元（10 000×15%），当期未能税前扣除的500万元可以向以后年度结转，其计税基础为500万元。

该项资产的账面价值0与其计税基础500万元之间产生了500万元的暂时性差异，该暂时性差异在未来期间可减少企业的应纳税所得额，为可抵扣暂时性差异。

特别提示

如果广告费用尚未支付，形成其他应付款，其账面价值为2 000万元，该负债的计税基础等于账面价值2 000万元减去未来可抵扣的500万元，即1 500万元，负债的账面价值大于计税基础，形成的也是可抵扣暂时性差异500万元。

2）可抵扣亏损及税款抵减产生的暂时性差异

按照税法规定可以结转以后年度的未弥补亏损及税款抵减，虽不是因资产、负债的账面价值与计税基础不同产生的，但与可抵扣暂时性差异具有同样的作用，均能够减少未来期间的应纳税所得额，进而减少未来期间的应交所得税，会计处理上视同可抵扣暂时性差异。

【例3-16】甲公司20×3年发生亏损2 000万元，按照税法规定，该亏损可用于抵减以后5个年度的应纳税所得额。该公司预计未来5年期间能够产生足够的应纳税所得额弥补该亏损。

该经营亏损从性质上可以减少未来期间企业的应纳税所得额，属于可抵扣暂时性差异。企业预计未来期间能够产生足够的应纳税所得额利用该可抵扣亏损时，应确认相关的递延所得税资产。

常见资产、负债项目暂时性差异一览表见表3-4。

表3-4　　**常见资产、负债项目暂时性差异一览表**

项目 （1）	账面价值 （2）	计税基础 （3）	暂时性差异 （4）	备注 （5）
存货	历史成本-跌价准备	历史成本	（2）-（3）	
应收账款	历史成本-坏账准备	历史成本	（2）-（3）	
交易性金融资产	公允价值	历史成本	（2）-（3）	
债权投资（以国债为例）	摊余成本	摊余成本	0	国债利息是永久性差异，不影响暂时性差异
其他债权投资（以企业债券为例）	公允价值	摊余成本	（2）-（3）	递延所得税资产或递延所得税负债需计入其他综合收益
其他权益工具投资	公允价值	历史成本	（2）-（3）	递延所得税资产或递延所得税负债需计入其他综合收益
长期股权投资（成本法）	历史成本-减值准备	历史成本	（2）-（3）	
长期股权投资（权益法）	期末余额-减值准备	历史成本	（2）-（3）	视投资企业的持有意图，若长期持有，一般不确认递延所得税的影响，若近期出售，则确认递延所得税的影响
投资性房地产（成本模式）	历史成本-会计折旧或摊销-减值	历史成本-税法折旧或摊销	（2）-（3）	
投资性房地产（公允价值模式）	公允价值	历史成本-税法折旧或摊销	（2）-（3）	
固定资产	历史成本-会计折旧-减值	历史成本-税法折旧	（2）-（3）	
内部研发形成的无形资产	开发支出-摊销-减值	1.75×（开发支出-摊销）	（2）-（3）	不确认递延所得税资产
其他方式形成的无形资产	历史成本-摊销-减值	历史成本-摊销	（2）-（3）	
商誉	非同一控制下吸收合并时的合并成本-被购买方可辨认净资产公允价值	0	（2）	不确认递延所得税负债
产品售后形成的预计负债	期末余额	0	（2）	
其他方式形成的预计负债	期末余额	期末余额	0	永久性差异不影响暂时性差异
会计与税法确认收入同步时的合同负债	期末余额	期末余额	0	
会计与税法确认收入不同步时的合同负债	期末余额	0	（2）	
股份支付形成的应付职工薪酬	期末余额	0	（2）	
除股份支付之外形成的应付职工薪酬	期末余额	期末余额	0	永久性差异不影响暂时性差异
其他应付款（行政罚款、滞纳金）	期末余额	期末余额	0	永久性差异不影响暂时性差异

3.3 递延所得税负债与递延所得税资产的确认和计量

企业在确认了应纳税暂时性差异和可抵扣暂时性差异之后，应当按照所得税会计准则规定的原则确认相关的递延所得税负债和递延所得税资产。

3.3.1 递延所得税负债的确认和计量

1）递延所得税负债的确认

（1）除所得税准则中明确规定可不确认递延所得税负债的情况以外，企业应当确认所有应纳税暂时性差异产生的递延所得税负债。除与直接计入所有者权益的交易或事项以及企业合并中取得资产、负债相关的以外，在确认递延所得税负债的同时，应增加利润表中的所得税费用。

【例3-17】甲企业于20×3年12月1日购入一台管理用设备，取得成本为420万元，会计上采用年限平均法计提折旧，预计使用年限为6年，预计净残值为0，因该资产长年处于强震动状态，计税时按年数总和法计提折旧，使用年限及净残值与会计相同。甲企业适用的所得税税率为25%。

①20×4年12月31日：

该固定资产的账面价值=420−420÷6×1=350（万元）

该固定资产的计税基础=420−420×6÷21=300（万元）

账面价值与计税基础之间的差额50万元，形成了应纳税暂时性差异。

当年确认的递延所得税负债=50×25%=12.5（万元）

编制的会计分录为：

借：所得税费用　　125 000

　　贷：递延所得税负债　　125 000

②20×5年12月31日：

该固定资产的账面价值=420−420÷6×2=280（万元）

该固定资产的计税基础=420−420×11÷21=200（万元）

账面价值与计税基础之间的差额80万元，形成了应纳税暂时性差异。

递延所得税负债余额=80×25%=20（万元）

由于递延所得税负债余额能够结转下年，所以结合上年递延所得税负债期末余额12.5万元，本期确认的递延所得税负债为7.5万元（20−12.5）。

编制的会计分录为：

借：所得税费用　　75 000

　　贷：递延所得税负债　　75 000

③20×6年12月31日：

该固定资产的账面价值=420−420÷6×3=210（万元）

该固定资产的计税基础=420−420×15÷21=120（万元）

账面价值与计税基础之间的差额90万元，形成了应纳税暂时性差异。

递延所得税负债余额=90×25%=22.5（万元）

结合上年递延所得税负债期末余额20万元，本期确认的递延所得税负债为2.5万元

（22.5−20）。

编制的会计分录为：

借：所得税费用　　25 000

　贷：递延所得税负债　　25 000

④20×7年12月31日：

该固定资产的账面价值=420−420÷6×4=140（万元）

该固定资产的计税基础=420−420×18÷21=60（万元）

账面价值与计税基础之间的差额80万元，形成了应纳税暂时性差异。

递延所得税负债余额=80×25%=20（万元）

结合上年递延所得税负债期末余额22.5万元，本期确认的递延所得税负债为−2.5万元（20−22.5），也就是说，递延所得税负债减少2.5万元。

编制的会计分录为：

借：递延所得税负债　　25 000

　贷：所得税费用　　25 000

⑤20×8年12月31日：

该固定资产的账面价值=420−420÷6×5=70（万元）

该固定资产的计税基础=420−420×20÷21=20（万元）

账面价值与计税基础之间的差额50万元，形成了应纳税暂时性差异。

递延所得税负债余额=50×25%=12.5（万元）

结合上年递延所得税负债期末余额20万元，本期确认的递延所得税负债为−7.5万元（12.5−20），也就是说，递延所得税负债减少7.5万元。

编制的会计分录为：

借：递延所得税负债　　75 000

　贷：所得税费用　　75 000

⑥20×9年12月31日：

该固定资产的账面价值=420−420÷6×6=0（万元）

该固定资产的计税基础=420−420×21÷21=0（万元）

账面价值与计税基础之间的差额为0，递延所得税负债余额应为0，结合上年递延所得税负债期末余额12.5万元，本期确认的递延所得税负债为−12.5万元（0−12.5），也就是说，递延所得税负债减少12.5万元。

编制的会计分录为：

借：递延所得税负债　　125 000

　贷：所得税费用　　125 000

【例3−18】甲企业与乙企业签订了一项租赁协议，约定甲企业将其原先自用的一栋写字楼出租给乙企业使用，租赁期开始日为20×5年3月31日。20×5年3月31日，该写字楼的账面余额为50 000万元，已计提累计折旧10 000万元，公允价值为46 000万元，甲企业对该项投资性房地产采用公允价值模式进行后续计量。假定转换前该写字楼的计税基础与账面价值相等。税法规定，该写字楼预计尚可使用年限为20年，采用年限平均法计提折旧，无残值。20×5年12月31日，该栋写字楼的公允价值为48 000万元。甲企业适用的所得税税率为25%。

①20×5年3月31日：

该投资性房地产的账面价值为该日公允价值46 000万元。

计税基础为计提折旧后的账面价值=50 000−10 000=40 000（万元）

产生的应纳税暂时性差异=46 000−40 000=6 000（万元）

递延所得税负债期末余额=6 000×25%=1 500（万元）

因为转换时投资性房地产的公允价值大于原固定资产账面价值的差额计入所有者权益项目——其他综合收益，所以此时确认的递延所得税负债对应的科目也为所有者权益项目——其他综合收益，金额为期末余额1500万元减期初余额0。

编制的分录为：

借：其他综合收益　　15 000 000

　贷：递延所得税负债　　15 000 000

②20×5年12月31日：

该投资性房地产的账面价值为期末的公允价值48 000万元。

计税基础为计提折旧后的账面价值=（50 000−10 000）−（50 000−10 000）÷20×9÷12=38 500（万元）

产生的应纳税暂时性差异=48 000−38 500=9 500（万元）

递延所得税负债期末余额=9 500×25%=2 375（万元）

由于该投资性房地产期末公允价值的变动计入了损益类项目——公允价值变动损益，所以其确认的递延所得税负债也对应损益类项目——所得税费用，金额为期末余额2 375万元减期初余额1 500万元。

编制的分录为：

借：所得税费用　　8 750 000

　贷：递延所得税负债　　8 750 000

（2）不确认递延所得税负债的特殊情况。

在有些情况下，虽然资产、负债的账面价值与其计税基础不同，产生了应纳税暂时性差异，但出于各种考虑，所得税准则中规定不确认相应的递延所得税负债，主要包括：

①商誉的初始确认。

本教材第6章“企业合并”将探讨的非同一控制下的控股合并中形成的商誉，并不在购买方个别财务报表中确认，而反映在合并财务报表中。本节探讨的商誉仅指非同一控制下的吸收合并形成的、在购买方个别财务报表中确认的商誉。此时商誉的金额等于企业合并成本大于合并中取得的被购买方可辨认净资产公允价值份额的差额。但如果按照税法规定，企业合并符合免税合并，合并双方可以向税务机关申请按免税合并处理。免税合并，是指合并企业不确认全部资产的转让所得或损失，不计算缴纳所得税。由于购买方确认的商誉未在被购买方原账面上确认，因此其计税基础为零，所以产生了商誉的账面价值与计税基础之间的暂时性差异，但会计准则规定不确认与之相关的递延所得税负债。

【例3-19】甲公司以增发市场价值6 000万元的本企业普通股为对价对乙公司进行吸收合并，甲公司和乙公司不存在关联方关系。假定该项企业合并符合税法规定的免税合并条件，且乙公司原股东选择进行免税处理。购买日乙公司各项可辨认资产、负债的公允价值及计税基础见表3-5。

表3-5　**乙公司可辨认资产、负债价值一览表**　单位：万元

项目	账面价值（已调整为公允价值）	计税基础	暂时性差异	
			可抵扣暂时性差异	应纳税暂时性差异
固定资产	2 700	1 550		1 150
应收账款	2 100	2 100	—	—
存货	1 740	1 240		500
其他应付款	（300）	0	300	
应付账款	（1 200）	（1 200）	—	—
不包括递延所得税的可辨认净资产的公允价值	5 040	3 690	300	1 650

乙公司适用的所得税税率为25%，该项交易中应确认递延所得税资产、递延所得税负债和商誉的计算过程如下：

递延所得税资产=300×25%=75（万元）

递延所得税负债=1 650×25%=412.5（万元）

企业合并产生的递延所得税资产和递延所得税负债对应企业合并产生的商誉项目，进行的会计处理为：

借：递延所得税资产　750 000

　　商誉　3 375 000

　贷：递延所得税负债　4 125 000

在不考虑递延所得税资产和递延所得税负债的情况下，合并产生的商誉为960万元（6 000-5 040），确认了递延所得税资产和递延所得税负债导致增加了商誉337.5万元，所以企业最终确认的商誉为1 297.5万元（960+337.5），具体由下列计算过程得出：

企业合并成本	6 000万元
可辨认净资产公允价值	5 040万元
+递延所得税资产	75万元
-递延所得税负债	412.5万元
考虑递延所得税后可辨认净资产的公允价值	4 702.5万元
商誉	1 297.5万元

商誉账面价值1 297.5万元与计税基础0之间产生了应纳税暂时性差异，不再进一步确认相关的递延所得税负债。

特别提示

这是因为一旦确认商誉形成的递延所得税负债，该负债使可辨认净资产的公允价值减少，商誉的价值将加大，其与计税基础之间的应纳税暂时性差异将进一步加大，如此一来，形成了无休无止的“死循环”，因此不再确认商誉产生的递延所得税负债。

需要说明的是，商誉在后续计量过程中如果因计提减值准备与税法规定不同产生了可抵扣暂时性差异的，还是应当确认递延所得税资产的。

②除企业合并以外的其他交易或事项，如果该项交易或事项发生时既不影响会计利润，也不影响应纳税所得额，则所产生的资产、负债的初始确认金额与其计税基础不同，形成应纳税暂时性差异的，交易或事项发生时不确认相应的递延所得税负债。该规定主要考虑到由于交易发生时既不影响会计利润，也不影响应纳税所得额，确认递延所得税负债的直接结果是增加有关资产的账面价值或降低所确认负债的账面价值，使得资产、负债在初始确认时，违背历史成本原则，影响会计信息的可靠性。

③与子公司、联营企业、合营企业投资等相关的应纳税暂时性差异，一般应确认相应的递延所得税负债，但同时满足以下两个条件的除外：一是投资企业能够控制暂时性差异转回的时间；二是该暂时性差异在可预见的未来很可能不会转回。满足上述条件时，投资企业可以运用自身的影响力决定暂时性差异的转回，如果不希望其转回，则在可预见的未来该项暂时性差异将不会转回，对未来期间计税不会产生影响，从而无须确认相应的递延所得税负债。

应予以说明的是，企业在运用上述条件不确认与联营企业、合营企业相关的递延所得税负债时，应有确凿的证据表明其能够控制有关暂时性差异转回的时间。一般情况下，企业对联营企业的生产经营决策仅能够实施重大影响，并不能够主导被投资单位包括利润分配政策在内的主要生产经营决策的制定，满足《企业会计准则第18号——所得税》规定的能够控制暂时性差异转回时间的条件一般是通过与其他投资者签订协议等，达到能够控制被投资单位利润分配政策等情况。

对于采用权益法核算的长期股权投资，其账面价值与计税基础产生的有关暂时性差异应确认相关的所得税影响，并考虑该项投资的持有意图：

如果企业拟长期持有该项投资，则因初始投资成本的调整产生的暂时性差异预计未来期间不会转回，对未来期间所得税没有影响；因确认投资损益产生的暂时性差异，如果在未来期间逐期分回现金股利或利润时免税，也不存在对未来期间的所得税影响。因确认应享有被投资单位其他权益变动而产生的暂时性差异，在长期持有的预计未来期间也不会转回。因此，在准备长期持有的情况下，对于采用权益法核算的长期股权投资账面价值与计税基础之间的差异一般不确认相关的所得税影响。

在投资企业改变持有意图拟对外出售的情况下，按照税法的规定，企业在转让或者处置投资资产时，投资资产的成本准予扣除。在持有意图由长期持有转变为拟近期出售的情况下，因长期股权投资的账面价值与计税基础不同产生的有关暂时性差异，均应确认相关的所得税影响。

2）递延所得税负债的计量

企业应当在资产负债表日对递延所得税负债，根据适用税法的规定，按照预期收回该资产或清偿该负债期间的适用税率计量，即递延所得税负债应以相关应纳税暂时性差异未来转回期间适用的所得税税率计算。无论应纳税暂时性差异转回期间如何，相关的递延所得税负债不要求折现。

3.3.2　递延所得税资产的确认和计量

1）递延所得税资产的确认

（1）企业应当确认由可抵扣暂时性差异产生的递延所得税资产，确认金额以很可能取得用来抵扣可抵扣暂时性差异的应纳税所得额为限。

可抵扣暂时性差异是使未来产生可抵扣金额的暂时性差异，因此可抵扣暂时性差异的转回可以抵扣转回期间的应纳税所得额。但是，只有当企业有足够的应纳税所得额用以抵销该抵扣时，该抵扣导致的所得税支付额的减少所带来的经济利益才能真正实现。因此，只有当很可能获得能利用可抵扣暂时性差异的应纳税所得额时，企业才能确认一项递延所得税资产。

特别提示

俗话说“巧妇难为无米之炊”，如果没有大米，巧妇有再好的厨艺也无法施展。同样的道理，如果企业未来无法实现足够的应纳税所得额，那么空有再多的可抵扣暂时性差异也枉然。

（2）资产负债表日，如果有确凿证据表明未来期间很可能获得足够的应纳税所得额用来抵扣可抵扣暂时性差异，应当确认以前期间未确认的递延所得税资产。

（3）企业对与子公司、联营企业、合营企业投资相关的可抵扣暂时性差异，当同时满足以下两个条件时，应当确认相应的递延所得税资产：

① 暂时性差异在可预见的未来很可能转回；

② 未来很可能获得用来抵扣暂时性差异的应纳税所得额。

对联营企业和合营企业的投资产生的可抵扣暂时性差异，主要产生于权益法下确认的投资损失以及计提的减值准备。

（4）不确认递延所得税资产的情况。

当交易同时具有以下特征时，因资产或负债的初始确认产生可抵扣暂时性差异，不确认递延所得税资产：

① 该项交易不是企业合并。

② 交易发生时既不影响会计利润也不影响应纳税所得额。如【例3-3】通过研究开发形成的无形资产的账面价值和计税基础之间的可抵扣暂时性差异，不进一步确认递延所得税资产。

特别提示

这是因为该无形资产不是因为企业合并交易产生的，因此不能将递延所得税资产对应合并产生的商誉项目；该无形资产由研发支出结转而来，确认时既不影响会计利润也不影响应纳税所得额，所以也不能将递延所得税资产对应所得税费用项目；因为该事项不影响企业的所有者权益项目，因此递延所得税资产无法对应所有者权益项目。如果确认了递延所得税资产，为了保证会计等式的平衡，只能对应调整无形资产的价值，这样一方面动摇了历史成本的计量基础，另一方面造成了无形资产的账面价值和计税基础的再次背离，陷入无休无止的“死循环”，因此不进一步确认该可抵扣暂时性差异形成的递延所得税资产。

2）递延所得税资产的计量

同递延所得税负债的计量原则一致，企业在确认递延所得税资产时，应当以预期收回该资产期间的适用所得税税率为基础计算确定。无论相关的可抵扣暂时性差异转回期间如何，递延所得税资产均不要求折现。

资产负债表日，企业应当对递延所得税资产的账面价值进行复核。如果未来期间很可能无法获得足够的应纳税所得额用以抵扣递延所得税资产的利益，应当减计递延所得税资产的账面价值。减计的递延所得税资产，除原来确认时计入所有者权益的，减计的金额也应计入所有者权益外，其他的情况均应增加所得税费用。以后期间根据新的环境和情况判断能够产生足够的应纳税所得额利用可抵扣暂时性差异，使得递延所得税资产产生的经济利益能够实现的，应相应恢复递延所得税资产的账面价值。

适用税率发生变化的，应对已确认的递延所得税资产重新进行计量，除直接在权益中确认的交易或事项产生的递延所得税资产也计入所有者权益项目外，应当将其影响数计入变化当期的所得税费用。

3.4 所得税费用的确认和计量

所得税会计的主要目的是利用税法中确认的当期应交税费，结合递延所得税资产和递延所得税负债的影响，确认出利润表中的所得税费用。按照资产负债表债务法，利润表中的所得税费用包括当期所得税和递延所得税两个部分。

3.4.1 当期所得税

当期所得税是企业按照税法规定计算确定的针对当期发生的交易和事项，应缴纳给税务部门的所得税金额。企业在确定当期应交所得税时，对于当期发生的交易或事项，由于会计处理与税法处理不同，所以应在会计利润的基础上，按照适用税收法规的规定进行调整，计算出当期应纳税所得额，根据应纳税所得额与适用所得税税率计算确定当期应交所得税，即：

应纳税所得额=会计利润+纳税调整增加额-纳税调整减少额

应纳所得税额=应纳税所得额×所得税税率

3.4.2 递延所得税

递延所得税是指按照所得税会计准则的规定，应予确认的递延所得税资产和递延所得税负债当期发生额的综合结果，但不包括计入所有者权益的交易或事项的所得税影响，用公式表示为：

$$\text{递延所得税}=\left(\begin{matrix}\text{递延所得税负债的}\\\text{期末余额}\end{matrix}-\begin{matrix}\text{递延所得税负债的}\\\text{期初余额}\end{matrix}\right)-\left(\begin{matrix}\text{递延所得税资产的}\\\text{期末余额}\end{matrix}-\begin{matrix}\text{递延所得税资产的}\\\text{期初余额}\end{matrix}\right)$$

应予说明的是，企业因确认递延所得税资产和递延所得税负债产生的递延所得税，一般应当计入所得税费用，但以下两种情况除外：

（1）某项交易或事项按照会计准则规定应计入所有者权益的，由该交易或事项产生的递延所得税资产或递延所得税负债及其变化也应计入所有者权益，不构成利润表中的所得税费用。如【例3-18】中投资性房地产转换日以及【例3-20】的会计处理。

【例3-20】丙公司20×9年9月取得的其他权益工具投资的成本为200万元。20×9年12月31日，其公允价值为240万元。丙公司适用的所得税税率为25%。

①20×9年12月31日确认公允价值变动时：

借：其他权益工具投资——公允价值变动　　400 000

　贷：其他综合收益　　400 000

②确认应纳税暂时性差异的所得税影响：

借：其他综合收益　　100 000（400 000×25%）

　贷：递延所得税负债　　100 000

特别提示

直接计入所有者权益的交易或事项主要有：会计政策变更采用追溯调整法或对前期差错更正采用追溯重述法调整期初留存收益；其他债权投资、其他权益工具投资的公允价值变动计入其他综合收益；自用房地产转为采用公允价值模式计量的投资性房地产时公允价值大于原账面价值差额计入其他综合收益等。

（2）企业合并中取得的资产、负债，其账面价值与计税基础不同，应确认相关递延所得税的，该递延所得税的确认影响合并中产生的商誉或是计入当期损益（廉价购买利得）的金额，不影响所得税费用。具体见【例3-19】。

3.4.3 所得税费用

计算确定了当期所得税和递延所得税以后，利润表中应予确认的所得税费用为两者之和，即：

所得税费用＝当期所得税+递延所得税

【例3-21】甲公司20×8年度利润表中的利润总额为1 200万元，该公司适用的所得税税率为25%，预计未来期间适用的所得税税率不会发生变化，未来期间能够产生足够的应纳税所得额用以抵扣暂时性差异，递延所得税资产及递延所得税负债不存在期初余额。该公司20×8年发生的有关交易和事项中，会计处理与税法规定存在差别的有：

①20×7年12月31日取得的一项固定资产，成本为600万元，使用年限为10年，预计净残值为0，会计处理按双倍余额递减法计提折旧，税法要求按年限平均法计提折旧。税法规定的使用年限及预计净残值与会计规定相同。

②向关联企业捐赠现金200万元。

③20×8年度发生研究开发支出500万元，其中200万元予以费用化；截至20×8年12月31日，该研发资产仍在开发过程中。税法规定，企业费用化的研究开发支出按175%税前扣除，资本化的研究开发支出按资本化金额的175%确定应予摊销的金额。

④应付违反环境保护相关规定的罚款100万元。

⑤年初存货的价值为830万元，期末计提了30万元的存货跌价准备。

（1）计算20×8年度当期应交所得税：

应纳税所得额=1 200+60+200−200×75%+100+30=1 440（万元）

应交所得税=1 440×25%=360（万元）

（2）计算20×8年递延所得税：

该公司20×8年资产负债表相关项目金额及计税基础见表3-6。

表3-6　**甲公司相关项目金额及计税基础**　单位：万元

项　目	账面价值	计税基础	差　异	
			可抵扣暂时性差异	应纳税暂时性差异
存货	800	830	30	
固定资产	480①	540②	60	
研发支出	300③	525④	225*	
其他应付款	100	100		
合计			315	

注：*研发支出形成的可抵扣暂时性差异不确认递延所得税资产。

①=600−600×2/10=480

②=600−600×1/10=540

③=500−200=300

④=300×1.75=525

期末递延所得税资产=（30+60）×25%=22.5（万元）

递延所得税=（递延所得税负债的期末余额−递延所得税负债的期初余额）−（递延所得税资产的期末余额−递延所得税资产的期初余额）

=（0−0）−（22.5−0）=−22.5（万元）

（3）确认利润表中的所得税费用：

所得税费用=当期所得税+递延所得税=360−22.5=337.5（万元）

借：所得税费用　3 375 000

　　递延所得税资产　225 000

　贷：应交税费——应交所得税　3 600 000

【例3-22】丁公司为家电制造企业，20×9年年初的递延所得税资产借方余额为190万元，递延所得税负债贷方余额为10万元，具体构成项目见表3-7。

表3-7　　**丁公司递延所得税项目构成表**　　单位：万元

项　目	账面价值	计税基础	可抵扣暂时性差异	应纳税暂时性差异	递延所得税资产	递延所得税负债
应收账款	140	200	60		15	
交易性金融资产	340	300		40		10
其他权益工具投资	500	700	200		50*	
预计负债	80	0	80		20	
可税前抵扣的亏损	—	—	420		105	

注：*该金额不影响递延所得税。

该公司20×9年度利润表中利润总额为1 610万元，适用的所得税税率为25%，预计未来期间适用的所得税税率不会发生变化，未来期间能够产生足够的应纳税所得额用于抵扣可抵扣暂时性差异。该公司20×9年发生的相关交易和事项中，会计处理与税法规定存在差别的有：

① 年末转回坏账准备10万元。根据税法规定，转回的坏账损失不计入应纳税所得额。

② 年末根据交易性金融资产公允价值增加确认公允价值变动损益30万元。根据税法规定，交易性金融资产公允价值变动损益不计入应纳税所得额。

③ 年末根据其他权益工具投资公允价值变动增加其他综合收益40万元。

④ 当年实际支付产品保修费用50万元，冲减前期确认的相关预计负债；当年又确认产品保修费用10万元，增加相关预计负债。根据税法的规定，实际支付的产品保修费用允许税前扣除，但预计的产品保修费用不允许税前扣除。

⑤ 当年发生业务宣传费800万元，至年末尚未支付。该公司当年实现销售收入5 000万元。税法规定，该家电企业发生的业务宣传费支出不超过当年销售收入15%的部分，准予税前扣除；超过部分，准予结转以后年度税前扣除。

微课3.4　【例3-22】预计负债的讲解

（1）计算20×9年当期应交所得税：

应纳税所得额=1 610−420−10−30−50+10+（800−5 000×15%）=1 160（万元）

应交所得税=1 160×25%=290（万元）

（2）计算20×9年度递延所得税：

该公司20×9年12月31日有关资产、负债的账面价值、计税基础及相应的暂时性差异见表3-8。

（3）计算利润表中应确认的所得税费用：

所得税费用=当期所得税+递延所得税=290+112.5=402.5（万元）

借：所得税费用　　4 025 000

　贷：应交税费——应交所得税　　2 900 000

　　　递延所得税资产　　1 050 000

　　　递延所得税负债　　75 000

表3-8　　**丁公司递延所得税项目构成表**　　单位：万元

项　目	账面价值	计税基础	可抵扣暂时性差异	应纳税暂时性差异	递延所得税资产	递延所得税负债
应收账款	150①	200	50		12.5	
交易性金融资产	370②	300		70		17.5
其他权益工具投资	540③	700	160		40*	
预计负债	40④	0	40		10	
其他应付款	800	750⑤	50		12.5	

注：*该金额不影响递延所得税。

① 应收账款账面价值= 200-（60-10）=150（万元）

② 交易性金融资产账面价值=340+30=370（万元）

③ 其他权益工具投资账面价值=500+40=540（万元）

④ 预计负债账面价值=80-50+10=40（万元）

⑤ 其他应付款计税基础=5 000×15%=750（万元）

递延所得税负债的期末余额=17.5万元

递延所得税负债的期初余额=10万元

递延所得税资产的期末余额=12.5+40+10+12.5=75（万元）

递延所得税资产的期初余额=15+50+20+105=190（万元）

递延所得税=（17.5-10）-［（75-40）-（190-50）］（剔除不影响递延所得税的部分）

= 7.5-（-105）=112.5（万元）

由其他权益工具投资形成的递延所得税资产，期末余额为40万元，期初余额为50万元，本期发生额10万元单独计入所有者权益项目。

借：其他综合收益　　100 000

　贷：递延所得税资产　　100 000

3.4.4　适用税率变化时的核算

当所得税适用税率发生变化时，当期所得税应按照当期适用税率进行计算。至于递延所得税，《企业会计准则第18号——所得税》第十七条规定："适用税率发生变化的，应对已确认的递延所得税资产和递延所得税负债进行重新计量。"鉴于递延所得税资产和递延所得税负债的余额是可以结转下期的，因此根据下列公式，即可以完成税率变动时对递延所得税的计量：

递延所得税资产（负债）发生额＝递延所得税资产（负债）期末余额-递延所得税资产（负债）期初余额

其中，期末余额按照未来期间适用的税率计算，期初余额按照原税率计算，借助期末余额与期初余额的轧差，自然将税率变动对递延所得税的影响体现在本期发生额中。

【例3-23】A公司经认定是享受"两免三减半"税收优惠政策的软件企业。A公司于20×1年、20×2年免缴企业所得税，20×3年至20×5年按25%的税率减半缴纳企业所得税。

A公司于20×3年12月20日以82 500元购进一台管理用办公设备，预计使用寿命为5

年。会计上采用年限平均法计提折旧，税法规定采用双倍余额递减法计提折旧。近年来A公司业绩平稳，每年税前利润均为500 000元。各年递延所得税计算见表3-9。

表3-9　**递延所得税计算表**　单位：元

项目	20×4年	20×5年	20×6年	20×7年	20×8年
税率	12.5%	12.5%	25%	25%	25%
会计折旧	16 500	16 500	16 500	16 500	16 500
账面价值	66 000	49 500	33 000	16 500	0
税法折旧	33 000	19 800	11 880	8 910	8 910
计税基础	49 500	29 700	17 820	8 910	0
暂时性差异	16 500	19 800	15 180	7 590	0
递延所得税负债期末余额	2 062.5	2 475	3 795	1 897.5	0
递延所得税负债期初余额	0	2 062.5	2 475	3 795	1 897.5
递延所得税负债本期发生额	2 062.5	412.5	1 320	-1 897.5	-1 897.5

（1）20×4年

借：所得税费用　62 500

　贷：应交税费——应交所得税　60 437.5（（500 000-16 500）×12.5%）

　　递延所得税负债　2 062.5

（2）20×5年

借：所得税费用　62 500

　贷：应交税费——应交所得税　62 087.5（（500 000-3 300）×12.5%）

　　递延所得税负债　412.5

（3）20×6年

借：所得税费用　127 475

　贷：应交税费——应交所得税　126 155（（500 000+4 620）×25%）

　　递延所得税负债　1 320

（4）20×7年

借：所得税费用　125 000

　递延所得税负债　1 897.5

　贷：应交税费——应交所得税　126 897.5（（500 000+7 590）×25%）

（5）20×8年

借：所得税费用　125 000

　递延所得税负债　1 897.5

　贷：应交税费——应交所得税　126 897.5（（500 000+7 590）×25%）

3.4.5 所得税的列报

企业对所得税的核算结果，除利润表中列示的所得税费用以外，在资产负债表中形成的应交税费以及递延所得税资产和递延所得税负债应当遵循《企业会计准则第18号——所得税》中的规定。其中递延所得税资产和递延所得税负债一般应当作为非流动资产和非流动负债在资产负债表中列示，所得税费用应当在利润表中单独列示，同时还应在附注中披露与所得税有关的下列信息：

（1）所得税费用（收益）的主要组成部分。

（2）所得税费用（收益）与会计利润关系的说明。

（3）未确认递延所得税资产的可抵扣暂时性差异、可抵扣亏损的金额（如果存在到期日，还应披露到期日）。

（4）对每一类暂时性差异和可抵扣亏损，在列报期间确认的递延所得税资产或递延所得税负债的金额，确认递延所得税资产的依据。

（5）未确认递延所得税负债的，与对子公司、联营企业及合营企业投资相关的暂时性差异金额。

本章小结与思维导图

本章全面论述了资产负债表债务法的原理，资产、负债的计税基础和暂时性差异的计算，递延所得税资产和递延所得税负债以及所得税费用的确认和计量。

所得税会计是纳税会计与财务会计相分离而派生出来的，是税法与会计准则相互影响、相互作用的结果。由于对会计利润和应纳税所得之间差异的处理方法持有不同的观点，从而产生了不同的所得税会计处理方法。

资产负债表债务法中，资产与负债的账面价值与计税基础的差额形成了暂时性差异。暂时性差异又可以分为应纳税暂时性差异和可抵扣暂时性差异。除特殊情况外，企业应当确认所有应纳税暂时性差异产生的递延所得税负债；企业应当以很可能取得用来抵扣可抵扣暂时性差异的应纳税所得额为限，确认由可抵扣暂时性差异产生的递延所得税资产。

根据应纳税所得额计算的当期所得税和暂时性差异确认的递延所得税，共同组成了利润表中的所得税费用。

- 所得税
  - 资产负债表债务法步骤
    - 1.将资产和负债的账面价值与计税基础之间的差额确认为暂时性差异
    - 2.将暂时性差异进一步区分为
      - 应纳税暂时性差异
      - 可抵扣暂时性差异
    - 3.根据应纳税暂时性差异确认递延所得税负债期末余额，根据可抵扣暂时性差异确认递延所得税资产期末余额
    - 4.根据递延所得税负债和递延所得税资产的本期发生额确认对应的科目
      - 所得税费用
      - 所有者权益项目
      - 商誉
    - 5.根据应纳税所得额确认应交税费
    - 6.根据递延所得税和应交税费确认所得税费用
  - 易混概念
    - 会计利润 应纳税所得额
      - 应纳税所得额=会计利润+纳税调增额-纳税调减额
    - 永久性差异 暂时性差异
      - 永久性差异与暂时性差异不同时出现
    - 应纳税所得额 应纳所得税额
      - 应纳所得税额=应纳税所得额×所得税税率
    - 应纳税暂时性差异 递延所得税负债
      - 递延所得税负债的期末余额=应纳税暂时性差异×所得税税率
    - 可抵扣暂时性差异 递延所得税资产
      - 递延所得税资产的期末余额=可抵扣暂时性差异×所得税税率
    - 递延所得税资产、递延所得税负债 递延所得税
      - 递延所得税=（期末递延所得税负债-期初递延所得税负债）-（期末递延所得税资产-期初递延所得税资产）

章末习题

一、单项选择题

1.下列交易或事项中，计税基础不等于账面价值的是（　　）。

A.企业因销售商品提供售后服务于当期确认了100万元的预计负债

B.企业为关联方提供债务担保确认了预计负债1 000万元

C.企业当期确认应支付的职工工资及其他薪金性质支出计1 000万元，尚未支付。按照税法规定的计税工资标准可以于当期扣除的部分为800万元

D.税法规定的收入确认时点与会计准则一致，会计确认合同负债500万元

2.按照《企业会计准则第18号——所得税》的规定，下列资产、负债项目的账面价值与其计税基础之间的差额，不确认递延所得税资产或递延所得税负债的是（　　）。

A.使用寿命不确定的专利权

B.期末按公允价值调增其他权益工具投资的金额

C.因非同一控制下的吸收合并初始确认的商誉

D.企业因销售商品提供售后服务确认的预计负债

3.企业因下列事项确认的递延所得税，不计入利润表所得税费用的是（　　）。

A.期末按公允价值调增其他权益工具投资的金额，产生的应纳税暂时性差异

B.期末按公允价值调减交易性金融资产的金额，产生的可抵扣暂时性差异

C.期末按公允价值调增交易性金融资产的金额，产生的应纳税暂时性差异

D.期末按公允价值调增投资性房地产的金额，产生的应纳税暂时性差异

4.下列项目中，产生可抵扣暂时性差异的有（　　）。

A.期末固定资产账面价值大于计税基础

B.其他权益工具投资期末公允价值大于取得时成本

C.作为债权投资的国债产生的利息收入

D.期末无形资产账面价值小于其计税基础

5.下列项目中，可能会产生暂时性差异的是（　　）。

A.税法不允许扣除的因担保而发生的预计负债

B.可以在税前补亏的未弥补亏损

C.取得国债利息收入

D.超过税前扣除限额的业务招待费支出

二、多项选择题

1.下列各事项中，计税基础等于账面价值的有（　　）。

A.支付的各项赞助费

B.购买国债确认的利息收入

C.支付的违反税收规定的罚款

D.支付的滞纳金

2.下列各项交易形成的负债中，计税基础不为零的是（　　）。

A.赊购商品形成的应付账款

B.从银行取得短期借款

C. 产品售后形成的预计负债

D. 各项税收滞纳金和罚款确认的其他应付款

3. 在发生的下列交易或事项中，会产生应纳税暂时性差异的有（　　）。

A. 企业对应收账款计提坏账准备

B. 企业购入交易性金融资产，购入当期期末公允价值小于其初始确认金额

C. 企业购入无形资产，作为使用寿命不确定的无形资产进行核算，期末没有计提减值准备

D. 企业购入其他权益工具投资，购入当期期末公允价值大于初始确认金额

4. 下列项目中，应确认递延所得税负债的有（　　）。

A. 固定资产账面价值大于计税基础

B. 固定资产账面价值小于计税基础

C. 交易性金融资产账面价值大于计税基础

D. 预计负债账面价值大于计税基础

5. 下列项目中，会产生可抵扣暂时性差异的有（　　）。

A. 预提产品售后保修费用

B. 计提存货跌价准备

C. 会计计提的折旧大于税法规定的折旧

D. 会计计提的折旧小于税法规定的折旧

三、业务题

大海公司20×9年1月1日递延所得税资产为6万元，递延所得税负债为9万元，该公司适用的所得税税率为25%。该公司20×9年利润总额为4 960万元，涉及所得税会计的交易或事项如下：

微课3.5　第3章课后业务题讲解

（1）20×9年1月1日，以2 000万元自证券市场购入当日发行的一项3年期到期还本付息国债。该国债票面金额为2 000万元，票面年利率和实际利率均为5%。大海公司将该国债作为债权投资核算。税法规定，国债利息收入免交所得税。

（2）20×8年12月15日，大海公司购入一项管理用设备，支付购买价款、运输费、安装费等共计1 200万元。12月26日，该设备经安装达到预定可使用状态。大海公司预计该设备使用年限为10年，预计净残值为零，采用年限平均法计提折旧。税法规定，该类固定资产的折旧年限为20年。假定大海公司的该设备预计净残值和采用的折旧方法符合税法规定。

（3）20×9年6月20日，大海公司因废水超标排放被环保部门处以100万元罚款，罚款已用银行存款支付。税法规定，企业违反国家法规所支付的罚款不允许在税前扣除。

（4）20×9年9月12日，大海公司自证券市场购入某股票，支付价款200万元，大海公司将该股票作为交易性金融资产核算。12月31日，该股票的公允价值为220万元。税法规定，交易性金融资产持有期间公允价值变动金额不计入应纳税所得额，待出售时一并计入应纳税所得额。

（5）20×9年10月10日，大海公司由于为乙公司银行借款提供担保，乙公司到期未偿

还借款，被银行提起诉讼，要求其履行担保责任。12月31日，该诉讼尚未判决。大海公司预计履行该担保责任很可能支出的金额为1 000万元。税法规定，企业为其他单位债务提供担保发生的损失不允许在税前扣除。

（6）其他有关资料如下：

① 大海公司上述交易或事项均按照企业会计准则的规定进行了处理。

② 大海公司预计在未来期间有足够的应纳税所得额用于抵扣可抵扣暂时性差异。

要求：

（1）根据上述交易或事项，填列大海公司20×9年12月31日的暂时性差异计算表。

表3-10 **大海公司暂时性差异计算表**

20×9年12月31日 单位：万元

项　目	账面价值	计税基础	差　异	
			可抵扣暂时性差异	应纳税暂时性差异
债权投资				
固定资产				
交易性金融资产				
预计负债				

（2）计算大海公司20×9年应纳税所得额和应交所得税。

（3）计算大海公司20×9年应确认的递延所得税和所得税费用。

（4）编制大海公司20×9年确认所得税费用的会计分录。

四、思考题

1. 什么是应付税款法？采用应付税款法核算所得税存在什么问题？

2. 永久性差异、时间性差异和暂时性差异有什么区别和联系？

3. 递延所得税资产和递延所得税负债分别应如何确认？

第3章习题答案

第4章/
资产负债表日后事项

学习目标：理解资产负债表日后事项的定义及涵盖期间的范围；掌握资产负债表日后事项的判断标准；掌握资产负债表日后调整事项的会计处理方法。

引导案例

健民集团（600976）是一家从事药品研发、制造、批发与零售的医药公司。其所拥有的“健民”“龙牡”等商标为中国驰名商标。其在2018年的财务报告中公布了2018年新增的预计负债1 976 806.99元。根据年报附注可知，这项预计负债是由于集团有一项与武汉市第八医院的未决诉讼引起的。2012年，健民集团与武汉市第八医院约定共同出资建立武汉市健民医院有限责任公司，其中健民集团出资占比65%，第八医院占比35%。2013年，双方又签订《租赁经营合同》，约定将健民医院租赁给第八医院进行经营。但是由于种种原因，健民医院未能如期建立运行。健民集团认为这是由于第八医院的原因造成的，于2016年向武汉市人民法院提起诉讼，要求第八医院承担集团因筹备健民医院产生的全部损失。第八医院则认为，双方应按各自投资比例承担损失。经武汉市人民法院审理并于2018年9月下达判决书，判决双方按照各自出资比例承担筹建过程中产生的全部损失，其中健民集团需向第八医院支付其超额承担部分的损失1 976 806.99元。健民集团根据上述判决结果计提了2018年预计负债，但是也对该判决结果表示不服，并向武汉市中级人民法院提起上诉，截止到年度资产负债表日，该案件正在审理中。

未决诉讼的日后判决将如何对公司经营产生影响，企业对于发生在资产负债表日后事项涵盖期间的未决诉讼如何进行处理？还有哪些日后事项对企业的财务状况、经营成果产生影响？本章将对上述问题进行探讨。

4.1 资产负债表日后事项概述

4.1.1 资产负债表日后事项的定义

资产负债表日后事项是指资产负债表日至财务报告批准报出日之间发生的有利或不利事项，包括资产负债表日后调整事项（简称“调整事项”）和资产负债表日后非调整事项

（简称“非调整事项”）。为理解资产负债表日后事项，还需要明确以下几个问题：

1）资产负债表日

资产负债表日是指会计期末，包括会计年度末和会计中期末。按照《会计法》的规定，我国会计年度采用公历年度，即1月1日至12月31日。因此，我国年度资产负债表日是指每年的12月31日；根据《企业会计准则第32号——中期财务报告》的规定，中期是指短于一个完整会计年度的报告期间，包括半年度、季度和月度。因此，会计中期末是指半年末、每季季末、每月月末。例如，提供第一季度财务报告时，资产负债表日是3月31日，提供半年度财务报告时，资产负债表日是6月30日。

如果母公司在国外或子公司在国外，无论国外公司如何确定会计期间，其向国内提供的财务报表均应按照我国《会计法》和《企业会计准则——基本准则》对会计期间的规定，提供相应期间的财务报表，不能以国外公司确定的会计期间作为依据。

2）财务报告批准报出日

财务报告批准报出日是指董事会或类似机构批准财务报告报出的日期，通常是指对财务报告的内容负有法律责任的单位或个人批准财务报告向企业外部公布的日期。根据《中华人民共和国公司法》（以下简称《公司法》）的规定，董事会有权制订公司的年度财务预算方案、决算方案、利润分配方案和弥补亏损方案，董事会有权批准对外公布财务报告。对于上市公司而言，财务报告批准报出日就是董事会批准财务报告报出的日期；对于其他企业而言，财务报告批准报出日则是经理（厂长）会议或类似机构批准财务报告报出的日期。

3）有利或不利事项

有利或不利事项，是指资产负债表日后对企业财务状况和经营成果具有一定影响，既包括有利影响又包括不利影响的事项。对于有利或不利事项在会计核算中应采取同一原则进行处理。不能“报喜不报忧”，也不能“报忧不报喜”。

4.1.2 资产负债表日后事项涵盖的期间

资产负债表日后事项涵盖的期间是自资产负债表日次日至财务报告批准报出日为止的一段期间。也就是说，日后事项涵盖期间不包括资产负债表日当天。

若财务报告批准报出以后、实际报出之前又发生与资产负债表日后事项有关的事项，并由此影响财务报告对外公布日期的，应以董事会或类似机构再次批准财务报告对外公布的日期为截止日期。

【例4-1】甲上市公司20×5年的年度财务报告于20×6年3月24日编制完成，注册会计师完成报表审计工作并签署审计报告的日期为20×6年4月14日，董事会批准财务报告对外公布的日期为20×6年4月20日，财务报告实际对外公布的日期为20×6年4月24日，股东大会召开的日期为20×6年5月14日。

根据资产负债表日后事项涵盖期间的规定，甲上市公司20×5年度财务报告资产负债表日后事项涵盖的期间为20×6年1月1日—4月20日（财务报告批准报出日）。如果在20×6年4月20日—4月24日（财务报告实际报出日）之间又发生了重大事项，需要调整财务报告相关项目的金额或需要在财务报告附注中予以披露，假设经调整后的财务报告再次经董事会批准报出的日期为20×6年4月26日，实际报出的日期为20×6年4月29日，则资产负债表日后事项涵盖的期间为20×6年1月1日—4月26日。

特别提示

如果由此影响审计报告内容，按照独立审计准则的规定，注册会计师可以签署双重报告日期，即保留原定审计报告日，并就该日后事项注明新的审计报告日；或更改审计报告日期，即将原定审计报告日推迟至完成追加审计程序时的审计报告日。

4.1.3　资产负债表日后事项的内容

资产负债表日后事项包括两类：一类是对资产负债表日存在的状况提供进一步证据的事项，即调整事项；另一类是资产负债表日后才发生的事项，即非调整事项。

1）调整事项

调整事项是指资产负债表日后至财务报告批准报出日之间发生的、对资产负债表日已经存在的情况提供了新的或进一步证据的事项。

如果资产负债表日及所属会计期间已经存在某种情况，但当时并不知道其存在或者不能知道确切结果，某事项的发生对资产负债表日的情况提供了新的或进一步的证据，能够证实该情况的存在或者确切结果，或是证据表明的情况与原来的估计和判断不完全一致，这表明依据资产负债表日存在状况编制的财务报告已不再具备有用性，加之财务报告尚未报出，应依据新发生的情况对资产负债表日所反映的收入、费用、资产、负债以及所有者权益进行调整，所以该事项属于资产负债表日后事项中的调整事项。由此可见，调整事项的特点是：

（1）在资产负债表日或以前已经存在，资产负债表日后得以证实；

（2）对按资产负债表日存在状况编制的财务报告产生重大影响。

【例4-2】20×5年8月，甲公司因产品质量问题被消费者起诉，直到20×5年12月31日法院尚未判决。甲公司考虑到败诉进行赔偿的可能性很大，经与律师咨询，确认了500万元的预计负债。20×6年2月20日，在甲公司20×5年度财务报告批准对外报出之前，法院判决消费者胜诉，要求甲公司支付赔偿款700万元。

首先，法院的判决发生在资产负债表日后至财务报告批准报出日之间这个特定的时间段内。其次，甲公司在20×5年12月31日已经预计自己败诉的可能性很大，只是法院尚未作出最终判决，根据该未决诉讼，甲公司确认了500万元的预计负债。20×6年2月20日，法院判决结果为甲公司预计负债的存在提供了进一步的证据，据此确定该事项为资产负债表日后调整事项。此时，再按照20×5年12月31日存在状况编制的财务报告所提供的信息已不能真实反映企业的实际情况，加之财务报告尚未对外报出，所以应据此对财务报告相关项目的金额进行调整。

2）非调整事项

非调整事项是指资产负债表日后至财务报告批准报出日之间发生或存在的、不涉及资产负债表日存在状况的事项。

非调整事项是资产负债表日后才发生的事项，它的发生不影响资产负债表日企业的财务报告金额，只说明资产负债表日后新发生了某些情况，若不加以说明将会影响财务报告使用者作出正确决策，因此，需要进行披露。由此可见，非调整事项的特点是：

（1）资产负债表日并未发生或存在，完全是日后新发生的；

（2）对理解和分析财务报告有重大影响。

【例4-3】承【例4-2】，甲公司因产品质量问题于20×6年1月20日又被消费者起诉，要求甲公司赔偿900万元。20×6年3月20日，在甲公司20×5年度财务报告批准对外报出之前，法院判决消费者胜诉，要求甲公司支付赔偿款700万元。

法院的判决尽管发生在资产负债表日后至财务报告批准报出日之间这个特定的时间段内，但是该诉讼在20×5年12月31日并不存在，完全是日后新发生的，并不影响甲公司按20×5年12月31日财务状况编制的财务报告。但对于这类事项如不加以说明，将会影响财务报告使用者作出正确决策。据此确定该事项为非调整事项，以适当的方式进行披露即可。

3）调整事项与非调整事项的区别

资产负债表日后发生的某一事项究竟是调整事项还是非调整事项，取决于该事项表明的情况在资产负债表日或资产负债表日之前是否已经存在。若该情况在资产负债表日或之前已经存在，资产负债表日后提供了证据对以前已存在的事项作出进一步说明，则属于调整事项；若该情况在资产负债表日尚未存在，但在财务报告批准报出日之前才发生，则属于非调整事项。

例如，因债务人破产而使应收账款发生损失，如果债权人在12月31日或之前根据所掌握的资料判断债务人有破产清算的可能，或债务人正处于破产清算的过程中，在资产负债表日债权人已经按该项应收账款的10%计提了坏账准备。如果在资产负债表日后至财务报告批准报出日之间，接到债务人的通知表明其已宣告破产清算，债权人只能收回40%的债权。由于应收账款可能受到损失的状况在资产负债表日已经存在，只是在资产负债表日后提供了减值的进一步证据，表明原来计提的坏账准备不足，应重新调整。因此，这一事项应当作为调整事项。

如果在12月31日债务人财务状况良好，没有任何财务状况恶化的信息，债权人按照当时所掌握的资料按应收账款的2%计提了坏账准备，但在债权人财务报告批准报出之前，债务人发生火灾产生了重大损失，债权人的应收账款有可能全部收不回来，由于这一情况在资产负债表日并不存在，是资产负债表日后才发生的事项，因此，应作为非调整事项在财务报告附注中进行披露。

我国《企业会计准则第29号——资产负债表日后事项》只列举了几大类调整事项和非调整事项，并没有包括所有的调整事项和非调整事项。实务中会计人员应根据调整事项与非调整事项的判断标准，利用自身的职业判断确定资产负债表日后事项中哪些属于调整事项，哪些属于非调整事项。

特别提示

并不是发生在资产负债表日后事项涵盖期间的全部事项都是资产负债表日后事项。只有与资产负债表日存在状况有关的事项，或虽然与资产负债表日存在状况无关，但对企业财务状况具有重大影响的事项才是资产负债表日后事项。如果在此期间内发生的是企业的常规业务，如正常销售商品和发放职工工资，那么它们并不是本章所探讨的资产负债表日后事项。

4.2 资产负债表日后调整事项

4.2.1 调整事项的内容

调整事项通常包括以下内容：

（1）资产负债表日后诉讼案件结案，法院判决证实了企业在资产负债表日已经存在现时义务，需要调整原先确认的与该诉讼案件相关的预计负债，或确认一项新负债；

（2）资产负债表日后取得确凿证据，表明某项资产在资产负债表日发生了减值或者需要调整该项资产原先确认的减值金额；

（3）资产负债表日后进一步确定了资产负债表日前购入资产的成本或售出资产的收入；

（4）资产负债表日后发现了财务报表舞弊或差错。

4.2.2 调整事项的处理原则

资产负债表日后发生的调整事项，应当如同资产负债表所属期间发生的事项一样，进行相关账务处理，并对资产负债表日已经编制的财务报告进行调整。这里的财务报告包括资产负债表、利润表及所有者权益（或股东权益）变动表等内容，但不包括现金流量表正表。需要说明的是，已经作为调整事项调整了财务报告有关项目金额的，除法律、法规以及其他会计制度另有规定外，不需要在财务报告附注中进行披露，以免造成附注信息超载。

4.2.3 调整事项的调整步骤

思政园地

1961年1月，中国共产党八届九中全会正式决定对国民经济实行“调整、巩固、充实、提高”的方针，即“八字方针”。在“八字方针”的具体指导下，到1962年，我国经济逐步得到恢复和发展；1965年，国民经济调整任务基本完成。

“八字方针”的归纳精炼简洁、直指核心。其实复杂的资产负债表日后事项的调整步骤也可以归纳为“八字方针”，即“调整、涉税、结平、联动”。

1）步骤一：调整——调整相应的账户

（1）涉及损益的事项，通过“以前年度损益调整”账户核算。

由于资产负债表日后事项发生在次年，上年度的损益类账户已经结转无余额，因此，涉及损益类项目的调整，均通过“以前年度损益调整”账户进行。该账户是一个损益类账户，核算企业本年度发生的、调整以前年度损益的事项，以及本年度发现的重要前期差错更正涉及调整以前年度损益的事项。该账户的结构与使用见表4-1。

表4-1　**以前年度损益调整**

调减以前年度利润 调增以前年度亏损 调增以前年度的所得税费用	调增以前年度利润 调减以前年度亏损 调减以前年度的所得税费用
结转“利润分配——未分配利润”贷方	结转“利润分配——未分配利润”借方

微课4.1 为什么直接在“利润分配——未分配利润”中进行调节

（2）涉及利润分配调整的事项，直接通过“利润分配——未分配利润”账户核算。

（3）不涉及损益及利润分配的事项，则直接调整相关账户。

2）步骤二：涉税——调整所得税

如第3章“所得税”所述，所得税需要从应交税费和递延所得税两个角度进行考虑。

从应交税费的角度，要考虑调整事项发生在所得税汇算清缴之前还是之后。若调整事项发生在报告年度所得税汇算清缴之前，应调整报告年度的应纳税所得额和应纳所得税额；若调整事项发生在报告年度所得税汇算清缴之后，则只能调整报告年度次年的应纳所得税额。

从递延所得税的角度，要考虑调整事项的发生是产生了新的暂时性差异还是使原有的暂时性差异消失。如果产生了新的暂时性差异，需要进而确认相应的递延所得税资产或递延所得税负债；如果原有的暂时性差异因为调整事项的发生而消失，则应转销报告年度报表中确认的递延所得税资产或递延所得税负债。

3）步骤三：结平——结平“以前年度损益调整”账户

调整完成后，应将“以前年度损益调整”账户的贷方或借方余额，转入“利润分配——未分配利润”。与其他损益类账户相同，该账户结转后也无余额。

4）步骤四：联动——调整盈余公积

由于调整事项影响了未分配利润，因此应按提取盈余公积的比例调整盈余公积。

通过上述账务处理后，还应同时调整财务报告相关项目的金额，包括：

（1）资产负债表日编制的财务报告相关项目的期末或本年发生数；

（2）当期编制的财务报告相关项目的期初数或上年数；

（3）经过上述调整后，如果涉及附注内容的，还应当调整报表附注。

4.2.4 调整事项的具体会计处理

为简化会计处理，本节所有的例题均做如下假设：甲公司财务报告批准报出日是次年的3月31日；所得税税率为25%，调整事项均在所得税汇算清缴之前发生，涉及递延所得税资产的，未来期间很可能取得用来抵扣暂时性差异的应纳税所得额；按净利润的10%提取法定盈余公积，提取法定盈余公积后不再进行其他分配。

（1）资产负债表日后诉讼案件结案，法院判决证实了企业在资产负债表日已经存在现时义务，需要调整原先确认的与该诉讼案件相关的预计负债，或确认一项新负债。

由于案件在资产负债表日之前已经立案，直到资产负债表日尚未结案，这项未决诉讼对资产负债表日的财务状况产生了影响。在财务报告批准报出日之前，法院的判决结果到达，使得企业获得了新的或进一步的证据，因此应在财务报告中确认为一项新负债；或者对资产负债表日已经确认的预计负债，需要根据判决结果对该负债的金额进行调整。

【例4-4】甲、乙公司签订一项销售合同，合同规定甲公司应于20×5年8月向乙公司销售一批商品。由于甲公司未按合同发货，致使乙公司蒙受重大经济损失。乙公司于20×5年11月向法院提起诉讼，要求甲公司赔偿其经济损失900万元。至20×5年12月31日，法院尚未判决，但甲公司对该诉讼事项确认了600万元的预计负债，乙公司未确认应收赔偿款。20×6年2月8日，法院判决甲公司应赔偿乙公司经济损失800万元，双方均服从判决。判决当日甲公司即向乙公司支付了800万元赔偿款。假定该项预计负债产生的损失不允许在预计时税前抵扣，但能在损失实际发生时进行税前抵扣。

甲公司的账务处理如下：

步骤一：调整

①结转报告年度因该事项确认的预计负债。

借：预计负债　　6 000 000

　贷：其他应付款——乙公司　　6 000 000

②追加确认法院判决应赔偿的金额。

借：以前年度损益调整——营业外支出　　2 000 000

　贷：其他应付款——乙公司　　2 000 000

③实际支付赔偿款。

借：其他应付款——乙公司　　8 000 000

　贷：银行存款　　8 000 000

特别提示

资产负债表日后事项如涉及现金收支项目，均不调整报告年度资产负债表的货币资金项目和现金流量表正表各项目数字，第③笔分录只作为20×6年2月发生的业务。这是因为该金额在20×6年2月才进行支付，并没有影响到20×5年12月31日的货币资金数额，所以不能调整该日资产负债表中的货币资金项目。另外，现金流量表正表是按照收付实现制编制的，该赔偿额毕竟没有在20×5年支付，所以也不能调整。

微课4.2　日后事项不能调整货币资金的原因

步骤二：涉税

①调整应交所得税。

由于法院的判决在所得税汇算清缴之前到达，该项未决诉讼产生的损失实际发生了，允许税前扣除，即企业20×5年可以少交所得税200万元（800×25%）。

借：应交税费——应交所得税　　2 000 000

　贷：以前年度损益调整——所得税费用　　2 000 000

②调整递延所得税。

调整事项发生前，预计负债账面价值为600万元，计税基础为0，产生了可抵扣暂时性差异600万元，因此甲公司在资产负债表中确认了递延所得税资产150万元（600×25%）；调整事项发生后，预计负债已经转销，账面价值与计税基础均为0，二者之间不存在暂时性差异，因此应转销原先确认的递延所得税资产。

借：以前年度损益调整——所得税费用　　1 500 000

　贷：递延所得税资产　　1 500 000

步骤三：结平

根据上述调整分录，“以前年度损益调整”余额为借方150万元，编制的分录为：

借：利润分配——未分配利润　　1 500 000

　贷：以前年度损益调整　　1 500 000

步骤四：联动

调整事项的发生使未分配利润减少150万元，因此需调减盈余公积15万元（150×10%）。

借：盈余公积——法定盈余公积　　150 000

　贷：利润分配——未分配利润　　150 000

调整报告年度财务报告相关项目如下：

①资产负债表项目的调整。

调减递延所得税资产1 500 000元，调增其他应付款8 000 000元，调减应交税费2 000 000元，调减预计负债6 000 000元；调减盈余公积150 000元，调减未分配利润1 350 000元。

②利润表项目的调整。

调增营业外支出2 000 000元，调减所得税费用500 000元，调减净利润1 500 000元，调减综合收益总额1 500 000元。

③所有者权益变动表项目的调整。

调减综合收益总额1 500 000元，调减提取盈余公积150 000元，调减本年年末余额1 350 000元。

④调整20×6年2月份资产负债表相关项目的年初数。

由于发生了资产负债表日后调整事项，甲公司除了调整20×5年度资产负债表相关项目外，还应当调整20×6年2月份资产负债表相关项目的年初数，即按20×5年12月31日调整后的金额填列。

微课4.3　资产负债表日未决诉讼的调整

乙公司的账务处理如下：

步骤一：调整

①确认法院判决获得赔偿的金额。

借：其他应收款——甲公司　　8 000 000

　贷：以前年度损益调整——营业外收入　　8 000 000

②记录收到的赔款。

借：银行存款　　8 000 000

　贷：其他应收款——甲公司　　8 000 000

同理，该笔分录只作为20×6年2月的业务，不据此调整20×5年财务报告。

步骤二：涉税

①调整应交所得税。

由于法院的判决在所得税汇算清缴之前到达，对于该诉讼赔偿款，乙公司应增加应交所得税200万元（800×25%）。

借：以前年度损益调整——所得税费用　　2 000 000

　贷：应交税费——应交所得税　　2 000 000

②本题不产生暂时性差异，不影响递延所得税，所以无须调整。

步骤三：结平

根据上述调整分录，“以前年度损益调整”余额为贷方600万元，编制的分录为：

借：以前年度损益调整　　6 000 000

　贷：利润分配——未分配利润　　6 000 000

步骤四：联动

因调整事项的发生，未分配利润增加600万元，应补提盈余公积60万元（600×10%）。

借：利润分配——未分配利润　　600 000

　贷：盈余公积——法定盈余公积　　600 000

调整报告年度财务报表相关项目如下：

①资产负债表项目的调整。

调增其他应收款8 000 000元，调增应交税费2 000 000元，调增盈余公积600 000元，调增未分配利润5 400 000元。

②利润表项目的调整。

调增营业外收入8 000 000元，调增所得税费用2 000 000元，调增净利润6 000 000元，调增综合收益总额6 000 000元。

③所有者权益变动表项目的调整。

调增综合收益总额6 000 000元，调增提取盈余公积600 000元，调增本年年末余额5 400 000元。

④调整20×6年2月份资产负债表相关项目的年初数。

由于发生了资产负债表日后调整事项，乙公司除了调整20×5年度资产负债表相关项目外，还应当调整20×6年2月份资产负债表相关项目的年初数，即按20×5年12月31日调整后的金额填列。

（2）资产负债表日后取得确凿证据，表明某项资产在资产负债表日发生了减值或者需要调整该项资产原先确认的减值金额。

这一事项是指在资产负债表日，根据当时的资料判断某项资产可能发生了损失或减值，但没有最后确定是否会发生，因而按照当时的最佳估计金额反映在财务报告中。但在资产负债表日至财务报告批准报出日之间，所取得的确凿证据能证明该事实成立，即某项资产已经发生了损失或减值，则应对资产负债表日所做的估计予以修正。

【例4-5】20×5年6月，甲公司售出200万元（含增值税）产品给乙公司，乙公司于7月份收到所购商品并验收入库。按合同约定，乙公司应于收到货物后两个月内付款，但由于乙公司财务状况不佳，直至20×5年12月31日仍未付款。甲公司编制20×5年度财务报告时已为该项债权计提了10万元坏账准备。20×6年2月10日，甲公司收到法院通知，乙公司宣告破产清算，无力偿还部分所欠货款，甲公司预计可收回该债权的60%。

步骤一：调整

甲公司原来对乙公司的应收账款计提了10万元的坏账准备，新的证据表明应计提的坏账准备为80万元（200×40%），因此对坏账准备补提70万元。

借：以前年度损益调整——信用减值损失　　700 000

贷：坏账准备　　700 000

步骤二：涉税

①本题不影响应交所得税，因此无须调整。

思　考

为什么此时不考虑对应交所得税的影响？

这是因为根据《中华人民共和国企业所得税法》的规定，资产在发生实质性损失之前，不允许税前扣除。本例中乙公司只是宣告破产清算，进入破产清算程序后能偿还甲公司欠款的具体金额仍然不确定。因此，甲公司预计可收回该项应收账款的60%仍然只是会计估计，而不是实质性损失，所以不影响应交所得税。

②调整递延所得税。

调整事项发生前，应收账款账面价值为190万元（200-10），计税基础为200万元，产生可抵扣暂时性差异10万元，因此在财务报告中确认了递延所得税资产2.5万元（10×25%）；调整事项发生后，应收账款账面价值为120万元（200-80），计税基础仍为200万元，产生可抵扣暂时性差异80万元，因此应确认的递延所得税资产为20万元（80×25%），结合递延所得税资产已有余额，应继续确认递延所得税资产17.5万元（20-2.5）。

借：递延所得税资产　　175 000

　贷：以前年度损益调整——所得税费用　　175 000

步骤三：结平

根据上述调整分录，“以前年度损益调整”余额为借方52.5万元，编制的分录为：

借：利润分配——未分配利润　　525 000

　贷：以前年度损益调整　　525 000

步骤四：联动

因调整事项的发生，未分配利润减少52.5万元，应减少盈余公积5.25万元（52.5×10%）。

借：盈余公积——法定盈余公积　　52 500

　贷：利润分配——未分配利润　　52 500

调整报告年度财务报告相关项目如下：

①资产负债表项目的调整。

调减应收账款700 000元，调增递延所得税资产175 000元，调减盈余公积52 500元，调减未分配利润472 500元。

②利润表项目的调整。

调增信用减值损失700 000元，调减所得税费用175 000元，调减净利润525 000元，调减综合收益总额525 000元。

③所有者权益变动表项目的调整。

调减综合收益总额525 000元，调减提取盈余公积52 500元，调减本年年末余额472 500元。

④调整20×6年2月份资产负债表相关项目的年初数。

由于发生了资产负债表日后调整事项，甲公司除了调整20×5年度资产负债表相关项目外，还应当调整20×6年2月份资产负债表相关项目的年初数，即按20×5年12月31日调整后的金额填列。

（3）资产负债表日后进一步确定了资产负债表日前购入资产的成本或售出资产的收入。

这类调整事项包括两方面的内容：

① 若资产负债表日前购入的资产已经按暂估金额等入账，资产负债表日后获得证据，可以进一步确定该资产的成本，则应对已入账的资产成本进行调整。例如，购建的固定资产已经达到预定可使用状态，但尚未办理竣工决算，企业已经办理暂估入账。资产负债表日后办理决算，此时应根据竣工决算的金额调整暂估入账的固定资产成本。

② 企业在资产负债表日已根据收入确认条件确认资产销售收入，但资产负债表日后获得关于资产收入的进一步证据，如发生销售退回等，此时也应调整财务报告相关项目的金额。

【例4-6】20×5年10月25日，甲公司向乙公司销售商品240万元，甲公司为增值税一般纳税人，增值税税率为13%，款项未收。该批产品成本200万元，至年末该笔货款仍未收到，甲公司未对该应收账款计提坏账准备。当年12月，乙公司提出产品有质量问题要求甲公司给予折让，至年末双方未达成一致。20×6年2月8日，该批货物被退回。甲公司于20×6年2月20日完成20×5年所得税汇算清缴。

甲公司的账务处理如下：

步骤一：调整

①冲减销售收入。

借：以前年度损益调整——主营业务收入　　2 400 000

　　应交税费——应交增值税（销项税额）　　312 000

　贷：应收账款——乙公司　　2 712 000

②冲减销售成本。

借：库存商品　　2 000 000

　贷：以前年度损益调整——主营业务成本　　2 000 000

步骤二：涉税

①调整应交所得税。

由于销售退回发生在所得税汇算清缴之前，销售退回减少毛利40万元（240-200），应调减20×5年度的应交所得税10万元（40×25%）。

借：应交税费——应交所得税　　100 000

　贷：以前年度损益调整——所得税费用　　100 000

②本题不产生暂时性差异，不影响递延所得税，所以无须调整。

步骤三：结平

根据上述调整分录，“以前年度损益调整”余额为借方30万元，编制的分录为：

借：利润分配——未分配利润　　300 000

　贷：以前年度损益调整　　300 000

步骤四：联动

因调整事项的发生，未分配利润减少30万元，应减少盈余公积3万元（30×10%）。

借：盈余公积——法定盈余公积　　30 000

　　贷：利润分配——未分配利润　　30 000

调整报告年度财务报告相关项目如下：

①资产负债表项目的调整。

调减应收账款2 712 000元，调增存货2 000 000元，调减应交税费412 000元，调减盈余公积30 000元，调减未分配利润270 000元。

②利润表项目的调整。

调减营业收入2 400 000元，调减营业成本2 000 000元，调减所得税费用100 000元，调减净利润300 000元，调减综合收益总额300 000元。

③所有者权益变动表项目的调整。

调减综合收益总额300 000元，调减提取盈余公积30 000元，调减本年年末余额270 000元。

④调整20×6年2月份资产负债表相关项目的年初数。

由于发生了资产负债表日后调整事项，甲公司除了调整20×5年度资产负债表相关项目外，还应当调整20×6年2月份资产负债表相关项目的年初数，即按20×5年12月31日调整后的金额填列。

（4）资产负债表日后发现了财务报表舞弊或差错。

【例4-7】20×5年2月14日，甲公司在所得税汇算清缴前发现20×4年漏计一项管理用固定资产的折旧费用20万元，税法对该固定资产的折旧方法、年限、净残值的规定与会计相同。

甲公司的账务处理如下：

步骤一：调整

对于该前期差错，甲公司应补提固定资产累计折旧20万元。

借：以前年度损益调整——管理费用　　200 000

　　贷：累计折旧　　200 000

步骤二：涉税

①调整应交所得税。

甲公司报告年度管理费用增加20万元，可以少交所得税5万元（20×25%）。

借：应交税费——应交所得税　　50 000

　　贷：以前年度损益调整——所得税费用　　50 000

②由于税法对该固定资产的折旧方法、年限、净残值的规定与会计相同，本题不产生暂时性差异，不影响递延所得税，所以无须调整。

步骤三：结平

根据上述调整分录，“以前年度损益调整”余额为借方15万元，编制的分录为：

借：利润分配——未分配利润　　150 000

　　贷：以前年度损益调整　　150 000

步骤四：联动

因调整事项的发生，未分配利润减少15万元，应减少盈余公积1.5万元（15×10%）。

借：盈余公积——法定盈余公积　　15 000

　贷：利润分配——未分配利润　　15 000

调整报告年度财务报告相关项目如下：

①资产负债表项目的调整。

调减固定资产 200 000 元，调减应交税费 50 000 元，调减盈余公积 15 000 元，调减未分配利润 135 000 元。

②利润表项目的调整。

调增管理费用 200 000 元，调减所得税费用 50 000 元，调减净利润 150 000 元，调减综合收益总额 150 000 元。

③所有者权益变动表项目的调整。

调减前期差错更正项目中盈余公积 15 000 元、未分配利润 135 000 元、所有者权益合计 150 000 元。

④调整 20×5 年 2 月份资产负债表相关项目的年初数。

由于发生了资产负债表日后调整事项，甲公司除了调整 20×4 年度资产负债表相关项目外，还应当调整 20×5 年 2 月份资产负债表相关项目的年初数，即按 20×4 年 12 月 31 日调整后的金额填列。

⑤财务报表附注说明。

本年度发现 20×4 年漏计固定资产折旧 200 000 元，在编制 20×5 年和 20×4 年比较财务报表时，已对该项差错进行了更正。更正后，调减固定资产 200 000 元，调减所得税费用 50 000 元，调减 20×4 年净利润 150 000 元。

4.3 资产负债表日后非调整事项

4.3.1 常见的非调整事项

资产负债表日后常见的非调整事项主要有：

（1）资产负债表日后发生重大诉讼、仲裁、承诺；

（2）资产负债表日后资产价格、税收政策、外汇汇率发生重大变化；

（3）资产负债表日后因自然灾害导致资产发生重大损失；

（4）资产负债表日后发行股票和债券以及其他巨额举债；

（5）资产负债表日后资本公积转增资本；

（6）资产负债表日后发生巨额亏损；

特别提示

准则中并没有规定“巨额”的具体数量界限，同样是 50 万元的亏损，对于注册资本为 100 万元的公司来说可以称为巨额亏损，但对于注册资本为 1 亿元的公司来说，则不能算作巨额亏损。这需要会计人员利用职业判断，根据具体情况判断是否属于巨额亏损。对于巨额举债也是相同的道理。

(7) 资产负债表日后发生企业合并或处置子公司；

(8) 资产负债表日后，企业利润分配方案中拟分配的或经审议批准宣告发放的现金股利或利润。

资产负债表日后事项涵盖期间，董事会利润分配方案中拟分配的以及经股东大会审议批准宣告发放的股利或利润的行为，并不会导致企业在资产负债表日形成现时义务，因此，不确认为资产负债表日负债。即虽然该事项的发生可导致企业负有支付股利或利润的义务，但支付义务在资产负债表日尚不存在，不应调整资产负债表日的财务报告，因此，该事项为非调整事项。

4.3.2 非调整事项的处理原则

资产负债表日后非调整事项，是表明资产负债表日后发生的情况的事项。非调整事项的发生与资产负债表日存在状况无关，不影响资产负债表日企业的财务报告，只说明资产负债表日后发生了某些情况，如不加以说明将会影响财务报告使用者作出正确决策，因此处理原则为在附注中进行披露。

本章小结与思维导图

本章全面论述了资产负债表日后事项的定义、涵盖期间、调整事项与非调整事项的内容和区别，以及调整事项的会计处理方法。

资产负债表日后事项是指资产负债表日至财务报告批准报出日之间发生的有利或不利事项。

资产负债表日后发生的某一事项究竟是调整事项还是非调整事项，取决于该事项表明的情况在资产负债表日或资产负债表日以前是否已经存在。

资产负债表日后调整事项是指对资产负债表日已经存在的情况提供了新的或进一步证据的事项。对于调整事项，应当视同资产负债表所属期间发生的事项，进行相应的会计处理，并且调整资产负债表日的财务报告。

资产负债表日后非调整事项是表明资产负债表日后发生情况的事项，与资产负债表日存在的状况无关。对于非调整事项不应当调整资产负债表日的财务报告，需在附注中进行披露。

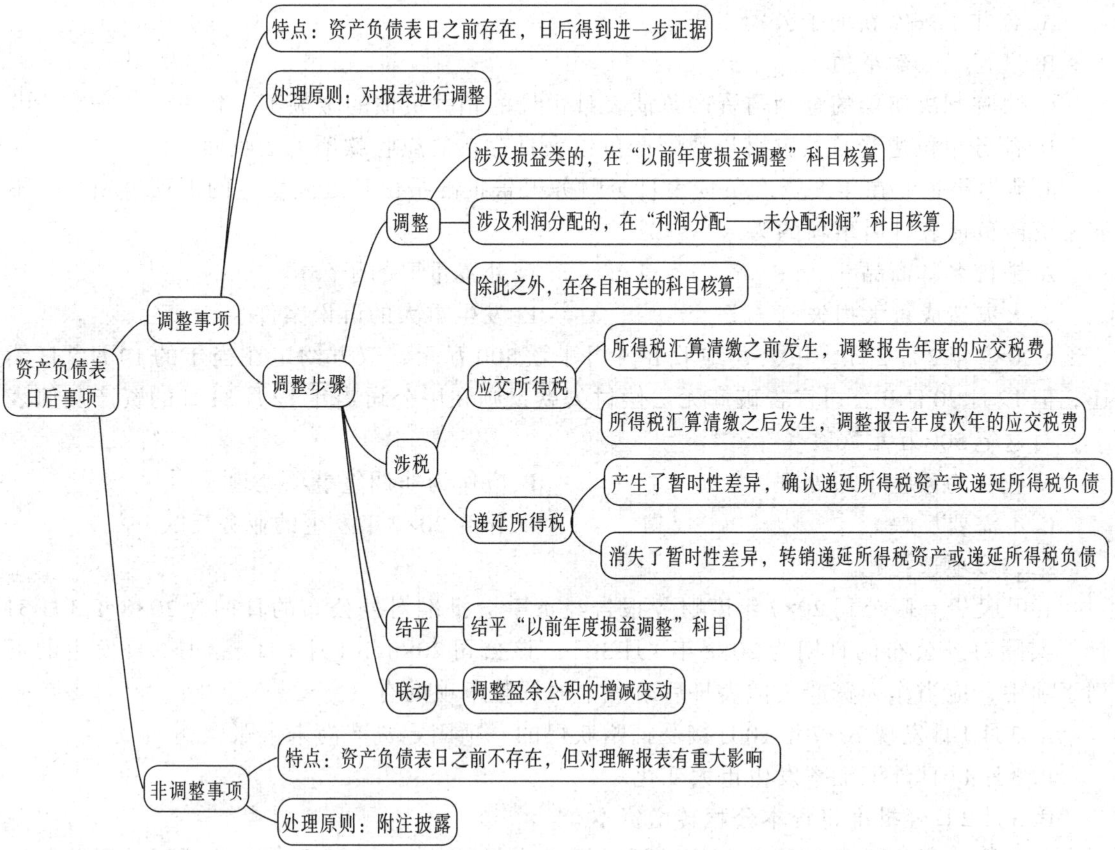

章末习题

一、单项选择题

1.20×8年1月10日甲公司向乙公司销售一批商品并确认收入实现，20×8年2月20日，乙公司因产品质量原因将上述商品退货。甲公司20×7年财务报告批准报出日为20×8年3月31日。甲公司对此项退货业务正确的处理方法是（　　）。

微课4.4　第4章单项选择题第1题讲解

A. 作为资产负债表日后事项中的调整事项处理

B. 作为资产负债表日后事项中的非调整事项处理

C. 冲减20×8年1月份相关收入、成本和税金等相关项目

D. 冲减20×8年2月份相关收入、成本和税金等相关项目

2.资产负债表日后调整事项在进行调整处理时，不能在报表中调整的项目是（　　）。

A.货币资金收支项目　　　　B.涉及应收账款的事项

C.涉及所有者权益的事项　　　　D.涉及损益调整的事项

3.资产负债表日至财务报告批准报出日之间发生的下列事项，属于调整事项的是（　　）。

A. 合并了一家新的子公司

B. 进行了巨额举债

C. 法院判决赔偿的金额与资产负债表日预计的相关负债的金额不一致

D. 债务单位遭受自然灾害导致资产负债表日存在的应收款项无法收回

4. 某零售企业在年度资产负债表日至财务报告批准报出日之间发生的下列事项中，不属于资产负债表日后事项的为（　　）。

A. 销售名牌商品　　B. 处置重要的子公司

C. 火灾造成重大损失　　D. 发生重大的诉讼案件

5. 20×7年2月2日，甲公司应收B公司账款500万元，双方约定在当年的12月2日偿还，但12月20日B公司宣告破产无法偿付欠款，则在甲公司当年12月31日的资产负债表中，对这笔500万元款项（　　）。

A. 应作为调整事项处理　　B. 应作为非调整事项处理

C. 不需要反映　　D. 作为20×7年发生的业务反映

二、多项选择题

1. 甲股份有限公司20×7年度财务报告经董事会批准对外公布的日期为20×8年3月31日，实际对外公布的日期为20×8年4月3日。该公司20×8年1月1日至4月3日发生的下列事项中，应当作为资产负债表日后事项中的调整事项的有（　　）。

A. 3月1日发现20×7年10月接受捐赠获得的一项固定资产尚未入账

B. 3月11日外汇汇率发生重大变化

C. 3月2日经批准将资本公积转增资本

D. 3月10日甲公司被法院判决败诉并要求支付赔款1 000万元，对此项诉讼甲公司已于20×7年年末确认预计负债800万元

2. 资产负债表日后非调整事项的特点有（　　）。

A. 在资产负债表日或以前已经存在

B. 在资产负债表日并未发生或存在

C. 对理解和分析报告年度的财务报告产生重大影响

D. 对按资产负债表日存在状况编制的财务报告产生重大影响

3. 下列发生于年度资产负债表日至财务报告批准报出日之间的各事项中，应调整报告年度财务报表相关项目金额的有（　　）。

A. 董事会通过报告年度利润分配预案

B. 发现报告年度财务报告存在重要会计差错

C. 资产负债表日未决诉讼结案，实际判决金额与已确认预计负债不同

D. 新证据表明存货在报告年度资产负债表日的可变现净值与原估计不同

4. 下列在年度资产负债表日至财务报告批准报出日之间发生的事项中，属于资产负债表日后事项的有（　　）。

A. 支付生产工人工资　　B. 固定资产和投资发生严重减值

C. 股票和债券的发行　　D. 火灾造成重大损失

5. 甲公司在年度资产负债表日至财务报告批准报出日之间发生的下列事项中，属于资

产负债表日后非调整事项的有（　　）。

A. 发生重大仲裁

B. 甲公司的股东A公司将持有甲公司51%的股份转让给B公司

C. 外汇汇率发生重大变动

D. 新的证据表明，在资产负债表日对坏账准备计提的金额严重不足

三、业务题

甲公司为一般纳税企业，适用的增值税税率为13%、所得税税率为25%。甲公司按净利润的10%提取法定盈余公积，假定该企业计提的各种资产减值准备和因或有事项确认的负债均作为暂时性差异处理。甲公司20×8年度的财务报告于20×9年4月30日批准报出，所得税汇算清缴日为4月30日。自20×9年1月1日至4月30日发生如下事项：

（1）1月30日，接到通知，某一债务企业乙公司宣告破产，其所欠应收账款200万元预计只能收回40%。甲公司在20×8年12月31日以前已被告知乙企业资不抵债面临破产，并已经计提坏账准备20万元。

（2）3月4日，收到丙公司一批200万元的退货，该产品是甲公司20×8年12月销售给丙公司的产品，成本160万元，丙公司验收货物时发现不符合合同要求需要退货，甲公司收到丙公司的通知后希望再与丙公司协商，因此编制20×8年利润表时仍确认了收入，并将应收账款226万元（含增值税）列入资产负债表“应收账款”项目，对此项应收账款没有计提坏账准备。

（3）3月20日，甲公司发现在20×8年12月31日计算A库存产品的可变现净值时发生差错，该库存产品的成本为1 500万元，预计可变现净值应为1 200万元。20×8年12月31日，甲公司误将A库存产品的可变现净值预计为1 000万元。

（4）甲公司与丁公司签订供销合同，合同规定甲公司在20×8年11月供应给丁公司一批货物，由于甲公司未能按照合同发货，致使丁公司发生重大经济损失。丁公司要求甲公司赔偿经济损失200万元，法院对该诉讼案在12月31日尚未判决，甲公司已确认预计负债120万元。20×9年3月25日，经法院一审判决，甲公司需要赔偿丁公司经济损失150万元，甲公司不再上诉，当日支付赔偿款。

（5）3月31日，因自然灾害导致资产发生重大损失1 000万元。

（6）3月10日，甲公司发现20×8年12月1日取得的一项交易性金融资产，其期末公允价值变动计入了其他综合收益，确认递延所得税影响时也计入了其他综合收益。该交易性金融资产取得时成本为500万元，20×8年12月31日，其公允价值为520万元。

微课4.5　第4章业务题第（6）问讲解

要求：

（1）指出上述事项中哪些属于资产负债表日后调整事项，哪些属于非调整事项；

（2）对资产负债表日后调整事项，编制相关调整分录。

四、思考题

1. 资产负债表日后调整事项有哪些？

2. 资产负债表日后非调整事项有哪些？

3. 资产负债表日后调整事项如何进行会计处理？

第4章习题答案

第5章/ 股份支付

学习目标：掌握股份支付的定义；掌握以权益结算的股份支付的会计处理；掌握以现金结算的股份支付的会计处理；理解可行权条件修改时的会计处理；理解限制性股票的会计处理；了解集团内股份支付的抵销处理。

引导案例

内蒙古伊利实业集团股份有限公司（以下简称“伊利股份”，股票代码600887）创建于1993年，是中国规模巨大、产品品类齐全的大型乳制品领先企业。为实现“五强千亿”、登上全球乳业榜首的目标，伊利股份把企业管理的重点放到了人才和创新上，由此于2019年8月4日发布了第三次股权激励计划草案，经过一系列的调整修正后，于同年10月1日发布授予限制性股票激励计划的正式公告。本次激励目标为提高企业管理效率、绑定核心业务骨干，涉及478名激励对象，共有限制性股票15 242.8万股，占总股本的2.5%，行权价格为15.46元，有效期为72个月。该计划要求每个解锁期内净资产收益率不低于20%，现金分红比例不低于70%；以2018年净利润为基数，5个解锁期的净利润增长率分别不低于8%、18%、28%、38%、48%，每个解锁期的解锁比例均为20%。

伊利股份本次激励计划的股份支付费用总额为147 511.39万元。根据股份支付相关会计处理，若不考虑所授予限制性股票未来未解除限售的情况，前述总费用在公司实施激励计划的限售期，在相应的年度内按每次解除限售比例分摊，那么各期费用的分摊将如何进行会计处理？本章将对上述问题进行解答。

5.1 股份支付概述

5.1.1 股份支付的定义和特点

股份支付，是“以股份为基础的支付”的简称，是指企业为获取职工和其他方提供服务而授予权益工具或者承担以权益工具为基础确定的负债的交易。

股份支付具有以下三个特征：

1）股份支付是企业与职工或其他方之间发生的交易

以股份为基础的支付可能发生在企业与股东之间、合并交易中的合并方与被合并方之间或者企业与职工之间，只有发生在企业与职工或向企业提供服务的其他方之间的交易，才符合股份支付的定义。

2）股份支付是以获取职工或其他方服务为目的的交易

企业在股份支付交易中旨在获取职工或其他方提供的服务（费用）或取得这些服务的权利（资产）。企业获取这些服务或权利的目的是用于正常生产经营，而不是为了转手获利。

3）股份支付交易的对价或其定价与企业自身权益工具未来的价值密切相关

这是股份支付交易和企业与职工间其他类型交易的最大不同。在股份支付中，企业或者向职工支付自身权益工具，或者向职工支付一笔现金，而其金额高低取决于结算时企业自身权益工具的公允价值。

企业自身权益工具包括会计主体本身、母公司和同一集团内的其他会计主体的权益工具。

5.1.2 股份支付的四个主要环节

以薪酬性股票期权为例，典型的股份支付通常涉及四个主要环节：授予、可行权、行权和出售。四个环节如图5-1所示。

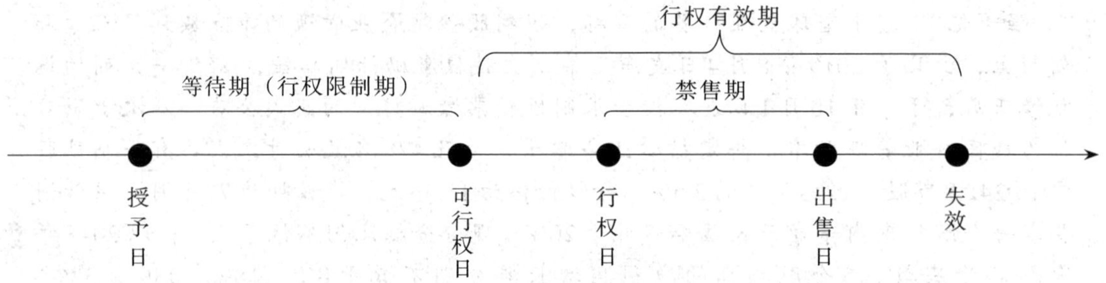

图5-1 典型的股份支付交易环节示意图

1）授予日

授予日是指股份支付协议获得批准的日期。其中，“获得批准”是指企业与职工或其他方就股份支付的协议条款和条件达成一致，该协议获得股东大会或类似机构的批准。

2）可行权日

可行权日是指可行权条件得到满足，职工或其他方具有从企业取得权益工具或现金权利的日期。有的股份支付协议是一次性可行权，有的则是分批可行权。只有已经可行权的股票期权，才是职工真正拥有的“财产”，才能去择机行权。从授予日至可行权日的时间段，是可行权条件得到满足的期间，因此称为“等待期”，又称“行权限制期”。

3）行权日

行权日是指职工和其他方行使权利、获取现金或权益工具的日期。例如，持有股票期权的职工行使了以特定价格购买一定数量本公司股票的权利，该日期即为行权日。行权是按期权的约定价格实际购买股票，一般是在可行权日之后至期权到期日之前的可选择时段内行权。

4）出售日

出售日是指股票的持有人将行使期权所取得的期权股票出售的日期。按照我国法规规定，用于期权激励的股份支付协议，应在行权日与出售日之间设立禁售期，其中国有控股上市公司的禁售期不得低于两年。

5.1.3　股份支付工具的主要类型

按照股份支付的方式和工具类型主要可划分为以下两类：

1）以权益结算的股份支付

以权益结算的股份支付，是指企业为获取服务而以股份或其他权益工具作为对价进行结算的交易，以权益结算的股份支付最常用的工具有两类：限制性股票和股票期权。

限制性股票是指职工或其他方按照股份支付协议规定的条款和条件，从企业获得一定数量的本企业股票，企业授予职工一定数量的股票，在一个确定的等待期内或在满足特定业绩指标之前，职工出售股票要受到持续服务期限条款或业绩条件的限制。

股票期权是指企业授予职工或其他方在未来一定期限内以预先确定的价格和条件购买本企业一定数量股票的权利。

2）以现金结算的股份支付

以现金结算的股份支付，是指企业为获取服务而承担的以股份或其他权益工具为基础计算的交付现金或其他资产的义务的交易。以现金结算的股份支付最常用的工具也有两类：模拟股票和现金股票增值权。

模拟股票和现金股票增值权，是用现金支付的、模拟的股权激励机制，即与股票挂钩，但用现金支付。除不需实际行权和持有股票之外，现金股票增值权的运作原理与股票期权是一样的，都是一种增值权形式的与股票价值挂钩的薪酬工具。除不需要实际授予股票和持有股票之外，模拟股票的运作原理与限制性股票是一样的。

5.1.4　股份支付的可行权条件

可行权条件是指能够确定企业是否得到职工或其他方提供的服务，且该服务使职工或其他方具有获取股份支付协议规定的权益工具或现金等权利的条件；反之，为非可行权条件。可行权条件包括服务期限条件和业绩条件，在满足这些条件之前，职工或其他方无法获得股份。

1）服务期限条件

服务期限条件是指职工完成规定的服务期间才可行权的条件。比如，股份支付协议中规定，职工从20×3年1月1日起，连续在本企业工作满3年，就可以享受一定数量的股票期权。

2）业绩条件

业绩条件是指职工或其他方完成规定服务期限且企业已达到特定业绩目标才可行权的条件，具体包括市场条件和非市场条件。

（1）市场条件

市场条件是指行权价格、可行权条件以及行权可能性与权益工具的市场价格相关的业绩条件，如股份支付协议中关于股价上升至何种水平，职工或其他方可相应取得多少股份的规定。

（2）非市场条件

非市场条件是指除市场条件之外的其他业绩条件，如股份支付协议中关于达到最低盈利目标或销售目标才可行权的规定。

企业在确定权益工具在授予日的公允价值时，应考虑市场条件的影响，不考虑非市场条件的影响；市场条件是否得到满足，不影响企业对预计可行权情况的估计，但非市场条件是否得到满足，则会影响企业对预计可行权情况的估计。也就是说，对于可行权条件为业绩条件的股份支付，在确定权益工具的公允价值时，应考虑市场条件的影响，后续只要职工满足了其他所有非市场条件，企业就应当确认已取得的服务。

【例5-1】20×7年1月，A上市公司为奖励并激励高管，与管理层成员签署股份支付协议，规定如果管理层成员在其后3年中都在公司任职服务，并且公司股价每年均提高10%以上，管理层成员即可以低于市价的价格购买一定数量的本公司股票。A公司以期权定价模型估计授予的此项期权在授予日的公允价值为900万元。

同时作为协议的补充，A公司把全体管理层成员的年薪提高了5万元，但A公司将这份年薪按月存入公司专门建立的内部基金，3年后，管理层成员可用属于其个人的部分抵减未来行权时支付的购买股票款项。如果管理层成员决定退出这项基金，可随时全额提取。

在授予日，A公司估计3年内管理层离职的比例为10%；第二年年末，A公司调整其估计离职率为5%；到第三年年末，A公司实际离职率为6%。

在第一年，A公司股价提高了10.5%，第二年提高了11%，第三年提高了6%。A公司在第一年年末、第二年年末均预计下年能实现当年股价增长10%以上的目标。

分析：

如果不同时满足服务3年和公司股价年增长10%以上的要求，管理层成员就无权行使其股票期权，因此两者都属于可行权条件。其中，服务满3年是一项服务期限条件，10%的股价增长要求是业绩条件中的市场条件。虽然公司要求管理层成员将部分薪金存入统一账户保管，但不影响其可行权，因此统一账户条款是非可行权条件。3年后，股价年增长10%以上的市场条件未得到满足，但94%的管理层成员满足了除该市场条件之外的全部可行权条件。对于该以权益结算的股份支付，A公司需要每年确认取得的服务，具体处理见5.2节【例5-2】。

5.1.5 权益工具公允价值的确定

股份支付中权益工具公允价值的确定，应当以市场价格为基础。一些股份和股票期权并没有一个活跃的交易市场，在这种情况下，应当考虑估值技术。通常情况下，企业应当按照《企业会计准则第22号——金融工具确认和计量》的有关规定确定权益工具的公允价值，并根据股份支付协议条款的条件进行调整。

1）股份

对于授予职工的股份，企业应按照该股份的市场价格进行计量。如果该股份未公开交易，则应考虑条款和条件估计其市场价格。例如，如果股份支付协议规定了期权股票的禁售期，则会对可行权日后市场参与者愿意为该股票支付的价格产生影响，进而影响到该股票期权的公允价值。

2）股票期权

对于授予职工的股票期权，因其通常受到一些不同于交易期权的条款和条件的限制，因而在许多情况下难以获得其市场价格。如果不存在条款和条件相似的交易期权，就应通过期权定价模型来估计所授予的期权的公允价值。

在选择适用的期权定价模型时，企业应考虑熟悉情况和自愿的市场参与者将会考虑的因素。所有适用于估计授予职工期权的定价模型至少应考虑以下因素：（1）期权的行权价格；（2）期权期限；（3）基础股份的现行价格；（4）股价的预计波动率；（5）股份的预计股利；（6）期权期限内的无风险利率。

拓展阅读

上述规定实质上是比照布莱克–斯克尔斯–默顿定价模型制定的。在国际衍生金融市场的形成和发展过程中，期权定价是所有金融应用领域最复杂的问题之一。第一个完整的期权定价模型由布莱克和斯克尔斯创立并于1973年公之于世，与此同时，默顿也发现了同样的公式及许多其他有关期权的有用结论，两篇论文几乎同时在不同刊物上发表。所以，布莱克–斯克尔斯定价模型亦可称为布莱克–斯克尔斯–默顿定价模型。关于模型的详细介绍可以参考《金融工程》《财务管理学》等相关教材。

5.2　股份支付的确认和计量

5.2.1　以权益结算的股份支付的确认和计量

1）以权益结算的股份支付的确认和计量原则

（1）换取职工服务的股份支付的确认和计量

对于授予后立即可行权的换取职工提供服务的以权益结算的股份支付，应在授予日按照权益工具的公允价值，将取得的服务计入相关资产成本或当期费用，同时计入资本公积中的股本溢价。

对于有等待期的换取职工服务的股份支付，企业应当以股份支付所授予的权益工具的公允价值计量。在等待期内的每个资产负债表日，企业应当以对可行权权益工具数量的最佳估计为基础，按照权益工具在授予日的公允价值，将当期取得的服务计入相关的资产成本或当期费用，同时计入资本公积中的其他资本公积。

（2）换取其他方服务的股份支付的确认和计量原则

对于换取其他方服务的股份支付，企业应当以股份支付所换取的服务的公允价值计量。按该公允价值，将取得的服务计入相关资产成本或当期费用。

如果其他方服务的公允价值不能可靠计量，但权益工具的公允价值能够可靠计量，企业应当按权益工具在服务取得日的公允价值，将取得的服务计入相关资产成本或当期费用。

特别提示

换取职工服务的股份支付是以相关权益工具在授予日的公允价值来确定计入资产成本和当期费用的金额；换取其他方服务则一般以取得服务的公允价值来确定计入资产成本和当期费用的金额，除非该公允价值不能取得时，才以权益工具在服务取得日的公允价值来计量。

2）以权益结算的股份支付的会计处理

（1）授予日

① 对于授予后立即可行权的股份支付，应在授予日按照权益工具的公允价值，将取得的服务计入相关资产成本或当期费用，同时计入资本公积中的股本溢价。

② 除了立即可行权的股份支付外，企业在授予日不进行会计处理。

（2）等待期内的每个资产负债表日

企业应在等待期内的每个资产负债表日，将取得职工或其他方提供的服务计入资产成本或当期费用，同时确认所有者权益。计入成本或费用的金额应当按照授予日权益工具的公允价值计量，其后续的公允价值变动不予以考虑。由于未来可行权的职工人数会发生变动，企业应根据最新取得的可行权职工人数变动等后续信息作出最佳估计，修正预计可行权的权益工具数量。

企业根据职工或其他方服务的性质，借记“生产成本”“管理费用”“销售费用”“研发支出”“在建工程”等科目，贷记“资本公积——其他资本公积”科目。

需要注意的是，根据授予日权益工具的公允价值与预计可行权的权益工具数量，计算得出的是截至当期期末累计应确认的成本或费用金额，减去前期累计已确认的金额，才能得出当期确认的成本或费用金额。

【例5-2】承【例5-1】，A公司在等待期每年年末进行的会计处理为：

①第一年年末确认的服务费用=900×（1-10%）×1/3 =270（万元）

借：管理费用	2 700 000	
贷：资本公积——其他资本公积		2 700 000

②第二年年末累计确认的服务费用=900×（1-5%）×2/3 =570（万元）

第二年应确认的费用=570-270=300（万元）

借：管理费用	3 000 000	
贷：资本公积——其他资本公积		3 000 000

③第三年年末累计确认的服务费用=900×（1-6%）×3/3 =846（万元）

第三年应确认的费用=846-570=276（万元）

借：管理费用	2 760 000	
贷：资本公积——其他资本公积		2 760 000

（3）可行权日

在可行权日，最终预计可行权权益工具的数量应当与实际可行权工具的数量一致。至于未来是否全部行权，则另当别论，因此，可行权日的会计处理和等待期内的每个资产负债表日的会计处理是一致的。

（4）可行权日之后

以权益结算的股份支付，在可行权日之后不再对已确认的成本或费用和所有者权益总额进行调整，无须进行会计处理。

（5）行权日

企业应在行权日根据行权情况，确认股本和股本溢价，同时结转等待期内确认的资本公积（其他资本公积）。根据行权时收到的款项，借记“银行存款”科目，结转等待期内确认的资本公积，借记“资本公积——其他资本公积”科目，根据转换成的股本数，贷记“股本”科目，按其差额，贷记“资本公积——股本溢价”科目。

【例5-3】20×7年1月1日，A公司向其200名管理人员每人授予1 000股股票期权，这些职员从20×7年1月1日起在该公司连续服务三年，即可以每股6元购买1 000股A公司股票。该期权在授予日的公允价值为18元/股。

第一年，有20名职员离开A公司，A公司估计三年中离开的职员的比例将达到20%；第二年，又有10名职员离开公司，A公司将估计的职员离职率修正为15%；第三年，又有15名职员离开。费用的计算过程见表5-1。

表5-1　**费用计算表**　单位：元

年份	累计费用计算过程	累计费用	当年费用
20×7	18×200×1 000×（1-20%）×1/3	960 000	960 000
20×8	18×200×1 000×（1-15%）×2/3	2 040 000	1 080 000
20×9	18×（200-20-10-15）×1 000×3/3	2 790 000	750 000

①20×7年1月1日

授予日不做账务处理。

②20×7年12月31日

借：管理费用　960 000

　贷：资本公积——其他资本公积　960 000

③20×8年12月31日

借：管理费用　1 080 000

　贷：资本公积——其他资本公积　1 080 000

④20×9年12月31日

借：管理费用　750 000

　贷：资本公积——其他资本公积　750 000

⑤行权日155名职员都选择行权

借：银行存款　930 000（6×155×1 000）

　　资本公积——其他资本公积　2 790 000

　贷：股本　155 000

　　资本公积——股本溢价　3 565 000

【例5-4】20×7年1月1日，A公司为其100名管理人员每人授予1 000份股票期权，行权时可以每股6元购买1 000股公司股票。第一年年末的可行权条件为公司净利润增长率达到20%；第二年年末的可行权条件为公司净利润两年平均增长15%；第三年年末的可行权条件为公司净利润三年平均增长10%。每份期权在20×7年1月1日的公允价值为24元。

20×7年12月31日，A公司净利润增长了18%，同时有8名管理人员离开，公司预计20×8年将以同样速度增长，因此预计将于20×8年12月31日可行权。另外，公司预计20×8年12月31日又将有8名管理人员离开。

20×8年12月31日，A公司净利润仅增长了10%，因此无法达到可行权条件。但公司预计20×9年会满足三年净利润平均增长10%的条件。另外，当年实际有10名管理人员离开，预计第三年将有12名管理人员离开。

20×9年12月31日，A公司净利润增长了8%，三年平均增长率为12%，因此达到可行权条件。当年有8名管理人员离开。

分析：股份支付的可行权条件是净利润增长率，是一项业绩条件中的非市场条件。

第一年年末，虽然没能实现净利润增长20%的要求，但公司预计下年将以同样速度增长，因此能实现两年平均年增长15%的要求，所以公司将其预计等待期调整为2年。由于有8名管理人员离开，公司同时调整预计可行权的数量为84人（100-8-8）。

第二年年末，虽然两年实现增长15%的目标再次落空，但公司仍然估计能够在第三年取得较理想的业绩，从而实现三年平均增长10%的目标，所以公司将预计等待期调整为3年，同时调整第三年预计可行权的数量为70人（100-8-10-12）。

第三年年末，目标实现，实际离开人数为8人，可行权数量为74人（100-8-10-8）。公司根据实际情况确定累计费用，并据此确认了第三年费用。费用计算过程见表5-2。

表5-2 **费用计算表** 单位：元

年份	累计费用计算过程	累计费用	当年费用
20×7	24×84×1 000×1/2	1 008 000	1 008 000
20×8	24×70×1 000×2/3	1 120 000	112 000
20×9	24×74×1 000×3/3	1 776 000	656 000

①20×7年1月1日

授予日不做账务处理。

②20×7年12月31日

借：管理费用 1 008 000

贷：资本公积——其他资本公积 1 008 000

③20×8年12月31日

借：管理费用 112 000

贷：资本公积——其他资本公积 112 000

④20×9年12月31日

借：管理费用　　656 000

　贷：资本公积——其他资本公积　　656 000

⑤行权日，74名管理人员都选择行权

借：银行存款　　444 000（6×74×1 000）

　　资本公积——其他资本公积　　1 776 000

　贷：股本　　74 000

　　　资本公积——股本溢价　　2 146 000

5.2.2　以现金结算的股份支付的确认和计量

1）以现金结算的股份支付的确认和计量原则

以现金结算的股份支付在未结算前确认为一项负债，即企业对员工的薪酬负债，这是与以权益结算的股份支付的最大区别。

对于授予后立即可行权的以现金结算的股份支付，企业应当在授予日按照企业承担负债的公允价值计入相关资产成本或当期费用，同时计入负债，并在结算前的每个资产负债表日和结算日对负债的公允价值重新计量，将其变动计入损益。

企业应当在等待期内的每个资产负债表日，以对可行权情况的最佳估计为基础，按照企业承担负债的公允价值，将当期取得的服务计入相关资产成本或当期费用，同时计入负债，并在结算前的每个资产负债表日和结算日对负债的公允价值重新计量，将其变动计入损益。

2）以现金结算的股份支付的会计处理

（1）授予日

① 对于授予后立即可行权的股份支付，应在授予日按照权益工具的公允价值，将取得的服务计入相关资产成本或当期费用，同时计入应付职工薪酬。

② 除了立即可行权的股份支付外，企业在授予日不进行会计处理。

（2）等待期内的每个资产负债表日

对于以现金结算的股份支付，企业应当在等待期内的每个资产负债表日，将取得的职工或其他方提供的服务计入成本或当期费用，同时确认负债。

根据等待期内资产负债表日权益工具的公允价值与预计可行权工具数量的乘积，借记“生产成本”“管理费用”“销售费用”“研发支出”“在建工程”等科目，贷记“应付职工薪酬——股份支付”科目。

（3）可行权日

在可行权日，最终预计可行权权益工具的数量应当与实际可行权工具的数量一致，因此，可行权日的会计处理和等待期内的每个资产负债表日的会计处理是一致的。

（4）可行权日之后

以现金结算的股份支付，企业在可行权日之后不再确认成本或当期费用，但由于应付职工薪酬这项负债的公允价值变动应当予以确认，此时应计入公允价值变动损益。

（5）行权日

企业应在职工行权日根据行权情况，按照所支付的现金，借记“应付职工薪酬——股份支付”科目，贷记“银行存款”等科目。

【例5-5】20×5年初，A公司为其200名中层以上职员每人授予100份现金股票增值权，这些职员从20×5年1月1日起在该公司连续服务3年，即可按照当时股价的增长幅度获得现金，该增值权应在20×9年12月31日之前行使。A公司估计，该增值权在负债结算之前的每一资产负债表日以及结算日的公允价值和可行权后的每份增值权现金支出额见表5-3。

表5-3 **公允价值与现金支出表** 单位：元

年 份	公允价值	支付现金
20×5	14	
20×6	15	
20×7	18	16
20×8	21	20
20×9		25

第一年有20名职员离开A公司，A公司估计三年中还将有15名职员离开；第二年又有10名职员离开公司，公司估计还将有10名职员离开；第三年又有15名职员离开。第三年年末，有70人行使股票增值权取得了现金。第四年年末，有50人行使了股票增值权。第五年年末，剩余35人也行使了股票增值权。负债计算过程见表5-4。

表5-4 **负债计算表** 单位：元

年 份	期末负债计算过程	负债期末余额	支付现金计算过程	负债减少（支付现金）	负债增加（当期费用）
20×5	14×（200-20-15）×100×1/3	77 000			77 000
20×6	15×（200-20-10-10）×100×2/3	160 000			83 000
20×7	18×（200-20-10-15-70）×100×3/3	153 000	16×70×100	112 000	105 000
20×8	21×（200-20-10-15-70-50）×100	73 500	20×50×100	100 000	20 500
20×9	0	0	25×35×100	87 500	14 000
总额				299 500	299 500

①20×5年12月31日

借：管理费用 77 000

贷：应付职工薪酬——股份支付 77 000

②20×6年12月31日

借：管理费用 83 000

贷：应付职工薪酬——股份支付 83 000

③20×7年12月31日

借：管理费用 105 000

贷：应付职工薪酬——股份支付 105 000

借：应付职工薪酬——股份支付　　112 000

　贷：银行存款　　112 000

④20×8年12月31日

借：公允价值变动损益　　20 500

　贷：应付职工薪酬——股份支付　　20 500

借：应付职工薪酬——股份支付　　100 000

　贷：银行存款　　100 000

⑤20×9年12月31日

借：公允价值变动损益　　14 000

　贷：应付职工薪酬——股份支付　　14 000

借：应付职工薪酬——股份支付　　87 500

　贷：银行存款　　87 500

特别提示

借助“应付职工薪酬”账户可以清晰地看出表5-4的数量关系。期末应付职工薪酬的余额=期初应付职工薪酬的余额+当期负债的增加额（计入了当期费用）—当期负债的减少额（支付现金进行偿还）。

应付职工薪酬

	期初余额
负债减少（支付现金进行偿还）	负债增加（计入当期费用）
	期末余额

5.3 股份支付的特殊问题

5.3.1 回购股份进行职工期权激励

企业以回购股份形式奖励本企业职工的，属于以权益结算的股份支付。企业回购股份时，应按回购股份的全部支出作为库存股处理，同时进行备查登记。按照以权益结算股份支付的规定，企业应当在等待期内每个资产负债表日按照权益工具在授予日的公允价值，将取得的职工服务计入成本或费用，同时增加资本公积（其他资本公积）。在职工行权购买本企业股份时，企业应转销交付职工的库存股成本和等待期内资本公积（其他资本公积）的累计金额，同时，按照其差额调整资本公积（股本溢价）。

【例5-6】承【例5-3】，20×7年5月1日，A公司自市场回购本公司股票20万股，支付款项140万元，期满后155名员工全部行权。

（1）20×7年5月1日回购股票时：

借：库存股　　1 400 000

　贷：银行存款　　1 400 000

（2）等待期资产负债表日的会计处理同【例5-3】。

（3）期满后，155名员工行权时：

借：银行存款　　930 000（6×155×1 000）

　　资本公积——其他资本公积　　2 790 000

　贷：库存股　　1 085 000（1 400 000×155/200）

　　　资本公积——股本溢价　　2 635 000

5.3.2　可行权条件的修改

通常情况下，股份支付协议生效后，不应对其条款和条件随意修改。但在某些情况下，可能需要修改股份支付协议中的条款和条件。例如，股票除权、除息或其他原因需要调整行权价格或股票期权数量。此外，为了取得更好的激励效果，有关法规也允许企业依据股份支付协议的规定，调整行权价格或股票期权数量，但应当由董事会作出决议并经股东大会审议批准，或者由股东大会授权董事会决定。《上市公司股权激励管理办法》对此作出了严格的限定，必须按照批准股份支付计划的原则和方式进行调整。

在会计核算上，无论已授予的权益工具的条款和条件如何修改，甚至取消权益工具的授予或结算该权益工具，企业都应至少确认按照所授予的权益工具在授予日的公允价值来计量获取的相应服务，除非因不能满足权益工具的可行权条件（除市场条件外）而无法行权。

1）条款和条件的有利修改

企业应当分别以下情况，确认导致股份支付公允价值总额升高以及其他对职工有利修改的影响：

（1）如果修改增加了所授予的权益工具的公允价值，企业应按照权益工具公允价值的增加相应地确认取得服务的增加。权益工具公允价值的增加，是指修改前后的权益工具在修改日的公允价值之间的差额。

① 如果修改发生在等待期内，在确认修改日至修改后的可行权日之间取得服务的公允价值时，应当既包括在剩余原等待期内以原权益工具授予日公允价值为基础确定的服务金额，也包括权益工具公允价值的增加。

【例5-7】A公司是一家上市公司，20×0年7月1日，公司向其50名管理人员每人赠与1万股股票期权，上述员工需要从20×0年7月1日起在该公司连续服务3年，即可按每股5元购入1万股公司股票，该股票期权在授予日的公允价值为15元/股。

20×0年年末，公司有3名员工离职，公司预计未来有7名员工离职。

公司在20×1年1月1日将授予日的公允价值由每股15元修改为每股18元；20×1年年末，公司有5名员工离职，公司估计未来没有人员离职。

20×2年年末，又有1名员工离职，公司估计未来半年内没有人员离职。

由于该股份支付是授予员工股票期权，因此是以权益结算的股份支付。进行的会计处理为：

（1）20×0年年末确认的管理费用=15×（50−3−7）×1×6/36=100（万元）。

借：管理费用　　1 000 000

　贷：资本公积——其他资本公积　　1 000 000

（2）20×1年1月1日，股票期权的公允价值由每股15元修改为18元，公允价值的调高，对于员工是有利的变化，根据谨慎性原则，公司应当体现该公允价值增加带来的成本费用的增加，相当于在该日叠加了一个新的公允价值为3元、可行权数量是1万股、等待期是30个（36-6）月的股份支付，同时还要反映出原来股份支付的公允价值在剩余等待期内确定的服务金额。

20×1年确认的管理费用=15×（50-3-5-0）×1×18/36+3×（50-3-5-0）×1×12/30-100=265.4（万元）

借：管理费用　　2 654 000

　贷：资本公积——其他资本公积　　2 654 000

（3）20×2年确认的管理费用=15×（50-3-5-1-0）×1×30/36+3×（50-3-5-1-0）×1×24/30-365.4=245.5（万元）。

借：管理费用　　2 455 000

　贷：资本公积——其他资本公积　　2 455 000

② 如果修改发生在可行权日之后，企业应当立即确认权益工具公允价值的增加。

（2）如果修改增加了所授予的权益工具的数量，企业应将增加的权益工具的公允价值相应地确认为取得服务的增加。

如果修改发生在等待期内，在确定修改日至增加的权益工具可行权日之间取得服务的公允价值时，应当既包括在剩余原等待期内以原权益工具授予日公允价值为基础确定的服务金额，也包括增加的权益工具的公允价值。

【例5-8】其他资料同【例5-7】，A公司在20×1年1月1日，将该股票期权授予的数量由原来的每人1万股修改为每人1.5万股，该股票期权在授予日的公允价值仍然为每股15元，保持不变。

①20×1年1月1日，股票期权的数量每人调高了0.5万股，对于员工是有利的变化，公司应根据谨慎性原则，体现出该数量的增加带来的成本费用的增加，相当于在该日叠加了一个新的公允价值为15元、行权数量为0.5万股、等待期是30个（36-6）月的股份支付，同时还要反映出原来股份支付的公允价值在剩余等待期内确定的服务金额。

20×1年确认的管理费用=15×（50-3-5-0）×1×18/36+15×（50-3-5-0）×0.5×12/30-100= 341（万元）

借：管理费用　　3 410 000

　贷：资本公积——其他资本公积　　3 410 000

②20×2年确认的管理费用=15×（50-3-5-1-0）×1×30/36+15×（50-3-5-1-0）×0.5×24/30-441=317.5（万元）。

借：管理费用　　3 175 000

　贷：资本公积——其他资本公积　　3 175 000

（3）如果企业按照有利于职工的方式修改可行权条件，如缩短等待期、变更或取消业绩条件（非市场条件），企业在处理可行权条件时，应当考虑修改后的可行权条件。

【例5-9】其他资料同【例5-7】，A公司在20×1年12月31日将连续服务3年修改为2年，授予日的公允价值仍然为每股15元，授予数量仍为每人1万股股票期权。

①20×1年确认的管理费用=15×（50-3-5-0）×1×18/24-100=372.5（万元）。

借：管理费用　　3 725 000

贷：资本公积——其他资本公积　　　　3 725 000

②20×2年确认的管理费用=15×（50-3-5-1）×1×24/24-472.5=142.5（万元）。

借：管理费用　　　　1 425 000

贷：资本公积——其他资本公积　　　　1 425 000

2）条款和条件的不利修改

如果企业以减少股份支付公允价值总额的方式或其他不利于职工的方式修改条款和条件，企业仍应继续对取得的服务进行会计处理，如同该变更从未发生，除非企业取消了部分或全部已授予的权益工具。具体包括以下几种情况：

（1）如果修改减少了授予权益工具的公允价值，企业应当继续以权益工具在授予日的公允价值为基础，确认取得服务的金额，而不应考虑权益工具公允价值的减少。

（2）如果修改减少了授予权益工具的数量，企业应当将减少部分作为已授予权益工具的取消来进行处理，立即确认原本应在剩余等待期内确认的金额。

（3）如果企业以不利于职工的方式修改了可行权条件，如延长等待期、增加或变更业绩条件（非市场条件），企业在处理可行权条件时，不应考虑修改后的可行权条件。

【例5-10】其他资料同【例5-7】，20×1年年末，将所授予的股票期权数量由1万股修改为0.5万股，该期权在授予日的公允价值保持不变，仍然为每股15元。

由于减少了行权数量，剩余的0.5万股正常确认为费用，减少的0.5万股则作为加速可行权处理，确认剩余等待期内的全部费用。

正常确认的费用=15×（50-3-5-0）×0.5×18/36-100/2=107.5（万元）

加速确认的费用=15×（50-3-5-0）×0.5×36/36-100/2=265（万元）

借：管理费用　　　　3 725 000

贷：资本公积——其他资本公积　　　　3 725 000

3）取消或结算

如果企业在等待期内取消了所授予的权益工具或结算了所授予的权益工具（因未满足可行权条件而被取消的除外），企业应当：

（1）将取消或结算作为加速可行权处理，立即确认原本应在剩余等待期内确认的金额，视同剩余等待期内的股份支付计划已经全部满足可行权条件。

（2）在取消或结算时支付给职工的所有款项均应作为权益的回购处理，回购支付的金额高于该权益工具在回购日公允价值的部分，计入当期费用。

（3）如果向职工授予新的权益工具，并在新权益工具授予日认定所授予的新权益工具是用于替代被取消的权益工具的，企业应以与处理原权益工具条款和条件修改相同的方式，对所授予的替代权益工具进行处理。权益工具公允价值的增加，是指在替代权益工具的授予日，替代权益工具公允价值与被取消的权益工具净公允价值之间的差额。被取消的权益工具的净公允价值，是指其在取消前立即计量的公允价值减去因取消原权益工具而作为权益回购支付给职工的款项。如果企业未将新授予的权益工具认定为替代权益工具，则应将其作为一项新授予的股份支付进行处理。

【例5-11】其他资料同【例5-7】，20×1年年末，A公司经股东会批准取消原授予管理人员的股票期权，同时以现金补偿原授予股票期权且尚未离职的管理人员660万元，该期权的公允价值为15元/股，保持不变。

20×1年年末，因为股权激励计划取消，应作为加速可行权处理，立即确认原本应在剩余等待期内确认的金额。

确认的费用=15×（50−3−5−0）×1×36/36−100=530（万元）

借：管理费用　　5 300 000

　贷：资本公积——其他资本公积　　5 300 000

现金补偿660万元高于权益工具在回购日公允价值的部分，计入当期管理费用。

借：资本公积——其他资本公积　　6 300 000

　　管理费用　　300 000

　贷：银行存款　　6 600 000

4）未满足可行权条件

（1）员工没有满足服务期限或者非市场的业绩条件。这实质上是因为员工未满足可行权条件而使股权激励计划作废，由于实际可行权的权益工具数量为零，即接受服务累计确认的费用应为零，故应冲销以前期间确认的相关费用。

（2）员工没有满足市场条件或非可行权条件，但是满足服务期限条件和非市场条件时，应确认成本费用，对于以前期间确认的成本费用，不予以冲回。

特别提示

对员工有利的修改，可能会对企业不利，企业应对增加的成本费用加以确认，反映修改后的股份支付的条款。对员工不利的修改，可能对企业是有利的，企业则不应考虑修改后的条款，如同该变更从未发生。对于企业主动取消的股份支付，由于并不是员工未满足可行权条件，出于对企业惩罚的考虑，准则规定了加速可行权的处理，立即确认剩余等待期才会确认的费用。借助谨慎性原则的理念，就能抓住股份支付可行权条件修改时会计处理的精髓。

5.3.3　限制性股票

近年来，越来越多的上市公司采用限制性股票的股权激励方式。限制性股票的常见做法是上市公司以非公开发行的方式向激励对象授予一定数量的公司股票，并规定锁定期和解锁期，在锁定期和解锁期内，不得上市流通及转让。达到解锁条件，才可以解锁。如果全部或部分股票未被解锁而失效或作废，通常由上市公司按照事先约定的价格立即进行回购。

上市公司对于授予限制性股票的股权激励计划，向职工发行的限制性股票按有关规定履行了注册登记等增资手续的，上市公司应当根据收到职工缴纳的认股款确认股本和资本公积（股本溢价），按照职工缴纳的认股款，借记“银行存款”等科目，按照股本金额，贷记“股本”科目，按照其差额，贷记“资本公积——股本溢价”科目；同时，就回购义务确认负债（做收购库存股处理），按照发行限制性股票的数量以及相应的回购价格计算确定的金额，借记“库存股”科目，贷记“其他应付款——限制性股票回购义务”（包括未满足条件而须立即回购的部分）等科目。

上市公司未达到限制性股票解锁条件而需回购的股票，按照应支付的金额，借记“其他应付款——限制性股票回购义务”等科目，贷记“银行存款”等科目；同时，按照注销的限制性股票数量对应的股本金额，借记“股本”科目，按照注销的限制性股票数量相对应的库存股的账面价值，贷记“库存股”科目，按其差额，借记“资本公积——股本溢价”科目。

上市公司达到限制性股票解锁条件而无须回购的股票，则按照解锁股票相对应的负债的账面价值，借记“其他应付款——限制性股票回购义务”等科目，按照解锁股票相对应的库存股的账面价值，贷记“库存股”科目，如有差额，则借记或贷记“资本公积——股本溢价”科目。

上市公司在等待期内发放现金股利的会计处理，应视其发放的现金股利是否可撤销采取不同的方法：

（1）现金股利可撤销，即一旦未达到解锁条件，被回购限制性股票的持有者将无法获得（或需要退回）其在等待期内应收（或已收）的现金股利。

等待期内，上市公司在核算应分配给限制性股票持有者的现金股利时，应合理估计未来解锁条件的满足情况，该估计与进行股份支付会计处理时在等待期内每个资产负债表日对可行权权益工具数量进行的估计应当保持一致。

对于预计未来可解锁限制性股票持有者，上市公司应分配给限制性股票持有者的现金股利应当作为利润分配进行会计处理，借记“利润分配——应付现金股利或利润”科目，贷记“应付股利——限制性股票股利”科目；同时，按分配的现金股利金额，借记“其他应付款——限制性股票回购义务”等科目，贷记“库存股”科目；实际支付时，借记“应付股利——限制性股票股利”科目，贷记“银行存款”等科目。

对于预计未来不可解锁限制性股票持有者，上市公司应分配给限制性股票持有者的现金股利应当冲减相关的负债，借记“其他应付款——限制性股票回购义务”等科目，贷记“应付股利——限制性股票股利”科目；实际支付时，借记“应付股利——限制性股票股利”科目，贷记“银行存款”等科目。

后续信息表明不可解锁限制性股票的数量与以前估计不同的，应当作为会计估计变更处理，直到解锁日预计不可解锁限制性股票的数量与实际未解锁限制性股票的数量一致。

（2）现金股利不可撤销，即不论是否达到解锁条件，限制性股票持有者仍有权获得（或不得被要求退回）其在等待期内应收（或已收）的现金股利。

等待期内，上市公司在核算应分配给限制性股票持有者的现金股利时，应合理估计未来解锁条件的满足情况，该估计与进行股份支付会计处理时在等待期内每个资产负债表日对可行权权益工具数量进行的估计应当保持一致。

对于预计未来可解锁限制性股票持有者，上市公司应分配给限制性股票持有者的现金股利应当作为利润分配进行会计处理，借记“利润分配——应付现金股利或利润”科目，贷记“应付股利——限制性股票股利”科目；实际支付时，借记“应付股利——限制性股票股利”科目，贷记“银行存款”等科目。

对于预计未来不可解锁限制性股票持有者，上市公司应分配给限制性股票持有者的现金股利应当计入当期成本或费用，借记“管理费用”等科目，贷记“应付股利——限制性股票股利”科目；实际支付时，借记“应付股利——限制性股票股利”科目，贷记“银行存款”等科目。

后续信息表明不可解锁限制性股票的数量与以前估计不同的，也应当作为会计估计变更处理，直到解锁日预计不可解锁限制性股票的数量与实际未解锁限制性股票的数量一致。

【例5-12】甲公司是一家上市公司，为建立长效激励机制，吸引和留住优秀人才，制订和实施了限制性股票激励计划。甲公司发生的与该计划相关的交易或事项如下：

（1）20×6年1月1日，甲公司实施经批准的限制性股票激励计划，通过定向发行股票的方式向20名管理人员每人授予50万股限制性股票，限制性股票的授予价格为8元/股，发行所得款项8 000万元已存银行，限制性股票的登记手续已办理完成。甲公司以限制性股票授予日公司股票的市价减去授予价格后的金额确定限制性股票在授予日的公允价值为12元/股。

上述限制性股票激励计划于20×6年1月1日经甲公司股东大会批准。限制性股票的限售期为授予限制性股票登记完成之日起36个月，激励对象获授的限制性股票在解除限售前，不得转让、用于担保或偿还债务。限制性股票的解锁期为12个月，自授予限制性股票登记完成之日起36个月后的首个交易日起，至授予限制性股票登记完成之日起48个月内的最后一个交易日当日止。解锁期内，同时满足下列条件的，激励对象获授的限制性股票方可解除限售：激励对象自授予的限制性股票登记完成之日起工作满3年；以上年度营业收入为基数，甲公司20×6年度、20×7年度及20×8年度3年营业收入增长率的算术平均值不低于30%。限售期满后，甲公司为满足解除限售条件的激励对象办理解除限售事宜，未满足解除限售条件的激励对象持有的限制性股票由甲公司按照授予价格回购并注销。

（2）20×6年度，甲公司实际有1名管理人员离开，营业收入增长率为35%，甲公司预计未来两年还有2名管理人员离开，每年营业收入增长率均能够达到30%。

（3）20×7年5月3日，甲公司股东大会批准董事会制订的利润分配方案，即以20×6年12月31日包括上述限制性股票在内的股份45 000万股为基数，每股分配现金股利1元，共计分配现金股利45 000万元。根据限制性股票激励计划，甲公司支付给限制性股票持有者的现金股利可撤销，即一旦未达到解锁条件，被回购限制性股票的持有者将无法获得（或需要退回）其在等待期内应收（或已收）的现金股利。20×7年5月25日，甲公司以银行存款支付股利45 000万元。

（4）20×7年度，甲公司实际有1名管理人员离开，营业收入增长率为33%，甲公司预计，20×8年度还会有1名管理人员离开，营业收入增长率能够达到30%。

（5）20×8年度，甲公司没有管理人员离开，营业收入增长率为31%。

（6）20×9年1月10日，甲公司对符合解锁条件的900万股限制性股票解除限售，并办理完成相关手续。

20×9年1月20日，甲公司对不符合解锁条件的100万股限制性股票按照授予价格予以回购，并办理完成相关注销手续。在扣除已支付给相关管理人员股利100万元后，回购限制性股票的款项700万元已以银行存款支付给相关管理人员。

（1）定向发行限制性股票。

借：银行存款　　80 000 000（8×20×500000）

　贷：股本　　10 000 000

　　资本公积——股本溢价　　70 000 000

借：库存股　　80 000 000

　贷：其他应付款——限制性股票回购义务　　80 000 000

（2）每年确认限制性股票激励计划，分别计入费用。

20×6年度应确认的费用＝12×（20-1-2）×50×1/3=3 400（万元）

20×7年度应确认的费用＝12×（20-1-1-1）×50×2/3-3 400=3 400（万元）

20×8年度应确认的费用＝12×（20-1-1-0）×50×3/3-（3 400+3 400）=4 000（万元）

①20×6年的会计处理为：

借：管理费用　　34 000 000

　贷：资本公积——其他资本公积　　34 000 000

②20×7年的会计处理为：

借：管理费用　　34 000 000

　贷：资本公积——其他资本公积　　34 000 000

③20×8年的会计处理为：

借：管理费用　　40 000 000

　贷：资本公积——其他资本公积　　40 000 000

（3）进行利润分配时的会计处理。

①20×7年的会计处理为：

借：利润分配——应付现金股利或利润

　　448 500 000（440 000 000×1+17×500 000×1）

　其他应付款——限制性股票回购义务　　1 500 000（3×500 000×1）

　贷：应付股利　　450 000 000

借：其他应付款——限制性股票回购义务　　8 500 000（17×500 000×1）

　贷：库存股　　8 500 000

借：应付股利　　450 000 000

　贷：银行存款　　450 000 000

②20×8年的会计处理为：

借：利润分配——应付现金股利或利润　　500 000（1×500 000×1）

　贷：其他应付款——限制性股票回购义务　　500 000

借：其他应付款——限制性股票回购义务　　500 000

　贷：库存股　　500 000

（4）公司解除限售股，回购并注销限制性股票时。

借：其他应付款——限制性股票回购义务　　63 000 000（18×500 000×7）

　贷：库存股　　63 000 000

借：其他应付款——限制性股票回购义务　　7 000 000（2×500 000×7）
　贷：银行存款　　7 000 000
借：股本　　1 000 000
　　资本公积——股本溢价　　7 000 000
　贷：库存股　　8 000 000

5.3.4 一次授予、分期行权的股份支付

“一次授予、分期行权”，即在授予日一次授予员工若干权益工具，之后每年分批达到可行权条件，每个批次是否可行权的结果通常是相对独立的，即每一期是否达到可行权条件并不会直接影响其他几期是否能够达到可行权条件。现阶段，大多数国内上市公司的股权激励计划是“一次授予、分期行权”。

在会计处理时应将其作为同时授予的几个独立的股份支付计划。例如，在一次授予、分三年行权的股份支付计划中，应当将其视为三个独立的股份支付计划，分别确定每个计划的等待期。企业应根据每个计划在授予日的公允价值估计股份支付费用，在相应的等待期内，按照各计划在某会计期间内等待期长度占整个等待期长度的比例进行分摊。

【例5-13】A公司在20×1年1月1日向10名公司核心高管人员授予了2 000万股限制性股票，授予价格为每股10元，授予后锁定期为3年。20×1年、20×2年、20×3年为申请解锁考核年，每年的解锁比例分别为30%、30%、40%，即600万股、600万股、800万股。授予日限制性股票的公允价值每股7.5元。该计划属于一次授予、分期行权计划，则A公司各期费用分摊见表5-5。

表5-5　　**股权激励费用分摊表**　　单位：万元

年份	第一期	第二期	第三期	合计
20×1年	4 500（7.5×600）	2 250（7.5×600×1/2）	2 000（7.5×800×1/3）	8 750
20×2年		2 250（7.5×600×2/2−2 250）	2 000（7.5×800×2/3−2 000）	4 250
20×3年			2 000（7.5×800×3/3−2 000−2 000）	2 000
合计	4 500	4 500	6 000	15 000

5.3.5 集团股份支付的处理

企业集团（由母公司和其全部子公司构成）内发生的股份支付交易，应当按照以下规定进行会计处理：

（1）结算企业（母公司）以自身权益工具结算，结算企业是接受服务企业（子公司）的投资者。

在结算企业（母公司）的个别报表中，应按以权益结算的股份支付进行会计处理，借记“长期股权投资”科目，贷记“资本公积——其他资本公积”科目。在接受服务企业（子公司）个别报表中，也按以权益结算的股份支付进行会计处理，借记“管理费用”科目，贷记“资本公积——其他资本公积”科目。

母公司在编制合并财务报表时，应从企业集团角度重新审视该股份支付是以权益结算还是以现金结算。此时由于结算企业是母公司，子公司没有结算义务，因此对于企业集团也应是以权益结算的股份支付，编制的抵销分录为借记“资本公积”（子公司）科目，贷记“长期股权投资”（母公司）科目。

（2）结算企业（母公司）以现金结算，结算企业为接受服务企业（子公司）的投资者。

在结算企业（母公司）的个别报表中，应按以现金结算的股份支付进行会计处理，借记“长期股权投资”科目，贷记“应付职工薪酬——股份支付”科目。在接受服务企业（子公司）个别报表中，依然按以权益结算的股份支付进行会计处理，借记“管理费用”科目，贷记“资本公积——其他资本公积”科目。

母公司在编制合并财务报表时，由于母公司以现金结算股份支付，子公司没有结算义务，从企业集团角度重新审视该股份支付，应该作为现金结算的股份支付进行处理。因此，在合并财务报表中借记“资本公积”（子公司）科目，贷记“长期股权投资”（母公司）科目，对于二者的差额通过“管理费用”来调整。

（3）结算企业（母公司）以其他企业股份计算，结算企业是接受服务企业（子公司）的投资者。

在结算企业（母公司）的个别报表中，应按以现金结算的股份支付进行会计处理，借记“长期股权投资”科目，贷记“应付职工薪酬——股份支付”科目。在接受服务企业（子公司）个别报表中，依然按以权益结算的股份支付进行会计处理，借记“管理费用”科目，贷记“资本公积——其他资本公积”科目。

母公司在编制合并财务报表时，抵销处理同（2）的抵销处理。

母公司向子公司高管授予股份支付，在合并财务报表中计算子公司少数股东损益时，虽然子公司的股权激励全部是由母公司结算，子公司少数股东损益中应包含按照少数股东持股比例分享的子公司股权激励费用。

如果受到激励的高管在集团内调动导致接受服务的企业变更，但高管人员应取得的股权激励并未发生实质性变化，则应根据受益情况，在等待期内按照合理的标准（例如按服务时间）在原接受服务的企业与新接受服务的企业间分摊该高管的股权激励费用，即谁受益、谁确认费用。

思政园地

推进大众创业、万众创新，是发展的动力之源，也是富民之道、公平之计、强国之策。近年来，大众创业、万众创新持续向更大范围、更高层次和更深程度推进，创新创业与经济社会发展深度融合，对推动新旧动能转换和经济结构升级、扩大就业和改善民生、营造公平营商环境和创新社会氛围发挥了重要作用。为方便纳税人及时了解掌握税收优惠政策，更好发挥税收助力大众创业、万众创新的作用，国家税务总局于2019年6月19日公布了新版《“大众创业 万众创新”税收优惠政策指引》。

其中《获得非上市公司股票期权、股权期权、限制性股票和股权奖励递延缴纳个人所得税》规定"获得符合条件的非上市公司的股票期权、股权期权、限制性股票和股权奖励的员工，自2016年9月1日起，符合规定条件的，向主管税务机关备案，可实行递延纳税政策，即员工在取得股权激励时可暂不纳税，递延至转让该股权时纳税；股权转让时，按照股权转让收入减除股权取得成本以及合理税费后的差额，适用'财产转让所得'项目，按照20%的税率计算缴纳个人所得税。"

《获得上市公司股票期权、限制性股票和股权奖励适当延长纳税期限》规定："获得上市公司授予股票期权、限制性股票和股权奖励的个人，可自股票期权行权、限制性股票解禁或取得股权奖励之日起，在不超过12个月的期限内缴纳个人所得税。"

本章小结与思维导图

本章全面论述了股份支付的相关概念和分类、不同类型的股份支付的会计处理。

以权益结算的股份支付，企业应当以股份支付所授予的权益工具的公允价值计量。在等待期内的每个资产负债表日，企业应当以对可行权权益工具数量的最佳估计为基础，按照权益工具在授予日的公允价值，将当期取得的服务计入相关的资产成本或当期费用，同时计入资本公积中的其他资本公积。

以现金结算的股份支付，企业应当在等待期内的每个资产负债表日，以对可行权情况的最佳估计为基础，按照企业承担负债的公允价值，将当期取得的服务计入相关资产成本或当期费用，同时计入负债，并在结算前的每个资产负债表日和结算日对负债的公允价值重新计量，将其变动计入损益。

企业以回购股份形式奖励本企业职工的，属于以权益结算的股份支付。

对可行权条件进行修改时，有利于员工的修改需要进行账务处理，不利于员工的修改则不需要考虑，如果是企业取消或结算所授予的股份支付，作为加速可行权处理，这是谨慎性原则的体现。

集团内部的股份支付，应从企业集团角度重新审视该股份支付是以权益结算还是以现金结算。

- 股份支付
  - 股份支付工具的主要类型
    - 以权益结算的股份支付
      - 授予日
        - 可立即行权 — 按授予日权益工具的公允价值，确认成本费用和资本公积
        - 除了可立即行权的股份支付外 — 不进行会计处理
      - 等待期内每个资产负债表日 — 确认成本费用和资本公积，不确认后续公允价值变动的影响
      - 可行权日之后 — 不再对已确认的成本费用和所有者权益总额进行调整
      - 行权日 — 根据行权情况，确认股本和股本溢价，结转等待期内确认的资本公积
    - 以现金结算的股份支付
      - 授予日
        - 可立即行权 — 按授予日权益工具的公允价值,确认成本费用和应付职工薪酬
        - 除了立即可行权的股份支付外 — 不进行会计处理
      - 等待期内每个资产负债表日 — 确认成本费用和应付职工薪酬
      - 可行权日之后 — 不再确认成本费用，负债公允价值的变动计入公允价值变动损益
      - 行权日 — 用货币资金支付应付职工薪酬
  - 可行权条件
    - 可行权条件的种类
      - 服务期限条件
      - 业绩条件
        - 市场条件 — 与权益工具的市场价格相关
        - 非市场条件 — 市场条件之外的其他业绩条件，如盈利目标或销售目标等
    - 可行权条件的修改及处理
      - 有利于职工的修改
        - 增加授予权益工具的公允价值 — 按权益工具公允价值的增加相应确认取得服务的增加
        - 增加授予权益工具的数量 — 将增加的权益工具的公允价值相应确认取得服务的增加
        - 以有利于职工的方式修改可行权条件 — 在处理可行权条件时应考虑修改后的可行权条件
      - 不利于职工的修改
        - 减少授予权益工具的公允价值 — 继续以权益工具在授予日的公允价值为基础确认取得服务的金额
        - 减少授予权益工具的数量 — 将减少部分作为已授予权益工具的取消来处理
        - 以不利于职工的方式修改可行权条件 — 不考虑修改后的可行权条件
      - 等待期内取消或结算
        - 取消或结算了所授予的权益工具 — 作为加速可行权处理，立即确认原本应在剩余等待期内确认的金额
        - 取消或结算时支付给职工的款项 — 作为权益的回购，回购金额高于回购日公允价值的部分计入当期损益
        - 授予新的权益工具
          - 替代原权益工具的,与原权益工具条款和条件修改相同的方式处理
          - 未认定为替代权益工具的,作为新授予的股份支付处理
  - 限制性股票的处理
    - 授予日 — 确认增资 — 就回购义务，按限制性股票数量与回购价格确认库存股和其他应付款
    - 等待期 — 同以权益结算的股份支付的处理 — 股利需要区分是否可撤销
    - 解锁日
      - 未达到解锁条件，需要回购 — 按回购的金额冲减其他应付款 — 注销股本、资本公积和库存股
      - 达到解锁条件，无须回购 — 冲销其他应付款、资本公积和库存股
  - 集团内股份支付
    - 结算企业（母公司）以本身权益工具结算，接受服务企业（子公司）没有结算义务
      - 母公司按以权益结算的股份支付核算 — 确认长期股权投资和资本公积
      - 子公司按以权益结算的股份支付核算 — 子公司计入成本费用，同时确认资本公积
      - 合并报表反映以权益结算股份支付的结果 — 抵销母公司的长期股权投资和子公司的资本公积
    - 结算企业（母公司）不是以其本身权益工具结算，接受服务企业（子公司）没有结算义务
      - 母公司按以现金结算的股份支付核算 — 确认长期股权投资和应付职工薪酬
      - 子公司按以权益结算的股份支付核算 — 子公司计入成本费用，同时确认资本公积
      - 合并报表反映以现金结算的股份支付的结果 — 抵销母公司长期股权投资和子公司资本公积，差额计入管理费用
    - 结算企业和接受服务企业都是母公司
      - 授予本公司职工的是其本身权益工具结算 — 以权益结算的股份支付结算
      - 授予本公司职工的不是以其本身权益工具结算 — 以现金结算的股份支付

章末习题

一、单项选择题

1.以现金结算的股份支付，企业应在可行权日之后的每个资产负债表日重新计量相关负债的公允价值，并将其与账面价值的差额列示在利润表的（　　）项目。

A.投资收益　　B.管理费用　　C.营业外收入　　D.公允价值变动损益

2.下列表述不正确的是（　　）。

A.一次授予、分期行权，应根据每个计划的公允价值估计股份支付费用，在其相应的等待期内，按照各计划在某会计期间等待期长度占整个等待期长度的比例进行分摊

B.除了立即可行权的股份支付外，无论是以权益结算的股份支付还是以现金结算的股份支付，企业在授予日均不进行会计处理

C.授予后立即可行权的换取职工服务的以权益结算的股份支付，应当在授予日按照权益工具的公允价值计入相关成本或费用，并增加应付职工薪酬

D.对于以权益结算的股份支付，在行权日，企业根据实际行权的权益工具数量，计算确定应转入股本的金额

3.企业发生的下列交易或事项，不会引起当期资本公积（资本溢价或股本溢价）发生变动的是（　　）。

A.以资本公积转增资本

B.根据董事会决议，每2股缩为1股

C.授予员工股票期权，在等待期内确认为相关成本或费用

D.企业溢价发行股票

4.20×0年4月1日，甲公司对9名高管每人授予20万份认股权证，每份认股权证持有人有权在20×1年2月1日按每股10元购入1股公司股票。该认股权证不附加任何行权条件，无论行权日相关人员是否在职均不影响享有的权利，行权前的转让也不受限制。授予日甲公司的股票市价为10.5元，每份认股权证的公允价值是2元，则20×0年甲公司应确认的费用为（　　）万元。

A .360　　B. 324　　C. 0　　D. 1 962

5.A公司是一家上市公司，20×0年经股东大会批准，发生下列股份支付交易：公司向200名管理人员每人授予10万份股票期权，这些职员从20×0年1月1日起在该公司连续服务5年，即可以2元/股购买10万股公司股票。A公司以期权定价模型估计此期权在20×0年1月1日的公允价值为每份16元，该项期权在20×0年12月31日的公允价值为每份19元。A公司第一年有30名职工离职，A公司估计未来离职的比例将达到35%。截至第一年年末，由于A公司股价发生变动，公司对该股票期权重新定价，A公司经过股东大会批准将授予日的每份股票期权的公允价值修改为20元，第二年公司又有25名员工离职，A公司将估计的员工离职率修改为28%，则20×1年年末，公司确认的管理费用为（　　）万元。

A. 6 496　　B. 3 400　　C. 5 056　　D.7 360

二、多项选择题

1.关于股份支付，下列会计处理正确的有（　　）。

A. 以权益结算的股份支付，在等待期内的每个资产负债表日，将取得职工的服务计入成本费用，同时确认所有者权益

B. 以现金结算的股份支付，在等待期内的每个资产负债表日，将取得职工的服务计入成本费用，同时确认应付职工薪酬

C. 企业集团内发生股份支付交易的，接受服务企业应确认股份支付费用

D. 企业集团内发生股份支付交易的，结算企业是接受服务企业母公司的，应确认对接受服务企业的长期股权投资

2.下列各项中，影响企业对股份支付预计可行权情况作出估计的有（　　）。

A. 市场条件　　B. 服务期限条件

C. 非可行权条件　　D. 非市场条件

3.下列关于股份支付在可行权日之后的会计处理方法表述中，正确的有（　　）。

A. 对于以权益结算的股份支付，企业应在行权日根据行权情况，确认股本和股本溢价，同时结转等待期内确认的资本公积（其他资本公积）

B. 对于以权益结算的股份支付，在可行权日之后不再对已确认的成本费用和所有者权益总额进行调整

C. 对于以权益结算的股份支付，如果全部或部分权益工具未被行权而失效或作废，应在行权有效期截止日将资本公积（其他资本公积）冲减成本费用

D. 对于以现金结算的股份支付，在可行权日之后负债的公允价值变动应计入管理费用中

4.对于上市公司规定了锁定期和解锁期的限制性股票股权激励计划，如果向职工发行的限制性股票按规定履行了增资手续，下列处理正确的有（　　）。

A. 授予日上市公司应就回购义务确认负债，作收购库存股处理

B. 授予日上市公司应根据收到职工缴纳的认股款确认库存股

C. 如果全部股票未被解锁而失效作废，上市公司应按事先确定的价格回购

D. 在授予日，上市公司无须进行会计处理

5.A公司是一家上市公司，20×0年1月1日该公司董事会通过了对管理人员进行股权激励的方案。协议约定如下：以上一年的净利润为固定基数，20×0年至20×2年平均年净利润增长率不低于24%，员工的服务期限为3年。则关于可行权条件，下列说法正确的有（　　）。

A. 服务年限3年是一项服务期限条件

B. 服务年限3年是非可行权条件

C. 净利润增长率是一项非市场业绩条件

D. 净利润增长率是一项市场业绩条件

三、业务题

A公司为上市公司，A公司有关股份支付资料如下：

（1）20×7年12月31日经股东大会批准，A公司实施股权激励计划，其主要内容如下：公司向其100名管理人员每人授予10万份股票期权，这些人员从20×8年1月1日起必须在该公司连续服务3年，服务期满时才能以每股3元的价格购买10万股A公司股票。20×7年12月31日估计该期权的公允价值为每份18元。

（2）截至20×8年12月31日有10名管理人员离开，A公司估计三年中离开的管理人员比例将达到15%，20×8年12月31日估计A公司股票的公允价值为每股24元。

（3）截至20×9年12月31日累计有15名管理人员离开公司，公司将管理人员离开比例修正为18%。

（4）截至20×0年12月31日累计有21名管理人员离开。

（5）20×1年12月31日，79名管理人员全部行权，A公司股票面值为每股1元。

要求：

（1）计算A公司在等待期内每个资产负债表日应确认的费用和资本公积，编制各年有关的会计分录。

（2）由于A公司股价已经下降，假定20×8年12月31日公司对股票期权重新定价，经股东大会批准，A公司修改股权激励计划，将该期权的授予日公允价值由每份18元调整为每份20元，其他条件不变，编制A公司20×9年12月31日、20×0年12月31日和20×1年12月31日的会计分录。

（3）由于A公司股价已经下降，假定20×8年12月31日公司对股票期权重新确定其授予数量，经股东大会批准，A公司修改股权激励计划，将授予每名管理人员的期权数量由10万份修改为15万份。其他条件不变，编制A公司20×9年12月31日、20×0年12月31日和20×1年12月31日的会计分录。

四、思考题

1. 股份支付有哪些类型？每个类型都包含哪些种类？

2. 可行权条件有哪些类型？如何进行区分？

3. 以权益结算的股份支付有哪些核算要点？以现金结算的股份支付有哪些核算要点？

4. 可行权条件对员工有利的修改如何进行会计处理？对员工不利的修改如何进行会计处理？

第5章习题答案

第6章/
企业合并

学习目标：了解企业合并的分类；掌握同一控制下企业合并的会计处理和合并日合并财务报表的编制；掌握非同一控制下企业合并的会计处理和购买日合并财务报表的编制；掌握反向购买时合并资产负债表的编制；理解多次交易分步实现企业合并的处理。

引导案例

新疆中泰化学股份有限中泰化学（以下简称中泰化学）七届二十一次董事会决议，中泰化学拟收购控股股东新疆中泰（集团）有限责任公司持有的新疆中泰新鑫化工科技股份有限公司（以下简称新鑫化工）8 283.91万股股份，并于2021年7月31日完成了股权交割，上述股权收购完成后，新鑫化工成为中泰化学的非全资子公司。

中泰化学和新鑫化工的实际控制人均为新疆中泰（集团）有限责任公司，且该控制并非暂时性的，因此中泰化学对新鑫化工的合并为同一控制下的合并。根据《企业会计准则第20号——企业合并》的相关规定，对于同一控制下的控股合并，视同合并后形成的报告主体自最终控制方开始实施控制时一直是一体化存续下来的，体现在其合并财务报表上，即由合并后形成的母子公司构成的报告主体，无论是其资产规模还是其经营成果都持续计算。在合并当期编制合并财务报表时，对合并资产负债表的期初数进行调整，同时对比较报表的相关项目进行调整，视同合并后的报告主体在以前期间一直存在。

什么是同一控制合并？同一控制如何进行会计处理？对合并财务报表有何影响？本章将对上述问题进行探讨。

6.1 企业合并概述

6.1.1 企业合并的概念

企业合并是将两个或两个以上单独的企业合并形成一个报告主体的交易或事项。

企业合并的结果通常是一个企业取得了对一个或多个业务的控制权。如果一个企业取得了对另一个或多个企业的控制权，而被购买方（或被合并方）并不构成业务，则该交易或事项不形成企业合并。企业取得了不形成业务的一组资产或净资产时，应将购买成本按购买日所取得各项可辨认资产、负债的公允价值为基础进行分配，不按照《企业会计准则第20号——企业合并》进行处理。

业务是指企业内部某些生产经营活动或资产负债的组合，该组合具有投入、加工处理过程和产出能力，能够独立计算其成本费用或所产生的收入，但一般不构成一个企业，不具有独立的法人资格，如企业的分公司、独立的生产车间、不具有独立法人资格的分部等。

从企业合并的定义看，是否形成企业合并，除要看取得的企业是否构成业务之外，关键还要看有关交易或事项发生前后，是否存在报告主体的变化。报告主体的变化产生于控制权的变化。在交易事项发生以后，一方能够对另一方的生产经营决策实施控制，形成母子公司关系，涉及控制权的转移，该交易或事项发生以后，子公司需要纳入母公司合并财务报表的范围，从合并财务报表角度形成报告主体的变化；交易事项发生以后，一方能够控制另一方的全部净资产，被合并的企业在合并后失去法人资格的，也涉及控制权及报告主体的变化，形成企业合并。

6.1.2　企业合并的方式

企业合并根据合并方式划分，包括控股合并、吸收合并和新设合并。

1）控股合并（A+B=A+B）

合并方（或购买方，下同）通过企业合并交易或事项取得对被合并方（或被购买方，下同）的控制权，企业合并后能够通过所取得的股权主导被合并方的生产经营决策，并自被合并方的生产经营活动中获益，被合并方在企业合并后仍维持其独立法人资格且继续经营，该类合并为控股合并。

在控股合并中，因合并方通过企业合并交易或事项取得了对被合并方的控制权，被合并方成为其子公司，在企业合并发生后，被合并方应当纳入合并方合并财务报表的编制范围，从合并财务报表角度，形成报告主体的变化。

相关链接

吉利收购沃尔沃

吉利收购沃尔沃是中国汽车企业第一宗收购国外豪华汽车企业和品牌的典型案例。2010年3月28日，中国浙江吉利控股集团有限公司与美国福特汽车公司在瑞典哥德堡正式签署收购沃尔沃汽车公司的协议。吉利以18亿美元收购沃尔沃100%的股权以及相关资产。其中2亿美元以票据方式支付，其余以现金方式支付。在新的所有权下，沃尔沃轿车保留了其瑞典总部以及在瑞典和比利时的生产基地，在董事会授权下，管理层拥有执行商业计划的自主权。

2）吸收合并（A+B=A）

合并方在企业合并中取得被合并方的全部净资产，并将有关资产、负债并入合并方自身的账簿和报表进行核算，企业合并后，注销被合并方的法人资格，由合并方持有合并中取得的被合并方的资产、负债，在新的基础上继续经营，该类合并为吸收合并。

在吸收合并中，因被合并方（或被购买方）在合并发生以后被注销，从合并方（或购买方）角度需要解决的问题是，其在合并日（或购买日）取得的被合并方有关资产、负债入账价值的确定，以及为了进行企业合并支付的对价与所取得被合并方资产、负债的入账价值之间存在差额的处理。

吸收合并后，合并方应将合并中取得的资产、负债作为本企业的资产、负债核算。

相关链接

美的吸收合并小天鹅

美的集团是一家提供多元化产品与服务的科技集团。小天鹅的主要业务是家用洗衣机与干衣机的生产和销售，其核心竞争力是一流的技术研发、拥有国家级企业技术中心与实验室、完善的技术研发系统以及发达的销售网络。

在国家大力支持企业兼并重组及家电行业竞争日益激烈的大背景下，智能家电技术日益成熟，美的集团不断增强创新能力，实现企业转型，巩固其在家电行业的领先地位。截至2018年6月30日，美的集团通过直接或者间接方式共持有小天鹅52.67%的股份。2018年10月23日，美的集团发布公告，换股吸收合并小天鹅家电，总交易额达到143.83亿元的高价。在本次换股并购交易中，美的集团收购小天鹅100%的股份，并购完成后，小天鹅终止上市并且注销法人资格，美的集团承接小天鹅的资产、负债、人员、合同等一切权利与义务。

资料来源　石飞月．美的集团换股吸收合并小天鹅［EB/OL］．［2018-10-23］．https://finance.sina.com.cn/roll/2018-10-23/doc-ifxeuwws7406174.shtml.

3）新设合并（A+B=C）

参与合并的各方在企业合并后法人资格均被注销，重新注册成立一家新的企业，由新注册成立的企业持有参与合并各企业的资产、负债，并在新的基础上经营，该类合并为新设合并。

相关链接

申银万国证券的合并之路

1996年7月，上海申银证券公司和上海万国证券公司新设合并为申银万国证券股份有限公司。设立时注册资本为13.2亿元，是国内设立最早的一家股份制证券公司，也是当时国内规模最大、经营业务最齐全、营业网点分布最广泛的综合类证券公司之一。

2013年11月，申银万国换股吸收合并宏源证券，得到了中国证监会的批准，合并后的新券商名字仍叫申银万国。宏源证券换股价格为9.96元/股，申银万国发行价格为4.86元/股。发行对象为本次合并换股实施股权登记日收市后在证券登记结算机构登记在册的宏源证券全体股东。换股股东所持的每1股宏源证券股票可以换取申银万国本次发行的A股股票的数量为2.049股（9.96÷4.86）。

6.1.3　会计准则中对企业合并的划分

我国《企业会计准则第20号——企业合并》将企业合并划分为两类：同一控制下的企业合并与非同一控制下的企业合并。企业合并的类型划分不同，所遵循的会计处理原则也不同。

1）同一控制下的企业合并

同一控制下的企业合并，是指参与合并的企业在合并前后均受同一方或相同的多方最终控制且该控制并非暂时性的。

（1）能够对参与合并各方在合并前后均实施最终控制的一方通常指企业集团的母公司。

同一控制下的企业合并一般发生在企业集团内部，如集团内母子公司之间、子公司与子公司之间等。因为该类合并本质上是集团内部企业之间的资产或权益的转移，不涉及自集团外购入子公司或是向集团外其他企业出售子公司的情况，能够对参与合并企业在合并前后均实施最终控制的一方为集团的母公司。

（2）能够对参与合并的企业在合并前后均实施最终控制的相同多方，是指根据合同或协议的约定，拥有最终决定参与合并企业的财务和经营政策并从中获取利益的投资者群体。

（3）实施控制的时间性要求，是指参与合并各方在合并前后较长时间内为最终控制方所控制，具体是指在企业合并之前（即合并日之前），参与合并各方在最终控制方的控制时间一般在1年以上（含1年），企业合并后形成的报告主体在最终控制方的控制时间也应达到1年以上（含1年）。

（4）企业之间的合并是否属于同一控制下的企业合并，应综合构成企业合并交易的各方面情况，按照实质重于形式的原则进行判断。通常情况下，同一控制下的企业合并是指发生在同一企业集团内部企业之间的合并。同受国家控制的企业之间发生的合并，不应仅仅因为参与合并各方在合并前后均受国家控制而将其作为同一控制下的企业合并。

形成同一控制一般有如图6-1和图6-2所示的两种方式。

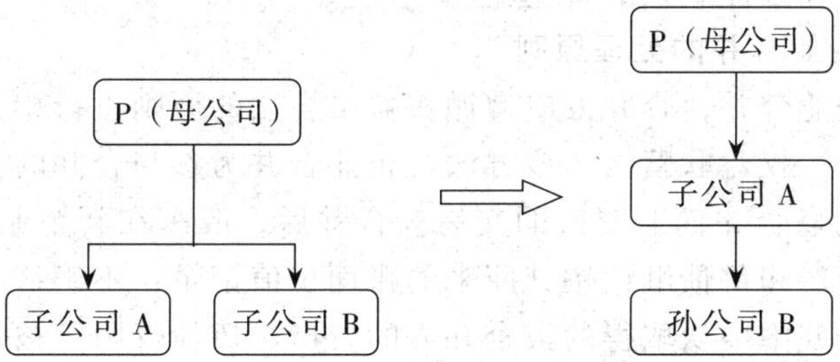

图6-1　同一控制下的企业合并（1）

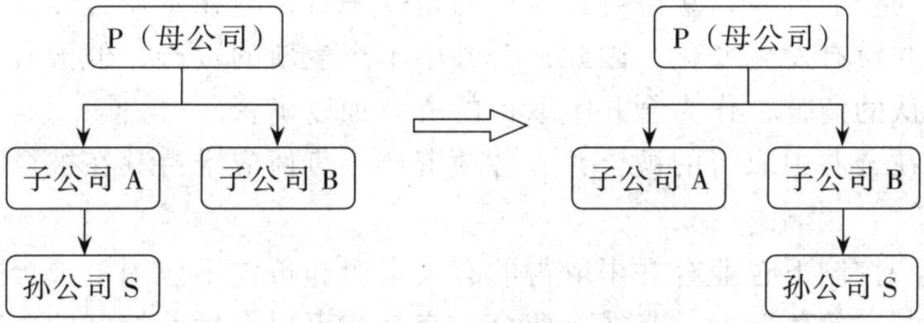

图6-2　同一控制下的企业合并（2）

2）非同一控制下的企业合并

非同一控制下的企业合并，是指参与合并各方在合并前后不受同一方或相同的多方最终控制的合并交易，即除同一控制下的企业合并以外的其他企业合并。

思政园地

2022年2月，普华永道发布《2021年中国企业并购市场回顾与前瞻》，报告显示，得益于“双循环”“产业升级”“数字经济与绿色发展”主题以及国内对消费经济的普遍关注，中国并购交易数量在2021年创下历史新高，达到12 790宗，较2020年增长了21%，未来这些热点也将继续促进并购交易。根据交易量和交易额，中国分别约占全球并购市场的20%和13%，在全球市场中扮演着越来越重要的角色。中国坚持高水平对外开放、致力于推动共同发展、共享发展机遇的理念，在国际上赢得越来越多的认同。

2021年，共发生了97宗超大型并购交易（单宗10亿美元以上），其中许多交易与境内关键经济主题相一致，如产业升级（23宗工业品交易，价值560亿美元）、双循环（17宗消费品交易，价值310亿美元）以及低碳环保（9宗电力能源交易，价值260亿美元）。由私募股权基金主导的超大型交易数量在2020年猛增的基础上，继续维持在40多宗的高位。疫情变化和地缘政治趋势导致的各种经济失调也将刺激国内并购交易的增长，为企业重组和战略变化提供契机并引领更多的并购交易。

6.2 同一控制下企业合并的处理

同一控制下的企业合并，是从合并方出发，确定合并方在合并日对于企业合并事项应进行的会计处理。合并方，是指取得对其他参与合并企业控制权的一方；合并日，是指合并方实际取得对被合并方控制权的日期。

6.2.1 同一控制下企业合并的处理原则

同一控制下的企业合并，合并方应遵循权益结合法的原则进行相关的处理。权益结合法，也称股权结合法、权益联营法。该方法视企业合并为参与合并的双方，通过股权交换形成的所有者权益的联合，而非资产的交易。合并后，股东在新企业中的股权相对不变。参与合并各企业的资产和负债继续按其原来的账面价值记录，不确认商誉。

（1）合并方在合并中确认取得的被合并方的资产、负债仅限于被合并方账面上原已确认的资产和负债，合并中不产生新的资产和负债。

同一控制下的企业合并，从最终控制方的角度来看，其在企业合并发生前后能够控制的净资产价值量并没有发生变化，因此，合并中不产生新的资产，但被合并方在企业合并前账面上原已确认的商誉，作为合并中取得的资产加以确认。

（2）合并方在合并中取得的被合并方各项资产、负债应维持其在被合并方的原账面价值不变。

合并方在同一控制下企业合并中取得的有关资产和负债不应因该项合并而改变其账面价值。从最终控制方的角度看，其在企业合并交易或事项发生前控制的资产、负债，在该交易或事项发生后仍在其控制之下，因此，该交易或事项原则上不应引起所涉及资产、负债的计价基础发生变化。

在确定合并中取得各项资产、负债的入账价值时，应予注意的是，被合并方在企业合并前采用的会计政策与合并方不一致的，应基于重要性原则，首先统一会计政策，即合并方应当按照本企业会计政策对被合并方资产、负债的账面价值进行调整，并以调整后的账面价值作为有关资产、负债的入账价值。

（3）合并方在合并中取得的净资产的入账价值与为进行企业合并支付的对价的账面价值之间的差额，不作为资产的处置损益，不影响合并当期利润表，差额应调整所有者权益项目。即首先调整资本公积（资本溢价或股本溢价），资本公积（资本溢价或股本溢价）的余额不足冲减的，应冲减留存收益。

6.2.2　同一控制下企业合并的会计处理

同一控制下的企业合并，根据合并方式不同，应当分别按照以下规定进行会计处理。

1）同一控制下的控股合并

同一控制下的企业合并中，合并方在合并后取得被合并方生产经营决策的控制权，并且被合并方在企业合并后仍然继续经营的，合并方在合并日涉及两个方面的问题：一是对于因该企业合并形成的对被合并方的长期股权投资的确认和计量问题，具体参见本教材第7章“长期股权投资”的规定；二是合并日合并财务报表的编制问题，具体参见本教材第9章“合并财务报表（中）——一般业务”的规定。

特殊的是，对于同一控制下的控股合并，合并方在编制合并财务报表时，应视同合并后形成的报告主体自最终控制方开始实施控制时一直是一体化存续下来的，参与合并各方在合并日以前期间实现的留存收益应体现为合并财务报表中的留存收益。在合并财务报表中，应以合并方的资本公积（或经调整后的资本公积）中资本溢价或股本溢价部分为限，在所有者权益内部进行调整，将被合并方在合并日以前实现的留存收益中按照持股比例计算归属于合并方的部分，自资本公积转入留存收益。具体分为以下两种情况：

（1）确认形成控股合并的长期股权投资后，合并方账面资本公积（资本溢价或股本溢价）贷方余额大于或等于被合并方在合并前实现的留存收益中归属于合并方的部分，在合并资产负债表中，应将被合并方在合并前实现的留存收益中归属于合并方的部分自“资本公积”转入“盈余公积”和“未分配利润”。在合并工作底稿中，借记“资本公积”项目，贷记“盈余公积”和“未分配利润”项目。

（2）确认形成控股合并的长期股权投资后，合并方账面资本公积（资本溢价或股本溢价）贷方余额小于被合并方在合并前实现的留存收益中归属于合并方的部分，在合并资产负债表中，应以合并方资本公积（资本溢价或股本溢价）的贷方余额为限，将被合并方在企业合并前实现的留存收益中归属于合并方的部分自“资本公积”转入“盈余公积”和“未分配利润”。在合并工作底稿中，借记“资本公积”项目，贷记“盈余公积”和“未分配利润”项目。

因合并方的资本公积（资本溢价或股本溢价）余额不足，被合并方在合并前实现的留存收益在合并资产负债表中未予全部恢复的，合并方应当在财务报表附注中进行说明。

【例6-1】A、B公司分别为P公司控制下的两家子公司。A公司于20×7年3月10日自

P公司处取得B公司100%的股权，合并后B公司仍保持独立法人资格继续经营。为进行该项企业合并，A公司发行了1 500万股普通股（每股面值1元）作为对价。A、B公司采用的会计政策相同。合并日A、B公司所有者权益的构成见表6-1。

表6-1　**所有者权益项目表**　单位：万元

项目	A公司	B公司
股本	9 000	1 500
资本公积	2 500	500
盈余公积	2 000	1 000
未分配利润	5 000	2 000
合计	18 500	5 000

A公司在合并日进行的会计处理为：

①确认长期股权投资的成本。

借：长期股权投资　50 000 000

　贷：股本　15 000 000

　　资本公积——股本溢价　35 000 000

②编制合并日的抵销分录。

借：股本　15 000 000

　资本公积　5 000 000

　盈余公积　10 000 000

　未分配利润　20 000 000

　贷：长期股权投资　50 000 000

③恢复B公司留存收益。

由于编制上述第②笔抵销分录，将B公司留存收益全部抵销，对于同一控制合并应在合并财务报表中视同该部分留存收益一体化存续下来，所以应予以恢复。A公司在确认对B公司长期股权投资后，资本公积账面余额为6 000万元（2 500+3 500），假定都为股本溢价。A公司编制的分录为：

借：资本公积（A公司）　30 000 000

　贷：盈余公积　10 000 000

　　未分配利润　20 000 000

如果A公司资本公积中股本溢价只有2 400万元，则应按照盈余公积和未分配利润的现有比例进行恢复。A公司编制的分录为：

借：资本公积（A公司）　24 000 000

　贷：盈余公积　8 000 000

　　未分配利润　16 000 000

同时在合并财务报表附注中对未予以恢复的留存收益600万元进行披露。

需要注意的是，合并方在编制合并日的合并利润表时，应包含合并方及被合并方自合并当期期初至合并日实现的净利润，双方在当期所发生的交易，应当按照合并财务报表的有关原则进行抵销。例如，同一控制下的企业合并发生于20×7年3月31日，合并方当日编制合并利润表时，应包括合并方及被合并方自20×7年1月1日至20×7年3月31日实现的净利润。这也是同一控制合并一体化存续的体现。

为了帮助企业的会计信息使用者了解合并利润表中净利润的构成，发生同一控制下企业合并的当期，合并方在合并利润表中的“净利润”项下应单列“其中：被合并方在合并前实现的净利润”项目，反映因遵循同一控制下企业合并的编表原则，导致由于该项企业合并被合并方在合并当期带入的损益情况。

2）同一控制下的吸收合并

同一控制下的吸收合并中，合并方主要涉及合并日取得被合并方资产、负债入账价值的确定，以及合并中取得有关净资产与支付的合并对价账面价值之间差额的处理。

（1）合并中取得资产、负债入账价值的确定。合并方对同一控制下吸收合并中取得的资产、负债应当按照相关资产、负债在被合并方的原账面价值入账。其中，对于合并方与被合并方在企业合并前采用会计政策不同的，在将被合并方的相关资产和负债并入合并方的账簿和报表进行核算之前，首先应基于重要性原则，统一被合并方的会计政策，即应当按合并方的会计政策对被合并方的有关资产、负债的账面价值进行调整，按调整后的账面价值进行确认。

（2）合并差额的处理。合并方在确认了合并中取得的被合并方的资产和负债的入账价值后，以发行权益性证券方式进行的合并，所确认的净资产入账价值与发行股份面值总额的差额，应计入资本公积（股本溢价），资本公积（股本溢价）的余额不足冲减的，应依次冲减盈余公积和未分配利润；以支付现金、非现金资产方式进行的合并，所确认的净资产入账价值与支付的现金、非现金资产账面价值的差额，相应调整资本公积（资本溢价或股本溢价），资本公积（资本溢价或股本溢价）的余额不足冲减的，应依次冲减盈余公积和未分配利润。

【例6-2】P公司和S公司为同一集团内两家全资子公司，合并前其共同的母公司为A公司。20×7年6月30日，P公司向A公司定向增发1 000万股普通股（每股面值为1元）对S公司进行吸收合并，并于当日取得S公司全部净资产。P公司与S公司在合并前采用的会计政策相同，不考虑相关税费及其他因素。当日P公司、S公司资产、负债情况见表6-2。

表6-2 **资产负债表（简表）**

20×7年6月30日

单位：万元

项目	P公司	S公司	
	账面价值	账面价值	公允价值
货币资金	4 312.50	450	450
存货	6 200	255	450
应收账款	3 000	2 000	2 000
长期股权投资	5 000	2 150	3 800

续表

项目	P公司	S公司	
	账面价值	账面价值	公允价值
固定资产	7 000	3 000	5 500
无形资产	4 500	500	1 500
商誉	0	0	0
资产总计	30 012.50	8 355	13 700
短期借款	2 500	2 250	2 250
应付账款	3 750	300	300
长期借款	375	300	300
负债合计	6 625	2 850	2 850
股本	7 500	2 500	
资本公积	5 000	1 500	
盈余公积	5 000	500	
未分配利润	5 887.50	1 005	
所有者权益合计	23 387.50	5 505	10 850
负债及所有者权益总计	30 012.50	8 355	13 700

该项合并中参与合并的企业在合并前及合并后均为A公司最终控制，为同一控制下的企业合并。

因合并后S公司失去法人资格，P公司应按账面价值确认合并中取得的S公司的各项资产和负债，P公司对该项合并应进行的账务处理为：

借：库存现金/银行存款　　4 500 000
　　库存商品　　2 550 000
　　应收账款　　20 000 000
　　长期股权投资　　21 500 000
　　固定资产　　30 000 000
　　无形资产　　5 000 000
　贷：短期借款　　22 500 000
　　　应付账款　　3 000 000
　　　长期借款　　3 000 000
　　　股本　　10 000 000
　　　资本公积——股本溢价　　45 050 000

3）合并方为进行企业合并发生的有关费用的处理

合并方为进行企业合并发生的有关费用，指合并方为进行企业合并发生的各项直接相关费用，如为进行企业合并支付的审计费用、进行资产评估的费用以及有关的法律咨询费用等增量费用。

同一控制下企业合并进行过程中发生的各项直接相关的费用，应在发生时予以费用化计入当期损益，借记“管理费用”等科目，贷记“银行存款”等科目。但以下两种情况除外：

（1）以发行债券方式进行的企业合并，与发行债券相关的佣金、手续费等应按照《企业会计准则第22号——金融工具确认和计量》的规定进行核算，即该部分费用虽然与筹集用于企业合并的对价直接相关，但其核算应遵照金融工具确认和计量准则的原则，有关的费用应计入负债的初始计量金额中。其中，债券如为折价发行，该部分费用应增加折价的金额；如为溢价发行，该部分费用应减少溢价的金额。

（2）发行权益性证券作为合并对价的，与所发行权益性证券相关的佣金、手续费等应按照《企业会计准则第37号——金融工具列报》的规定进行核算，即与发行权益性证券相关的费用，应自发行权益性证券的发行收入中扣减，在权益性证券发行有溢价的情况下，自溢价收入中扣除；在权益性证券发行无溢价或溢价金额不足以扣减的情况下，应当冲减盈余公积和未分配利润。

如果企业专设的购并部门并不是与某项企业合并直接相关，而是企业的一个常设部门，其设置的目的就是寻找相关的购并机会等，则维持该部门日常运转的有关费用不属于与企业合并直接相关的费用，应当在发生时予以费用化计入当期损益。

6.3 非同一控制下企业合并的处理

非同一控制下的企业合并，主要涉及购买方及购买日的确定，企业合并成本的确定，合并中取得各项可辨认资产、负债的确认和计量，合并差额的处理等。

6.3.1 非同一控制下企业合并的处理原则

非同一控制下的企业合并，购买方应按照购买法进行相关的处理。购买法，也称购受法，是把购买企业获取被合并企业净资产的行为视为资产交易行为，即将企业合并视为购买企业以一定的价款购进被合并企业的机器设备、存货等资产项目，同时承担该企业所有负债的行为，从而按合并时的公允价值计量被合并企业的净资产，将投资成本（购买价格）超过净资产公允价值的差额确认为商誉的会计方法。

1）确定购买方

采用购买法核算企业合并的前提是确定购买方。购买方是指在企业合并中取得对另一方或多方控制权的一方。合并中一方取得了另一方半数以上有表决权股份的，除非有明确的证据表明不能形成控制，一般认为取得控制权的一方为购买方。至于如何形成控制，具体可参阅本教材第8章“合并财务报表（上）——基本理论”中8.2节的内容。

2）确定购买日

购买日是购买方获得对被购买方控制权的日期，即企业合并交易进行过程中发生控制权转移的日期。同时满足以下条件时，一般可认为实现了控制权的转移，形成购买日。有关的条件包括：

（1）企业合并合同或协议已获股东大会等内部权力机构通过，如对于股份有限公司，其内部权力机构一般指股东大会。

（2）按照规定，合并事项需要经过国家有关主管部门审批的，已获得相关部门的批准。

（3）参与合并各方已办理了必要的财产交接手续。作为购买方，其通过企业合并无论是取得被购买方的股权还是被购买方的全部净资产，能够形成与取得股权或净资产相关的风险和报酬的转移，一般需办理相关的财产交接手续，从而从法律上保障有关风险和报酬的转移。

（4）购买方已支付了购买价款的大部分（一般应超过50%），并且有能力支付剩余款项。

（5）购买方实际上已经控制了被购买方的财务和经营政策，并享有相应的收益和风险。

特别提示

区分交易日和购买日

交易日是指合并方或购买方在自身的账簿和报表中确认对被投资单位投资的日期。如果企业合并通过一次交易实现，则交易日就是购买日。当企业合并涉及一次以上交易的，如通过多次交易分步实现的企业合并，能够实施控制的交易日是购买日。

例如，甲企业于20×8年10月20日取得乙公司30%的股权，能够对被投资单位施加重大影响，该日为交易日；20×9年3月10日，又取得了乙公司30%的股权，持股比例达到60%，从而能够对乙公司实施控制，则第二次购买股权的交易日是企业合并的购买日。

3）确定企业合并成本

企业合并成本包括购买方为进行企业合并支付的现金或非现金资产、发行或承担的债券、权益性证券等在购买日的公允价值。

某些情况下，当企业合并合同或协议中规定，视未来或有事项的发生，购买方通过发行额外证券、支付额外现金或其他资产等方式追加合并对价，或者要求返还之前已经支付的对价时，购买方应当将合并协议约定的或有对价作为企业合并转移对价的一部分，按照其在购买日的公允价值计入合并成本。

非同一控制下的企业合并中发生的与企业合并直接相关的费用，包括为进行合并而发生的会计费用、审计费用、法律服务费用、咨询费用等，与同一控制下企业合并进行过程中发生的有关费用处理原则一致，这里的各项直接相关费用不包括为进行企业合并发行的债务或权益性证券相关的手续费、佣金等，该部分费用应比照6.2节关于同一控制下企业合并中类似费用的原则处理。

4）企业合并成本在取得的可辨认资产和负债之间的分配

非同一控制下的企业合并中，通过企业合并交易，购买方无论是取得对被购买方生产经营决策的控制权，还是取得被购买方的全部净资产，从本质上看，取得的均是对被购买方净资产的控制权。根据合并方式的不同，在控股合并的情况下，购买方在其个别财务报表中应确认所形成的对被购买方的长期股权投资，该长期股权投资代表的是购买方对合并中取得的被购买方各项资产、负债享有的份额；在吸收合并的情况下，合并中取得的被购买方各项可辨认资产、负债等直接体现为购买方账簿及个别财务报表中的资产、负债项目。

（1）购买方在企业合并中取得的被购买方各项可辨认资产和负债，作为本企业的资产、负债（或合并财务报表中的资产、负债）进行确认，在购买日，应当满足资产、负债的确认条件。有关确认条件包括：

① 合并中取得的被购买方的各项资产（无形资产除外），其所带来的未来经济利益预期能够流入企业且公允价值能够可靠计量的，应单独作为资产确认。

② 合并中取得的被购买方的各项负债（或有负债除外），履行有关的义务预期会导致经济利益流出企业且公允价值能够可靠计量的，应单独作为负债确认。

（2）企业合并中取得的无形资产的确认。

非同一控制下的企业合并中，购买方在对企业合并中取得的被购买方资产进行初始确认时，应当对被购买方拥有的但在其财务报表中未确认的无形资产进行充分辨认和合理判断，满足以下条件之一的，应确认为无形资产：

① 源于合同性权利或其他法定权利；

② 能够从被购买方中分离或者划分出来，并能单独或与相关合同、资产和负债一起，用于出售、转移、授予许可、租赁或交换。

企业合并中取得的需要区别于商誉单独确认的无形资产，一般是按照合同或法律产生的权利，某些并非产生于合同或法律规定的无形资产，需要区别于商誉单独确认的条件是能够对其进行区分，即能够区别于被购买企业的其他资产并且能够单独出售、转让、出租等。

应区别于商誉单独确认的无形资产一般包括：商标、版权及与其相关的许可协议、特许权、分销权等类似权利、专利技术、专有技术等。

（3）对于购买方在企业合并时可能需要代被购买方承担的或有负债，在其公允价值能够可靠计量的情况下，应作为合并中取得的负债单独确认。

企业合并中对于或有负债的确认条件，与企业在正常经营过程中因或有事项需要确认负债的条件不同，在购买日，相关的或有事项导致经济利益流出企业的可能性还比较小，但其公允价值能够合理确定的情况下，即需要作为合并中取得的负债确认。

（4）企业合并中取得的资产、负债在满足确认条件后，应以其公允价值计量。

对于被购买方在企业合并之前已经确认的商誉和递延所得税项目，购买方在对企业合并成本进行分配、确认合并中取得的可辨认资产和负债时不应予以考虑。

在按照规定确定了合并中应予确认的各项可辨认资产、负债的公允价值后，其计税基础与账面价值不同形成暂时性差异的，应当按照本教材第3章“所得税”相关规定确认相应的递延所得税资产或递延所得税负债。

5）企业合并成本与合并中取得的被购买方可辨认净资产公允价值份额差额的处理

购买方对于企业合并成本与确认的可辨认净资产公允价值份额的差额，应视情况分别处理：

（1）企业合并成本大于合并中取得的被购买方可辨认净资产公允价值份额的差额应确认为商誉。

视企业合并方式的不同，在控股合并的情况下，该差额是指在合并财务报表中应予列示的商誉，即长期股权投资的成本与购买日按照持股比例计算确定应享有被购买方可辨认净资产公允价值份额之间的差额；在吸收合并的情况下，该差额是购买方在其账簿及个别财务报表中应确认的商誉。

商誉确认以后，在持有期间不要求摊销，应当按照《企业会计准则第8号——资产减值》的规定对其价值进行测试，按照账面价值与可收回金额孰低的原则计量，对于可收回金额低于账面价值的部分计提减值准备，有关减值准备在提取以后不能转回。

（2）企业合并成本小于合并中取得的被购买方可辨认净资产公允价值份额的部分，应计入合并当期损益。

在控股合并的情况下，购买方首先要对合并中取得的资产、负债的公允价值、作为合并对价的非现金资产或发行的权益性证券等的公允价值进行复核，如果复核结果表明所确定的各项资产和负债的公允价值是恰当的，应将企业合并成本低于取得的被购买方可辨认净资产公允价值份额之间的差额，计入购买方编制的合并利润表中的营业外收入项目，不影响购买方的个别利润表。

在吸收合并的情况下，上述企业合并成本小于合并中取得的被购买方可辨认净资产公允价值份额的差额，应计入购买方合并当期的个别利润表。

6）企业合并成本或有关可辨认资产、负债公允价值暂时确定的情况

对于非同一控制下的企业合并，如果在购买日或合并当期期末，因各种因素影响无法合理确定企业合并成本或合并中取得的有关可辨认资产、负债公允价值的，在合并当期期末，购买方应以暂时确定的价值为基础对企业合并交易或事项进行核算。以后取得进一步的信息表明有关资产、负债的公允价值与暂时确定的价值不同的，应分别以下情况进行处理：

（1）购买日后12个月内的价值量调整。

在合并当期期末以暂时确定的价值对企业合并进行处理的情况下，自购买日算起12个月内取得进一步的信息表明需对原暂时确定的企业合并成本或所取得的资产、负债的暂时性价值进行调整的，应视同在购买日发生，即应进行追溯调整，同时对以暂时性价值为基础提供的比较报表信息也应进行相关的调整。

（2）超过规定期限后的价值量调整。

自购买日算起12个月以后对企业合并成本或合并中取得的可辨认资产、负债价值的调整，应当按照《企业会计准则第28号——会计政策、会计估计变更和前期差错更正》的规定进行处理，即应视为前期差错更正，在调整相关资产、负债账面价值的同时，应调整所确认的商誉或是计入合并当期利润表中的金额以及相关资产的折旧、摊销等。

7）购买日合并财务报表的编制

非同一控制下的企业合并中形成母子公司关系的，购买方一般应于购买日编制合并资产负债表，反映其于购买日开始能够控制的经济资源情况。在合并资产负债表中，合并中取得的被购买方各项可辨认资产、负债应以其在购买日的公允价值计量，长期股权投资的成本大于合并中取得的被购买方可辨认净资产公允价值份额的差额，体现为合并财务报表中的商誉；长期股权投资的成本小于合并中取得的被购买方可辨认净资产公允价值份额的差额，应计入合并当期损益。因购买日不需要编制合并利润表，该差额体现在合并资产负债表上，应调整合并资产负债表的盈余公积和未分配利润。

6.3.2　会计处理

1）非同一控制下的控股合并

该合并方式下，购买方所涉及的会计处理主要是两个方面：一是购买日因进行企业合并形成的对被购买方的长期股权投资初始投资成本的确定，该成本与作为合并对价支付的有关资产账面价值之间差额的处理，具体参见本教材第7章“长期股权投资”的处理规定；二是购买日合并财务报表的编制，具体参见本教材第9章“合并财务报表（中）——一般业务”的处理规定。

【例6-3】沿用【例6-2】的资料，P公司在该项合并中发行1 000万股普通股，每股面值1元，市场价格为8.75元/股，取得了S公司70%的股权，合并前P公司和S公司不存在关联方关系，不考虑所得税的影响。

（1）确认长期股权投资。

借：长期股权投资	87 500 000	
贷：股本		10 000 000
资本公积——股本溢价		77 500 000

（2）计算确定商誉。

假定S公司除已确认资产外，不存在其他需要确认的资产、负债，则：

P公司计算合并中应确认的合并商誉=企业合并成本-合并中取得被购买方可辨认净资产公允价值份额

=8 750-10 850×70%=1 155（万元）

（3）编制调整及抵销分录。

借：存货	1 950 000	
长期股权投资	16 500 000	
固定资产	25 000 000	
无形资产	10 000 000	
贷：资本公积		53 450 000

借：股本	25 000 000
资本公积	68 450 000（15 000 000+53 450 000）
盈余公积	5 000 000
未分配利润	10 050 000
商誉	11 550 000

贷：长期股权投资　　　　　　　　　　　　　87 500 000

　　少数股东权益　　　　　　　　　　　　　32 550 000（108 500 000×30%）

（4）编制合并工作底稿见表6-3。

表6-3　　　　　　　　合并工作底稿（简表）

20×7年6月30日　　　　　　　　单位：万元

项目	P公司	S公司	合计金额	调整、抵销分录		少数股东权益	合并金额
				借方	贷方		
货币资金	4 312.5	450	4 762.5				4 762.5
存货	6 200	255	6 455	195			6 650
应收账款	3 000	2 000	5 000				5 000
长期股权投资	13 750	2 150	15 900	1 650	8 750		8 800
固定资产	7 000	3 000	10 000	2 500			12 500
无形资产	4 500	500	5 000	1 000			6 000
商誉	0	0	0	1 155			1 155
资产总计	38 762.5	8 355	47 117.5	6 500	8 750		44 867.5
短期借款	2 500	2 250	4 750				4 750
应付账款	3 750	300	4 050				4 050
长期借款	375	300	675				675
负债合计	6 625	2 850	9 475	0	0		9 475
股本	8 500	2 500	11 000	2 500			8 500
资本公积	12 750	1 500	14 250	6 845	5 345		12 750
盈余公积	5 000	500	5 500	500			5 000
未分配利润	5 887.5	1 005	6 892.5	1 005			5 887.5
少数股东权益						3 255	3 255
所有者权益合计	32 137.5	5 505	37 642.5	10 850	5 345	3 255	35 392.5
负债及所有者权益总计	38 762.5	8 355	47 117.5	10 850	5 345	3 255	44 867.5

2）非同一控制下的吸收合并

非同一控制下的吸收合并，购买方在购买日应当将合并中取得的符合确认条件的各项资产和负债，按其公允价值确认为本企业的资产和负债；作为合并对价的有关非货币性资产在购买日的公允价值与其账面价值的差额，应作为资产的处置损益计入合并当期的利润表；确定的企业合并成本与所取得的被购买方可辨认净资产公允价值的差额，视情况分别确认为商誉或是作为企业合并当期的损益计入利润表。

具体处理原则与非同一控制下的控股合并类似，不同点在于非同一控制下的吸收合并中，合并中取得的可辨认资产和负债是作为个别财务报表中的项目列示的，合并中产生的商誉也是作为购买方账簿及个别财务报表中的资产列示的。

【例6-4】沿用【例6-2】的资料，P公司与S公司不是同一集团内的两家子公司，则此时的吸收合并为非同一控制下的吸收合并。假设P公司定向增发股份时股票的公允价值为11元/股。进行的会计处理如下：

借：库存现金/银行存款	4 500 000		
库存商品	4 500 000		
应收账款	20 000 000		
长期股权投资	38 000 000		
固定资产	55 000 000		
无形资产	15 000 000		
商誉	1 500 000		（11×10 000 000-108 500 000）
贷：短期借款		22 500 000	
应付账款		3 000 000	
长期借款		3 000 000	
股本		10 000 000	
资本公积——股本溢价		100 000 000	

由此可见，非同一控制下的合并吸收的资产和负债按照购买日的公允价值进行确认，商誉的金额为支付对价的公允价值11 000万元与S公司可辨认净资产公允价值10 850万元的差额。

6.4 反向购买

6.4.1 反向购买的含义

以发行权益性证券作为合并对价实施的非同一控制下的企业合并中，通常发行权益性证券的一方为购买方。但如果一项企业合并中发行权益性证券的一方因其生产经营决策在合并后被参与合并的另一方所控制，发行权益性证券的一方（法律上的购买方）在会计上被认定为被购买方时，该类企业合并就称为反向购买。

例如，A公司为一家规模较小的上市公司，B公司为一家规模较大的公司。B公司拟通过收购A公司的方式达到上市目的，但该交易是通过A公司向B公司原股东发行普通股用以交换B公司原股东持有的股权的方式来实现的。该项交易后，B公司原控股股东持有A公司50%以上股权，A公司持有B公司50%以上股权，A公司为法律上的母公司，B公司为法律上的子公司，但从会计的角度来看，A公司为被购买方，B公司为购买方。

6.4.2 反向购买的处理

反向购买中，法律上的子公司（会计上的购买方）的企业合并成本是指其如果以发行权益性证券的方式为获取在合并后报告主体的股权比例，应向法律上母公司（会计上的被购买方）的股东发行的权益性证券数量与其公允价值计算的结果。

购买方的权益性证券在购买日存在公开报价的，通常应以公开报价作为公允价值；购买方的权益性证券在购买日不存在可靠公开报价的，应参照购买方的公允价值和被购买方的公允价值两者之中有更为明显证据支持的一个价值作为基础，确定购买方假定应发行权益性证券的公允价值。

法律上母公司在该项合并中形成的对法律上子公司长期股权投资成本的确定，应当遵从本教材第7章“长期股权投资”的相关规定。

6.4.3 反向购买时合并财务报表的编制

反向购买后，法律上的母公司应当遵从以下原则编制合并财务报表：

（1）合并财务报表中，法律上子公司的资产、负债应以其在合并前的账面价值进行确认和计量。

（2）合并财务报表中的留存收益和其他权益余额应当反映的是法律上子公司在合并前的留存收益和其他权益余额。

（3）合并财务报表中的权益性工具的金额应当反映法律上子公司发行在外的股份面值以及假定在确定该项企业合并成本过程中新发行的权益性工具的金额。但是，在合并财务报表中的权益结构应当反映法律上母公司的权益结构，即法律上母公司发行在外权益性证券的数量和种类。

（4）法律上母公司的有关可辨认资产、负债在并入合并财务报表时，应以其在该日确定的公允价值进行合并，企业合并成本大于合并中取得的法律上母公司可辨认净资产公允价值的份额体现为商誉，小于合并中取得的法律上母公司可辨认净资产公允价值的份额确认为合并当期损益。

（5）合并财务报表的比较信息应当是法律上子公司的比较信息。

（6）法律上子公司的有关股东在合并过程中未将其持有的股份转换为法律上母公司股份的，该部分股东享有的权益份额在合并财务报表中应作为少数股东权益列示。因法律上子公司的部分股东未将其持有的股份转换为法律上母公司的股权，其享有的权益份额仍仅限于法律上子公司的部分，该部分少数股东权益反映的是少数股东按持股比例计算享有法律上子公司合并前净资产账面价值的份额。另外，对于法律上母公司的所有股东，虽然该项合并中其被认为是被购买方，但其享有合并形成报告主体的净资产及损益，不应作为少数股东权益列示。

【例6-5】20×4年9月30日，A公司向B公司股东定向增发本企业普通股，取得B公司100%控制权。A公司和B公司在合并前的简化资产负债表见表6-4。9月30日，B公司股票的公允价值是40元/股，A公司股票的公允价值是16元/股。A公司一项固定资产的公允价值高于账面价值200万元，除此之外的可辨认资产和负债的公允价值等于账面价值。A

公司与B公司合并前不存在关联方关系。

表6-4 **资产负债表（简表）**

20×4年9月30日 单位：万元

项目	A公司	B公司
流动资产	500	700
非流动资产	1 300	3 000
资产总计	1 800	3 700
流动负债	300	600
非流动负债	400	1 100
负债合计	700	1 700
股本	100	60
资本公积	200	540
留存收益	800	1 400
股东权益合计	1 100	2 000
负债及股东权益总计	1 800	3 700

（1）确定长期股权投资成本：

A公司通过定向增发取得B公司100%股权，需要发行150万股（40×60÷16）。按发行股份的公允价值2 400万元（16×150）作为取得长期股权投资的成本，会计处理为：

借：长期股权投资——B 24 000 000

贷：股本 1 500 000

资本公积 22 500 000

定向增发后，A公司的股份数为250万股，B公司的股东由于持有150万股，持股比例为60%，成为实质上的控制方，形成典型的反向购买。法律上的被购买方B公司成为会计上的购买方。由于合并成本是购买方为进行企业合并支付对价的公允价值，尽管B公司没有发行股份，但此处应按假定B公司发行权益性证券取得合并后报告主体的60%股权向A公司股东发行股份的公允价值作为合并对价。

本例中B公司目前的股份数量是60万股，需要占A公司60%的股权比例，因此需要增发的股份数为40万股（60÷0.6-60）。

该股份的公允价值总额为1 600万元（40×40），因此在合并工作底稿（见表6-5）中，需要编制下列分录：

借：长期股权投资——A 16 000 000

贷：股本 400 000

资本公积 15 600 000

（2）法律上的母公司（B公司）在编制合并财务报表时，需要进行下列调整处理：

①调整A公司固定资产的账面价值。

借：固定资产　　2 000 000

　贷：资本公积　　2 000 000

②将B公司的长期股权投资与A公司的所有者权益项目进行抵销。

借：股本　　2 500 000（1 000 000+1 500 000）

　　资本公积　　26 500 000（2 000 000+22 500 000+2 000 000）

　　留存收益　　8 000 000

　　商誉　　3 000 000（16 000 000−11 000 000−2 000 000）

　贷：长期股权投资　　40 000 000（24 000 000+16 000 000）

表6-5　　**合并工作底稿（简表）**　　单位：万元

项目	A公司	B公司	合计金额	调整、抵销分录		少数股东权益	合并金额
				借方	贷方		
流动资产	500	700	1 200				1 200
长期股权投资	2 400	0	2 400	1 600	4 000		0
非流动资产	1 300	3 000	4 300	200			4 500
商誉	0	0	0	300			300
资产总计	4 200	3 700	7 900	2 100	4 000		6 000
流动负债	300	600	900				900
非流动负债	400	1 100	1 500				1 500
负债合计	700	1 700	2 400				2 400
股本	250	60	310	250	40		100
资本公积	2 450	540	2 990	2 650	1 560 200		2 100
留存收益	800	1 400	2 200	800			1 400
少数股东权益						0	0
所有者权益合计	3 500	2 000	5 500	3 700	1 800	0	3 600
负债及所有者权益总计	4 200	3 700	7 900	3 700	1 800	0	6 000

【例6-6】承【例6-5】，B公司股东有80%同意持有A公司的股份，则A公司需要增发的股份为120万股（40×60×0.8÷16）。

（1）在个别报表中，A公司的会计处理为：

借：长期股权投资——B　　19 200 000
　贷：股本　　1 200 000
　　资本公积　　18 000 000

B公司需要增发的股份与同意转换为A公司股票的股东比例无关，虚拟增发的股份依然是40万股，合并成本依然是1 600万元。

（2）在合并工作底稿（见表6-6）中的处理为：

①确认虚拟发行股份。

借：长期股权投资——A　　16 000 000
　贷：股本　　400 000
　　资本公积　　15 600 000

②调整A公司固定资产的账面价值。

借：固定资产　　2 000 000
　贷：资本公积　　2 000 000

③将B公司的长期股权投资与A公司的所有者权益项目进行抵销。

借：股本　　2 320 000（2 200 000+600 000×0.2）
　资本公积　　23 080 000（20 000 000+2 000 000+5 400 000×0.2）
　留存收益　　10 800 000（8 000 000+14 000 000×0.2）
　商誉　　3 000 000（16 000 000-11 000 000-2 000 000）
　贷：长期股权投资　　35 200 000（19 200 000+16 000 000）
　　少数股东权益　　4 000 000（20 000 000×20%）

表6-6　**合并工作底稿（简表）**　单位：万元

项目	A公司	B公司	合计金额	调整、抵销分录		少数股东权益	合并金额
				借方	贷方		
流动资产	500	700	1 200				1 200
长期股权投资	1 920	0	1 920	1 600	3 520		0
非流动资产	1 300	3 000	4 300	200			4 500
商誉	0	0	0	300			300
资产总计	3 720	3 700	7 420	2 100	3 520		6 000
流动负债	300	600	900				900
非流动负债	400	1 100	1 500				1 500
负债合计	700	1 700	2 400				2 400
股本	220	60	280	232	40		88
资本公积	2 000	540	2 540	2 308	1 560 200		1 992

续表

项目	A公司	B公司	合计金额	调整、抵销分录		少数股东权益	合并金额
				借方	贷方		
留存收益	800	1 400	2 200	1 080			1 120
少数股东权益						400	400
所有者权益合计	3 020	2 000	5 020	3 620	1 800	400	3 600
负债及所有者权益总计	3 720	3 700	7 420	3 620	1 800	400	6 000

需要注意的是，反向购买的合并商誉是按“假定的转移对价”确定的合并成本减去会计上子公司的净资产公允价值的全部，而不是按持股比例计算确定。少数股东权益则是按会计上母公司的股东权益账面价值计算，而不是按公允价值中少数股东享有的份额计算。

6.5 多次交易分步实现控制

如果企业合并不是通过一次交易实现，而是通过多次交易分步实现的，则企业在每一单项交易发生时，应确认对被投资单位的投资。个别报表中对多次交易分步实现合并的会计处理，应按照本教材第7章“长期股权投资”7.3节的规定进行处理。在合并财务报表中，应当区别同一控制和非同一控制分别进行处理。

6.5.1 同一控制下企业合并

在合并财务报表中，合并日原所持股权采用权益法核算、按被投资单位实现净利润和原持股比例计算确认的损益、其他综合收益以及其他所有者权益变动的部分，在合并财务报表中予以冲回，即冲回原权益法下确认的损益和其他综合收益，转入资本公积（资本溢价或股本溢价）。

【例6-7】甲公司于20×5年1月1日以3 400万元取得A公司30%的有表决权股份，对A公司施加重大影响，当日A公司的可辨认净资产的公允价值是11 000万元（与账面价值相等）。

A公司20×5年实现净利润1 000万元，未发放现金股利，因其他权益工具投资公允价值变动增加其他综合收益200万元。

20×6年1月1日，甲公司从集团内部以5 000万元进一步取得A公司40%的有表决权股份，能够对A公司实施控制。合并日A公司所有者权益的账面价值为12 200万元（与最终控制方持续计算的账面价值相等），其中：股本5 000万元，资本公积5 200万元，其他综合收益200万元，盈余公积480万元，未分配利润1 320万元。

假定：甲公司20×6年1月1日“资本公积——股本溢价”金额为2 000万元，不考虑所得税和内部交易的影响。

（1）个别财务报表中的会计处理

①20×5年1月1日：

借：长期股权投资——投资成本　　　　34 000 000

贷：银行存款 34 000 000

②20×5年12月31日：

借：长期股权投资——损益调整 3 000 000（10 000 000×30%）

贷：投资收益 3 000 000

借：长期股权投资——其他综合收益 600 000（2 000 000×30%）

贷：其他综合收益 600 000

③20×6年1月1日：

合并日长期股权投资的初始投资成本=12 200×（30%+40%）=8 540（万元）

新增长期股权投资成本=8 540-（3 400+300+60）=4 780（万元）

借：长期股权投资 47 800 000

资本公积——股本溢价 2 200 000

贷：银行存款 50 000 000

（2）合并财务报表中的会计处理

①调整权益法核算：

借：投资收益 3 000 000

贷：资本公积——股本溢价 3 000 000

借：其他综合收益 600 000

贷：资本公积——股本溢价 600 000

②编制合并日抵销分录：

借：股本 50 000 000

资本公积 52 000 000

其他综合收益 2 000 000

盈余公积 4 800 000

未分配利润 13 200 000

贷：长期股权投资 85 400 000

少数股东权益 36 600 000（122 000 000×30%）

③将合并日抵销的留存收益予以恢复：

借：资本公积——股本溢价 12 600 000

贷：盈余公积 3 360 000（4 800 000×70%）

未分配利润 9 240 000（13 200 000×70%）

6.5.2 非同一控制下企业合并

在合并财务报表中，购买方对于购买日之前持有的被购买方的股权，应当按照该股权在购买日的公允价值进行重新计量，并按照以下原则处理：

（1）购买方对于购买日之前持有的被购买方的股权，按照该股权在购买日的公允价值进行重新计量，公允价值与账面价值的差额计入当期投资收益。

（2）购买日之前持有的被购买方的股权于购买日的公允价值，与购买日新购入股权所支付对价的公允价值之和，为合并财务报表中的合并成本。

（3）在按上述计算的合并成本基础上，比较购买日被购买方可辨认净资产公允价值的份额，确定购买日应予确认的商誉，或者应计入发生当期损益的金额。

（4）购买方对于购买日之前持有的被购买方的股权涉及其他综合收益的，与其相关的其他综合收益应当转为购买日所属当期留存收益。

【例6-8】甲公司于20×5年1月1日以3 100万元取得了乙公司30%有表决权股份，对乙公司能够施加重大影响，乙公司当日可辨认净资产的公允价值是11 000万元。甲公司与乙公司为非同一控制下的公司。

20×5年1月1日，乙公司除一项固定资产的公允价值与账面价值不同外，其他资产和负债的公允价值与账面价值都相等。购买日该固定资产的公允价值为300万元，账面价值为100万元，剩余使用年限10年，采用年限平均法计提折旧，无残值。

乙公司20×5年实现净利润1 000万元，未发放现金股利，因其他权益工具投资公允价值变动增加其他综合收益200万元。

20×6年1月1日，甲公司以5 220万元进一步取得乙公司40%有表决权股份，因此取得了控制权。乙公司在该日所有者权益的账面价值为12 000万元，其中：股本5 000万元，资本公积1 200万元，其他综合收益1 000万元，盈余公积480万元，未分配利润4 320万元。可辨认净资产的公允价值是12 300万元。

20×6年1月1日，乙公司固定资产公允价值为390万元，账面价值为90万元，剩余使用年限9年，采用年限平均法计提折旧，无残值。

假定：甲公司原来持有的乙公司30%的股权在购买日的公允价值为3 915万元。不考虑所得税和内部交易的影响。

（1）个别财务报表中的会计处理

①20×5年1月1日：

借：长期股权投资——投资成本　　31 000 000

　贷：银行存款　　31 000 000

借：长期股权投资——投资成本　　2 000 000

　贷：营业外收入　　2 000 000

②20×5年12月31日：

借：长期股权投资——损益调整

2 940 000（［10 000 000-（3 000 000-1 000 000）÷10］×30%）

　贷：投资收益　　2 940 000

借：长期股权投资——其他综合收益　　600 000

　贷：其他综合收益　　600 000

③20×6年1月1日：

借：长期股权投资　　52 200 000

　贷：银行存款　　52 200 000

借：长期股权投资　　36 540 000

　贷：长期股权投资——投资成本　　33 000 000

　　　　　　　　——损益调整　　2 940 000

　　　　　　　　——其他综合收益　　600 000

因此，个别财务报表中长期股权投资的账面价值=5 220+3 654=8 874（万元）。

（2）合并财务报表中的会计处理

甲公司对乙公司投资形成的商誉=（5 220+3 915）−12 300×（30%+40%）=525（万元）

①将乙公司固定资产账面价值调整为公允价值。

借：固定资产　　3 000 000

　贷：资本公积　　3 000 000

②将原30%的股权即长期股权投资账面价值调整为购买日公允价值。

借：长期股权投资　　2 610 000（39 150 000−36 540 000）

　贷：投资收益　　2 610 000

借：其他综合收益　　600 000

　贷：盈余公积　　60 000

　　利润分配——未分配利润　　540 000

③编制购买日的抵销分录。

借：股本　　50 000 000

　资本公积　　15 000 000（12 000 000+3 000 000）

　其他综合收益　　10 000 000

　盈余公积　　4 800 000

　未分配利润　　43 200 000

　商誉　　5 250 000

　贷：长期股权投资　　91 350 000（39 150 000+52 200 000）

　　少数股东权益　　36 900 000（123 000 000×30%）

拓展阅读

为什么我国没有取消权益结合法？

权益结合法和购买法曾经是企业合并实务中采用的两种基本处理方法。但是2001年6月，美国财务会计准则委员会颁布了财务会计准则公告第141号《企业合并》和第142号《商誉和其他无形资产》，明确规定废除权益结合法。2004年3月31日，国际会计准则理事会也在发布的《国际财务报告准则第3号——企业合并》中明确取消了权益结合法。而2006年2月15日，我国财政部发布的《企业会计准则第20号——企业合并》中，将企业合并划分为同一控制下的企业合并和非同一控制下的企业合并。该准则规定，对同一控制下的企业合并，应采用权益结合法进行会计处理；对非同一控制下的企业合并，应采用购买法进行会计处理。为什么在国际上纷纷取消权益结合法的潮流下，我国却坚持给权益结合法一定的生存空间呢？

1.权益结合法有利于当前我国会计人员的操作，从而保证会计信息质量

从实务上来说，权益结合法无论在价值确认还是账务处理等方面都要比购买法简便，易于操作和掌握，有利于降低会计核算的难度和工作量，有利于更好地保证会计信息的质量。

2.权益结合法有利于我国企业重组整合、做大做强

当前我国正处于国企改革的攻坚阶段，推动企业兼并重组是政府的一项重要工作。在这个过程中，会计准则应服务于国家的宏观经济目标，这是会计准则的功能之一。权益结合法对促进企业的合并具有一定的优势，比如，它能突破现金支付能力的约束，能够促使企业做大做强，因此权益结合法应该有其用武之地。

3.基于对我国目前公允价值的考虑

美国等西方国家证券市场发达，股价能客观反映公司的价值，加上它们的市场经济发达，各种评估机构完善，能比较容易地获得资产的公允价值，这是它们实行购买法的有利条件。而我国的证券市场只是一个新兴的市场，在许多方面还不够完善，股价难以反映公司的公允价值，中介评估机构管理还不完善，业务素质有待提高，评估业务尚不发达，因此确定被购企业净资产的公允价值具有一定的难度。加之我国上市公司的股权结构特殊，非流通股占的比重较大，对这部分股权的价值评估一直是个难题，这些都对购买法在我国的应用形成制约。因此，结合我国当前情况，权益结合法还有其应用的价值，所以在我国准则制定中予以保留。

本章小结与思维导图

本章全面论述了企业合并的定义、类型以及不同类型企业合并的会计处理。

企业合并是将两个或两个以上单独的企业合并形成一个报告主体的交易或事项，其结果通常是一个企业取得对一个或多个业务的控制权。

企业合并分为同一控制下的企业合并与非同一控制下的企业合并。同一控制下的企业合并是指参与合并的企业在合并前后均受同一方或相同的多方最终控制且该控制并非暂时性的。同一控制下企业合并以外的其他企业合并为非同一控制下的企业合并。

同一控制下合并方在企业合并中取得的资产和负债，应当按照合并日在被合并方的账面价值计量，合并方取得的净资产账面价值与支付的合并对价账面价值（或发行股份面值总额）的差额调整资本公积，资本公积不足冲减的，调整留存收益。

非同一控制下企业合并包括购买方及购买日的确定、企业合并成本的确定、合并中取得的各项可辨认资产、负债的确认和计量以及合并差额的处理。

反向购买中，法律上子公司（会计上的购买方）的企业合并成本是指其如果以发行权益性证券的方式为获取在合并后报告主体的股权比例，应向法律上母公司（会计上的被购买方）的股东发行的权益性证券数量与其公允价值计算的结果。

多次交易分步实现控制应区分同一控制和非同一控制的不同情况进行合并财务报表的编制。

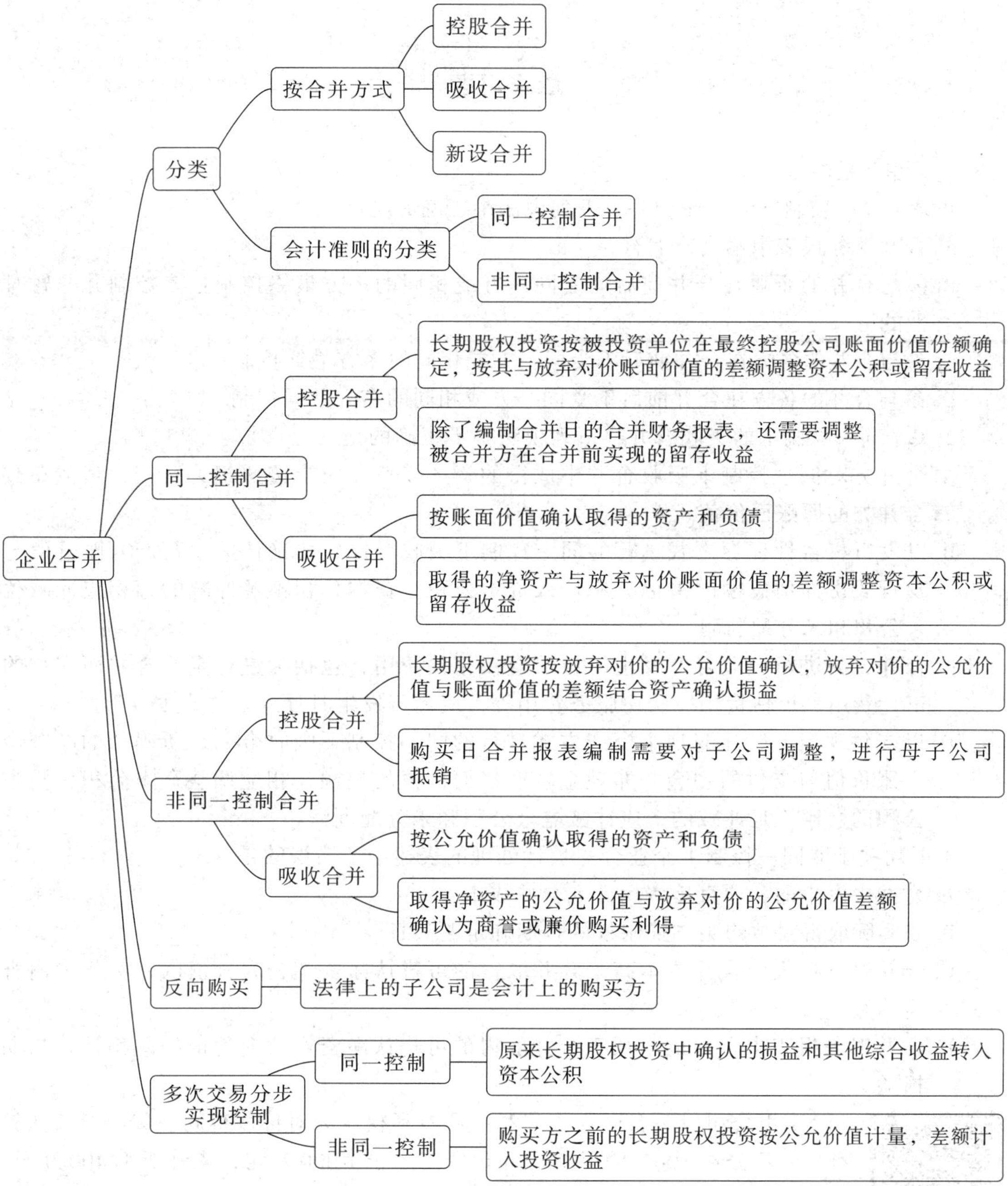
企业合并
分类
按合并方式
控股合并
吸收合并
新设合并
会计准则的分类
同一控制合并
非同一控制合并
同一控制合并
控股合并
长期股权投资按被投资单位在最终控股公司账面价值份额确定，按其与放弃对价账面价值的差额调整资本公积或留存收益
除了编制合并日的合并财务报表，还需要调整被合并方在合并前实现的留存收益
吸收合并
按账面价值确认取得的资产和负债
取得的净资产与放弃对价账面价值的差额调整资本公积或留存收益
非同一控制合并
控股合并
长期股权投资按放弃对价的公允价值确认，放弃对价的公允价值与账面价值的差额结合资产确认损益
购买日合并报表编制需要对子公司调整，进行母子公司抵销
吸收合并
按公允价值确认取得的资产和负债
取得净资产的公允价值与放弃对价的公允价值差额确认为商誉或廉价购买利得
反向购买
法律上的子公司是会计上的购买方
多次交易分步实现控制
同一控制
原来长期股权投资中确认的损益和其他综合收益转入资本公积
非同一控制
购买方之前的长期股权投资按公允价值计量，差额计入投资收益

章末习题

一、单项选择题

1.关于同一控制下的企业合并，下列说法中正确的是（　　）。

A.合并财务报表中不会有商誉

B.参与合并的企业在合并前后均受同一方或相同的多方最终控制且该控制并非暂时性的

C.参与合并的各方在合并前后不受同一方或相同的多方最终控制

D.参与合并的各方在合并前后不受同一方或相同的多方共同控制

2.关于同一控制下的吸收合并，下列说法中不正确的是（　　）。

A.合并方对同一控制下吸收合并中取得的资产、负债应当按照相关资产、负债在被合并方的原账面价值入账

B.以发行权益性证券方式进行的同一控制下吸收合并，所确认的净资产入账价值与发行股份面值总额的差额，应计入资本公积，资本公积不足冲减的，相应冲减盈余公积和未分配利润

C.合并方为进行企业合并发生的各项直接相关费用，包括为进行企业合并而支付的审计费用、评估费用、法律服务费用等，应当于发生时计入合并成本

D.以支付现金、转让非现金资产方式进行的同一控制下吸收合并，所确认的净资产入账价值与支付的现金、非现金资产账面价值的差额，相应调整资本公积，资本公积的余额不足冲减的，应冲减盈余公积和未分配利润

3.下列关于非同一控制下企业合并会计处理的表述中，错误的是（　　）。

A.合并中发生的各项直接费用计入合并成本

B.以实际取得对被购买方控制权的日期确定购买日

C.合并财务报表中合并成本高于合并取得的可辨认净资产公允价值的差额作为商誉确认

D.合并财务报表中合并成本低于合并取得的可辨认净资产公允价值的差额计入当期损益

微课6.1　第6章单项选择题第4题的讲解

4.甲公司以一台固定资产和一项专利权作为对价取得同一集团（长江集团）内乙公司100%的股权。固定资产原价1 000万元，累计折旧400万元；专利权原价600万元，累计摊销150万元。合并日乙公司所有者权益账面价值为1 300万元，相对于最终控制方而言的账面价值为1 400万元。假定不考虑增值税等相关税费，甲公司在确认对乙公司的长期股权投资时，确认的资本公积为（　　）万元。

A.250（贷方）　　B.250（借方）　　C.550（贷方）　　D.350（贷方）

5.甲公司为增值税一般纳税人，适用的增值税税率为13%。20×5年1月1日，甲公司以增发200万股普通股（每股市价1.5元，每股面值1元）和一批存货作为对价，从乙公司

处取得B公司70%的股权，能够对B公司实施控制。该批存货的成本为40万元，公允价值为60万元，未发生跌价准备。则甲公司该项企业合并的合并成本为（　　）万元。

A.370.2　　B.360　　C.367.8　　D.440

二、多项选择题

1.关于同一控制下企业合并，下列会计处理中正确的有（　　）。

A.同一控制下企业合并，需要确认被合并方原有商誉

B.同一控制下企业合并，需要确认新的商誉

C.同一控制下企业合并，不确认被合并方原有商誉

D.同一控制下企业合并，不确认新的商誉

2.对于非同一控制下企业合并成本大于合并中取得的被购买方可辨认净资产公允价值份额的部分，下列会计处理中正确的有（　　）。

A.控股合并的情况下，购买方在其账簿及个别财务报表中应确认商誉

B.吸收合并的情况下，购买方在合并财务报表中应列示商誉

C.控股合并的情况下，购买方在合并财务报表中应列示商誉

D.吸收合并的情况下，购买方在其账簿及个别财务报表中应确认商誉

3.非同一控制下的企业合并购买方在编制合并财务报表时，对合并成本与合并中取得的被购买方可辨认净资产公允价值份额的差额的处理，正确的有（　　）。

A.购买方对合并成本大于合并中取得的被购买方可辨认净资产公允价值份额的差额，应当确认为商誉

B.购买方对合并成本大于合并中取得的被购买方可辨认净资产公允价值份额的差额，应当确认为其他综合收益

C.购买方对合并成本小于合并中取得的被购买方可辨认净资产公允价值份额的差额，应当确认为其他综合收益

D.购买方对合并成本小于合并中取得的被购买方可辨认净资产公允价值份额的差额，首先对取得的被购买方各项可辨认资产、负债及或有负债的公允价值以及合并成本的计量进行复核，经复核后合并成本仍小于合并中取得的被购买方可辨认净资产公允价值份额的，其差额应当计入当期损益

4.下列各项中，不属于《企业会计准则第20号——企业合并》规范的企业合并的有（　　）。

A.购买子公司的少数股权

B.一个企业取得了对另一个企业的控制权，而被购买方并不构成业务

C.两方或多方形成合营企业

D.企业A通过增发自身的普通股自企业B原股东处取得企业B的全部股权，该交易事项发生后，企业B仍持续经营

微课6.2　第6章多项选择题第5题的讲解

5.20×3年1月1日，A公司以6 000万元取得B公司20%股权并具有重大影响，采用权益法核算。当日，B公司可辨认净资产公允价值为28 000万元。20×6年1月1日，A公司另外支付16 000万元取得B公司40%股权。购买日，A公司原持有的对B公司20%股权的公允价值为8 000万元，账面价

值为7 000万元，其中，因B公司实现净利润确认的累计净损益为200万元，因B公司其他权益工具投资公允价值变动确认的其他综合收益为800万元。B公司可辨认净资产公允价值为36 000万元。假定不考虑所得税影响，A公司下列会计处理中正确的有（　　）。

A. 购买日合并财务报表中确认投资收益3 900万元

B. 购买日合并财务报表中应将原计入其他综合收益的800万元转入合并当期留存收益

C. 购买日合并成本为24 000万元

D. 购买日应确认的商誉为2 400万元

三、业务题

20×4年12月1日，甲公司取得乙公司10%的股权作为其他权益工具投资，取得时支付现金2 300万元，20×4年12月31日其公允价值为2 350万元。20×5年1月31日，甲公司以定向增发股票的方式购买同一集团内另一企业持有的乙公司45%的股权。为取得该股权，甲公司增发2 000万股普通股，每股面值1元，每股公允价值5.3元，另外支付发行费用50万元，原10%股权在该日的公允价值为2 350万元。取得该股权时，相对于最终控制方而言的乙公司可辨认净资产账面价值为23 000万元，其中：股本10 000万元，资本公积4 000万元，盈余公积960万元，未分配利润8 040万元。进一步取得投资后，甲公司能够对乙公司实施控制。假定甲公司和乙公司采用的会计政策、会计期间相同。甲公司按净利润的10%提取法定盈余公积，不考虑所得税等因素且甲公司有足够的“资本公积——股本溢价”。

要求（答案以万元为单位）：

（1）编制20×4年12月1日至20×5年1月31日甲公司个别财务报表有关会计分录。

（2）编制合并日合并财务报表中的调整分录和抵销分录。

四、思考题

1. 企业合并的类型有哪些？

2. 同一控制合并如何编制合并日的合并财务报表？

3. 非同一控制下的吸收合并中商誉是如何确定的？

4. 什么是反向购买？如何编制反向购买下的合并资产负债表？

5. 如何编制多次交易分步实现的企业合并在合并日（或购买日）的合并财务报表？

第6章习题答案

第7章/
长期股权投资

学习目标：掌握不同方式取得长期股权投资初始成本的计算；掌握长期股权投资的成本法和权益法的核算；掌握投资比例变化时的会计处理。

引导案例

北京合众思壮科技股份有限公司（以下简称合众思壮）于2021年12月10日召开第五届董事会第七次会议、第五届监事会第六次会议，审议通过了《关于确认长期股权投资损益调整的议案》。合众思壮因参股公司北斗导航科技有限公司（以下简称北斗导航）业务开展未达预期，持续经营能力存在较大不确定性，合众思壮根据《企业会计准则》的有关规定，对北斗导航账面应收账款和存货的减值迹象进行了充分的分析和评估，在报表审计和资产评估基础上，本着谨慎性原则，对按照权益法核算的长期股权投资确认了损益调整2.98亿元。本次确认长期股权投资损益调整，对公司2021年度净利润影响金额为人民币-2.98亿元。

什么是权益法？为什么被投资单位的业务未达预期，要对长期股权投资的损益进行调整？本章将对上述问题进行探讨。

7.1 长期股权投资的初始计量

7.1.1 长期股权投资的范围

长期股权投资是指投资方对被投资单位实施控制、重大影响的权益性投资，以及对其合营企业的权益性投资。

投资方能够对被投资单位实施控制的，被投资单位为其子公司。控制就是指投资方拥有对被投资方的权力，通过参与被投资方的相关活动而享有可变回报，并且有能力运用对被投资方的权力影响其回报金额。关于控制的理解和具体判断，参见本教材第8章“合并财务报表（上）——基本理论”的相关内容。

投资方能够对被投资单位施加重大影响的，被投资单位为其联营企业。重大影响，是指投资方对被投资单位的财务和经营政策有参与决策的权力，但并不能够控制或者与其他方一起共同控制这些政策的制定。

投资方与其他方对被投资单位实施共同控制的，被投资单位为其合营企业。共同控制，是指按照相关约定对某项安排所共同的控制，并且该安排的相关活动必须经过分享控制权的参与方一致同意后才能决策。关于重大影响和共同控制的具体理解，参见6.2节。

除上述以外其他的权益性投资，包括风险投资机构、共同基金，以及类似主体持有的、在初始确认时按照《企业会计准则第22号——金融工具确认和计量》的规定，以公允价值计量且其变动计入当期损益的金融资产以及其他权益性投资，投资性主体对不纳入合并财务报表的子公司的权益性投资，应当按照《企业会计准则第22号——金融工具确认和计量》的规定核算。

7.1.2 对子公司长期股权投资的初始计量

对子公司的长期股权投资的核算，需要将子公司区分为同一控制合并形成的子公司和非同一控制合并形成的子公司两种情况。

1）同一控制合并形成的子公司的长期股权投资的初始计量

根据第6章“企业合并”，同一控制下的企业合并，是指参与合并的企业在合并前后均受到同一方或相同的多方最终控制且控制并非暂时的。对于同一控制下的企业合并，从能够对参与合并各方在合并前及合并后均实施最终控制的一方来看，最终控制方在企业合并前后能够控制的资产并没有发生变化。

为了取得对同一控制子公司的长期股权投资，合并方支付的对价往往有以下几种方式：

（1）支付货币资金；

（2）转让非现金资产；

（3）承担被合并方的债务；

（4）向被合并方的其他所有者定向增发权益性工具。

此时，长期股权投资的成本与支付对价的价值无关，是按合并日被合并方所有者权益在最终控制方合并财务报表中的账面价值的份额确定。取得的长期股权投资的价值与付出对价账面价值之间的差额，不影响损益，而应调整所有者权益。

特别提示

我国企业会计准则对于同一控制形成的长期股权投资，是从最终控制方的角度，将合并方取得被合并方股权的交易作为企业集团内资产和权益的重新整合处理，不管交易本身是否按照公平的市场价格作价，也不管交易本身是否是在最终控制方主导下进行的，只要符合同一控制下企业合并的界定，合并方就不按取得该资产所放弃的对价的公允价值计量，而是按通过该交易取得的被合并方所有者权益在最终控制方合并财务报表中的账面价值的份额确定。这是因为交易发生前后，合并方与被合并方均在相同的最终控制方的控制之下，从能够对参与合并各方在合并前及合并后均实施最终控制的一方来看，该最终控制方在企业合并前和合并后所能够控制的资产和负债并没有发生变化，其所能支配和运用的经济资源是不变的，因此不能改计相关资产、负债的价值。

具体进行会计处理时，合并方在合并日按取得被合并方所有者权益账面价值的份额，借记“长期股权投资”科目，按应享有被投资单位已宣告但尚未发放的现金股利或利润，借记“应收股利”科目，按支付对价的账面价值，贷记有关资产、负债科目，按增发的股份贷记“股本”科目。如为贷方差额，贷记“资本公积——资本溢价或股本溢价”科目；如为借方差额，则借记“资本公积——资本溢价或股本溢价”科目，资本公积（资本溢价或股本溢价）不足冲减的，借记“盈余公积”“利润分配——未分配利润”科目。

合并方发生的与合并有关的各项初始直接费用，如审计、法律服务、评估咨询等中介费用及其他相关管理费用，应当于发生时直接记入当期“管理费用”科目。与发行权益性工具有关的交易费用，应当冲减资本公积，资本公积不足冲减的，依次冲减盈余公积和利润分配——未分配利润。

在确定长期股权投资的初始成本时，对于被合并方账面所有者权益，应当在考虑以下几个因素的基础上计算确定：

（1）被合并方与合并方的会计政策、会计期间是否一致。如果不同，应基于重要性原则按照合并方的会计政策、会计期间对被合并方资产、负债的账面价值进行调整，在此基础上计算确定被合并方的账面所有者权益，并计算确定长期股权投资的初始投资成本。

（2）被合并方账面所有者权益是指被合并方的所有者权益相对于最终控制方而言的账面价值。例如，甲公司为某一集团的母公司，分别控制乙公司和丙公司。20×7年1月1日，甲公司从本集团外部购入丁公司80%股份（属于非同一控制下的企业合并），并能够控制丁公司的财务和经营政策。购买日，丁公司可辨认净资产的公允价值为5 000万元，账面价值为3 500万元。20×9年1月1日，乙公司购入甲公司持有的丁公司的80%股权，形成了同一控制下的企业合并。20×7年1月1日至20×8年12月31日，丁公司按照购买日净资产的账面价值计算实现的净利润为1 500万元，按照购买日净资产的公允价值计算实现的净利润为1 200万元。无其他所有者权益变动。20×9年1月1日合并日，丁公司的所有者权益相对于甲公司而言的账面价值为：自20×7年1月1日丁公司净资产公允价值5 000万元持续计算至20×8年12月31日的账面价值6 200万元（5 000+1 200）。乙公司购入丁公司的初始投资成本为4 960万元（6 200×80%）。

（3）形成同一控制下控股合并的长期股权投资，如果子公司按照改制时确定的资产、负债经评估确认的价值调整资产、负债账面价值的，合并方应当按照取得子公司经评估确认的净资产的份额，作为长期股权投资的初始投资成本。

【例7-1】20×9年6月30日，P公司向其母公司A公司定向增发1 000万股普通股，取得A公司拥有的对S公司100%的股权，并自当日起能够对S公司实施控制。合并后S公司仍维持其独立法人地位继续经营。20×9年6月30日，S公司净资产对A公司而言的账面价值为4 002万元。不考虑相关税费等因素影响，企业合并前后各公司的会计政策相同。

P公司的账务处理为：

借：长期股权投资——S公司	40 020 000	
贷：股本		10 000 000
资本公积——股本溢价		30 020 000

2）非同一控制合并形成的子公司的长期股权投资的初始计量

非同一控制下的企业合并，是指参与合并各方在合并前后不受同一方或相同的多方最终控制的合并交易。除了同一控制下企业合并以外的其他企业合并都属于非同一控制合并。

为了取得对非同一控制子公司的长期股权投资，购买方支付的对价也有以下几种方式：

（1）支付货币资金；

（2）转让非现金资产；

（3）承担被购买方的债务；

（4）向被购买方的其他所有者定向增发权益性工具。

非同一控制合并中，购买方应当按照确定的企业合并成本作为长期股权投资的初始投资成本。企业合并成本包括购买方付出的资产、发生或承担的负债、发行的权益性工具的公允价值之和。

购买方发生的与合并有关的各项初始直接费用，也于发生时直接记入当期的“管理费用”科目。与发行权益性工具有关的交易费用，应当冲减资本公积，资本公积不足冲减的，依次冲减盈余公积和利润分配——未分配利润。

具体进行会计处理时，应在购买日按企业合并成本，借记“长期股权投资”科目，按享有被投资单位已宣告但尚未发放的现金股利或利润，借记“应收股利”科目，按合并对价的账面价值，贷记有关资产、负债科目或贷记“股本”科目。增发股份的公允价值与面值总额之间的差额记入“资本公积”科目，放弃的非货币性资产的公允价值与账面价值之间的差额，需按下列情况记入不同的科目。

（1）投出资产为固定资产或无形资产，其账面价值与购买日的公允价值之间的差额记入“资产处置损益”科目；

（2）投出资产为存货，按库存商品或原材料的公允价值确认“主营业务收入”或“其他业务收入”，按其账面价值结转“主营业务成本”或“其他业务成本”科目；

（3）投出资产为金融资产，金融资产的公允价值和账面价值的差额记入“投资收益”（交易性金融资产）或“盈余公积”和“利润分配——未分配利润”（其他权益工具投资）。

【例7-2】20×6年3月31日，甲公司取得乙公司70%的股权。为核实乙公司的资产价值，甲公司聘请专业资产评估机构对乙公司的资产进行评估，支付评估费用300万元。甲公司用作合并对价的土地使用权和专利技术原价为9 690万元，已提取累计摊销1 200万元，公允价值12 600万元。为了实现合并，甲公司还支付了银行存款2 400万元。合并前甲公司与乙公司不存在任何关联方关系。

甲公司的账务处理如下：

借：长期股权投资　　150 000 000（126 000 000+24 000 000）

　　累计摊销　　12 000 000

　贷：银行存款　　24 000 000

　　　无形资产　　96 900 000

　　　资产处置损益　　41 100 000

借：管理费用　3 000 000
　贷：银行存款　3 000 000

【例7-3】20×7年1月1日，甲公司以一台固定资产向乙公司投资，占乙公司注册资本的60%，该固定资产的历史成本为8 000万元，已计提累计折旧500万元、固定资产减值准备200万元，公允价值为7 600万元。合并前甲公司与乙公司不存在任何关联方关系，不考虑其他相关税费。

甲公司的账务处理如下：

借：固定资产清理　73 000 000
　　累计折旧　5 000 000
　　固定资产减值准备　2 000 000
　贷：固定资产　80 000 000
借：长期股权投资　76 000 000
　贷：固定资产清理　76 000 000
借：固定资产清理　3 000 000
　贷：资产处置损益　3 000 000

【例7-4】20×8年4月1日，甲公司与乙公司原投资者A公司签订协议，以库存商品和承担A公司的短期还贷义务换取A公司持有的乙公司70%股权。甲公司库存商品的公允价值为500万元，增值税税额65万元，账面成本400万元，承担归还短期贷款义务200万元。合并前甲公司与乙公司不存在任何关联方关系。

甲公司账务处理如下：

借：长期股权投资　7 650 000
　贷：主营业务收入　5 000 000
　　　应交税费——应交增值税（销项税额）　650 000
　　　短期借款　2 000 000
借：主营业务成本　4 000 000
　贷：库存商品　4 000 000

【例7-5】20×5年5月1日，甲公司以一项交易性金融资产向乙公司投资，占乙公司注册资本的70%，该交易性金融资产的账面价值为3 000万元，其中成本为2 500万元，公允价值变动为500万元，该日的公允价值为3 200万元。合并前甲公司与乙公司不存在任何关联方关系，不考虑其他相关税费。

甲公司账务处理如下：

借：长期股权投资　32 000 000
　贷：交易性金融资产——成本　25 000 000
　　　　　　　　　——公允价值变动　5 000 000
　　　投资收益　2 000 000

综上所述，对同一控制下企业合并取得子公司的长期股权投资与非同一控制下企业合并取得子公司的长期股权投资的比较见表7-1。

表7-1　　同一控制下企业合并与非同一控制下企业合并长期股权投资的比较

项目		同一控制下企业合并取得子公司的长期股权投资	非同一控制下企业合并取得子公司的长期股权投资
术语	投资方	合并方	购买方
	被投资方	被合并方	被购买方
	控制权取得日	合并日	购买日
处理方法原理		权益结合法的体现	购买法的体现
初始计量成本		合并日被合并方所有者权益在最终控制方合并财务报表中账面价值的份额	购买日合并成本
长期股权投资的成本与放弃对价账面价值之间的差额		不确认损益，调整所有者权益项目	根据放弃非货币性资产的不同，记入相关的科目
长期股权投资成本与增发股份的面值总额之间的差额		计入资本公积	计入资本公积
与取得长期股权投资有关的初始直接费用		计入管理费用	计入管理费用

7.1.3　对合营企业和联营企业长期股权投资的初始计量

对合营企业和联营企业的长期股权投资，取得时的初始投资成本应遵循以下规定：

（1）以支付现金取得的长期股权投资，应当按照实际支付的购买价款和与取得长期股权投资直接相关的费用、税金及其他必要支出作为长期股权投资的初始投资成本。所支付价款中包含的被投资单位已宣告但尚未发放的现金股利或利润应作为应收项目核算，不构成取得长期股权投资的成本。

【例7-6】20×6年4月1日，甲公司从证券市场上以每股8元购入乙公司发行在外的1 000万股股票作为长期股权投资，占乙公司20%的股权，能够对乙公司施加重大影响，实际支付价款8 000万元，其中包含已宣告但尚未发放的现金股利500万元，另支付相关税费40万元。

甲公司账务处理如下：

借：长期股权投资	75 400 000	
应收股利	5 000 000	
贷：银行存款		80 400 000

（2）以发行权益性证券取得的长期股权投资，应当按照发行权益性证券的公允价值作为初始投资成本。发行权益性证券支付的手续费、佣金等应自权益性证券的溢价发行收入中扣除，溢价收入不足的，应冲减盈余公积和未分配利润。

【例7-7】20×7年7月1日，丙公司向丁公司股东定向增发股票1 000万股作为对价，取得丁公司25%的表决权，能够对丁公司施加重大影响。每股面值为1元，发行价为每股3元，另支付发行费用9万元。不考虑相关税费。

丙公司账务处理如下：

借：长期股权投资——丁公司　　30 000 000

　贷：股本　　10 000 000

　　　资本公积——股本溢价　　20 000 000

借：资本公积——股本溢价　　90 000

　贷：银行存款　　90 000

（3）投资者投入的长期股权投资，应当按照投资合同或协议约定的价值作为初始投资成本，但合同或协议约定价值不公允的除外。

【例7-8】20×8年7月1日，A公司以其持有的对B公司的长期股权投资作为出资，在C公司增资扩股的过程中投入C公司，取得C公司10 000万股普通股，每股面值1元，占C公司30%表决权，能够对C公司施加重大影响。作为出资的长期股权投资的公允价值为40 000万元。

该交易中，C公司接受了股东A公司投入的长期股权投资，成为B公司的新股东。C公司进行的账务处理如下：

借：长期股权投资——B公司　　400 000 000

　贷：股本——A公司　　100 000 000

　　　资本公积——股本溢价　　300 000 000

（4）通过非货币性资产交换取得的长期股权投资，其初始投资成本应当参照《企业会计准则第7号——非货币性资产交换》的有关规定确定；通过债务重组取得的长期股权投资，其初始投资成本参照《企业会计准则第12号——债务重组》的有关规定确定。

7.2　长期股权投资的后续计量

长期股权投资在持有期间，根据投资企业对被投资单位的影响程度分别采用成本法和权益法进行核算。

7.2.1　成本法

1）成本法的定义及其适用范围

成本法，是指长期股权投资的价值按初始投资成本计量，除追加或收回投资外，一般不对长期股权投资的账面价值进行调整的一种会计处理方法。

企业能够对被投资单位实施控制的长期股权投资，即企业对子公司的长期股权投资按照成本法进行后续计量。投资方为投资性主体且子公司不纳入其合并财务报表的除外。

2）成本法的会计核算

（1）初始投资或追加投资时，按照初始投资或追加投资时的成本增加长期股权投资的账面价值。此外，企业在取得长期股权投资时，实际支付的价款或对价中包含已宣告但尚未发放的现金股利或利润，作为应收项目处理，不构成长期股权投资的成本。

（2）被投资单位宣告分派现金股利或利润时，不管该利润分配是属于取得投资前还是属于取得投资后被投资单位实现的净利润的分配，投资企业一律按照应享有的部分确认为当期的投资收益。

投资企业在确认自被投资单位应分得的现金股利或利润后，应当考虑有关长期股权投资是否发生减值。这是因为如果投资方在取得投资以后，自被投资单位分得的现金股利或利润大于在其投资以后被投资单位获得的净利润，则超过的部分是对被投资单位在投资方取得投资前实现利润的分配，该部分利润原则上已经包含在长期股权投资的原取得成本中，因此可能涉及长期股权投资减值的问题。此时应按照《企业会计准则第8号——资产减值》的规定对长期股权投资进行减值测试，当可收回金额低于长期股权投资账面价值时，应当计提减值准备。

特别提示

若子公司将未分配利润或盈余公积直接转增股本（实收资本），且未向投资方提供等值现金股利或利润的选择权，母公司并没有获得收取现金股利或利润的权利，这通常属于子公司自身权益结构的重分类，母公司不应确认相关的投资收益，即对于子公司分配的股票股利，母公司无须进行会计处理。

【例7-9】20×9年1月15日，甲公司以2 000万元购买非关联方乙公司80%的股份，从而对乙公司施加控制。20×9年4月30日，乙公司宣告分配现金股利30万元。5月12日，甲公司按其持股比例分得24万元。甲公司进行的账务处理如下：

（1）20×9年1月15日，进行投资。

借：长期股权投资　　20 000 000

　贷：银行存款　　20 000 000

（2）20×9年4月30日，乙公司宣告发放股利。

借：应收股利　　240 000

　贷：投资收益　　240 000

（3）20×9年5月12日，甲公司实际收到股利。

借：银行存款　　240 000

　贷：应收股利　　240 000

7.2.2　权益法

1）权益法的定义及其适用范围

权益法是指投资以初始投资成本计量后，在投资持有期间，根据被投资单位所有者权益的变动，投资企业按应享有（或应分担）被投资企业所有者权益的份额调整其投资账面价值的方法。

投资企业对被投资单位具有共同控制或重大影响的长期股权投资，即对合营企业及联营企业的投资，应当采用权益法核算。

投资方对联营企业的权益性投资，其中一部分通过风险投资机构、共同基金、信托公司或包括投连险基金在内的类似主体间接持有的，无论以上主体是否对这部分投资具有重大影响，投资方都可以按照《企业会计准则第22号——金融工具确认和计量》的有关规定，对间接持有的该部分投资选择以公允价值计量且其变动计入损益，并对其余部分采用权益法核算。

2）共同控制和重大影响的定义及认定

（1）共同控制的定义及认定

共同控制，是指按照相关约定对某项安排所共同的控制，并且该安排的相关活动必须经过分享控制权的参与方一致同意后才能决策。

在判断是否存在共同控制时，首先应判断是否由所有参与方或参与方组合集体控制该安排，其次判断该安排相关活动的决策是否必须经过这些参与方一致同意。如果存在两个或两个以上的参与方组合能够集体控制某项安排的，不构成共同控制。

例如，一项安排涉及A公司、B公司、C公司三方，它们在该安排中拥有的表决权分别为50%、30%和20%。A公司、B公司、C公司之间的相关约定规定，75%以上的表决权即可对安排的相关活动作出决策。

由此可见，A公司和B公司是能够集体控制该安排的唯一组合，当且仅当A公司、B公司一致同意时，该安排的相关活动决策才能表决通过，因此，A公司、B公司对安排拥有共同控制的权力。

（2）重大影响的定义及认定

重大影响是指投资方对被投资方的财务和经营政策有参与决策的权力，但并不能够控制或者与其他方一起共同控制这些政策的制定。一般认为，当投资方直接或通过子公司间接持有被投资单位20%以上但低于50%有表决权的股份时，对被投资单位具有重大影响，除非有明确的证据表明该种情况下不能参与被投资单位的生产经营决策，不形成重大影响。例如，如果被投资单位的控股股东等积极反对投资方欲对其施加影响的事实，可能表明投资方不能实质参与被投资单位的财务和经营决策。

在确定能否对被投资单位施加重大影响时，一方面应考虑投资方直接或间接持有被投资单位的表决权股份，另一方面要考虑投资方及其他方持有的当期可执行潜在表决权在假定转换为对被投资单位的股权后产生的影响，如被投资单位发行的当期可转换的认股权证、股份期权及可转换公司债券等的影响。但在确定应享有的被投资单位实现的净损益、其他综合收益和其他所有者权益变动的份额时，这些潜在表决权所对应的比例不应予以考虑。

企业通常可以通过以下一种或几种情形来判断是否对被投资单位具有重大影响：

① 在被投资单位的董事会或类似权力机构中派有代表。这种情况下，由于在被投资单位的董事会或类似权力机构中派有代表，并享有相应的实质性的参与决策权，因此投资方可以通过该代表参与被投资单位经营政策的制定，从而对被投资单位施加重大影响。

② 参与被投资单位财务和经营政策制定过程，包括股利分配政策等的制定。这种情况下，因可以参与被投资单位的政策制定过程，在制定政策过程中可以出于其自身利益提出建议和意见，从而对被投资单位施加重大影响。

③ 与被投资单位之间发生重要交易。相关的交易因对被投资单位的日常经营具有重要性，进而一定程度上可以影响到被投资单位的生产经营决策。

④ 向被投资单位派出管理人员。这种情况下，通过投资方对被投资单位派出人员，管理人员有权力并负责被投资单位的财务和经营活动，从而能够对被投资单位施加重大影响。

⑤ 向被投资单位提供关键技术资料。因被投资单位的生产经营需要依赖投资单位的

技术或技术资料，表明投资方对被投资单位具有重大影响。

3）权益法的会计核算

企业应当在“长期股权投资”账户下设置“投资成本”“损益调整”“其他综合收益”“其他权益变动”等明细账，分别反映长期股权投资的初始投资成本以及因被投资单位所有者权益发生增减变动而对长期股权投资账面价值进行调整的金额。

（1）对初始投资成本的调整。

① 如果长期股权投资的初始投资成本大于或等于取得投资时应享有被投资单位可辨认净资产公允价值的份额，不调整已确认的初始投资成本，按该初始投资成本，借记“长期股权投资——投资成本”科目，贷记“银行存款”等科目。上述差额从本质上说是投资企业在取得投资过程中通过购买作价体现出的与所取得股权份额相对应的商誉及被投资单位不符合确认条件的资产价值。

② 如果长期股权投资的初始投资成本小于投资时应享有被投资单位可辨认净资产公允价值的份额，应按投资时应享有被投资单位可辨认净资产公允价值份额，借记“长期股权投资——投资成本”科目，贷记“银行存款”等科目，按其差额贷记“营业外收入”科目。该差额本质上是双方在交易作价过程中转让方的让步，因此作为投资方的“廉价购买利得”计入当期损益。

【例7-10】20×9年1月2日，甲公司购买乙公司发行的500万股股票准备长期持有，占乙公司股份的30%，能够对乙公司施加重大影响。每股买入价为7元，另外，购买该股票时发生的有关税费50万元已由银行存款支付。20×8年12月31日，乙公司的所有者权益的账面价值为10 000万元。乙公司各项可辨认资产、负债的公允价值与其账面价值相同。

在本例中，长期股权投资的初始投资成本3 550万元大于投资时应享有被投资单位可辨认净资产公允价值份额3 000万元（10 000×30%），差额550万元不调整已确认的初始投资成本。

借：长期股权投资——投资成本　　35 500 000

　贷：银行存款　　35 500 000

如果20×8年12月31日乙公司所有者权益的账面价值为12 000万元，长期股权投资的初始投资成本3 550万元小于投资时应享有被投资单位可辨认净资产公允价值份额3 600万元（12 000×30%），差额50万元记入“营业外收入”科目。

借：长期股权投资——投资成本　　36 000 000

　贷：银行存款　　35 500 000

　　营业外收入　　500 000

（2）被投资单位净损益发生变化。

① 被投资单位实现净利润。

投资企业取得长期股权投资后，需按照应享有或应分担被投资单位实现净利润的份额，调整长期股权投资的账面价值，并确认为当期投资损益。进行的会计处理为借记“长期股权投资——损益调整”科目，贷记“投资收益”科目。

【例7-11】甲公司取得乙公司30%的股权，投资时乙公司的可辨认净资产的公允价值等于账面价值，甲公司与乙公司从未发生内部交易，当年乙公司实现净利润800万元。

甲公司的账务处理如下：

借：长期股权投资——损益调整　　2 400 000

　贷：投资收益　　2 400 000

该例只是最简单的一种情况，其实在确认应享有或应分担被投资单位的净利润时，被投资单位账面净利润往往不能直接“拿来就用”，而需要考虑以下四个因素的影响进行调整：

Ⅰ.被投资单位采用的会计政策及会计期间与投资企业不一致的，应按投资企业的会计政策及会计期间对被投资单位的财务报表进行调整。

Ⅱ.按照法规或章程规定，将不属于投资企业的净损益予以剔除。例如，被投资单位发行了分类为权益的可累积优先股等类似的权益工具，无论被投资单位是否宣告分配优先股股利，投资方均应将归属于其他投资方的累积优先股股利予以剔除。

Ⅲ.以取得投资时被投资单位固定资产、无形资产的公允价值为基础计提的折旧额或摊销额，以及以投资企业取得投资时的公允价值为基础计算确定的资产减值准备金额等对被投资单位净利润存在影响。

被投资单位个别利润表中的净利润是以其持有的资产、负债账面价值为基础持续计算的，而投资企业在取得投资时，是以被投资单位有关资产、负债的公允价值为基础确定投资成本，并在备查簿中对该公允价值进行了记录。权益法下的投资收益代表的应是按投资日被投资单位资产、负债公允价值持续计量所得的净利润中归属于投资单位的部分。这就产生了对被投资单位账面净利润进行调整的需要。

【例7-12】20×9年1月2日，甲公司购入乙公司30%的股份，购买价款为2 000万元，并自取得股份之日起派人参与乙公司的生产经营决策，能够对乙公司施加重大影响。取得投资日，乙公司可辨认净资产公允价值为6 000万元，除表7-2所列项目外，其他资产、负债的公允价值与账面价值相同。乙公司20×9年实现净利润600万元，本年度500万元存货中有80%对外出售。固定资产、无形资产均按年限平均法提取折旧或摊销，预计净残值均为0。假定甲、乙公司间未发生任何内部交易，不考虑所得税因素的影响。

表7-2　　**乙公司相关资产资料**　　单位：万元

项目	账面原价	已提折旧/摊销	公允价值	乙公司原预计使用年限	甲公司取得投资后剩余使用年限
存货	500		700		
固定资产	1 000	200	1 200	20	16
无形资产	600	120	800	10	8
小计	2 100	320	2 700		

存货公允价值与账面价值的差额应调增的主营业务成本=（700-500）×80%=160（万元）

固定资产的公允价值与账面价值的差额应调增的折旧额=1 200÷16-1 000÷20=25（万元）

无形资产的公允价值与账面价值的差额应调增的摊销额=800÷8-600÷10=40（万元）

调整后的净利润=600-160-25-40=375（万元）

甲公司应享有份额=375×30%=112.5（万元）

借：长期股权投资——损益调整　　1 125 000

贷：投资收益　　　　　　　　　　　　　　　　　　　　　　　　　　1 125 000

特别提示

投资企业根据备查簿中记录的被投资企业各项可辨认资产、负债在投资日的公允价值，对被投资企业的净利润进行调整，进行了权益法下的上述会计处理。被投资企业仍然按账面价值对资产、负债进行持续计量，并没有改变会计计量属性。

Ⅳ.将被投资单位的净利润中包含的投资企业与联营企业及合营企业之间发生的未实现内部交易损益进行抵销。

投资企业与联营企业及合营企业之间的交易包括顺流交易和逆流交易。顺流交易是投资企业向被投资企业出售资产；反之，则为逆流交易。

逆流交易中，被投资单位的账面净利润中包括该部分未实现内部交易损益，投资企业在采用权益法确认应享有被投资单位的投资损益时，应当抵销该未实现内部交易损益的影响。当投资企业自被投资企业购买资产时，在将该资产出售给外部独立的第三方之前，不应确认被投资单位因该交易产生的损益中投资企业应享有的部分。

【例7-13】20×7年1月，甲企业取得乙公司20%有表决权的股份，能够对乙公司施加重大影响。假定甲企业取得该项投资时，乙公司各项可辨认资产、负债的公允价值与账面价值相同。20×7年8月，乙公司将其成本为600万元的商品以1 000万元的价格出售给甲企业，甲企业将取得的商品作为存货。至20×7年12月31日，甲企业仍未对外出售该存货。乙公司20×7年实现净利润3 200万元。假定不考虑所得税因素的影响。甲企业在按照权益法确认应享有的乙公司20×7年净损益时，应进行以下账务处理：

借：长期股权投资——损益调整　　　　5 600 000（（32 000 000-4 000 000）×20%）

　贷：投资收益　　　　　　　　　　　　　　5 600 000

假定在20×8年，甲企业将该商品以1 200万元的价格向外部独立第三方出售，因该部分内部交易损益已经实现，甲企业在确认应享有的乙公司20×8年净损益时，应将原来未确认的该部分内部交易损益重新计入投资收益，假设20×8年乙公司的净利润为2 000万元，确认的投资收益为480万元（（2 000+400）×20%），即应在考虑其他因素计算确定的投资损益基础上调整增加80万元（400×20%）。

特别提示

因逆流交易产生的未实现内部交易损益，在未对外部独立第三方出售之前，体现在投资企业持有资产的账面价值当中。如果投资企业另有子公司，需要编制合并财务报表，应在该合并财务报表中对长期股权投资及包含未实现内部交易损益的资产账面价值进行调整，抵销有关资产账面价值中包含的未实现内部交易损益，并相应调整对被投资单位的长期股权投资。甲公司应在合并财务报表中进行以下调整：

借：长期股权投资　　　　　　　　　　　　　　800 000（4 000 000×20%）

　贷：存货　　　　　　　　　　　　　　　　　　800 000

顺流交易中，当投资企业向联营企业或合营企业出售资产，同时有关资产由联营企业或合营企业持有时，由于该未实现内部销售损益并不包含在被投资企业的账面利润中，这时似乎不需要进行抵销。但如果不抵销，就会高估被投资企业的资产，从而影响被投资企业的所有者权益，反过来又影响采用权益法核算的投资收益。因此，顺流交易下，未实现内部销售利润也需要抵销，从被投资企业账面利润中扣除。

【例7-14】甲企业持有乙公司20%有表决权的股份，能够对乙公司的财务和生产经营决策施加重大影响。20×7年，甲企业将其账面价值为600万元的商品以1 000万元的价格出售给乙公司。至20×7年12月31日，该批商品尚未对外部第三方出售。假定甲企业取得该项投资时，乙公司各项可辨认资产、负债的公允价值与账面价值相同，两者在以前期间未发生过内部交易。乙公司20×7年净利润为2 000万元。假定不考虑所得税因素的影响。

甲企业在该项顺流交易中实现毛利400万元，在采用权益法计算确认投资损益时应予抵销，甲企业应当进行的账务处理为：

借：长期股权投资——损益调整　　3 200 000（（20 000 000-4 000 000）×20%）

　贷：投资收益　　3 200 000

特别提示

甲企业如有子公司需编制合并财务报表，在合并财务报表中对该未实现内部交易损益应在个别报表已确认投资损益的基础上进行以下调整：

借：营业收入　　2 000 000（10 000 000×20%）

　贷：营业成本　　1 200 000（6 000 000×20%）

　　　投资收益　　800 000

上述顺、逆流内部交易以存货业务为例，对内部交易形成的固定资产和无形资产中未实现损益的抵销类似于存货交易的抵销。但是存货可以在以后年度通过对第三方销售实现该未实现损益，之前抵减过净利润的部分还可以再调整回来。而企业固定资产、无形资产的使用主要不是为了销售，因此该部分未实现损益一般不会通过销售实现，往往随着购买方计提折旧和摊销而逐年实现，因此在以后年度应该按折旧、摊销的进度，对长期股权投资和投资收益进行调整。

【例7-15】20×7年1月，甲企业取得乙公司20%有表决权的股份，能够对乙公司施加重大影响。甲企业取得该项投资时，乙公司各项可辨认资产、负债的公允价值与账面价值相同。20×7年12月，乙公司将其成本为600万元的商品以1 000万元的价格出售给甲企业，甲企业将取得的商品作为固定资产。该固定资产按年限平均法计提折旧，年限为10年，净残值为零。乙公司20×7年实现净利润3 200万元。假定不考虑所得税因素的影响。甲企业在按照权益法确认应享有乙公司20×7年净损益时，应进行以下账务处理：

借：长期股权投资——损益调整　　5 600 000（（32 000 000-4 000 000）×20%）

　贷：投资收益　　5 600 000

20×8年，甲企业通过计提折旧，部分实现了上述未实现内部销售损益，因此应在考虑其他因素计算确定的投资收益基础上调整增加8万元（400÷10×20%）。

应当说明的是：

第一，投资企业与联营企业及合营企业之间发生的无论是顺流交易还是逆流交易产生的未实现内部交易损失，属于所转让资产发生减值损失的，有关未实现内部交易损失不应予以抵销。这是因为，该损失原则上不因是否发生资产的内部转移而发生变化，即使有关资产未发生实际交易，只要有证据表明其可收回金额低于账面价值，无论资产是哪个企业持有，均需要按照会计准则的规定计提相应的减值损失，即相关损失与转让交易无关。

【例7-16】甲公司拥有乙公司20%有表决权的股份，能够对乙公司施加重大影响。20×9年，甲公司将其账面价值为200万元的商品以160万元的价格出售给乙公司。至20×9年12月31日，该批商品尚未对外部第三方出售。假定甲公司取得该项投资时，乙公司各项可辨认资产、负债的公允价值与账面价值相同，两者在以前期间未发生过内部交易。乙公司20×9年实现的净利润为1 500万元。不考虑相关税费等其他因素影响。

甲公司在确认应享有乙公司20×9年的净损益时，如果有证据表明该商品交易价格160万元与其账面价值200万元之间的差额为减值损失的，不应予以抵销。甲公司应当进行以下会计处理：

借：长期股权投资——损益调整　　3 000 000（15 000 000×20%）

　贷：投资收益　　3 000 000

第二，投资方与联营企业及合营企业之间发生的投出或出售资产的交易构成业务的，应当按照《企业会计准则第20号——企业合并》《企业会计准则第33号——合并财务报表》的有关规定进行会计处理：联营、合营企业向投资方出售业务的，投资方应按《企业会计准则第20号——企业合并》的规定进行会计处理，投资方应全额确认与交易相关的利得或损失；投资方向联营、合营企业投出业务，并能对联营、合营企业实施重大影响或共同控制的，应以投出业务的公允价值作为新增长期股权投资的初始投资成本，初始投资成本与投出业务的账面价值之间的差额，全额计入当期损益。投资方向联营、合营企业出售业务，取得的对价与业务的账面价值之间的差额，全额计入当期损益。

在针对上述Ⅰ、Ⅱ、Ⅲ、Ⅳ四个因素对被投资单位实现的净利润进行调整时，应考虑重要性原则，不具重要性的项目可不予调整。符合下列条件之一的，投资企业可以直接以被投资单位的账面净利润为基础，计算确认投资损益，同时应在财务报表附注中说明不能按照准则规定进行核算的原因：

A. 投资企业无法合理确定取得投资时被投资单位各项可辨认资产等的公允价值；

B. 投资时被投资单位可辨认净资产的公允价值与其账面价值相比，两者之间的差额不具重要性的；

C. 其他原因导致无法取得被投资单位的有关资料，不能按照准则中规定的原则对被投资单位的净损益进行调整的。

② 被投资单位发生净亏损。

当被投资单位发生净亏损的时候，投资企业仍然需要考虑前文Ⅰ、Ⅱ、Ⅲ、Ⅳ四个因素，对被投资单位的净亏损进行调整。进行的会计处理为借记“投资收益”科目，贷记“长期股权投资——损益调整”科目。

【例7-17】甲企业持有乙公司20%有表决权的股份，能够对乙公司的财务和生产经营决策施加重大影响。20×7年，甲企业将其账面价值为600万元的商品以1 000万元的价格出售给乙公司。至20×7年12月31日，该批商品尚未对外部第三方出售。假定甲企业取得该项投资时，乙公司各项可辨认资产、负债的公允价值与账面价值相同，两者在以前期间未发生过内部交易。乙公司20×7年净亏损为2 000万元。假定不考虑所得税因素的影响。

甲企业在该项内部顺流交易中实现毛利400万元，在采用权益法计算确认投资损益时应予抵销，即抵销后的净利润为-2 400万元（-2 000-400），甲企业应当进行的账务处理为：

借：投资收益　　　　　　　　　　　　　　4 800 000（24 000 000×20%）

　贷：长期股权投资——损益调整　　　　　　　　　　4 800 000

但是当被投资单位存在超额亏损的情况时，投资企业确认应分担被投资单位发生的损失，可能会导致长期股权投资的账面价值冲减到零，这时应寻找企业是否存在其他实质上构成对被投资单位净投资的长期权益，比如企业对被投资单位的长期债权，该债权没有明确的清收计划且在可预见的未来期间不准备收回，实质上构成了对被投资单位的净投资。需要注意的是，投资企业与被投资单位之间因销售商品、提供劳务等日常活动产生的长期债权不属于上述实质上对被投资单位净投资的长期权益。

投资企业在确认应分担被投资单位发生的亏损时，具体应按照以下顺序进行处理：

首先，减记长期股权投资的账面价值。

其次，在长期股权投资的账面价值减记至零的情况下，对于未确认的投资损失，考虑除长期股权投资以外，账面上是否有其他实质上构成对被投资单位净投资的长期权益项目，如果有，则应以其他长期权益的账面价值为限，继续确认投资损失，冲减长期应收项目等的账面价值。

最后，经过上述处理，如按照投资合同或协议约定，投资企业仍需要承担额外损失弥补等义务的，应按预计将承担的义务金额确认预计负债，计入当期投资损失。

如果除上述情况外仍存在未确认的应分担被投资单位的损失，应在账外备查登记。

被投资单位发生超额损失时，应借记“投资收益”科目，贷记“长期股权投资——损益调整”科目。在长期股权投资的账面价值减记至零以后，考虑其他实质上构成对被投资单位净投资的长期权益，按继续确认的投资损失，借记“投资收益”科目，贷记“长期应收款”等科目；因投资合同或协议约定导致投资企业需要承担额外义务的，按照《企业会计准则第13号——或有事项》的规定，对于符合确认条件的义务，应确认为当期损失，同时确认预计负债，借记“投资收益”科目，贷记“预计负债”科目。

在确认了有关的投资损失以后，被投资单位于以后期间实现盈利的，应按以上相反顺序分别减记账外备查登记的金额、已确认的预计负债、恢复其他长期权益及长期股权投资的账面价值，同时确认投资收益，即应当按顺序分别借记“预计负债”“长期应收款”“长期股权投资”等科目，贷记“投资收益”科目。

【例 7-18】甲公司持有乙公司40%的股权，能够对乙公司施加重大影响。20×8年12月31日该股权投资的账面价值为2 000万元。乙公司20×9年由于一项主要经营业务市场条件发生骤变，本年度发生亏损3 000万元。假定甲公司在取得投资时，乙公司各项可辨认资产、负债的公允价值与其账面价值相同，没有发生过内部交易，采用的会计政策和会计期间也相同，则甲公司20×9年应确认的投资损失为1 200万元。账务处理为：

借：投资收益	12 000 000	
贷：长期股权投资——损益调整		12 000 000

如果20×9年的亏损额为6 000万元，甲公司账上还有实质上构成对乙公司净投资的应收乙公司的长期应收款800万元。账务处理为：

借：投资收益	24 000 000	
贷：长期股权投资——损益调整		20 000 000
长期应收款		4 000 000

微课7.1　权益法的分类

拓展阅读

权益法的分类

权益法分为不完全权益法和完全权益法，不完全权益法又分为简单权益法和复杂权益法。不同的方法对于投资收益的确认如下所示：

简单权益法：投资收益=A×D

复杂权益法：投资收益=（A±B）×D

完全权益法：投资收益=（A±B±C）×D

其中：

A——账面净利润；

B——投资时被投资单位可辨认资产、负债公允价值与账面价值的差额；

C——顺、逆流交易产生的未实现损益；

D——持股比例。

由此可见，在确认投资收益时，除了简单权益法可以对被投资单位的账面净利润“拿来就用”，不需要做任何调整外，其余两种方法都需要进行调整。复杂权益法仅仅是在净利润基础上调整了被投资单位可辨认资产、负债公允价值与账面价值的差额（B部分），并没有将影响损益的全部因素予以剔除，因此还属于不完全权益法。完全权益法则是一种考虑最全面的方法，它既需要调整B部分，又需要调整投资企业与被投资企业之间的顺、逆流交易产生的未实现损益（C部分）。其实在实务处理中，这才是最复杂的处理方法。

需要说明的是，上述三种权益法在我国的不同时期分别予以应用。2006年之前，我国《企业会计准则——投资》中使用的是简单权益法。2006年2月15日，财政部颁布的《企业会计准则第2号——长期股权投资》中采用的是复杂权益法。而2007年11月16日，财政部颁布的《企业会计准则解释第1号》中采用的则是完全权益法。也就是说，我国目前采用的权益法就是完全权益法。这也从一个侧面印证了我国会计准则在与国际财务报告准则持续趋同的进程中日趋完善。

（3）被投资单位进行利润分配。

按照权益法核算的长期股权投资，投资企业自被投资单位取得的现金股利或利润，应冲减长期股权投资的账面价值。在被投资单位宣告分派现金股利或利润时，借记“应收股利”科目，贷记“长期股权投资——损益调整”科目；自被投资单位取得的现金股利或利润超过已确认“损益调整”的部分，应视同“长期股权投资——投资成本”的收回。如果被投资单位分派的是股票股利，则投资企业不做账务处理，但应于除权日注明所增加的股数，以反映股份的变化情况。

【例7-19】甲公司持有乙公司30%股份，能够对乙公司施加重大影响。20×8年乙公司实现净利润1 000万元，甲公司按照持股比例确认投资收益300万元。20×9年5月15日，乙公司宣告发放现金股利，甲公司可以分得股利150万元，20×9年5月20日，甲公司收到现金股利。甲公司应进行以下账务处理：

① 确认投资收益。

借：长期股权投资——损益调整	3 000 000	
贷：投资收益		3 000 000

② 乙公司宣告发放现金股利。

借：应收股利	1 500 000	
贷：长期股权投资——损益调整		1 500 000

③ 收到乙公司宣告发放的现金股利。

借：银行存款	1 500 000	
贷：应收股利		1 500 000

（4）被投资单位其他综合收益发生变动。

在权益法核算下，被投资单位的其他综合收益发生变动，也会影响被投资单位的所有者权益总额，进而影响到投资企业应享有被投资单位所有者权益的份额。因此，投资企业应当按照归属于本企业的部分，相应调整长期股权投资的账面价值，同时增加或减少其他综合收益。

【例7-20】甲公司持有乙公司30%的股份，能够对乙公司施加重大影响。当期，乙公司将作为存货的房地产转换为以公允价值计量的投资性房地产，转换日公允价值大于账面价值1 500万元计入了其他综合收益。不考虑其他因素，甲公司当期按照权益法核算应确认的其他综合收益为450万元（1 500×30%）。账务处理为：

借：长期股权投资——其他综合收益	4 500 000	
贷：其他综合收益		4 500 000

（5）被投资单位除净损益、利润分配、其他综合收益以外的所有者权益其他变动。

采用权益法核算时，如果被投资单位接受其他股东的资本性投入，被投资单位发行可分离交易的可转换公司债券中包含的权益成分，以权益结算的股份支付、其他股东对被投资单位增资导致投资方持股比例变动等事项，都会导致被投资单位的所有者权益发生变动。此时，投资企业也应按照持股比例计算被投资单位所有者权益的其他变动归属于本企业的部分，相应调整长期股权投资的账面价值，同时增加或减少资本公积（其他资本公积），并在备查簿中予以登记。

【例7-21】A企业持有B企业30%的股份，能够对B企业施加重大影响。B企业为上市公司，当期B企业的母公司向B企业捐赠2 000万元，B企业将其计入资本公积（股本溢价）。不考虑其他因素，A企业确认应享有被投资单位所有者权益的其他变动为600万元（2 000×30%）。账务处理为：

借：长期股权投资——其他权益变动　　6 000 000

　贷：资本公积——其他资本公积　　6 000 000

特别提示

当子公司出现经营亏损时，母公司为维持子公司正常经营，会给予子公司一定的补贴，该补贴不要求子公司在以后期间偿还。该补贴是单方的、无偿的，不要求子公司为此支付对价，因此，从形式上看属于捐赠，但从实质上看是母公司对子公司的资金投入，即资本性投入，因此该捐赠不应当计入当期营业外收入，而应计入所有者权益项目。

7.2.3 成本法与权益法的比较

表7-3总结和归纳了成本法和权益法的不同。

表7-3　**成本法和权益法的区别**

项目	成本法	权益法
股权投资日投资成本与被投资单位可辨认净资产公允价值的份额	不比较	需比较，按两者孰高入账
被投资单位其他综合收益项目发生变动	不考虑	按持股比例调整
被投资单位其他所有者权益项目发生变化	不考虑	按持股比例调整
被投资单位实现净利润	不考虑	在将净利润调整后，调增账面价值
被投资单位发生净亏损	不考虑	在将净亏损调整后，调减账面价值
被投资单位分配股利或利润	作为投资收益	调减账面价值，当作撤资

由于被投资单位的所有者权益变化主要有股本变动、资本公积变动、其他综合收益变动、未分配利润变动，而引起未分配利润变动的无非是由被投资单位的盈亏和利润分配事项，因此可以看出，权益法下的长期股权投资牢牢“盯住”了被投资单位的所有者权益项目，当被投资单位的所有者权益变动时，立即按持股比例调整长期股权投资的账面价值，这就是它被命名为“权益法”的内在原因。

7.2.4　长期股权投资减值

当长期股权投资在资产负债表日存在可能发生减值的迹象时，其可收回金额低于账面价值的，应当将该长期股权投资的账面价值减记至可收回金额，企业按应减记的金额，借记“资产减值损失”科目，贷记“长期股权投资减值准备”科目。长期股权投资减值准备一经确认，以后会计期间不得转回。

7.2.5　长期股权投资的处置

当投资企业处置全部长期股权投资时，按实际收到的金额，借记“银行存款”等科目，并应同时结转已计提的长期股权投资减值准备，借记“长期股权投资减值准备”科目，按该长期股权投资的账面余额，贷记“长期股权投资”科目，按尚未领取的现金股利或利润，贷记“应收股利”科目，按其差额，贷记或借记“投资收益”科目。同时，还应结转原计入其他综合收益和资本公积的相关金额，借记或贷记“其他综合收益”（可以结转损益的部分）、“资本公积——其他资本公积”科目，贷记或借记“投资收益”科目。对于其他综合收益中不能结转损益的部分，则转入留存收益，不计入损益，借记或贷记“其他综合收益”科目（不能结转损益的部分），贷记或借记“盈余公积”“利润分配——未分配利润”等科目。

当投资企业部分处置长期股权投资，导致对被投资单位的股权投资比例发生变动时，参照7.3节的具体规定。

【例7-22】20×3年1月5日，A公司将持有的B公司股票全部转让，收到的转让金额为3 000万元。A公司的长期股权投资中“投资成本”为借方2 412万元，“损益调整”为借方294.5万元，“其他权益变动”为借方125万元。

A公司进行的会计处理为：

借：银行存款	30 000 000	
贷：长期股权投资——投资成本		24 120 000
——损益调整		2 945 000
——其他权益变动		1 250 000
投资收益		1 685 000
借：资本公积——其他资本公积	1 250 000	
贷：投资收益		1 250 000

7.3　投资比例变化时的会计处理

对被投资单位的股权投资比例变化时，会出现如图7-1所示的六种情形：

（1）追加投资，由金融资产转变为权益法核算的长期股权投资；

（2）追加投资，由权益法核算的长期股权投资转变为成本法核算的长期股权投资；

（3）追加投资，由金融资产转变为成本法核算的长期股权投资；

（4）减少投资，由成本法核算的长期股权投资转变为权益法核算的长期股权投资；

（5）减少投资，由权益法核算的长期股权投资转变为金融资产；

（6）减少投资，由成本法核算的长期股权投资转变为金融资产。

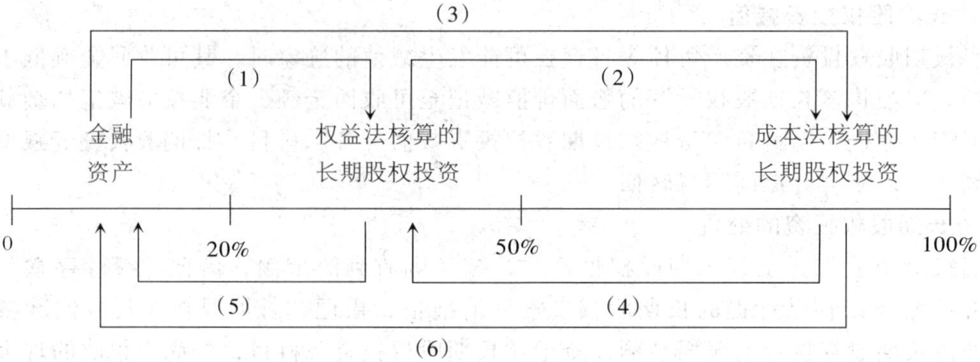

图7-1　股权比例变化图

7.3.1　追加投资，由金融资产转变为权益法核算的长期股权投资

当投资企业对原持有的被投资单位的股权不具有控制、共同控制或重大影响时，按照《企业会计准则第22号——金融工具确认和计量》的规定进行会计处理，因追加投资导致持股比例增加，使其能够对被投资单位实施共同控制或重大影响而转按权益法核算的长期股权投资时，应在转换日，按照原金融资产的公允价值加上为取得新增投资而支付对价的公允价值，作为改按权益法核算的长期股权投资的初始投资成本。在此基础上，比较初始投资成本与获得被投资单位可辨认净资产公允价值份额之间的差额，前者大于等于后者的，不调整长期股权投资的账面价值；前者小于后者的，差额调整长期股权投资的账面价值，并计入当期营业外收入。

由于金融资产与长期股权投资之间的转变，属于“跨越会计处理界限”的转变，因此伴随金融资产的终止确认，原持有的金融资产分类为以公允价值计量且其变动计入当期损益的金融资产，其公允价值与账面价值之间的差额应当转入当期损益；原持有的金融资产指定为以公允价值计量且其变动计入其他综合收益的非交易性权益工具投资的，其公允价值与账面价值之间的差额以及原计入其他综合收益的累计公允价值变动应当直接转入留存收益。

【例7-23】20×5年2月1日，甲公司以900万元取得乙公司10%股权，对乙公司不具有控制、共同控制和重大影响，甲公司将其作为以公允价值计量且其变动计入当期损益的金融资产。20×6年2月1日，甲公司又以1 800万元取得乙公司12%股权，当日乙公司可辨认净资产公允价值总额为12 000万元。取得该部分股权后，按照乙公司章程的规定，甲公司能够派人参与乙公司的财务和生产经营决策，对该项长期股权投资转为采用权益法核算。20×6年2月1日，甲公司对乙公司原10%股权投资的公允价值为1 300万元，原计入公允价值变动120万元。

本例中，20×6年2月1日，甲公司对乙公司投资原10%股权的公允价值为1 300万元，账面价值为1 020万元（900+120），差额280万元计入损益。

甲公司对乙公司股权增持后，持股比例为22%，初始投资成本为3 100万元（1 300+1 800），应享有乙公司可辨认净资产公允价值份额为2 640万元（12 000×22%），前者大于后者460万元，不调整长期股权投资的账面价值。甲公司进行的账务处理为：

借：长期股权投资——投资成本　　　　31 000 000

贷：银行存款　　18 000 000
　　交易性金融资产——成本　　9 000 000
　　　　　　　　——公允价值变动　　1 200 000
　　投资收益　　2 800 000

7.3.2　追加投资，由权益法核算的长期股权投资转变为成本法核算的长期股权投资

母公司对子公司的控制权，可以通过多次交易分步取得。因追加投资导致原对合营企业、联营企业施加重大影响、按照权益法核算的长期股权投资，形成了对子公司控制的、按照成本法核算的长期股权投资，需区分同一控制合并和非同一控制合并两种情况。

（1）同一控制下，应当以持股比例计算的合并日应享有被合并方在最终所有者合并财务报表中所有者权益账面价值的份额，作为该项投资的初始投资成本。初始投资成本与权益法核算下的长期股权投资的账面价值加上合并日为取得新的股份所支付对价的账面价值之和的差额，调整资本公积（资本溢价或股本溢价），资本公积不足冲减的，冲减留存收益。

（2）非同一控制下，应当以购买日之前原权益法下账面价值加上购买日新取得的股份所支付对价的公允价值之和，作为该项投资的初始投资成本。

如果合并日或购买日之前持有的长期股权投资涉及其他资本公积和其他综合收益，由于长期股权投资没有终止确认，因此合并日或购买日对这部分所有者权益项目不作处理，直到处置长期股权投资时，才将其转入当期损益或留存收益。

【例7-24】甲、乙公司都为丙公司的子公司。20×8年3月，甲公司以12 000万元取得乙公司22%的股权，并能对乙公司施加重大影响，采用权益法核算该项股权投资，当年确认对乙公司的投资收益为450万元。20×9年4月，甲公司又斥资15 000万元自母公司取得乙公司另外30%的股权。甲公司除净利润外，无其他所有者权益变动。甲公司对该项长期股权投资未计提任何减值准备。在合并日，乙公司在丙公司合并财务报表中所有者权益账面价值为60 000万元。

追加投资后，长期股权投资的成本应为60 000万元的52%，即31 200万元，而按照权益法核算时长期股权投资的入账价值已经为12 450万元（12 000+450）。因此，新增的长期股权投资入账价值为18 750万元（31 200−12 450），与支付的对价15 000万元之间的差额调整资本公积。甲公司进行的账务处理为：

借：长期股权投资　　187 500 000
　贷：银行存款　　150 000 000
　　　资本公积——资本溢价　　37 500 000

承前例，如果甲公司和丙公司不存在任何关联方关系，则在购买日，甲公司应进行以下账务处理：

借：长期股权投资　　150 000 000
　贷：银行存款　　150 000 000

甲公司长期股权投资的账面价值=12 000+450+15 000=27 450（万元）

7.3.3 追加投资，由金融资产转变为成本法核算的长期股权投资

原持有的金融资产，因追加投资形成了对被投资单位施加控制的长期股权投资，也需区分同一控制合并和非同一控制合并两种情况。

（1）同一控制下，应当以持股比例计算的合并日应享有被合并方在最终控制方合并财务报表账面所有者权益份额，作为该项投资的初始投资成本。初始投资成本与原金融资产账面价值加上合并日为取得新的股份所支付对价的账面价值之和的差额，调整资本公积（资本溢价或股本溢价），资本公积不足冲减的，冲减留存收益。

（2）非同一控制下，应当以购买日金融资产的公允价值加上购买日为取得新的股份所支付对价的公允价值之和，作为该项投资的初始投资成本。

此时金融资产与长期股权投资之间的转变，也属于“跨越会计处理界限”的转变，伴随金融资产的终止确认，原持有的金融资产分类为以公允价值计量且其变动计入当期损益的金融资产，其公允价值与账面价值之间的差额应当转入当期损益；原持有的金融资产指定为以公允价值计量且其变动计入其他综合收益的非交易性权益工具投资的，其公允价值与账面价值之间的差额以及原计入其他综合收益的累计公允价值变动应当直接转入留存收益。

【例 7-25】20×8 年 3 月，A 公司以 2 000 万元取得 B 上市公司 5% 的股权，对 B 公司不具有重大影响，A 公司将其按其他权益工具投资核算。20×9 年 4 月 1 日，A 公司又斥资 25 000 万元自 C 公司取得 B 公司另外 50% 的股权。假定 A 公司在取得对 B 公司的长期股权投资后，B 公司未宣告发放现金股利。A 公司原持有 B 公司 5% 的股权于 20×9 年 3 月 31 日的公允价值为 2 500 万元，累计计入其他综合收益的金额为 500 万元。A 公司按 10% 提取法定盈余公积。A 公司和 C 公司不存在任何关联方关系。

借：长期股权投资	275 000 000	
贷：其他权益工具投资——成本		20 000 000
——公允价值变动		5 000 000
银行存款		250 000 000
借：其他综合收益	5 000 000	
贷：盈余公积		500 000
利润分配——未分配利润		4 500 000

7.3.4 减少投资，由成本法核算的长期股权投资转变为权益法核算的长期股权投资

因处置投资导致对被投资单位的影响力下降，由控制转为具有重大影响，或与其他投资方一起实施共同控制的情况下，首先应按处置或收回投资的比例结转应终止确认的长期股权投资成本。在此基础上，应当比较剩余的长期股权投资成本与按照剩余持股比例计算原投资时应享有被投资单位可辨认净资产公允价值的份额，属于投资作价中体现的商誉部分，不调整长期股权投资的账面价值；属于投资成本小于被投资单位可辨认净资产公允价值份额的，在调整长期股权投资成本的同时，应调整留存收益。对于原取得投资后至转变为权益法核算之间被投资单位实现的净损益中应享有的份额，应调整长期股权投资的账面价值，同时对于原取得投资时至处置投资当期期初被投资单位实现的净损益（扣除已发放及已宣告发放的现金股利及利润）中应享有的份额，调整留存收益，对于处置投资当期期

初至处置投资之日被投资单位实现的净损益中享有的份额，调整当期损益；其他原因导致被投资单位所有者权益变动中应享有的份额，在调整长期股权投资账面价值的同时，应当记入“其他综合收益”或“资本公积——其他资本公积”科目。

【例7-26】20×7年1月1日，甲公司支付600万元取得乙公司100%的股权，投资当时乙公司可辨认净资产的公允价值为500万元。20×7年1月1日至20×8年12月31日，乙公司的净资产增加了75万元，其中按购买日公允价值计算的净利润50万元，持有的其他权益工具投资的公允价值升值25万元。

20×9年1月8日，甲公司转让乙公司60%的股权，收取现金480万元存入银行，转让后甲公司对乙公司的持股比例为40%，能对其施加重大影响。20×9年1月8日，即甲公司丧失对乙公司的控制权日，乙公司剩余40%股权的公允价值为320万元。假定甲、乙公司提取盈余公积的比例均为10%，乙公司未分配现金股利，不考虑其他因素的影响。甲公司的账务处理如下：

（1）确认部分股权处置收益。

借：银行存款　　4 800 000

　贷：长期股权投资　　3 600 000（6 000 000×60%）

　　投资收益　　1 200 000

（2）对剩余股权改按权益法核算。

借：长期股权投资　　300 000（750 000×40%）

　贷：盈余公积　　20 000（500 000×40%×10%）

　　利润分配——未分配利润　　180 000（500 000×40%×90%）

　　其他综合收益　　100 000（250 000×40%）

经过上述调整，剩余股权的账面价值为270万元（600×40%+30)。

投资方因其他投资方对其子公司增资而导致本投资方持股比例下降，从而丧失控制权但能实施共同控制或施加重大影响的，投资方在个别财务报表中，应当对该项长期股权投资从成本法核算转为权益法核算。首先，按照新的持股比例确认本投资方应享有的原子公司因增资扩股而增加净资产的份额，与应结转持股比例下降部分所对应的长期股权投资原账面价值之间的差额计入当期损益；然后，按照新的持股比例视同自取得投资时即采用权益法核算进行调整。

【例7-27】20×7年1月1日，甲公司以3 000万元取得乙公司60%的股权，能够对乙公司实施控制。当日，乙公司可辨认净资产公允价值为4 500万元。20×9年10月1日，乙公司向非关联方丙公司定向增发新股，增资2 700万元，相关手续于当日完成，甲公司对乙公司持股比例下降为40%，对乙公司丧失控制权但仍有重大影响。20×7年1月1日至20×9年10月1日，乙公司实现净利润2 500万元，其中，20×7年1月1日至20×8年12月31日，乙公司实现净利润2 000万元。假定乙公司一直未进行利润分配，也未发生其他计入资本公积和其他综合收益的交易或事项。甲公司按照净利润的10%提取法定盈余公积，不考虑相关税费等其他因素影响。

20×9年10月1日，甲公司有关账务处理如下：

（1）按比例结转部分长期股权投资账面价值并确认相关损益80万元（2 700×40%-3 000×

（60%-40%）÷60%）。

借：长期股权投资　　800 000

　贷：投资收益　　800 000

（2）对剩余股权视同自取得投资时即采用权益法核算进行调整。

借：长期股权投资——损益调整　　10 000 000

　贷：盈余公积　　800 000（20 000 000×40%×10%）

　　利润分配——未分配利润　　7 200 000（20 000 000×40%×90%）

　　投资收益　　2 000 000（5 000 000×40%）

7.3.5 减少投资，由权益法核算的长期股权投资转变为金融资产

投资企业原先对被投资单位股权投资按权益法核算，因部分处置等原因导致持股比例下降，丧失对被投资单位实施共同控制或重大影响时，应改按《企业会计准则第22号——金融工具确认和计量》的规定对剩余股权进行会计处理。对剩余股权在改按公允价值计量时，公允价值与其原账面价值之间的差额计入当期损益。同时，原采用权益法核算的有关其他综合收益（可以结转损益的部分）和其他资本公积项目，应当在终止确认长期股权投资时全部转入当期损益。对于不能结转损益的其他综合收益，转入留存收益，不计入当期损益。

【例7-28】甲公司持有乙公司30%股份，能够对乙公司施加重大影响，对该长期股权投资采用权益法核算。20×8年10月，甲公司将该项投资中的50%出售给非关联方，取得价款1 800万元，相关股权划转手续于当日完成。甲公司持有乙公司剩余15%股权，无法再对乙公司施加重大影响，转为以公允价值计量且其变动计入当期损益的金融资产。股权出售日，剩余股权的公允价值为1 800万元。

出售该股权时，长期股权投资的账面价值为3 200万元，其中，“投资成本”为2 600万元，“损益调整”为300万元，“其他综合收益”为200万元（均不得转入损益），“其他权益变动”为100万元。不考虑相关税费等其他因素影响，甲公司按10%的比例提取法定盈余公积，进行的账务处理如下：

（1）确认有关股权投资的处置损益。

借：银行存款　　18 000 000

　贷：长期股权投资——投资成本　　13 000 000

　　　　　　　　——损益调整　　1 500 000

　　　　　　　　——其他综合收益　　1 000 000

　　　　　　　　——其他权益变动　　500 000

　　投资收益　　2 000 000

（2）将剩余长期股权投资转为交易性金融资产。

借：交易性金融资产——成本　　18 000 000

　贷：长期股权投资——投资成本　　13 000 000

　　　　　　　　——损益调整　　1 500 000

　　　　　　　　——其他综合收益　　1 000 000

　　　　　　　　——其他权益变动　　500 000

　　投资收益　　2 000 000

(3) 由于终止确认长期股权投资，将原确认的不能结转损益的其他综合收益转入留存收益，原计入资本公积的全部转入当期损益。

借：其他综合收益　　2 000 000

　贷：盈余公积——法定盈余公积　　200 000

　　利润分配——未分配利润　　1 800 000

借：资本公积——其他资本公积　　1 000 000

　贷：投资收益　　1 000 000

7.3.6 减少投资，由成本法核算的长期股权投资转变为金融资产

投资企业原持有被投资单位的股份达到控制地位，其后因处置等原因导致持股比例下降，不能再对被投资单位实施控制、共同控制或重大影响的，应将剩余股权改按《企业会计准则第22号——金融工具确认和计量》的要求进行会计处理，并于丧失控制权日将剩余股权按公允价值重新计量，公允价值与其账面价值的差额计入当期损益。

【例7-29】甲公司持有乙公司60%股权并能控制乙公司，投资成本为1 200万元，按成本法核算。20×8年5月12日，甲公司出售所持乙公司股权的90%给非关联方，取得价款1 800万元，剩余10%股权于丧失控制权日的公允价值为200万元，甲公司将其分类为以公允价值计量且其变动计入当期损益的金融资产。假定不考虑其他因素，甲公司于丧失控制权日的账务处理如下：

(1) 出售股权。

借：银行存款　　18 000 000

　贷：长期股权投资　　10 800 000（12 000 000×90%）

　　投资收益　　7 200 000

(2) 剩余股权的处理。

借：交易性金融资产——成本　　2 000 000

　贷：长期股权投资　　1 200 000（12 000 000×10%）

　　投资收益　　800 000

需要注意的是，对于前文归纳的第二、三种情况，企业通过多次交易分步取得同一控制下被投资单位的股权，最终形成企业合并的，应当判断多次交易是否属于“一揽子交易”。多次交易的条款、条件以及经济影响符合以下一种或多种情况，通常表明应将多次交易事项作为“一揽子交易”进行会计处理：

① 这些交易是同时或者在考虑了彼此影响的情况下订立的；

② 这些交易只有作为整体才能达成一项完整的商业结果；

③ 一项交易的发生取决于其他至少一项交易的发生；

④ 一项交易单独看是不经济的，但是和其他交易一并考虑时是经济的。

属于“一揽子交易”的，合并方应当将各项交易作为一项取得控制权的交易进行会计处理；不属于“一揽子交易”的，取得控制权日，应按照前文处理步骤进行会计处理。

对于前文归纳的第四、六种情况，企业通过多次交易分步处置对子公司股权投资直至丧失控制权，如果上述交易属于“一揽子交易”，应当将各项交易作为一项处置子公司股

权投资并丧失控制权的交易进行会计处理。但是，在丧失控制权之前每一次处置价款与所处置的股权对应的长期股权投资账面价值之间的差额，应当先确认为其他综合收益，到丧失控制权时再一并转入丧失控制权的当期留存收益。不属于“一揽子交易”的，应按照前文处理步骤进行会计处理。

思政园地

“一带一路”倡议是加强国际合作、促进共同发展的积极探索与伟大实践。2014年12月29日，为响应“一带一路”倡议而专门设立的中长期开发投资机构——丝路基金有限责任公司在北京注册成立。丝路基金秉承“开放包容、互利共赢”的理念，始终坚持发挥中长期股权投资的优势，以市场化、国际化、专业化的运作方式，为境外投资项目提供丰富的融资选择，促进资金融通与发挥协同效应，实现互利共赢与可持续发展。

丝路基金始终立足于将项目建设与所在国家和地区发展规划相对接，为有益于可持续发展的大型基础设施国际合作项目提供多元化融资支持。项目坚持遵循国际市场的规则，贯彻绿色环保与可持续发展的标准，遵守所在国家和地区的法律法规，为当地经济可持续发展与民生改善作出了积极贡献，也有力促进了不同经济主体之间产业与技术的双向交流。丝路基金在实践中不断探索行之有效的投融资合作模式，为促进“一带一路”资金融通积累了可复制、可推广的宝贵经验。

本章小结与思维导图

本章主要阐述了长期股权投资的初始计量、后续计量、股权投资比例变动时的会计处理。

同一控制合并形成的长期股权投资按照合并日应享有被合并方相对于最终控制方而言的账面所有者权益的份额确定长期股权投资的成本，与放弃对价账面价值之间的差额影响所有者权益项目，不影响损益。

非同一控制合并形成的长期股权投资按照购买日确定的合并成本作为长期股权投资的成本。放弃对价的账面价值与公允价值之间的差额，记入相关的损益类科目。

长期股权投资的成本法后续计量，除了追加投资或收回投资，一般不影响长期股权投资的账面价值。

长期股权投资的权益法后续计量，随着被投资单位的所有者权益的变动，按照持股比例使长期股权投资的账面价值发生变动。目前我国应用的是完全权益法。

股权投资增减变动时，会导致企业在金融资产和长期股权投资中进行转换。只有“跨越会计处理界限”时，即当金融资产或长期股权投资终止确认时，与原终止确认资产有关的其他综合收益、资本公积转入投资收益或留存收益。

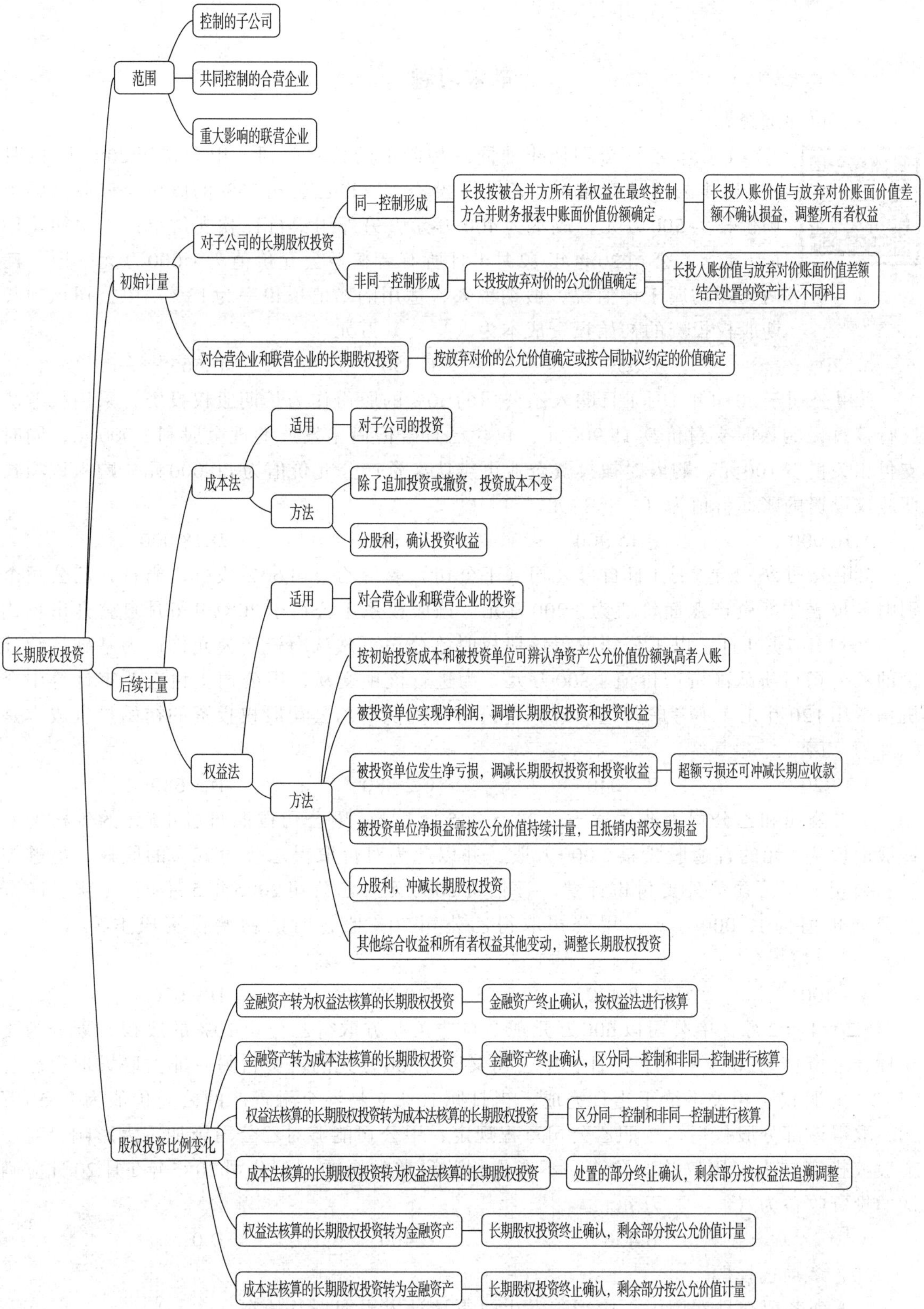
长期股权投资
范围
控制的子公司
共同控制的合营企业
重大影响的联营企业
初始计量
对子公司的长期股权投资
同一控制形成
长投按被合并方所有者权益在最终控制方合并财务报表中账面价值份额确定
长投入账价值与放弃对价账面价值差额不确认损益，调整所有者权益
非同一控制形成
长投按放弃对价的公允价值确定
长投入账价值与放弃对价账面价值差额结合处置的资产计入不同科目
对合营企业和联营企业的长期股权投资
按放弃对价的公允价值确定或按合同协议约定的价值确定
后续计量
成本法
适用
对子公司的投资
方法
除了追加投资或撤资，投资成本不变
分股利，确认投资收益
权益法
适用
对合营企业和联营企业的投资
方法
按初始投资成本和被投资单位可辨认净资产公允价值份额孰高者入账
被投资单位实现净利润，调增长期股权投资和投资收益
被投资单位发生净亏损，调减长期股权投资和投资收益
超额亏损还可冲减长期应收款
被投资单位净损益需按公允价值持续计量，且抵销内部交易损益
分股利，冲减长期股权投资
其他综合收益和所有者权益其他变动，调整长期股权投资
股权投资比例变化
金融资产转为权益法核算的长期股权投资
金融资产终止确认，按权益法进行核算
金融资产转为成本法核算的长期股权投资
金融资产终止确认，区分同一控制和非同一控制进行核算
权益法核算的长期股权投资转为成本法核算的长期股权投资
区分同一控制和非同一控制进行核算
成本法核算的长期股权投资转为权益法核算的长期股权投资
处置的部分终止确认，剩余部分按权益法追溯调整
权益法核算的长期股权投资转为金融资产
长期股权投资终止确认，剩余部分按公允价值计量
成本法核算的长期股权投资转为金融资产
长期股权投资终止确认，剩余部分按公允价值计量

章末习题

一、单项选择题

微课7.2 第7章单项选择题第1题的讲解

1.甲、乙两公司属于非同一控制下的独立公司。甲公司于20×4年12月1日以本公司的商品A对乙公司投资，取得乙公司55%的股份。该商品的市场价格为500万元，成本为400万元，另外用银行存款支付审计、法律费用1万元。乙公司20×4年12月1日所有者权益公允价值为1 000万元，甲、乙两公司均属于增值税一般纳税人，适用的增值税税率为13%。甲公司该项长期股权投资的初始投资成本为（　　）万元。

A.520　　B.550　　C.350　　D.565

2.甲公司于20×4年1月1日购入乙公司的30%的股份作为长期股权投资，采用权益法进行核算，购入时支付价款15 900元，包含已宣告但尚未发放的现金股利1 000元，同时支付相关税费100元，购入时被投资企业可辨认净资产公允价值为60 000元。购入该项长期股权投资的账面价值为（　　）元。

A.16 000　　B.15 900　　C.15 000　　D.18 000

3.甲公司20×3年7月1日自母公司（丁公司）取得乙公司60%股权，当日，乙公司个别财务报表中净资产账面价值为3 200万元。该股权系丁公司于20×1年6月自公开市场购入。20×3年7月1日，以丁公司取得该股权时乙公司可辨认净资产公允价值为基础持续计量的乙公司可辨认净资产价值4 800万元。为进行该项交易，甲公司支付有关审计等中介机构费用120万元。不考虑其他因素，甲公司应确认对乙公司股权投资的初始投资成本是（　　）万元。

A.1 920　　B.2 040　　C.2 880　　D.3 680

4.甲公司和乙公司为非关联方。20×5年5月1日，甲公司按照每股4.5元的价格增发每股面值为1元的普通股股票2 000万股，并以此为对价取得乙公司70%的股权，能够控制乙公司。甲公司另外支付审计费、评估费20万元。乙公司20×5年5月1日可辨认净资产公允价值为12 000万元。甲公司取得乙公司70%股权时的初始投资成本为（　　）万元。

A.8 400　　B.8 420　　C.9 000　　D.9 020

5.20×4年2月，甲公司以600万元现金自非关联方取得乙公司10%的股权，划分为交易性金融资产。20×5年1月20日，甲公司又以1 200万元的现金自另一非关联方取得乙公司12%的股权，相关手续于当日完成，当日原10%交易性金融资产的公允价值为1 050万元。取得该部分股权后，按照乙公司章程规定，甲公司能够对乙公司施加重大影响，对该项股权投资转为采用权益法核算。不考虑相关税费的影响，甲公司20×5年1月20日应确认的投资收益为（　　）万元。

A.50　　B.450　　C.400　　D.0

二、多项选择题

1.下列各项交易费用中，应当于发生时直接计入当期损益的有（　　）。

A. 与取得交易性金融资产相关的交易费用

B. 同一控制下企业合并中发生的审计费用

C. 取得一项债权投资发生的交易费用

D. 非同一控制下企业合并中发生的资产评估费用

2. 甲公司20×3年1月2日取得乙公司30%的股权，并与其他投资方共同控制乙公司，甲公司、乙公司20×3年发生的下列交易或事项中，会对甲公司20×3年个别财务报表中确认对乙公司投资收益产生影响的有（　　）。

A. 乙公司股东大会通过发放股票股利的议案

B. 甲公司将成本为50万元的商品以80万元出售给乙公司作为固定资产

C. 投资时甲公司投资成本小于应享有乙公司可辨认净资产公允价值的份额

D. 乙公司将账面价值200万元的专利权作价360万元出售给甲公司作为无形资产

3. 20×7年1月2日，甲公司以货币资金取得乙公司30%的股权，初始投资成本为4 000万元；当日，乙公司可辨认净资产公允价值为14 000万元，与其账面价值相同。甲公司取得投资后即派人参与乙公司的生产经营决策，但未能对乙公司形成控制。乙公司20×7年实现净利润1 000万元。假定不考虑所得税等其他因素的影响，20×7年甲公司下列各项与该项投资相关的会计处理中，正确的有（　　）。

A. 确认商誉200万元　　　　B. 确认营业外收入200万元

C. 确认投资收益300万元　　D. 确认资本公积200万元

4. 甲公司于20×3年1月1日投资A公司（非上市公司），取得A公司有表决权资本的80%。A公司于20×3年4月1日分配现金股利10万元，20×3年实现净利润40万元，20×4年4月1日分配现金股利10万元，下列说法中正确的有（　　）。

A. 甲公司20×3年应确认投资收益0

B. 甲公司20×3年应确认投资收益8万元

C. 甲公司20×4年应确认投资收益8万元

D. 甲公司20×4年应确认投资收益16万元

5. 关于长期股权投资按权益法核算，下列说法中正确的有（　　）。

A. 长期股权投资的初始投资成本大于投资时应享有被投资单位可辨认净资产公允价值份额的，不调整长期股权投资的初始投资成本

B. 长期股权投资的初始投资成本大于投资时应享有被投资单位可辨认净资产公允价值份额的，其差额确认为商誉

微课7.3　第7章多项选择题第5题的讲解

C. 取得长期股权投资发生的相关费用应计入当期损益

D. 长期股权投资的初始投资成本小于投资时应享有被投资方可辨认净资产公允价值份额的，其差额计入当期损益，同时调整长期股权投资的初始投资成本

三、业务题

甲公司20×7年3月1日至20×9年1月5日发生下列与长期股权投资有关的经济业务：

（1）甲公司20×7年3月1日从证券市场上购入乙公司发行在外30%的股份并准备长期持有，从而能够对乙公司施加重大影响，实际支付款项2 000万元（含已宣告但尚未发放的现金股利60万元），另支付相关税费10万元。20×7年3月1日，乙公司可辨认净资产公

允价值为6 600万元。

（2）20×7年3月20日，收到现金股利。

（3）20×7年12月31日，乙公司其他权益工具投资的公允价值变动使其他综合收益增加了200万元。

（4）20×7年乙公司实现净利润510万元，其中1月份和2月份共实现净利润100万元，假定乙公司除一台设备外，其他资产的公允价值与账面价值相等。该设备20×7年3月1日的账面价值为400万元，公允价值为520万元，采用年限平均法计提折旧，预计尚可使用年限为10年。

（5）20×8年3月10日，乙公司宣告分派现金股利100万元。

（6）20×8年3月25日，收到现金股利。

（7）20×8年乙公司实现净利润612万元。

（8）20×9年1月5日，甲公司将持有乙公司5%的股份对外转让，收到款项390万元并存入银行，转让后持有乙公司25%的股份，对乙公司仍具有重大影响。甲公司按净利润的10%提取法定盈余公积。

要求：

（1）编制上述有关业务的会计分录。

（2）计算20×9年1月5日出售部分股份后长期股权投资的账面价值。

四、思考题

1. 长期股权投资的核算内容包括哪些？

2. 长期股权投资的后续计量有哪些方法？分别适用什么情况？

3. 长期股权投资的权益法核算有哪些特点？

4. 股权投资比例的转换有哪些情况？

5. 长期股权投资的成本法和权益法转换分别如何进行会计处理？

第7章习题答案

第8章/
合并财务报表（上）——基本理论

学习目标：理解合并范围的确定；理解合并财务报表的定义和编制原则；掌握合并财务报表编制的前期准备事项及程序；熟悉工作底稿和合并财务报表的结构和格式；理解合并财务报表的合并理论。

引导案例

2015年8月11日，Google联合创始人拉里·佩奇在官方博客上宣布，Google将成为一家类似集团公司的企业，新的集团公司的名称叫作Alphabet，其英文含义是"字母表"，因为目前Google的项目名称已经涵盖了英文的26个字母。Alphabet将取代Google成为上市公司，所有Google股票将被兑换成Alphabet股票。

新Google成为Alphabet的全资子公司，专门负责互联网业务。原本Google旗下的互联网业务，比如YouTube、Android等，仍然属于新的Google公司；而原本Google旗下与互联网不怎么相关的业务，比如Calico、GoogleVentures等，都将归到新成立的Alphabet旗下。Google采用这种"伞形"架构，将Google旗下的业务梳理得更为清晰。在引入新的企业结构后，Google将能够把主要业务与未来长期投资项目区分开来。

什么是母公司？什么是子公司？二者有什么关系？本章将对上述内容进行探讨。

8.1 合并财务报表概述

8.1.1 合并财务报表的概念

合并财务报表，是指反映母公司及其全部子公司形成的企业集团整体财务状况、经营成果和现金流量的财务报表。

与个别财务报表相比，合并财务报表具有以下特点：

第一，反映的对象是由母公司和全部子公司组成的会计主体。

第二，编制者是母公司。

第三，合并财务报表是站在企业集团主体的立场上，以纳入合并范围的企业个别财务报表为基础，根据其他有关资料，抵销母公司与子公司、子公司相互之间发生的内部交易，并在考虑了特殊交易事项对合并财务报表的影响后编制的，旨在反映企业集团整体的财务状况、经营成果和现金流量。

由此可见，合并财务报表的作用主要表现在两个方面：一是有助于向财务报告的使用者提供反映企业集团整体财务状况、经营成果和现金流量的会计信息，有助于财务报告的使用者作出经济决策；二是通过特殊的编制手段，避免了母公司利用控制关系人为粉饰财务报表情况的发生。

拓展阅读

合并财务报表的产生与发展

1886年，美国科尔顿石油托拉斯编制了世界上第一份合并财务报表。1888年，美国新泽西州《公司法》规定母子公司需编制合并财务报表。第一次世界大战期间，美国在《税法》中规定母子公司需合并纳税，从而使美国大部分控股公司都开始编制合并财务报表。1940年，美国证券交易委员会（SEC）规定上市公司必须编制和提供集团合并财务报表，编制合并财务报表成为上市公司的法定义务。由此，编制合并财务报表的企业越来越多。受美国合并财务报表的影响，一些发达资本主义国家在第二次世界大战后也逐步开始重视合并财务报表的编制。1948年，英国《公司法》规定，拥有子公司的企业必须在提供个别财务报表的基础上，对外报告企业集团报表。1965年，德国在《公共公司法》中规定企业编制集团财务报表。1971年，法国证券交易委员会要求公开发行债券的公司、股票上市公司以及所有公营企业编制合并财务报表。1977年，日本也要求编制和公布合并财务报表，制定并发布了相关的会计准则。

1992年，我国财政部颁布的《股份制试点企业会计制度》中要求在上海证券交易所和深圳证券交易所上市的股份有限公司于1992年开始编制合并财务报表。这是我国要求编制合并财务报表的最早的会计规范。1995年，财政部颁布了《合并会计报表暂行规定》，提高了我国上市公司编制合并财务报表的操作性。2006年，财政部发布的《企业会计准则第33号——合并财务报表》是我国会计准则体系中第一个正式的关于合并财务报表的会计准则。在与国际财务报告准则持续趋同的道路上，随着我国合并财务报表业务的日趋复杂，2014年财政部对合并财务报表准则进行了修订。

8.1.2 合并财务报表的组成

合并财务报表包括合并资产负债表、合并利润表、合并所有者权益（或股东权益）变动表、合并现金流量表和附注。

1）合并资产负债表

合并资产负债表是反映企业集团某一特定日期财务状况的报表。

2）合并利润表

合并利润表是反映企业集团整体在一定期间内经营成果的报表。

3）合并所有者权益（或股东权益）变动表

合并所有者权益（或股东权益）变动表是反映母公司在一定期间内，包括经营成果分配在内的所有者（或股东）权益增减变动情况的报表。它是从母公司的角度，站在母公司所有者的立场上反映企业所有者（或股东）在母公司中的权益增减变动情况的报表。

4）合并现金流量表

合并现金流量表是反映母公司和子公司所形成的企业集团在一定期间现金流入、流出量以及现金净增减变动情况的报表。

5）附注

附注是对在合并资产负债表、合并利润表、合并现金流量表和合并所有者权益（或股东权益）变动表等报表中列示项目的文字描述或明细资料，以及对未能在这些报表中列示项目的说明等。

8.2 合并范围的确定

合并财务报表的合并范围是纳入合并财务报表编制的子公司的范围，主要解决哪些被投资单位（或主体）应当纳入合并财务报表编报范围，哪些不应当纳入的问题。合并财务报表的合并范围以控制为基础予以确定。

8.2.1 控制的定义和判断

控制，是指投资方拥有对被投资方的权力，通过参与被投资方的相关活动而享有可变回报，并且有能力运用对被投资方的权力影响其回报金额。

1）权力

（1）当投资方能够主导被投资单位的相关活动时，就称为投资方对被投资方拥有权力。

相关活动是指对被投资方的回报产生重大影响的活动。对许多企业而言，财务和经营活动通常对其利润产生重大影响，进而影响到被投资方的回报，如商品或劳务的销售和购买、金融资产的管理、资产的购买和处置、研究与开发、确定资本结构和获取融资等活动。当然，不同企业的相关活动可能是不同的，即使是同一企业，在不同的环境和情况下，相关活动也可能有所不同，因此应当根据企业的行业特征、业务特点、发展阶段、市场环境等具体情况来进行判断。

投资方通常可以在以下方面对被投资方的相关活动作出决策：对被投资方的经营、融资等活动作出决策、编制预算等；任命被投资方的关键管理人员或服务提供商，并决定其报酬；终止与关键管理人员的劳务关系或终止与服务提供商的业务关系。

两个或两个以上投资方分别享有能够单方面主导被投资方不同相关活动的现时权利时，能够主导对被投资方回报产生最重大影响的活动的那一方才拥有对被投资方的权力。也就是说，控制只能是一方，不能是多方。

（2）权力是一种实质性权利，而不是保护性权利。

实质性权利，是指持有人在对相关活动进行决策时，有实际能力行使的可执行权利。保护性权利是旨在保护持有这些权利的当事方的权益，并不赋予当事方对相关活动决策权的一项权利。比如，银行拥有限制借款方进行增大其信用风险进而损害银行利益的活动的权利。这种仅持有保护性权利的投资方不能对被投资方实施控制，也不能阻止其他方对被投资方实施控制。

(3) 权力的持有人应为主要责任人。

权力是能够主导被投资方相关活动的现时能力，权力是为自己行使的，此时行使人为主要责任人，而不是代其他方行使权力（此时行使人为代理人）。决策者在确定其是否为代理人时，应总体考虑自身、被投资方以及其他方之间的关系，尤其需综合考虑决策者对被投资方的决策权范围、其他方享有的实质性权利、决策者的薪酬水平、决策者因持有被投资方的其他权益而承担可变回报的风险这四项因素。除非某一方拥有罢免该决策者的实质性权利，且能够实现无理由罢免，否则应当全面分析评价这四项因素的影响。

(4) 权力一般来源于表决权。

表决权是对被投资方经营计划、投资方案、年度财务预算方案和决算方案、利润分配方案和弥补亏损方案、内部管理机构的设置、聘任或解聘公司经理及确定其报酬、公司的基本管理制度等事项进行表决而持有的权力。表决权比例通常与其出资比例或持股比例是一致的，但公司章程另有规定的除外。

① 通过直接或间接持有半数以上表决权而拥有权力。

比如，P公司直接持有S公司60%的表决权，此时P公司对S公司拥有权力，能够对S公司实施控制。又如，P公司持有S1公司70%的表决权，S1公司又持有S2公司80%的表决权，在这种情况下，P公司通过对S1公司的控制，间接持有S2公司80%的表决权，因此也对S2公司拥有权力。再如，P公司持有S3公司90%的表决权，持有S4公司30%的表决权，S3又持有S4公司60%的表决权，在这种情况下，P公司不但控制S3公司，还因为S3公司间接持有S4公司60%的表决权，与其直接持有的30%表决权合计持有90%的表决权，从而也对S4公司拥有权力。

需要注意的是，在进行是否能够实施控制的分析时，投资方不仅需要考虑直接表决权，还要考虑其持有的潜在表决权以及其他方持有的潜在表决权的影响，以确定其对被投资方是否拥有权力。潜在表决权是获得被投资方表决权的权力，如可转换工具、认股权证、远期股权购买合同或期权所产生的权力。

② 直接或间接结合也只持有半数或半数以下表决权，但仍然可以通过表决权判断其拥有权力。

持有半数或半数以下表决权的投资方，或者虽持有半数以上表决权，但仅凭自身表决权比例仍不足以主导被投资方相关活动的投资方，应综合考虑下列情况，以判断是否拥有对被投资方的权力：

一是考虑投资方持有的表决权相对于其他投资方持有的表决权份额的大小，以及其他投资方持有表决权的分散程度。如果与其他方持有的表决权比例相比，投资方持有的表决权比例越高，越有可能有现时能力主导被投资方相关活动。为否决投资方而需要联合一致的行动方越多，投资方越有可能有现时能力主导被投资方相关活动。比如，P公司持有S公司40%的表决权，另外60%的表决权分散在全国1 000名投资者当中，且最多持有的表决权都不超过1%，没有任何股东与其他股东达成协议或能作出共同决策，此时可以认定P公司对S公司拥有权力。又如，P公司持有S公司45%的表决权，另两位投资者各持有被投资方26%的表决权，剩余表决权由三位股东持有，各占1%，在这种情况下，只要两位持股26%的投资者联合起来，就能阻止P公司主导被投资方的相关活动，所以根据这个条件认定P公司不能够控制S公司。

二是考虑与其他表决权持有人的协议。投资方自己持有的表决权不足，但通过与其他表决权持有人签订书面协议，受托管理被投资方相关活动的表决权，从而拥有对被投资方的权力。

三是考虑其他合同安排产生的权力。在某些情况下，某些主体的投资方对其拥有的权力并非来自表决权，被投资方的相关活动由一项或多项合同安排决定，例如证券化产品、资产支持融资工具、部分投资基金等结构化主体。结构化主体，是指在确定其控制方时没有将表决权或类似权力作为决定因素而设计的主体。投资方在判断能否控制结构化主体时，还需要结合在设立被投资方时所作出的决策及投资方对其设立活动的参与度、其他相关合同安排、仅在特定情况或事项发生时开展的活动、投资方对被投资方作出的承诺等因素进行进一步的分析。

四是如果结合表决权和上述所列因素，仍不足以判断投资者能否控制被投资方，则还需要考虑是否存在其他事实或情况，能够证明投资方拥有主导被投资方相关活动的现实能力。例如，投资方能够任命或批准被投资方的关键管理人员，这些关键管理人员能够主导被投资方的相关活动；投资方能够出于自身利益决定或者否决被投资方的重大交易；投资方能够控制被投资方董事会等类似权力机构成员的任命程序，或者从其他表决权持有人手中获得代理投票权；投资方与被投资方的关键管理人员或董事会等类似权力机构中的多数成员存在关联关系；投资方与被投资方之间存在特殊关系，如被投资方的关键管理人员是投资方的现任或前任职工，被投资方的经营活动依赖于投资方，被投资方活动的重大部分有投资方参与其中或者是以投资方的名义进行的，投资方自被投资方承担可变回报的风险或享有可变回报的收益的程度远超过其持有的表决权或其他类似权力的比例。

③ 虽然持有被投资方半数以上表决权但并无权力。

半数以上表决权通过，只是作出决策的通常做法，但在有些情况下，根据相关章程、协议或其他法律文件，主导相关活动的决策所要求的表决权比例高于持有半数以上表决权的一方持有的表决权比例。例如，被投资方的公司章程规定，与相关活动有关的决策必须由出席会议的投资方所持2/3以上的表决权通过。这种情况下，持有半数以上但不足2/3表决权的投资方，单就该条款不足以赋予投资方权力，应结合其他因素进行进一步的分析与判断。

有时被投资方陷入非常时期，相关活动被政府、法院、管理人、接管人、清算人或监管人等其他方主导时，那么尽管投资方持有被投资方半数以上的表决权，但也无法拥有对被投资方的权力。

如果投资方虽然持有被投资方半数以上表决权，但这些表决权并不是实质性权利时，则投资方并不拥有对被投资方的权力；当其他方拥有现实权利使其主导被投资方的相关活动，且该其他方不是投资方的代理人时，投资方也不拥有对被投资方的权力。

2）可变回报

投资方通过参与被投资方的活动享有的是可变回报。可变回报就是金额不固定且可能随着被投资方业绩变化而变化的回报，可以仅是正回报，仅是负回报，或者同时包括正回报和负回报。

可变回报的形式主要包括股利和被投资方经济利益的其他分配。例如，被投资方发行的债务工具产生的利息、投资方对被投资方投资的价值变动；因向被投资方的资产或负债提供服务而得到的报酬、因提供信用支持或流动性支持收取的费用或承担的损失、被投资方清算时在其剩余净资产中所享有的权益、税务利益、因参与被投资方而获得的未来流动性；其他利益持有方无法得到的回报，如投资方将自身资产与被投资方的资产整合以实现规模经济，达到节约成本的目的。

3）权力与可变回报之间的联系

只有当投资方不仅拥有对被投资方的权力，通过参与被投资方的相关活动而享有可变回报，而且有能力运用对被投资方的权力来影响其回报的金额时，投资方才控制被投资方。

8.2.2 母公司与子公司

1）母公司

母公司，是指控制一个或一个以上主体（含企业、被投资单位中可分割的部分，以及企业所控制的结构化主体等，下同）的主体。从母公司的定义可以看出，母公司应同时具备以下两个条件：

一是母公司可以只控制一个子公司，也可以同时控制多个子公司，但必须满足前文所述控制的要求。

二是母公司可以是企业，如《公司法》所规定的股份有限公司、有限责任公司以及外商投资企业，也可以是非企业形式的但形成会计主体的其他组织，如基金等。

2）子公司

子公司是指被母公司控制的主体。从子公司的定义可以看出，子公司也应同时具备两个条件：

一是作为子公司必须被母公司控制，并且只能被一个母公司控制，不可能也不允许被两个或多个母公司同时控制。被两个或多个公司共同控制的被投资单位是合营安排，而不是子公司。

二是子公司可以是企业，也可以是非企业形式的但形成会计主体的其他组织，如基金以及信托项目等主体。

不论子公司的规模大小、子公司向母公司转移资金的能力是否受到严格限制，也不论子公司的业务性质与母公司或企业集团内其他子公司是否有显著差别，只要是能够被母公司施加控制的，都应纳入合并范围。但是，已宣告被清理整顿的或已宣告破产的原子公司，不再是母公司的子公司，不纳入合并财务报表范围。

8.2.3 纳入合并范围的特殊情况——对被投资方可分割部分的控制

投资方通常应当对是否控制被投资方整体进行判断。但在少数情况下，如果有确凿证据表明同时满足下列条件并且符合相关法律法规规定的，投资方应当将被投资方的一部分视为被投资方可分割的部分，进而判断是否控制该可分割部分：

（1）该部分的资产是偿付该部分或该部分其他利益方负债的唯一来源，不能用于偿还该部分以外的被投资方的其他负债；

（2）除与该部分相关的各方外，其他方不享有与该部分资产相关的权利，也不享有与该部分资产剩余现金流量相关的权利。

例如，A公司为有限责任公司，专门从事房地产开发项目，其主要经营活动为在B地块上开发住宅和商业项目。B地块的开发分四期进行，每期的开发成本和销售收入分别进行核算，但与各期开发相关的开发支出均由A公司作为同一法人主体进行清偿，各期项目相关的税费也由A公司作为同一纳税主体进行统一申报和清算。各地块的相关经营决策相互独立，其经营损益分别归属于不同的权利人。在该例中，虽然各期开发项目独立进行核算管理，但并不足以说明其中一期开发项目的有关资产、负债和权益与其余各期的剩余部分相隔离。各期开发支出和相应税负仍以A公司作为单一主体进行清偿，这就表明某期资产并非仅承担与该期资产相关的负债，某期资产也并非与该期开发相关负债的唯一支付来源。因此，本例中的各期开发项目并非可分割的部分，不应被认定为可分割部分。

8.2.4　合并范围的豁免——投资性主体

投资性主体通常符合下列四个特征：一是拥有一个以上投资；二是拥有一个以上投资者；三是投资者不是该主体的关联方；四是该主体的所有者权益以股权或类似权益存在。上述特征仅仅是投资性主体的常见特征，当主体不完全具备上述四个特征时，需要审慎评估，判断是否有确凿证据证明虽然缺少其中一个或几个特征，但该主体仍然符合投资性主体的定义。

如果母公司是投资性主体，则只应将那些为投资性主体的投资活动提供相关服务的子公司纳入合并范围，其他子公司不应予以合并，而是按照公允价值计量且其变动计入当期损益的金融资产，即按照交易性金融资产进行管理。如果母公司不是投资性主体，则应当将其控制的全部子公司（包括母公司所控制的被投资单位可分割部分、结构化主体）和投资性主体以及通过投资性主体间接控制的主体，纳入合并财务报表范围。

当母公司同时满足以下三个条件时，该母公司属于投资性主体：一是该公司以向投资方提供投资管理服务为目的，从一个或多个投资者获取资金；二是该公司的唯一经营目的是通过资本增值、投资收益或两者兼有而让投资者获得回报；三是该公司按照公允价值对几乎所有投资的业绩进行计量和评价。

例如，A技术公司设立B高新技术基金，该基金专门投资于高新技术创业公司以获取资本增值。A技术公司持有B基金80%的权益并且控制该基金，该基金其余20%的权益由其他10个不相关投资者持有。A技术公司同时持有以公允价值购买B基金所持有投资的选择权，如果行使该选择权，A技术公司能从B基金所持被投资方开发的技术中受益。B基金没有明确的退出投资的计划，且B基金由该基金投资者代理人作为投资顾问进行管理。

本例中，即使B基金的经营目的是为资本增值而进行投资，并向其投资者提供投资管理服务，B基金也不是投资性主体，这是因为：

（1）A技术公司持有购买B基金所持有投资的选择权，B基金被投资方开发的资产将使A技术公司受益，如此一来，除资本增值外，B基金还提供了其他利益；

（2）B基金的投资计划不包括作为权益投资的投资退出战略，A技术公司持有的选择权并非由B基金控制，也不构成退出战略。

当母公司由非投资性主体转变为投资性主体时，除仅将为其投资活动提供相关服务的子公司纳入合并财务报表范围编制合并财务报表外，企业自转变日起对其他子公司不应予以合并。当母公司由投资性主体转变为非投资性主体时，应将原未纳入合并财务报表范围的子公司于转变日纳入合并财务报表范围。

8.2.5 控制的持续评估

实际工作中，投资方在判断能否控制被投资方时，应综合考虑所有相关事实和情况以判断是否满足控制的定义。这些相关事实和情况主要包括：

（1）被投资方的设立目的和设计；

（2）被投资方的相关活动以及如何对相关活动作出决策；

（3）投资方享有的权利是否使其目前有能力主导被投资方的相关活动；

（4）投资方是否通过参与被投资方的相关活动而享有可变回报；

（5）投资方是否有能力运用对被投资方的权力影响其回报金额；

（6）投资方与其他方的关系。

其中，对被投资方的设立目的和设计的分析，贯穿于判断控制的始终，也是分析上述其他事实和情况的基础。如果事实和情况表明上述控制要素中的一个或多个发生变化，投资方应重新评估对被投资方是否具有控制。

8.3 合并财务报表编制原则、前期准备事项及程序

8.3.1 合并财务报表的编制原则

合并财务报表作为财务报表，必须符合财务报表编制的一般原则和基本要求。这些基本要求包括真实可靠、内容完整。与个别财务报表相比，合并财务报表还应当遵循以下原则和要求：

1）以个别财务报表为基础编制

合并财务报表并不是直接根据母公司和子公司的账簿编制的，而是利用母公司和子公司编制的反映各自财务状况、经营成果和现金流量的财务报表提供的数据为基础，通过合并财务报表的特有方法进行编制。以纳入合并范围的个别财务报表为基础，可以说是客观性原则在合并财务报表编制时的具体体现。

2）一体性原则

合并财务报表反映的是企业集团的财务状况和经营成果，反映的是由多个法人企业组成的一个会计主体的财务情况，在编制合并财务报表时应当将母公司和所有子公司作为整体来看待，视为一个会计主体，母公司和子公司发生的经营活动都应当从企业集团这一整体的角度进行考虑。因此，在编制合并财务报表时，对于母公司与子公司、子公司相互之间发生的经济业务，应当视同同一会计主体内部业务处理，即同一会计主体之下的不同核算单位的内部业务。

3）重要性原则

与个别财务报表相比，合并财务报表涉及多个法人主体，涉及经营活动的范围很广，母公司与子公司的经营活动往往跨越不同行业界限，有时母公司与子公司的经营活动甚至相差很大。这样，合并财务报表要综合反映这样的会计主体的财务情况，必然要涉及重要性的判断问题，特别是在拥有众多子公司的情况下更是如此。一些项目对于个别企业具有重要性，但对于整个企业集团则不一定具有重要性，在这种情况下要根据重要性的要求对

财务报表项目进行取舍。此外，母公司与子公司、子公司相互之间发生的经济业务，对整个企业集团财务状况和经营成果的影响不重要时，为简化合并手续，可以不编制抵销分录而直接编制合并财务报表。

8.3.2　合并财务报表编制的前期准备事项

合并财务报表的编制涉及多个子公司，为了使编制的合并财务报表准确、全面反映企业集团的真实情况，必须做好一系列的前期准备事项。这些前期准备事项主要有：

1）统一母子公司的会计政策

统一母子公司的会计政策是保证母子公司财务报表各项目反映内容一致的基础。为此，在编制财务报表前，应当尽可能统一母公司和子公司的会计政策，统一要求子公司所采用的会计政策与母公司保持一致。对一些境外子公司，由于所在国家或地区法律、会计准则等方面的原因，确实无法使其采用的会计政策与母公司采用的会计政策保持一致，则应当要求其按照母公司采用的会计政策重新编报财务报表，也可以由母公司根据自身所采用的会计政策对境外子公司报送的财务报表进行调整，将调整过的境外子公司财务报表作为编制合并财务报表的基础。

2）统一母子公司的资产负债表日及会计期间

财务报表总是反映一定日期的财务状况和一定会计期间的经营成果，母公司和子公司的个别财务报表只有在反映财务状况的日期和反映经营成果的会计期间一致的情况下才能进行合并。为了编制合并财务报表，必须统一企业集团内所有的子公司的资产负债表日和会计期间，以便子公司提供和母公司一致的资产负债表日和会计期间的财务报表。

对于境外子公司，由于当地法律限制确实不能与母公司资产负债表日和会计期间一致的，母公司应当按照自身的资产负债表日和会计期间对子公司的财务报表进行调整，以调整后的子公司财务报表为基础编制合并财务报表，也可以要求子公司按照母公司的资产负债表日和会计期间另行编制及报送其个别财务报表。

3）对子公司以外币表示的财务报表进行折算

对母公司和子公司的财务报表进行合并，其前提必须是母子公司个别财务报表所采用的货币计量单位一致。我国允许外币业务比较多的企业采用某一外币作为记账本位币，境外企业一般也是采用其所在国家或地区的货币作为记账本位币。在将这些企业的财务报表纳入合并时，则必须将其折算为母公司所采用的记账本位币表示的财务报表。我国外币财务报表折算采用的是现行汇率法，该折算方法详见本教材第1章“外币折算”。

4）收集编制合并财务报表的相关资料

合并财务报表以母公司及其子公司的财务报表和其他有关资料为依据，由母公司合并有关项目的数额进行编制。为编制合并财务报表，母公司应当要求子公司及时提供下列有关资料：

（1）子公司相应期间的财务报表；

（2）与母公司及与其他子公司之间发生的内部购销交易，债权债务，投资及其产生的现金流量和未实现内部销售损益的期初、期末余额及变动情况等资料；

（3）子公司所有者权益变动和利润分配的有关资料；

（4）编制合并财务报表所需要的其他资料，如非同一控制下企业合并购买日的公允价值资料。

8.3.3 合并财务报表的编制程序

合并财务报表的编制是一项极为复杂的工作，不仅涉及母公司会计业务和财务报表，而且涉及纳入合并范围的子公司的会计业务和财务报表。为了使合并财务报表的编制工作有条不紊，必须按照一定的程序有步骤地进行。合并财务报表编制程序大致如下：

（1）设置合并工作底稿。合并工作底稿的作用是为合并财务报表的编制提供基础。在合并工作底稿中，对母公司和纳入合并范围的子公司的个别财务报表各项目的数额进行合计、调整、抵销处理，最终计算得出合并财务报表各项目的合并数。合并工作底稿的基本格式见表8-1。

表8-1 **合并工作底稿** （局部）

项目	母公司	子公司	合计金额	调整、抵销分录		少数股东权益	合并金额
				借方	贷方		
（利润表项目）							
营业收入							
营业成本							
⋮							
净利润							
（所有者权益变动表项目）							
上年年末余额							
⋮							
本年年末余额							
（资产负债表项目）							
货币资金							
⋮							
短期借款							
⋮							
实收资本							
⋮							
未分配利润							
少数股东权益							
（现金流量表项目）							
⋮							

特别提示

1.调整和抵销分录与企业记账凭证上的分录并不完全相同。调整和抵销分录对应的是报表项目，而不是会计科目。我国的报表项目和会计科目并不完全一致。如“主营业务收入”会计科目，在利润表上对应的是“营业收入”项目。

2.工作底稿是编制合并财务报表时使用的一张“草稿”，它没有原始凭证的支撑，因此该底稿上的调整和抵销分录是不会被纳入个别企业的正式账簿记录的，即母、子公司个别企业的账簿记录不受工作底稿中的调整、抵销分录的影响。

3.由于工作底稿中的调整、抵销分录没有影响到个别企业的账务处理，因此，为了保证合并财务报表的勾稽关系，在连续编制合并财务报表时，需要将以前年度在工作底稿中编制的调整与抵销分录进行“复制”加“粘贴”，对分录中影响损益类的项目还要进行相应的“查找”并“替换”。

微课8.1　对合并工作底稿的讲解

（2）将母公司、纳入合并范围的子公司个别资产负债表、利润表、现金流量表及所有者权益变动表各项目的数据过入合并工作底稿，并在合并工作底稿中对母公司和子公司个别财务报表各项目的数据进行加总，计算得出个别资产负债表、个别利润表、个别现金流量表及个别所有者权益变动表各项目的合计数额。

（3）编制调整分录与抵销分录，将母公司与子公司、子公司相互之间发生的经济业务对个别财务报表有关项目的影响进行调整和抵销处理。编制调整分录与抵销分录是合并财务报表编制的关键和主要内容，其目的在于将因会计政策及计量基础的差异而对个别财务报表的影响进行调整，以及将个别财务报表各项目的加总数据中重复的因素等予以抵销。

（4）计算合并财务报表各项目的合并数额，即在母公司和纳入合并范围的子公司个别财务报表各项目加总数额的基础上，分别计算财务报表中的资产类项目、负债类项目、所有者权益类项目、收入类项目和成本费用类项目的合并数。其计算方法如下：

① 资产类项目，其合并数根据该项目的合计金额，加上该项目调整与抵销分录的借方发生额，减去该项目调整与抵销分录的贷方发生额计算确定。

② 负债类项目和所有者权益类项目，其合并数根据该项目的合计金额，减去该项目调整与抵销分录的借方发生额，加上该项目调整与抵销分录的贷方发生额计算确定。

③ 有关收入类项目，其合并数根据该项目的合计金额，减去该项目调整与抵销分录的借方发生额，加上该项目调整与抵销分录的贷方发生额计算确定。

④ 有关成本费用类项目和有关利润分配的项目，其合并数根据该项目的合计金额，加上该项目调整与抵销分录的借方发生额，减去该项目调整与抵销分录的贷方发生额计算确定。

⑤ 填列合并财务报表，即根据合并工作底稿（表8-1）中计算出的资产、负债、收入、费用等各项目的合并数，填列正式的合并财务报表。

8.3.4　合并财务报表的合并理论

1）所有权理论

该理论将子公司看作是所有者的一个延伸，子公司的资产、负债、收入和费用被当作所有者自己的。当应用于合并财务报表时，该理论导致了比例合并法，即母公司将非全资拥有的子公司的资产、负债、收入和费用按照其享有的股权比例进行合并。具体如下：

（1）对合并资产负债表中的资产、负债的计价，只按母公司取得股权时的公允价值计价，因此合并资产负债表中没有“少数股东权益”这个项目。

（2）合并商誉等于母公司投资成本与子公司净资产公允价值中母公司持有的份额之间的差额，即合并资产负债表中的商誉仅列示属于母公司的部分，不对少数股东分配商誉。

（3）不反映少数股东损益的信息，即在合并利润表中没有“少数股东损益”项目。

（4）对集团内部发生的交易形成的未实现损益，只按照母公司的股权比例抵销。

2）母公司理论

对于现代企业和合并财务报表的编制来说，该理论比所有权理论更适合。母公司理论认为母公司有能力对非全资子公司的全部资产和负债进行有效控制，而不是仅仅按照持有股权的比例进行控制；认为合并资产负债表、合并利润表是对母公司资产负债表和利润表的修正或延伸，因此合并财务报表包括子公司全部的资产、负债、收入和费用。具体如下：

（1）母公司理论下编制的合并财务报表服务对象是现有的和潜在的母公司股东，合并财务报表有义务向其提供和反映母公司以及控制的子公司的会计信息，并不是为子公司的少数股东提供有用的会计信息。

（2）母公司理论强调的是企业集团中存在的法定控制关系，所以母公司将具有法定控制权的子公司纳入合并范围。

（3）子公司的净资产在合并财务报表中采用双重计价的方法，相当于母公司股权的部分，按母公司取得股权时的历史成本计价；相当于少数股权的部分，按其在子公司的账面价值计价。由此可以看出，合并资产负债表中是存在“少数股东权益”项目的。只不过在母公司理论下，并不将少数股东当作企业集团的股东，因此，少数股东权益并不包括在企业集团的合并股东权益中，而是在合并资产负债表的负债和所有者权益的中间过渡地带列示。

（4）合并商誉等于母公司投资成本与子公司可辨认净资产公允价值份额中相当于母公司部分的差额，即在合并资产负债表中的商誉仅包括归属于母公司的部分。

（5）母公司理论将子公司本期净利润中相当于少数股权的部分即少数股东损益当作企业集团的整体费用，即少数股东损益并不是企业集团的净收益。合并利润表中的净收益仅仅包括母公司的净收益。

（6）对于母公司向子公司的顺销交易，抵销全部的未实现内部交易损益。对于子公司向母公司的逆销交易，按母公司持股比例抵销未实现内部交易损益。

3）实体理论

该理论强调的是合并主体的本身，将子公司的少数股东和母公司看作两个独立的群体，每个主体在合并主体中都拥有各自的净资产。相应地，非全资拥有的子公司的全部资产、负债、收入和费用都包括在合并财务报表中，对于母公司股东权益或少数股东权益都不采用任何特殊的处理。具体包括：

（1）该理论强调母公司与全部子公司组成的企业集团的经济一体性，合并财务报表的服务对象包括少数股东在内的企业集团全部股东的信息需求，所以合并财务报表应服务于企业集团的所有股东。

（2）子公司的净资产采用并购日的公允价值，即子公司中归属于母公司的净资产与归属于少数股东的净资产在合并财务报表中都按照公允价值计价，计量基础是相同的。

（3）合并商誉等于按照母公司所花费的代价推算出整个公司的公允价值（母公司支付的成本/母公司的持股比例）与子公司净资产的公允价值的差额，即在合并资产负债表中列示的商誉按子公司全部的公允价值计算。

（4）少数股东权益是企业集团合并权益的一部分，在合并资产负债表的股东权益部分单独列示。

（5）少数股东损益则是企业集团整体的合并净收益的组成部分，是企业集团合并净收益中分配给少数股东的部分。所以，合并利润表中的合并净收益既包括母公司自身获得的净收益，又包括母公司在子公司净收益中获得的份额，还包括少数股东在子公司净收益中获得的份额。

（6）集团内部交易形成的未实现损益全额抵销。

拓展阅读

少数股东权益与非控制性权益

少数股东权益（minority interests）是指既不直接也不间接归属于母公司的子公司权益，即子公司股东权益中不属于母公司所拥有的那部分股权。2011年5月，国际会计准则理事会（IASB）颁布的《国际财务报告准则第10号——合并财务报表》中，该术语已经更名为非控制性权益（non-controlling interests）。这是基于下列考虑所做的改变：因为在某些情况下，比如现在股权日益分散的股份有限公司，当在公司的管理机构中存在拥有巨大的少数表决权的股东，同时不存在具有重大表决权的其他方或联合组成的其他方时，持有少数股权的股东控制了该主体的经济利益，而拥有多数股权的股东反而无法控制该主体。因此，不是简单地依据形式上所有权比例的多少，而是放眼于实质上的“控制”与“非控制”，更有助于反映基本的经济和会计概念。2014年，我国修订的《企业会计准则第33号——合并财务报表》中对该术语依然称为少数股东权益，没有变为非控制性权益。

8.3.5　合并财务报表的格式

合并财务报表通常在个别财务报表的基础上增加下列项目：

1）合并资产负债表

（1）在所有者权益项目下增加“归属于母公司所有者权益（股东权益）合计”，用于反映企业集团的所有者权益中归属于母公司所有者权益的部分，包括实收资本（或股本）、其他权益工具、资本公积、库存股、其他综合收益、专项储备、盈余公积、未分配利润等项目的金额。

（2）在所有者权益项目下，增加“少数股东权益”项目，用于反映非全资子公司的所有者权益中不属于母公司的份额。

合并资产负债表见表8-2。

表8-2 合并资产负债表

编制单位： ____年__月__日 单位：元

资产	期末余额	上年年末余额	负债和所有者权益（或股东权益）	期末余额	上年年末余额
流动资产：			流动负债：		
货币资金			短期借款		
交易性金融资产			交易性金融负债		
衍生金融资产			衍生金融负债		
应收票据			应付票据		
应收账款			应付账款		
应收款项融资			预收款项		
预付款项			合同负债		
其他应收款			应付职工薪酬		
存货			应交税费		
合同资产			其他应付款		
持有待售资产			持有待售负债		
一年内到期的非流动资产			一年内到期的非流动负债		
其他流动资产			其他流动负债		
流动资产合计			流动负债合计		
非流动资产：			非流动负债：		
债权投资			长期借款		
其他债权投资			应付债券		
长期应收款			其中：优先股		
长期股权投资			永续债		
其他权益工具投资			租赁负债		
其他非流动金融资产			长期应付款		
投资性房地产			预计负债		
固定资产			递延收益		
在建工程			递延所得税负债		

续表

资产	期末余额	上年年末余额	负债和所有者权益（或股东权益）	期末余额	上年年末余额
生产性生物资产			其他非流动负债		
油气资产			非流动负债合计		
使用权资产			负债合计		
无形资产			所有者权益（或股东权益）：		
开发支出			实收资本（或股本）		
商誉			其他权益工具		
长期待摊费用			其中：优先股		
递延所得税资产			永续债		
其他非流动资产			资本公积		
非流动资产合计			减：库存股		
			其他综合收益		
			专项储备		
			盈余公积		
			未分配利润		
			归属于母公司所有者权益（股东权益）合计		
			少数股东权益		
			所有者权益（或股东权益）合计		
资产总计			负债和所有者权益（或股东权益）总计		

2）合并利润表

（1）在“净利润”项目下增加“按所有权归属分类”，包括“归属于母公司股东的净利润”和“少数股东损益”两个项目，分别反映净利润中由母公司股东享有的份额和非全资子公司净利润中归属于少数股东的份额。同一控制下企业合并增加子公司的，当期合并利润表中还应在“净利润”项目下增加“其中：被合并方在合并前实现的净利润”项目，用于反映同一控制下企业合并中取得的被合并方在合并日前实现的净利润。

（2）在“其他综合收益的税后净额”项目下增加“归属于母公司所有者的其他综合收益的税后净额”和“归属于少数股东的其他综合收益的税后净额”两个项目，分别反映其他综合收益的税后净额由母公司所有者享有的份额和非全资子公司当期综合收益总额中归属于少数股东的份额。

（3）在“综合收益总额”项目下增加“归属于母公司所有者的综合收益总额”和“归属于少数股东的综合收益总额”两个项目，分别反映综合收益总额中由母公司所有者享有的份额和非全资子公司当期综合收益总额中归属于少数股东的份额。

合并利润表见表8-3。

表8-3 合并利润表

编制单位： ______年__月 单位：元

项目	本期金额	上期金额
一、营业总收入		
其中：营业收入		
二、营业总成本		
其中：营业成本		
税金及附加		
销售费用		
管理费用		
研发费用		
财务费用		
其中：利息费用		
利息收入		
加：其他收益		
投资收益（损失以“-”号填列）		
其中：对联营企业和合营企业的投资收益		
以摊余成本计量的金融资产终止确认收益		
汇兑收益（损失以“-”号填列）		
净敞口套期收益（损失以“-”号填列）		
公允价值变动收益（损失以“-”号填列）		
信用减值损失（损失以“-”号填制）		
资产减值损失（损失以“-”号填制）		
资产处置收益（损失以“-”号填列）		
三、营业利润（亏损以“-”号填列）		
加：营业外收入		
减：营业外支出		
四、利润总额（亏损总额以“-”号填列）		

续表

项目	本期金额	上期金额
减：所得税费用		
五、净利润（净亏损以“-”号填列）		
（一）按经营持续性分类		
1.持续经营净利润（净亏损以“-”号填列）		
2.终止经营净利润（净亏损以“-”号填列）		
（二）按所有权归属分类		
1.归属于母公司股东的净利润（净亏损以“-”号填列）		
2.少数股东损益（净亏损以“-”号填列）		
六、其他综合收益的税后净额		
（一）归属于母公司所有者的其他综合收益的税后净额		
1.不能重分类进损益的其他综合收益		
（1）重新计量设定受益计划变动额		
（2）权益法下不能转损益的其他综合收益		
（3）其他权益工具投资公允价值变动		
（4）企业自身信用风险公允价值变动		
2.将重分类进损益的其他综合收益		
（1）权益法下可转损益的其他综合收益		
（2）其他债权投资公允价值变动		
（3）金融资产重分类计入其他综合收益的金额		
（4）其他债权投资信用减值准备		
（5）现金流量套期储备		
（6）外币财务报表折算差额		
（二）归属于少数股东的其他综合收益的税后净额		
七、综合收益总额		
（一）归属于母公司所有者的综合收益总额		
（二）归属于少数股东的综合收益总额		
八、每股收益：		
（一）基本每股收益		
（二）稀释每股收益		

3）合并现金流量表

与个别企业编制的现金流量表格式基本相同。

4）合并所有者权益（或股东权益）变动表

增加“少数股东权益”栏目反映少数股东权益变动的情况，见表8-4。

表8-4 **合并所有者权益（或股东权益）变动表**

编制单位： _____年度 单位：元

项目	本年金额											上年金额										
	归属于母公司所有者权益									少数股东权益	所有者权益合计	归属于母公司所有者权益									少数股东权益	所有者权益合计
	实收资本或股本	其他权益工具	资本公积	减：库存股	其他综合收益	专项储备	盈余公积	未分配利润	小计			实收资本或股本	其他权益工具	资本公积	减：库存股	其他综合收益	专项储备	盈余公积	未分配利润	小计		
一、上年年末余额																						
加：会计政策变更																						
前期差错更正																						
其他																						
二、本年年初余额																						
三、本年增减变动金额																						
(一)综合收益总额																						
(二)所有者投入和减少资本																						
1.所有者投入的普通股																						
2.其他权益工具持有者投入资本																						
3.股份支付计入所有者权益的金额																						
4.其他																						
(三)利润分配																						
1.提取盈余公积																						
2.对所有者（或股东）的分配																						

续表

项目	本年金额											上年金额										
	归属于母公司所有者权益									少数股东权益	所有者权益合计	归属于母公司所有者权益									少数股东权益	所有者权益合计
	实收资本或股本	其他权益工具	资本公积	减：库存股	其他综合收益	专项储备	盈余公积	未分配利润	小计			实收资本或股本	其他权益工具	资本公积	减：库存股	其他综合收益	专项储备	盈余公积	未分配利润	小计		
3.其他																						
（四）所有者权益内部结转																						
1.资本公积转增资本（或股本）																						
2.盈余公积转增资本（或股本）																						
3.盈余公积弥补亏损																						
4.设定受益计划变动额结转留存收益																						
5.其他综合收益结转留存收益																						
6.其他																						
四、本年年末余额																						

对于纳入合并财务报表的子公司既有一般工商企业，又有金融企业的，如果母公司在企业集团经营中权重较大，以母公司主业是一般企业还是金融企业确定其财务报表类别，根据集团其他业务适当增加其他报表类别的相关项目；如果母公司在企业集团经营中权重不大，以企业集团的主业确定其报表类别，根据集团其他业务适当增加其他报表类别的相关项目；对于不符合上述情况的，合并财务报表采用一般企业报表格式，根据集团其他业务适当增加其他报表类别的相关项目。

本章小结与思维导图

本章是合并财务报表编制的理论篇，论述了合并财务报表合并范围的确定以及合并财务报表的编制程序。

合并财务报表的合并范围应当以控制为基础加以确定。控制是指投资方拥有对被投资方的权力，通过参与被投资方的相关活动而享有可变回报，并且有能力运用对被投资方的权力影响其回报金额。

合并财务报表的编制有其特有的程序和步骤。以纳入合并范围的个别财务报表为基础，借助工作底稿中编制的调整、抵销分录，最后生成反映整个企业集团整体财务状况、经营成果、现金流量和股东权益变动的合并财务报表。

合并财务报表的编制理论有所有权理论、母公司理论、实体理论。每种理论都有各自的适用情况和特点。

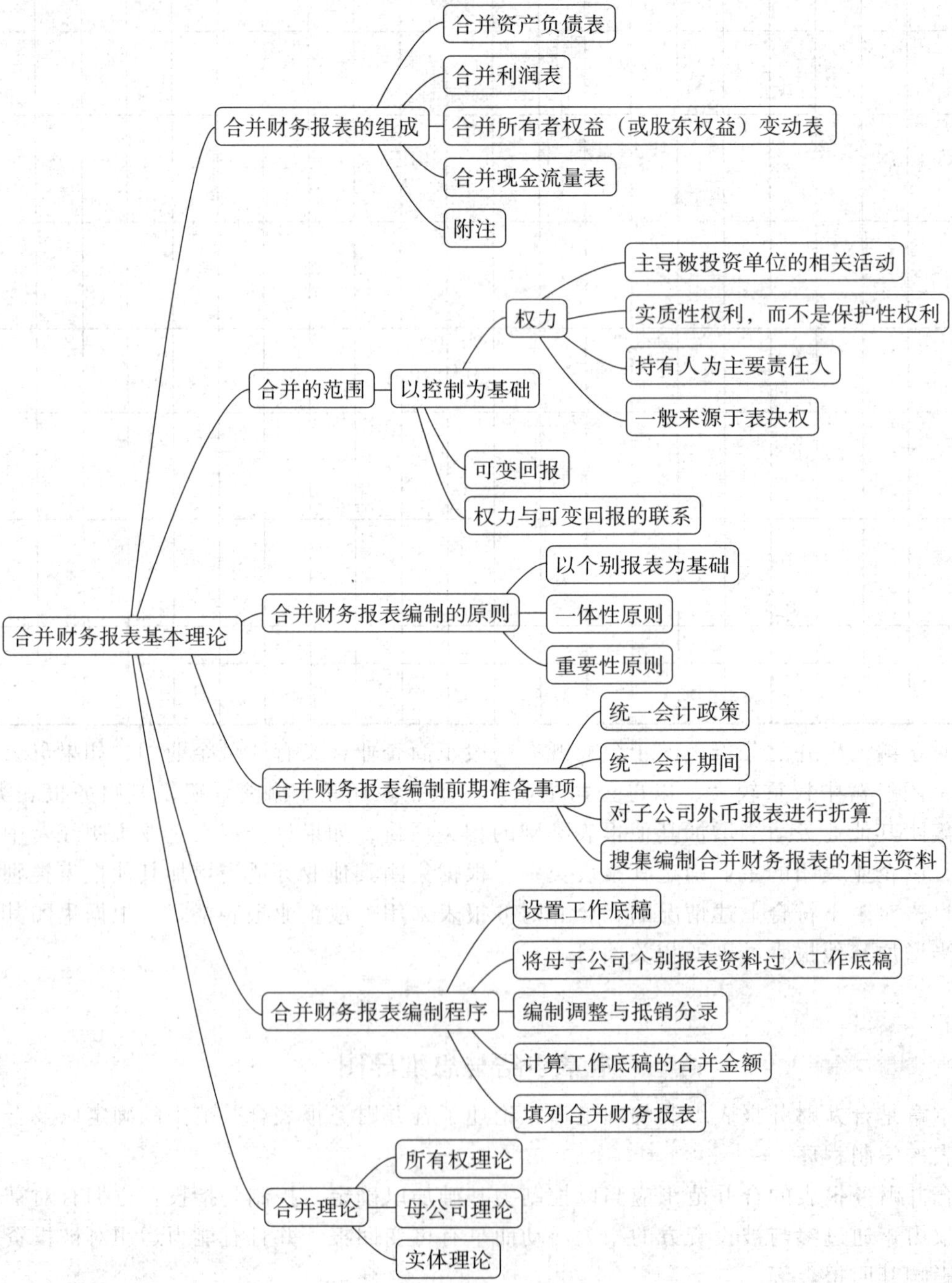

章末习题

一、单项选择题

1.在判断控制时，应识别被投资方的相关活动，下列说法中错误的是（　　）。

A.相关活动包括商品或劳务的销售和购买

B.相关活动包括资产的购买和处置

C.相关活动包括对被投资方回报影响甚微或没有影响的行政活动

D.相关活动包括确定资本结构或获取融资

2.关于实质性权利，下列说法中错误的是（　　）。

A.实质性权利是指持有人有实际能力行使的可执行的权利

B.实质性权利是在对相关活动进行决策时可执行的权利

C.实质性权利一定是当前可执行的权利

D.某些情况下目前不可行使的权利也可能是实质性权利

3.下列各项中，被投资方应纳入投资方合并财务报表合并范围的有（　　）。

A.投资方和其他投资方对被投资方实施共同控制

B.投资方拥有被投资方半数以上表决权但不能控制被投资方

C.投资方未拥有被投资方半数以上表决权但有权决定其财务和经营政策

D.投资方直接拥有被投资方半数以上表决权但被投资方已经被宣告清理整顿

4.下列项目中，不属于A公司合并范围的是（　　）。

A.A公司持有被投资方半数以上投票权，但这些投票权不是实质性权利

B.A公司持有被投资方48%的投票权，剩余投票权由数千位股东持有，但没有股东持有超过1%的投票权，没有任何股东与其他股东达成协议或能够作出共同决策

C.A公司持有被投资方40%的投票权，其他12位投资者各持有被投资方5%的投票权，股东协议授予A公司任免负责相关活动的管理人员及确定其薪酬的权力，若要改变协议，须获得2/3的多数股东表决权同意

D.E公司拥有4名股东，分别为A公司、B公司、C公司和D公司，A公司持有E公司40%的普通股，其他三位股东各持有20%，董事会由6名董事组成，其中4名董事由A公司任命，剩余2名分别由B公司、C公司任命

二、多项选择题

1.在确定对被投资方能够实施控制时，应考虑的因素有（　　）。

A.拥有对被投资方的权力

B.通过参与被投资方的相关活动而享有可变回报

C.有能力运用对被投资方的权力影响其回报金额

D.从被投资单位获得固定回报

2.关于合并范围，下列说法中正确的有（　　）。

A.在判断投资方是否拥有对被投资方的权力时，应仅考虑投资方及其他方享有的实质性权利

B. 在判断投资方是否拥有对被投资方的权力时，应同时考虑投资方及其他方享有的实质性权利和保护性权利

C. 投资方仅持有保护性权利不能对被投资方实施控制，也不能阻止其他方对被投资方实施控制

D. 在判断投资方是否拥有对被投资方的权力时，应仅考虑投资方及其他方享有的保护性权利

3. 下列各项中，属于投资性主体的特征的有（　　）。

A. 拥有一个以上投资

B. 拥有一个以上投资者

C. 投资者不是该主体的关联方

D. 该主体的所有者权益以股权或类似权益存在

4. 下列各项中，属于控制的基本要素的有（　　）。

A. 能够拥有被投资方半数以上表决权

B. 因涉入被投资方而享有可变回报

C. 拥有对被投资方的权力，并且有能力运用对被投资方的权力影响其回报金额

D. 投资方对被投资方拥有保护性权利

三、思考题

1. 母公司在编制个别报表的前提下，为什么还要编制合并财务报表？

2. 如何确定合并范围？

3. 工作底稿中的调整、抵销分录与个别企业编制的分录有什么区别？

第8章习题答案

第9章/
合并财务报表（中）——一般业务

学习目标：理解合并财务报表编制的“两调一抵”法的基本原理和步骤；掌握集团内部一般业务的调整和抵销处理；理解集团内部递延所得税的处理。

引导案例

2015年7月21日，乐视网在公告中表示，2014年营业利润下降的主要原因是乐视TV超级电视销量大规模增长，导致乐视网运营“超级电视”产品的子公司“乐视致新”亏损较大，使得少数股东损益大幅下降。2014年，“乐视致新”的营业收入高达41.07亿元，但营业利润却亏损5.03亿元。

2007—2014年，合并财务报表中乐视网归属于上市公司普通股股东的净利润分别约为0.15亿元、0.3亿元、0.44亿元、0.7亿元、1.31亿元、1.94亿元、2.55亿元和3.64亿元，确实呈现上涨态势。但2014年乐视网净利润为1.29亿元，少数股东损益为-2.35亿元，其中1.87亿元来自“乐视致新”，归属于上市公司普通股股东的净利润约为3.64亿元，营业利润只有4 787万元，同比下滑近80%，比同期3.64亿元归属于上市公司普通股股东的净利润少了逾3亿元。

乐视网给出的解释是，在智能终端“超级电视”在市场上推出的初期，通过战略性亏损的销售策略，快速获取用户，增加市场占有率，当前阶段并不依赖智能终端产品的销售产生利润。子公司向乐视网出售资产所发生的未实现内部交易损益，应当按照本公司对该子公司的分配比例在“归属于母公司所有者的净利润”和“少数股东损益”之间分配抵销。这是乐视网首度承认少数股东损益拖累其2014年营业利润。

耐人寻味的是，我国上市公司是从2014年7月1日开始施行新的《企业会计准则第33号——合并财务报表》，其中第三十六条第二款规定：子公司向母公司出售资产所发生的未实现内部交易损益，应当按照母公司对该子公司的分配比例在“归属于母公司所有者的净利润”和“少数股东损益”之间分配抵销。而之前的合并财务报表准则并没有规定将内部交易产生的损益分配给少数股东，不得不说乐视网的亏损来得真是“恰到时候”！

什么是集团内部交易？为什么要抵销？抵销的时候如何影响少数股东损益和归属于母公司所有者的净利润？本章将对上述问题进行探讨。

9.1 “两调一抵”的基本思路

通过阅读第8章8.3节的合并工作底稿的内容，可以发现编制调整与抵销分录是编制合并财务报表的重中之重。正确地编制调整与抵销分录，是正确地编制企业集团合并财务报表的基础和前提。本章将按照“两调一抵”的步骤，对集团内部的一般业务进行调整和抵销。在第10章，将按照“一调一抵”的步骤，对集团内部特殊问题进行合并财务报表的编制。

“两调一抵”，指的是在编制合并财务报表时，遵循“对子公司调整、对母公司调整、对母子公司抵销”的步骤进行合并财务报表的编制。

9.1.1 对子公司调整

非同一控制下取得的子公司，子公司各项可辨认资产、负债在合并财务报表中应当以公允价值列示。为此，母公司在购买日及日后连续编制的合并财务报表中，必须按照购买日子公司资产、负债的公允价值对其财务报表项目进行调整，即需要在工作底稿中将子公司个别报表中仍然按照原来账面价值计量的各项资产和负债，由账面价值调整到购买日的公允价值，并按该价值持续计量。这实际上相当于将子公司各项可辨认净资产、负债的公允价值变动“模拟入账”，以该公允价值为基础编制购买日及日后的合并财务报表。具体对子公司的调整处理见9.2节。

特别提示

1.同一控制合并取得的子公司，无须进行该步骤的调整。因为在同一控制合并下，子公司按照账面价值持续计量，并不考虑合并日的公允价值。

2.非同一控制合并取得的子公司，只认可购买日这一个时点的各项可辨认资产、负债的公允价值，之后每个资产负债表日上述资产或负债的公允价值变动不再纳入考虑，因为合并财务报表的编制不能改变资产与负债的计量属性。

9.1.2 对母公司调整

在本教材第7章“长期股权投资”中，母公司对子公司的投资在母公司账簿中按照成本法进行后续计量。在编制合并财务报表时，为了使母公司对子公司的长期股权投资项目反映其在子公司所有者权益中的真实份额，以正确编制出后续的抵销分录（即9.4节的内容），需要在工作底稿中将该长期股权投资由成本法调整为权益法核算的结果，具体对母公司的调整处理见9.3节。

特别提示

1.在同一控制合并的合并日和非同一控制合并的购买日编制的合并财务报表中，不需要对母公司的长期股权投资进行调整。

2.2006年颁布的《企业会计准则第33号——合并财务报表》第十一条曾规定“合并财务报表按照权益法调整对子公司的长期股权投资后，由母公司编制”，但在2014年修订的《企业会计准则第33号——合并财务报表》中已经删除该表述，意味着不再强制企业按权益法对长期股权投资调整后编制合并财务报表。本教材第10章10.1节中将探讨在按成本法核算长期股权投资的情况下，直接编制合并财务报表的具体步骤。本章依然按照对母公司的长期股权投资按照权益法调整后进行合并财务报表的编制。

9.1.3 对母子公司抵销

合并财务报表的编制要遵循一体性原则，即合并财务报表反映的是企业集团整体的财务状况、经营成果和现金流量信息。母公司和子公司发生的经营活动都应当从企业集团这一整体的角度进行考虑，对于母公司与子公司、子公司相互之间发生的经济业务，应当视为同一会计主体内部业务处理，因此需要对在个别报表上反映的但对于合并财务报表而言是重复的、不需要反映的事项进行抵销。在编制合并财务报表时，主要对下列交易和事项进行抵销：

（1）母公司的长期股权投资与子公司的所有者权益项目的抵销；

（2）母公司投资收益与子公司利润分配的抵销；

（3）集团内部债权、债务事项的抵销；

（4）集团内部交易的抵销；

（5）集团内部所得税业务的调整与抵销；

（6）涉及现金流量表业务的抵销。

具体处理将在9.4节至9.11节进行讲解。

9.2 对子公司的调整处理

非同一控制合并取得的子公司，需要将子公司个别财务报表中按照账面价值计量的各项可辨认资产和负债调整为购买日的公允价值，以使子公司的个别财务报表反映为购买日按公允价值基础确定的上述资产和负债的价值，为后续编制抵销分录奠定基础。对于同一控制合并取得的子公司，则不需要按公允价值重新计量资产或负债。

9.2.1 购买日的调整处理

母公司根据对子公司设置的备查簿记录，以购买日子公司各项可辨认资产、负债的公允价值为基础，将原来个别财务报表中确认的账面价值调整为该日的公允价值。

假定子公司的存货、固定资产、无形资产存在公允价值与账面价值不一致，除此之外，子公司的可辨认资产和负债的公允价值与账面价值相等，则当公允价值高于账面价值时，编制的调整分录为：

借：存货
　　固定资产　}（购买日公允价值-账面价值）
　　无形资产
　贷：资本公积

如果上述资产的公允价值低于账面价值，则编制与上述调整分录相反的分录。

9.2.2 购买日后第一个资产负债表日的调整处理

正常情况下，合并财务报表的编制日都是资产负债表日。在取得非同一控制合并子公司的第一个资产负债表日，母公司应编制下列调整分录：

借：存货
　　固定资产　}（购买日公允价值-账面价值）　①
　　无形资产
　贷：资本公积

借：营业成本（（购买日公允价值-账面价值）×本期销售比例） ②

　贷：存货

借：管理费用（$\frac{\text{公允价值 - 账面价值}}{\text{尚可使用寿命}} \times \frac{\text{购买日至年末的月份}}{12}$）

　贷：固定资产——累计折旧 ③

　　无形资产——累计摊销

上述第①笔分录是对购买日分录的"复制"加"粘贴"，这是由于工作底稿仅仅是编制合并财务报表的工具，工作底稿上的任何一笔调整、抵销分录都不纳入母、子公司的个别账簿，因此为了连续编制合并财务报表的正确性，保证与购买日编制的合并财务报表的勾稽关系，需要在购买日第一年年末编制合并财务报表时，对购买日编制过的调整分录进行"复制"加"粘贴"。

上述第②笔分录是对子公司从购买日到资产负债表日期间内实现销售的存货的价值调整。如果存货没有实现销售，则不需要编制该调整分录。

上述第③笔分录是对子公司从购买日到资产负债表日期间内固定资产计提的折旧、无形资产进行摊销的调整，调整后的固定资产、无形资产的价值是按购买日子公司可辨认资产的公允价值持续计量的结果。

特别提示

由于合并资产负债表中并没有"累计折旧"和"累计摊销"报表项目，对累计折旧和累计摊销的调整，就是对固定资产和无形资产账面价值的调整。为了便于理解，本章的调整和抵销分录均以"固定资产——累计折旧"和"无形资产——累计摊销"反映。

9.2.3 连续编制合并财务报表的调整处理

只要母公司对子公司存在控制权，母公司就需要在每个资产负债表日编制企业集团的合并财务报表。这就产生了连续编制合并财务报表的需要。

为了保证连续编制合并财务报表的正确性，保证与上年度编制的合并财务报表的勾稽关系，在连续编制合并财务报表时，不但需要对上期编制过的调整分录进行"复制"加"粘贴"，还要同时反映本期对子公司按公允价值持续计量的调整结果。

但需要注意的是，上期的调整分录中如果涉及了利润表的项目，由于利润表项目不能结转下年，且影响了上年损益类的项目，一定会影响上年的"年末未分配利润"，对本期而言就是影响了"年初未分配利润"，因此本期编制合并财务报表时应"查找"这样的损益类项目，用"年初未分配利润"项目进行"替换"。

借：存货
　　固定资产 }（购买日公允价值-账面价值） ①
　　无形资产

　贷：资本公积

借：年初未分配利润（（购买日公允价值-账面价值）×上期销售比例） ②

贷：存货

借：年初未分配利润（$\frac{\text{公允价值}-\text{账面价值}}{\text{尚可使用寿命}}\times\frac{\text{购买日至年末的月份}}{12}$） ③

贷：固定资产——累计折旧

无形资产——累计摊销

借：营业成本（（购买日公允价值-账面价值）×本期销售比例） ④

贷：存货

借：管理费用（$\frac{\text{公允价值}-\text{账面价值}}{\text{尚可使用寿命}}$） ⑤

贷：固定资产——累计折旧

无形资产——累计摊销

上述第①至第③笔分录是对购买日后第一个资产负债表日编制的调整分录的“复制”加“粘贴”，同时“查找”原有分录中的损益类项目，用“年初未分配利润”进行“替换”。第④和第⑤笔分录则是对本年度可辨认资产按公允价值持续计量对报表影响进行的调整处理。

【例9-1】20×5年4月1日，P公司对S公司进行控制，合并业务发生前，P公司和S公司不存在关联方关系。在购买日，S公司一项管理用固定资产账面价值为100万元，公允价值为200万元，采用年限平均法计提折旧，无残值，预计使用年限为10年。20×5年12月31日，该固定资产的公允价值是260万元。

（1）20×5年4月1日，P公司编制的调整分录为：

借：固定资产 1 000 000

贷：资本公积 1 000 000

合并工作底稿（局部）见表9-1。

表9-1 **合并工作底稿（局部）** 单位：万元

项目	母公司	子公司	合计金额	调整、抵销分录		少数股东权益	合并金额
				借方	贷方		
（资产负债表项目）							
固定资产				100			
资本公积					100		

（2）20×5年12月31日，P公司编制的调整分录为：

借：固定资产 1 000 000

贷：资本公积 1 000 000

借：管理费用 75 000（1 000 000÷10×9÷12）

贷：固定资产——累计折旧 75 000

特别提示

该日的公允价值260万元并不予以考虑，合并财务报表编制只对购买日的公允价值进行“模拟入账”，并按该公允价值对资产进行持续计量，不再确认每个资产负债表日各资产公允价值的变化。

合并工作底稿（局部）见表9-2。

表9-2 **合并工作底稿（局部）** 单位：万元

项目	母公司	子公司	合计金额	调整、抵销分录		少数股东权益	合并金额
				借方	贷方		
（利润表项目）							
管理费用				7.5			
（资产负债表项目）							
固定资产				100	7.5		
资本公积					100		

（3）20×6年12月31日，P公司编制的调整分录为：

借：固定资产　　1 000 000

　贷：资本公积　　1 000 000

借：年初未分配利润　　75 000

　贷：固定资产——累计折旧　　75 000

借：管理费用　　100 000

　贷：固定资产——累计折旧　　100 000

当然，对固定资产累计折旧的连续调整也可以只编制下列一笔分录：

借：年初未分配利润　　75 000

　　管理费用　　100 000

　贷：固定资产——累计折旧　　175 000

合并工作底稿（局部）见表9-3。

表9-3 **合并工作底稿（局部）** 单位：万元

项目	母公司	子公司	合计金额	调整、抵销分录		少数股东权益	合并金额
				借方	贷方		
（利润表项目）							
管理费用				10			
（所有者权益变动表项目）							
年初未分配利润				7.5			
（资产负债表项目）							
固定资产				100	17.5		
资本公积					100		

9.3 对母公司的调整处理

按照《企业会计准则第2号——长期股权投资》的规定，母公司在个别账簿中对子公司的长期股权投资按照成本法进行后续计量。为了使长期股权投资反映母公司在子公司所有者权益账面价值中的份额（同一控制合并），或子公司可辨认净资产公允价值的份额与商誉的合计（非同一控制合并），使母子公司的抵销分录得以顺利编制，所以在工作底稿中需要将该长期股权投资调整成权益法核算的结果。

9.3.1 第一个合并财务报表编制日的调整处理

不论是同一控制合并还是非同一控制合并取得的子公司，在第一个合并财务报表编制日，母公司在工作底稿中应编制下列调整分录：

（1）当子公司盈利时，应当按照子公司当年实现的净利润中归属于母公司享有的份额，调整增加长期股权投资的金额，并调整增加当年的投资收益。

借：长期股权投资　①

　贷：投资收益

（2）当子公司亏损时，应当按照子公司当年发生的净亏损中归属于母公司享有的份额，调整减少长期股权投资的金额，并调整减少当年的投资收益。假设不考虑子公司超额亏损的情况。

借：投资收益　②

　贷：长期股权投资

（3）当子公司发生除净损益以外所有者权益的其他变动时，应当根据子公司计入资本公积或其他综合收益的金额中所享有的金额，对长期股权投资的金额进行调整。

借：长期股权投资

　贷：资本公积　③

　　或其他综合收益

若减少，则进行相反的调整处理。

（4）当子公司分配股利时，对于母公司享有的股利份额，调整冲减长期股权投资的账面价值，同时调整减少投资收益。

借：投资收益　④

　贷：长期股权投资

特别提示

1.上述的第①、第②和第③笔调整分录性质相同，均为成本法无从体现而权益法特有的处理，因此仅仅需要按照权益法的会计处理进行调整就可以。需要注意的是，在合并工作底稿中编制的调整分录，对应的是报表项目，因此无须出现长期股权投资的二级明细科目。第④笔分录则是成本法和权益法都会进行的会计处理，只是处理的结果不同，此笔分录为将成本法下分配股利的会计处理“扭转”为权益法分配股利时的会计处理。

2. 权益法核算时，还需要对投资成本与被投资单位可辨认净资产公允价值的份额进行比较，并按二者孰高者入账，在将母公司长期股权投资按权益法调整时，并不需要对该种情况进行处理。等到按照9.4节内容编制母子公司的抵销分录时，将使包含在长期股权投资价值中的商誉或廉价购买利得“浮现”。

3. 在合并日或购买日当天，造成成本法和权益法核算不同的事由（子公司盈利、亏损、所有者权益发生的其他变动、分配股利）尚未发生，因此按成本法和权益法核算结果相同，合并日或购买日当天无须编制对母公司调整的分录。

微课9.1 对母公司调整分录原理的讲解

4. 对于第①和第②笔分录中的金额，还需要区分同一控制合并和非同一控制合并形成的子公司两种情况：同一控制合并形成的子公司，如果不存在内部交易损益，可以直接按账面净利润进行调整；非同一控制合并形成的子公司，则需要考虑按照购买日公允价值持续计量的资产、负债对净利润的影响和内部交易损益的影响之后，再进行调整，即按完全权益法进行调整。

9.3.2 连续编制合并财务报表时的调整处理

在取得子公司长期股权投资的第二年，将成本法调整为权益法核算的结果时，需要在调整计算第一年按权益法核算的对子公司长期股权投资的金额的基础上，按第二年子公司实现的净利润或发生的净亏损、除净损益外所有者权益的其他变动、分配股利等事项对母公司的影响作出相应的调整处理。以后年度的调整比照上述做法进行调整处理。

1）上年编制的调整分录对本年的影响

由于合并财务报表编制的连续性，需要首先将上年编制的调整分录进行“复制”加“粘贴”，并对相应的损益类项目进行“查找”和“替换”。编制的调整分录为：

（1）当子公司上年盈利时。

借：长期股权投资 ①

贷：年初未分配利润

（2）当子公司上年亏损时。

借：年初未分配利润 ②

贷：长期股权投资

（3）当子公司上年所有者权益发生增加的变动时。

借：长期股权投资 ③

贷：资本公积

或其他综合收益

若减少，则编制相反的调整分录。

（4）当子公司上年分配股利时。

借：年初未分配利润 ④

贷：长期股权投资

2）当年按权益法核算对母公司的调整

母公司按照本年子公司的盈利、亏损、所有者权益的变动、分配股利等事项，需编制和第1年第①～④相同的调整分录。

【例9-2】20×8年1月1日，P公司用银行存款3 000万元购得S公司80%的股份（假定P公司与S公司的企业合并属于非同一控制下的企业合并）。购买日，S公司有一幢办公楼，公允价值为700万元，账面价值为600万元，按年限平均法计提折旧，预计使用年限为20年，无残值。其他资产和负债的公允价值与账面价值相等。

20×8年，S公司实现净利润1 000万元，提取法定盈余公积100万元，分派现金股利600万元，未分配利润为300万元。S公司因持有的其他权益工具投资的公允价值变动计入其他综合收益的金额为100万元。

20×9年，S公司实现净利润1 200万元，提取法定盈余公积120万元，无其他所有者权益变动。

假定S公司的会计政策和会计期间与P公司一致，P公司与S公司之间没有发生内部交易。

（1）20×8年12月31日，P公司编制的调整分录为：

①S公司盈利。

S公司的固定资产在购买日的公允价值比账面价值高100万元，按照20年折旧，每年对净利润的影响为调减子公司净利润5万元，因此以S公司20×8年1月1日各项可辨认资产等的公允价值为基础，重新确定的S公司20×8年的净利润为995万元（1 000-5）。

借：长期股权投资　　7 960 000（9 950 000×80%）
　贷：投资收益　　7 960 000

②S公司其他权益工具投资发生公允价值变动。

借：长期股权投资　　800 000（1 000 000×80%）
　贷：其他综合收益　　800 000

③S公司分配股利。

借：投资收益　　4 800 000（6 000 000×80%）
　贷：长期股权投资　　4 800 000

合并工作底稿（局部）见表9-4。

表9-4　**合并工作底稿（局部）**　单位：万元

项目	母公司	子公司	合计金额	调整、抵销分录		少数股东权益	合并金额
				借方	贷方		
（利润表项目）							
投资收益				480	796		
（资产负债表项目）							
长期股权投资				796 80	480		
其他综合收益					80		

（2）20×9年12月31日，P公司编制的调整分录为：

①对20×8年编制的调整分录进行“复制”加“粘贴”，“查找”损益类项目进行“替换”。

借：长期股权投资　　　　7 960 000

　贷：年初未分配利润　　　　7 960 000

借：长期股权投资　　　　800 000

　贷：其他综合收益　　　　800 000

借：年初未分配利润　　　　4 800 000

　贷：长期股权投资　　　　4 800 000

②20×9年S公司盈利。

依然需要对S公司20×9年的盈利按照购买日公允价值持续计量确定净利润，调整后的净利润为1 195万元（1 200−5）。

借：长期股权投资　　　　9 560 000（11 950 000×80%）

　贷：投资收益　　　　9 560 000

合并工作底稿（局部）见表9-5。

表9-5　**合并工作底稿（局部）**　单位：万元

项目	母公司	子公司	合计金额	调整、抵销分录		少数股东权益	合并金额
				借方	贷方		
（利润表项目）							
投资收益					956		
（所有者权益变动表项目）							
年初未分配利润					316		
（资产负债表项目）							
长期股权投资				796 80 956	480		
其他综合收益					80		

9.4 母公司的长期股权投资与子公司所有者权益项目的抵销

9.4.1 抵销的原理

微课9.2 为什么抵销母公司的长期股权投资与子公司的所有者权益

当母公司对子公司进行投资时，在母公司个别账簿中表现为长期股权投资的增加，支付的银行存款等减少；对于子公司而言，则表现为银行存款等资产的增加，同时作为实收资本或股本等所有者权益项目的增加。从企业整体来看，母公司对子公司进行的长期股权投资实际上相当于母公司将资金拨付下属核算单位，仅仅是资金的流动，不应增加企业集团整体的资产与所有者权益项目。由于编制合并财务报表时，需要首先对母子公司的个别财务报表进行加总，这就需要在调整、抵销分录栏编制抵销分录，剔除上述重复计算的事项，将母公司的长期股权投资和子公司的所有者权益项目进行抵销。

通过一个简单的例子，可以使上文的原理更加明显。假设P公司有1 000万元货币资金，用其中的100万元创立了S公司。P公司和S公司资产负债表（简表）分别见表9-6和表9-7。

表9-6　**P公司资产负债表（简表）**　单位：万元

项目	期末数	项目	期末数
货币资金	900		
长期股权投资	100	实收资本	1 000
合计	1 000	合计	1 000

表9-7　**S公司资产负债表（简表）**　单位：万元

项目	期末数	项目	期末数
货币资金	100	实收资本	100
合计	100	合计	100

在编制合并财务报表时，将上述P公司、S公司的个别财务报表过入合并工作底稿（见表9-8）中，如果不进行抵销，企业集团合并财务报表中"货币资金"1 000万元，"长期股权投资"100万元，"实收资本"1 100万元。

表9-8　**合并工作底稿（局部）**　单位：万元

项目	母公司	子公司	合计金额	调整、抵销分录		少数股东权益	合并金额
				借方	贷方		
（资产负债表项目）							
货币资金	900	100	1 000				1 000
长期股权投资	100		100				100
实收资本	1 000	100	1 100				1 100

企业集团的资产和所有者权益总额凭空增加100万元，其中母公司的"长期股权投资"和子公司的"实收资本"是重复计算因素，为了编制正确的合并财务报表，应当编制下列抵销分录：

借：实收资本　　1 000 000

　贷：长期股权投资　　1 000 000

合并工作底稿见表9-9。

表9-9　　合并工作底稿（局部）　　单位：万元

项目	母公司	子公司	合计金额	调整、抵销分录		少数股东权益	合并金额
				借方	贷方		
（资产负债表项目）							
货币资金	900	100	1 000				1 000
长期股权投资	100		100		100		0
实收资本	1 000	100	1 100	100			1 000

9.4.2　同一控制下的抵销处理

1）合并日的抵销

（1）当子公司为全资子公司时，编制的抵销分录为：

借：实收资本（或股本）
　　资本公积
　　其他综合收益　　　（合并日子公司资产负债表中金额）　　①
　　盈余公积
　　未分配利润
　贷：长期股权投资（母公司个别报表中的金额）

（2）当子公司为非全资子公司，编制的抵销分录为：

借：实收资本（或股本）
　　资本公积
　　其他综合收益　　　（合并日子公司资产负债表中金额）　　②
　　盈余公积
　　未分配利润
　贷：长期股权投资（母公司个别报表中的金额）
　　　少数股东权益（子公司合并日所有者权益金额×少数股东持股比例）

特别提示

1.对于第①笔和第②笔分录中贷方的长期股权投资金额，是母公司个别财务报表中按成本法核算的长期股权投资的金额，因为对于合并日这个时点，成本法和权益法核算结果相同。

2.对于第②笔分录中贷方出现的少数股东权益，是因为借方将子公司的全部所有者权益予以抵销时，将归属于少数股东的那部分权益同时抵销，此时应“恢复”少数股东在企业集团中享有的权益，因此应该在贷方体现出该部分权益。又由于同一控制合并下按账面价值持续计量，所以可以直接按照子公司在合并日资产负债表中列示的金额计算分配给少数股东的这部分权益。分录贷方的少数股东权益并不是抵销的含义，而是“恢复确认”。

2）合并日后第一个资产负债表日的抵销

在同一控制合并后第一个资产负债表日，母公司继续对个别报表中的长期股权投资和子公司的所有者权益项目进行抵销，如果是非全资子公司，同时应“恢复确认”少数股东按持股比例享有的子公司所有者权益的份额。

和上述第①、②两笔分录不同的是，贷方的长期股权投资由于在工作底稿中按照“对母公司调整”的步骤进行了调整处理，即已经将长期股权投资由个别财务报表中的成本法核算调整为权益法核算，所以此时抵销分录的金额是按权益法调整之后的金额。

3）日后连续编制合并财务报表时的抵销

日后在连续编制合并财务报表时，对母公司的长期股权投资和子公司的所有者权益要连续抵销。方法同合并日后第一个资产负债表日的抵销处理，即：子公司所有者权益项目依然按照资产负债表日的金额抵销，少数股东权益按少数股东持股比例确认（全资子公司则无该项目），母公司的长期股权投资按权益法核算持续计量调整后的累计金额抵销。

【例9-3】20×8年1月1日，P公司用银行存款3 000万元购得S公司80%的股份（假定P公司与S公司的企业合并属于同一控制下的企业合并）。20×7年12月31日，P公司的所有者权益构成为：股本6 000万元，资本公积2 200万元。

20×8年1月1日，S公司所有者权益总额为3 500万元，其中股本为2 000万元，资本公积为1 500万元。20×8年，S公司实现净利润1 000万元，提取法定盈余公积100万元，分派现金股利600万元，未分配利润为300万元。S公司因持有的其他权益工具投资的公允价值变动计入当期其他综合收益的金额为100万元。

20×9年S公司实现净利润1 200万元，提取法定盈余公积120万元，无其他所有者权益变动。

（1）20×8年1月1日，P公司编制的抵销分录为：

借：股本　　　　20 000 000
　　资本公积　　15 000 000
　贷：长期股权投资　　28 000 000
　　　少数股东权益　　7 000 000（35 000 000×20%）

合并工作底稿（局部）见表9-10。

表9-10　**合并工作底稿（局部）**　单位：万元

项目	母公司	子公司	合计金额	调整、抵销分录		少数股东权益	合并金额
				借方	贷方		
（资产负债表项目）							
长期股权投资	2 800		2 800		2 800		0
股本	6 000	2 000	8 000	2 000			6 000
资本公积	2 000*	1 500	3 500	1 500			2 000
少数股东权益					700	700	700

注：*合并日，P公司个别财务报表中进行的会计处理为：

借：长期股权投资　　28 000 000
　　资本公积　　2 000 000
　贷：银行存款　　30 000 000

因此，P公司原来的资本公积由2 200万元降为2 000万元。

（2）20×8年12月31日，P公司编制的调整、抵销分录为：

在合并日后的第一个资产负债表日，在对母公司按照权益法调整时，在合并工作底稿中首先进行下列调整处理：

借：长期股权投资　　8 000 000（10 000 000×80%）
　贷：投资收益　　8 000 000
借：长期股权投资　　800 000（1 000 000×80%）
　贷：其他综合收益　　800 000
借：投资收益　　4 800 000（6 000 000×80%）
　贷：长期股权投资　　4 800 000

所以经过调整后，长期股权投资的金额不再是个别报表中按成本法核算的2 800万元，而是3 200万元（2 800+800+80−480）。

借：股本　　20 000 000
　　资本公积　　15 000 000
　　其他综合收益　　1 000 000
　　盈余公积　　1 000 000
　　未分配利润　　3 000 000
　贷：长期股权投资　　32 000 000
　　　少数股东权益　　8 000 000（40 000 000×20%）

合并工作底稿（局部）见表9-11。

表9-11　　**合并工作底稿（局部）**　　单位：万元

项目	母公司	子公司	合计金额	调整、抵销分录		少数股东权益	合并金额
				借方	贷方		
（利润表项目）							
投资收益	—	—	—	480	800		—
（资产负债表项目）							
长期股权投资	2 800		2 800	800 80	480 3 200		0
股本	6 000	2 000	8 000	2 000			6 000
资本公积	2 000	1 500	3 500	1 500			2 000
其他综合收益		100	100	100	80		80
盈余公积		100	100	100			0
未分配利润		300	300	300			0
少数股东权益					800	800	800

注：暂不考虑投资收益在合并工作底稿中的合并金额。

（3）20×9年12月31日，P公司编制的调整、抵销分录为：

日后连续编制合并财务报表时，对母公司按照权益法持续计量调整，编制的调整分录为：

借：长期股权投资　8 000 000

　贷：年初未分配利润　8 000 000

借：长期股权投资　800 000

　贷：其他综合收益　800 000

借：年初未分配利润　4 800 000

　贷：长期股权投资　4 800 000

借：长期股权投资　9 600 000（12 000 000×80%）

　贷：投资收益　9 600 000

所以经过调整后，长期股权投资的金额也不再是个别财务报表中按成本法核算的2 800万元，而是4 160万元（2 800+800+80−480+960）。

借：股本　20 000 000

　　资本公积　15 000 000

　　其他综合收益　1 000 000

　　盈余公积　2 200 000（1 000 000+1 200 000）

　　未分配利润　13 800 000（3 000 000+ 12 000 000−1 200 000）

　贷：长期股权投资　41 600 000

　　　少数股东权益　10 400 000（52 000 000×20%）

合并工作底稿（局部）见表9-12。

表9-12　**合并工作底稿（局部）**　单位：万元

项目	母公司	子公司	合计金额	调整、抵销分录		少数股东权益	合并金额
				借方	贷方		
（利润表项目）							
投资收益	—	—	—		960		—
（所有者权益变动表项目）							
年初未分配利润	—	—	—		320		—
（资产负债表项目）							
长期股权投资	2 800		2 800	800 80 960	480 4 160		0
股本	6 000	2 000	8 000	2 000			6 000
资本公积	2 000	1 500	3 500	1 500			2 000
其他综合收益		100	100	100	80		80
盈余公积		220	220	220			0
未分配利润		1 380	1 380	1 380			0
少数股东权益					1 040	1 040	1 040

注意：暂不考虑投资收益和年初未分配利润在合并工作底稿中的合并金额。

9.4.3 非同一控制下抵销处理

1）购买日的抵销

（1）当子公司为全资子公司时，编制的抵销分录为：

借：实收资本（或股本）
　　资本公积
　　其他综合收益
　　盈余公积
　　未分配利润
　　（以上：购买日子公司按公允价值调整后的价值）　①
　　商誉（倒挤）
　贷：长期股权投资（母公司个别报表中的金额）
　　　或营业外收入（倒挤）

（2）当子公司为非全资子公司时，编制的抵销分录为：

借：实收资本（或股本）
　　资本公积
　　其他综合收益
　　盈余公积
　　未分配利润
　　（以上：购买日子公司按公允价值调整后的价值）　②
　　商誉（倒挤）
　贷：长期股权投资（母公司个别报表中的金额）
　　　少数股东权益（子公司在购买日所有者权益的公允价值×少数股东持股比例）
　　　或营业外收入（倒挤）

特别提示

非同一控制合并下购买日与前文同一控制下的合并日的处理，有以下三点不同：

1.对子公司的所有者权益项目按照公允价值进行抵销，而非个别财务报表列示的账面价值。这是因为在非同一控制下，首先需要对子公司的可辨认资产、负债进行调整，从账面价值调整到购买日的公允价值（即9.2节“对子公司调整的处理”中进行的处理），因此，此时的抵销处理必然为对子公司净资产按公允价值调整后的金额。

2.抵销分录的借方出现了“商誉”。该项目为合并财务报表中的项目，金额为使分录借贷平衡的轧差数。该金额也等于购买日投资成本大于子公司可辨认净资产公允价值份额的差额。

3.抵销分录的贷方出现了“营业外收入”。其本质为非同一控制合并时的“廉价购买利得”，金额为使抵销分录借贷平衡的轧差数。其金额等于购买日投资成本小于子公司可辨认净资产公允价值份额的差额。

2）购买日后第一个资产负债表日的抵销

在非同一控制合并后第一个资产负债表日，继续对母公司的长期股权投资与子公司的所有者权益项目进行抵销。

其中，对子公司的所有者权益项目按购买日的公允价值持续计量，即不是按照子公司资产负债表日个别报表的数据直接抵销，而要结合9.2节“对子公司调整的处理”步骤调整之后的结果进行抵销。

对母公司的长期股权投资是结合9.3节“对母公司调整的处理”步骤调整之后的结果进行抵销，即长期股权投资不是按照个别报表中成本法的金额抵销，而是按照调整为权益法之后的金额进行抵销。

如果是非全资子公司，同时应“恢复确认”少数股东按持股比例享有的子公司所有者权益公允价值的份额。

抵销分录中通过“商誉”（借方）或“营业外收入”（贷方）项目平衡分录的借贷方差额。

3）日后连续编制合并财务报表的抵销

日后在连续编制合并财务报表时，对母公司的长期股权投资和子公司的所有者权益要连续抵销，方法同购买日后第一个资产负债表日的抵销处理。唯一不同的是，在连续编制合并财务报表时，如果购买日确认的是贷方差额，即确认了相当于“廉价购买利得”的“营业外收入”项目，由于涉及损益类项目，所以需要用“年初未分配利润”项目替换。

【例9-4】20×8年1月1日，P公司用银行存款3 000万元购得S公司80%的股份（假定P公司与S公司的企业合并属于非同一控制合并）。20×7年12月31日，P公司的所有者权益构成为：股本6 000万元，资本公积2 200万元。

20×8年1月1日，S公司所有者权益总额为3 500万元，其中股本为2 000万元，资本公积为1 500万元。购买日可辨认净资产的公允价值等于账面价值。20×8年，S公司实现净利润1 000万元，提取法定盈余公积100万元，分派现金股利600万元，未分配利润为300万元。S公司因持有的其他权益工具投资的公允价值变动计入当期其他综合收益的金额为100万元。

20×9年S公司实现净利润1 200万元，提取法定盈余公积120万元，无其他所有者权益变动。P公司与S公司之间没有发生内部交易。

（1）20×8年1月1日，P公司编制的抵销分录为：

借：股本　　20 000 000

　　资本公积　　15 000 000

　　商誉（倒挤）　　2 000 000

　贷：长期股权投资　　30 000 000

　　　少数股东权益　　7 000 000（35 000 000×20%）

商誉的金额200万元等于母公司的投资成本3 000万元（非同一控制合并下，长期股权投资按购买日支付对价的公允价值入账）与享有的S公司可辨认净资产的份额2 800万元（3 500×80%）之间的差额。在合并抵销时，该商誉将随着母公司的长期股权投资和子公司所有者权益项目的抵销，作为分录的借贷方平衡数，“浮现”在合并财务报表中。

合并工作底稿（局部）见表9-13。

表9-13　　合并工作底稿（局部）　　单位：万元

项目	母公司	子公司	合计金额	调整、抵销分录		少数股东权益	合并金额
				借方	贷方		
（资产负债表项目）							
长期股权投资	3 000		3 000		3 000		0
商誉				200			200
股本	6 000	2 000	8 000	2 000			6 000
资本公积	2 200	1 500	3 700	1 500			2 200
少数股东权益					700	700	700

（2）20×8年12月31日，P公司编制的调整、抵销分录为：

在购买日后第一个资产负债表日，在对母公司按照权益法调整时，在合并工作底稿中首先进行下列调整处理：

借：长期股权投资　　8 000 000（10 000 000×80%）
　贷：投资收益　　8 000 000
借：长期股权投资　　800 000（1 000 000×80%）
　贷：其他综合收益　　800 000
借：投资收益　　4 800 000（6 000 000×80%）
　贷：长期股权投资　　4 800 000

所以经过调整后，长期股权投资的金额不再是个别财务报表中按成本法核算的3 000万元，而是3 400万元（3 000+800+80-480）。在工作底稿中编制的抵销分录为：

借：股本　　20 000 000
　　资本公积　　15 000 000
　　其他综合收益　　1 000 000
　　盈余公积　　1 000 000
　　未分配利润　　3 000 000
　　商誉　　2 000 000
　贷：长期股权投资　　34 000 000
　　　少数股东权益　　8 000 000（40 000 000×20%）

合并工作底稿（局部）见表9-14。

表9-14　　　　　　　　　　　**合并工作底稿（局部）**　　　　　　　　　　单位：万元

项目	母公司	子公司	合计金额	调整、抵销分录		少数股东权益	合并金额
				借方	贷方		
（利润表项目）							
投资收益	—	—	—	480	800		—
（资产负债表项目）							
长期股权投资	3 000		3 000	800 80	480 3 400		0
商誉				200			200
股本	6 000	2 000	8 000	2 000			6 000
资本公积	2 200	1 500	3 700	1 500			2 200
其他综合收益		100	100	100	80		80
盈余公积		100	100	100			0
未分配利润		300	300	300			0
少数股东权益					800	800	800

注意：暂不考虑投资收益在合并工作底稿中的合并金额。

（3）20×9年12月31日，P公司编制的调整、抵销分录为：

日后连续编制合并财务报表时，对母公司按照权益法持续计量调整，编制的调整分录为：

借：长期股权投资　　8 000 000
　贷：年初未分配利润　　8 000 000
借：长期股权投资　　800 000
　贷：其他综合收益　　800 000
借：年初未分配利润　　4 800 000
　贷：长期股权投资　　4 800 000
借：长期股权投资　　9 600 000（12 000 000×80%）
　贷：投资收益　　9 600 000

所以经过调整后，长期股权投资的金额也不再是个别财务报表中按成本法核算的3 000万元，而是4 360万元（3 000+800+80−480+960）。在工作底稿中编制的抵销分录为：

借：股本　　20 000 000
　资本公积　　15 000 000
　其他综合收益　　1 000 000
　盈余公积　　2 200 000（1 000 000+1 200 000）
　未分配利润　　13 800 000（3 000 000+ 12 000 000−1 200 000）
　商誉　　2 000 000
　贷：长期股权投资　　43 600 000
　　少数股东权益　　10 400 000（52 000 000×20%）

合并工作底稿（局部）见表9-15。

表9-15 **合并工作底稿（局部）** 单位：万元

项目	母公司	子公司	合计金额	调整、抵销分录		少数股东权益	合并金额
				借方	贷方		
（利润表项目）							
投资收益	—	—	—		960		—
（所有者权益变动表项目）							
年初未分配利润	—	—	—		320		—
（资产负债表项目）							
长期股权投资	3 000		3 000	800 80 960	480 4 360		0
商誉				200			200
股本	6 000	2 000	8 000	2 000			6 000
资本公积	2 200	1 500	3 700	1 500			2 200
其他综合收益		100	100	100	80		80
盈余公积		220	220	220			0
未分配利润		1 380	1 380	1 380			0
少数股东权益					1 040	1 040	1 040

注意：暂不考虑投资收益和年初未分配利润在合并工作底稿中的合并金额。

特别提示

1.在第二个资产负债表日商誉的金额仍然为200万元，根据《企业会计准则第8号——资产减值》的规定，商誉不需要摊销，而是在发生减值迹象时进行减值测试，以确定是否发生减值。由于本例中没有发生引起商誉减值的迹象，因此商誉的金额不变。

2.长期股权投资在母公司个别财务报表中按照成本法核算，在工作底稿中进行了权益法的调整，这一调整使得长期股权投资能够反映出在子公司所有者权益账面价值中的份额（同一控制合并），或子公司可辨认净资产公允价值的份额与商誉的合计（非同一控制合并），这就使得本节所进行的抵销处理得以顺利进行。

9.5 母公司投资收益与子公司利润分配的抵销

9.5.1 抵销的原理

在本教材第8章8.1节中介绍的合并所有者权益（或股东权益）变动表，是站在母公司所有者的立场，只反映母公司在一定期间内，包括经营成果分配在内的所有者（或股东）权益增减变动情况的报表。由于在合并财务报表编制过程中，母、子公司的个别所有者权益（或股东权益）变动表都过入工作底稿，进行了合计加总，因此只有将子公司的利润分配事项进行抵销，才能正确地编制出企业所有者（或股东）在母公司中的权益增减变动情况的报表。

根据9.3节“对母公司调整的处理”，在工作底稿中对母公司持有的长期股权投资由成本法调整成权益法时，根据子公司实现的净利润，在调整了长期股权投资的同时确认了投资收益。由于9.4节“母公司的长期股权投资与子公司所有者权益项目的抵销”时抵销了母公司的长期股权投资，正如“皮之不存，毛将焉附”，伴随着长期股权投资的抵销，依附于长期股权投资才产生的投资收益也不应存在，应该予以抵销。

如果子公司为非全资子公司，在进行利润分配时，会按照少数股东的持股比例对其进行利润分配，少数股东享有的子公司的净损益对于整个企业集团而言是一项费用，作为企业集团的少数股东损益，在合并利润表中予以确认。

9.5.2　抵销分录的编制

母公司在工作底稿中应该编制下列抵销分录：

借：投资收益（子公司净利润或经调整后的净利润×母公司持股比例）

　　少数股东损益（子公司净利润或经调整后的净利润×少数股东持股比例）

　　年初未分配利润（子公司所有者权益变动表金额）

　贷：提取盈余公积（子公司所有者权益变动表金额）

　　　对股东的分配（子公司所有者权益变动表金额）

　　　年末未分配利润（子公司所有者权益变动表金额或经调整后的年末未分配利润）

特别提示

1.当子公司为同一控制合并方式取得时，不考虑子公司合并日的公允价值，因此子公司个别利润表中确认的净利润在不存在母子公司之间的内部交易事项时，不需要做任何调整处理；当子公司为非同一控制合并方式取得时，不但需要考虑集团内部交易的损益，还需要将子公司可辨认资产和负债调整为购买日的公允价值，从而需要对子公司按账面价值结转成本、确认费用实现的净利润调整为按公允价值持续计量实现的净利润。

2.该分录的借方可以看作是子公司利润分配的来源。因为子公司可供分配利润=年初未分配利润+本期净利润。本期净利润（或经调整后的净利润）按照母公司和少数股东的持股比例进行分配，就是母公司的投资收益和少数股东的少数股东损益。

3.该分录的贷方可以看作是子公司利润分配的去向。企业利润分配有三个去向，即提取盈余公积、对股东进行利润分配，其余的则形成了企业的年末未分配利润。

4.由于利润分配的来源必然等于利润分配的去向，该等式保证了本分录借贷方的平衡。

【例9-5】20×8年1月1日，P公司用银行存款3 000万元购得S公司80%的股份（假定P公司与S公司的企业合并属于同一控制下的企业合并）。20×8年1月1日，S公司股东权益总额为3 500万元，其中股本为2 000万元、资本公积为1 500万元。

20×8年，S公司实现净利润1 000万元，提取法定盈余公积100万元，分派现金股利600万元，未分配利润为300万元。S公司因持有的其他权益工具投资的公允价值变动计入当期其他综合收益的金额为100万元。

20×9年，S公司实现净利润1 200万元，提取法定盈余公积120万元，无其他所有者权益变动。

假设P公司与S公司未发生集团内部交易事项。

由于S公司为同一控制合并取得，且未发生集团内部交易事项，因此子公司的净利润和年末未分配利润都不需要进行调整。

（1）20×8年12月31日，P公司编制的抵销分录为：

借：投资收益　　8 000 000（10 000 000×80%）

　　少数股东损益　　2 000 000（10 000 000×20%）

　　年初未分配利润　　0

　贷：提取盈余公积　　1 000 000

　　对股东的分配　　6 000 000

　　年末未分配利润　　3 000 000

合并工作底稿（局部）见表9-16。

表9-16　　合并工作底稿（局部）　　单位：万元

项目	母公司	子公司	合计金额	调整、抵销分录		少数股东权益	合并金额
				借方	贷方		
（利润表项目）							
投资收益				800			
少数股东损益				200		200	
（所有者权益变动表项目）							
年初未分配利润				0			
提取盈余公积					100		
对股东的分配					600		
年末未分配利润					300		

（2）20×9年12月31日，P公司编制的抵销分录为：

借：投资收益　　9 600 000（12 000 000×80%）

　　少数股东损益　　2 400 000（12 000 000×20%）

　　年初未分配利润　　3 000 000（上年的年末未分配利润）

　贷：提取盈余公积　　1 200 000

　　对股东的分配　　0

　　年末未分配利润　　13 800 000

合并工作底稿（局部）见表9-17。

表9-17　　合并工作底稿（局部）　　单位：万元

项目	母公司	子公司	合计金额	调整、抵销分录		少数股东权益	合并金额
				借方	贷方		
（利润表项目）							
投资收益				960			
少数股东损益				240		240	
（所有者权益变动表项目）							
年初未分配利润				300			
提取盈余公积					120		
对股东的分配					0		
年末未分配利润					1 380		

【例9-6】20×8年1月1日，P公司用银行存款3 000万元购得S公司80%的股份（假定P公司与S公司的企业合并属于非同一控制下的企业合并）。购买日，S公司有一幢办公楼，公允价值为700万元，账面价值为600万元，按年限平均法计提折旧，预计使用年限为20年，无残值。其他资产和负债的公允价值与其账面价值相等。

20×8年1月1日，S公司股东权益总额为3 500万元，其中股本2 000万元、资本公积1 500万元。

20×8年，S公司实现净利润1 000万元，提取法定盈余公积100万元，分派现金股利600万元，未分配利润为300万元。S公司因持有的其他权益工具投资的公允价值变动计入当期其他综合收益的金额为100万元。

20×9年，S公司实现净利润1 200万元，提取法定盈余公积120万元，无其他所有者权益变动。

假设P公司与S公司未发生集团内部交易事项。

（1）20×8年12月31日，P公司编制的抵销分录为：

由于S公司为非同一控制合并方式取得，购买日S公司的固定资产公允价值比账面价值高100万元，该固定资产按20年折旧，因此按公允价值持续计量的折旧费用应调增5万元，对20×8年净利润的影响为调减净利润5万元，即995万元（1 000-5）。

借：投资收益　　7 960 000（9 950 000×80%）
　　少数股东损益　　1 990 000（9 950 000×20%）
　　年初未分配利润　　0
　贷：提取盈余公积　　1 000 000
　　　对股东的分配　　6 000 000
　　　年末未分配利润　　2 950 000

合并工作底稿（局部）见表9-18。

表9-18　　合并工作底稿（局部）　　单位：万元

项目	母公司	子公司	合计金额	调整、抵销分录		少数股东权益	合并金额
				借方	贷方		
（利润表项目）							
投资收益				796			
少数股东损益				199		199	
（所有者权益变动表项目）							
年初未分配利润				0			
提取盈余公积					100		
对股东的分配					600		
年末未分配利润					295		

（2）20×9年12月31日，P公司编制的抵销分录为：

对购买日公允价值与账面价值不相等的固定资产，本期仍然需要对其按照公允价值持续计量，折旧调增5万元，对净利润的影响为调减5万元，即1 195万元（1 200-5）。

借：投资收益　　9 560 000（11 950 000×80%）
　　少数股东损益　　2 390 000（11 950 000×20%）
　　年初未分配利润　　2 950 000（上年的年末未分配利润）
　贷：提取盈余公积　　1 200 000
　　　对股东的分配　　0
　　　年末未分配利润　　13 700 000

合并工作底稿（局部）见表9-19。

表9-19　　合并工作底稿（局部）　　单位：万元

项目	母公司	子公司	合计金额	调整、抵销分录		少数股东权益	合并金额
				借方	贷方		
（利润表项目）							
投资收益				956			
少数股东损益				239		239	
（所有者权益变动表项目）							
年初未分配利润				295			
提取盈余公积					120		
对股东的分配					0		
年末未分配利润					1 370		

特别提示

1.20×8年S公司个别所有者权益变动表中年末未分配利润为300万元，按照公允价值对固定资产持续计量时提取的折旧对20×8年年末未分配利润的影响为5万元，因此分录中的金额为295万元。

2.20×9年S公司个别所有者权益变动表中的年末未分配利润为1 380万元，即年初未分配利润300+本年净利润1 200−提取盈余公积120=1 380（万元）。按照公允价值持续计量的固定资产的折旧对20×9年年末未分配利润的累计影响为10万元，因此该年抵销分录的年末未分配利润为1 370万元。

3.由该例可以看出，在连续编制合并财务报表时，对母公司当年的投资收益与子公司当年的利润分配直接抵销，并没有对去年所做的分录进行“复制”。这是因为投资收益是合并利润表中的项目，利润分配是合并所有者权益变动表中的项目，这两张合并财务报表都是反映一定期间的流量信息，并不结转下年，因此每年只需要结合当年个别报表和工作底稿中的信息进行抵销即可。即便进行“复制”，借方替换的“年初未分配利润”与贷方替换的“年初未分配利润”金额相等，相互抵销，也相当于没有进行“复制”。

9.6 集团内部债权债务的抵销

9.6.1 抵销的原理

母公司与子公司、子公司相互之间的债权债务，一方在其个别资产负债表中反映为资产，另一方则反映为负债。但站在企业集团整体的角度，这只是集团内部的资金运动，既不能增加企业集团的资产，也不能增加负债，因此，在编制合并财务报表时应将内部债权债务项目抵销。常见的集团内部债权、债务主要包括以下几类：

（1）应收票据与应付票据，应收账款与应付账款；

（2）预付款项与合同负债；

（3）其他应收款（包括应收利息、应收股利）与其他应付款（包括应付利息、应付股利）；

（4）长期应收款与长期应付款；

（5）债权投资（其他债权投资）与应付债券。

9.6.2 抵销分录的编制

1）对债权债务的抵销

母公司每年在编制工作底稿时，应当根据当年集团内部债务的金额编制抵销分录。由于集团内部的债权债务与集团外部的债权债务在个别企业的财务报表中以整体金额出现，因此往往需要借助母子公司、子公司内部交易形成的债权债务的备查记录分析得出。编制的抵销分录为：

借：债务类报表项目

　贷：债权类报表项目

【例9-7】P公司是S1、S2公司的母公司。20×7年，P公司应收S1公司的账款为1 600万元（没有计提坏账准备），预付S2公司的账款为500万元。S2公司按面值发行的长期债券1 200万元全部被S1公司购买，作为债权投资核算。根据上述经济事项，P公司编制的抵销分录为：

（1）借：应付账款　16 000 000

　　贷：应收账款　16 000 000

（2）借：合同负债　5 000 000

　　贷：预付款项　5 000 000

（3）借：应付债券　12 000 000

　　贷：债权投资　12 000 000

在某些情况下，企业持有的集团内部债券并不是从发行债券的企业直接购进，而是在证券市场上购进的。对于该种特殊情况的抵销处理，将在本教材第10章10.2节进行深入探讨。

2）对投资收益与财务费用的抵销

当企业集团一方发行债券，另一方持有该债券时，发行债券方计付的利息费用通常作为财务费用处理；对于持有债券的企业，当期获得的利息收入则作为投资收益处理。编制合并财务报表时，随着应付债券和债权投资等内部债权债务本金的抵销，还应将该内部债权债务产生的利息费用和利息收入抵销。应编制的抵销分录为：

借：投资收益

　贷：财务费用

【例9-8】承【例9-7】，20×7年，S2公司发行的应付债券确认的利息总额为120万元。

借：投资收益　1 200 000

　贷：财务费用　1 200 000

3）对内部债权计提的坏账准备的抵销

在编制合并财务报表时，随着内部债权的抵销，依附于内部债权提取的坏账准备也应一并抵销。由于资产负债表中并没有“坏账准备”报表项目，对坏账准备的抵销，就是对应收账款账面价值的调整。

（1）第一年编制合并财务报表时的抵销处理。

因为个别报表中对该内部债权计提的坏账准备的会计处理为：

借：信用减值损失

　贷：坏账准备

所以在合并财务报表中应进行与个别财务报表相反的处理，以抵销该内部债权的坏账准备，编制的抵销分录为：

借：应收账款　①

　贷：信用减值损失

（2）连续编制合并财务报表的抵销处理。

①如果第二年内部债权没有发生变化，内部债权形成的坏账准备也没有发生变化时：上期编制的抵销分录中对信用减值损失进行了抵销，该抵销处理影响了上年的年末未

分配利润，结转至本期，则对本年的年初未分配利润造成了影响，因此应在第二年连续编制合并财务报表时，将该影响继续抵销。编制的抵销分录为：

借：应收账款 ②

　贷：年初未分配利润

该笔分录实质上是对第①笔分录进行复制，并用“年初未分配利润”“替换”原分录中的损益类项目。

② 第二年内部债权增加，从而个别企业补提了内部债权形成的坏账准备时：

第一步，应对上期编制的分录中对信用减值损失的抵销产生的对本年年初未分配利润造成的影响进行抵销，编制的分录同第②笔。

借：应收账款 ②

　贷：年初未分配利润

第二步，将个别企业本期补提的坏账准备继续抵销。

个别企业在账簿中对于补充提取坏账准备时进行的会计处理为：

借：信用减值损失

　贷：坏账准备

由于内部债权债务被抵销，所以对于个别企业补提的上述坏账准备也应进行抵销，工作底稿中编制和个别企业账簿中相反的分录，所编制的抵销分录为：

借：应收账款 ③

　贷：信用减值损失

③ 第二年内部债权减少，从而个别企业冲销了内部债权形成的坏账准备时：

第一步，应对上期编制的分录中对信用减值损失的抵销产生的对本年年初未分配利润造成的影响进行抵销，编制的分录同第②笔。

借：应收账款 ②

　贷：年初未分配利润

第二步，将个别企业本期冲销的坏账准备继续抵销。

个别企业在账簿中冲销坏账准备时进行的会计处理为：

借：坏账准备

　贷：信用减值损失

由于内部债权债务被抵销，所以对于依附于内部债权的坏账准备也应当抵销，个别企业冲销的坏账准备从企业集团的角度也是不认可的，所以应当将上述个别企业账簿中进行的会计处理予以抵销，编制的抵销分录为：

借：信用减值损失 ③

　贷：应收账款

其实对于内部债权提取的坏账准备的连续抵销，不但可以按照前文所述的“两步骤”法进行抵销，即先抵销上期的分录对本期的影响，再抵销今年增加或减少的坏账准备对企业集团的影响（如果没有变化，则不需要），还可以采取下列“一步骤”的分录进行一次性抵销：

借：应收账款（资产负债表日个别企业内部债权的坏账准备余额）

贷：年初未分配利润（上期的信用减值损失金额，若第一期，则为零）

信用减值损失（倒挤，可能出现在借方）

下列举例将用两种方法分别进行抵销处理。

【例9-9】P公司为S公司的母公司。经分析，20×7年12月31日，P公司本期个别资产负债表“应付账款”项目中有600万元是应支付给S公司的货款。S公司对该债权提取了30万元的坏账准备。当20×8年12月31日：

（1）S公司的内部应收账款仍然为600万元，坏账准备的累计金额仍然为30万元时；

（2）S公司的内部应收账款增加到800万元，坏账准备的累计金额为40万元时；

（3）S公司的内部应收账款减少到200万元，坏账准备的累计金额为10万元时。

内部债权、债务及坏账准备的抵销见表9-20。

表9-20　**内部债权、债务及坏账准备的抵销**　单位：万元

年份	对债权债务的抵销	对坏账准备的抵销	
		两步骤法	一步骤法
20×7	借：应付账款　600 　贷：应收账款　600	借：应收账款　30 　贷：信用减值损失　30	借：应收账款　30 　贷：信用减值损失　30
20×8	借：应付账款　600 　贷：应收账款　600	借：应收账款　30 　贷：年初未分配利润　30	借：应收账款　30 　贷：年初未分配利润　30
20×8	借：应付账款　800 　贷：应收账款　800	Ⅰ．借：应收账款　30 　　贷：年初未分配利润　30 Ⅱ．借：应收账款　10 　　贷：信用减值损失　10	借：应收账款　40 　贷：年初未分配利润　30 　　信用减值损失　10
20×8	借：应付账款　200 　贷：应收账款　200	Ⅰ．借：应收账款　30 　　贷：年初未分配利润　30 Ⅱ．借：信用减值损失　20 　　贷：应收账款　20	借：应收账款　10 　信用减值损失　20 　贷：年初未分配利润　30

9.7 集团内部交易的抵销（1）——存货

9.7.1 集团内部存货交易概述

存货交易是企业集团内部交易中最常见的一种形式。集团内部的存货交易按照销售方向不同区分为顺流交易、逆流交易和平流交易。顺流交易指母公司向子公司出售存货；逆流交易，则是子公司向母公司出售存货；子公司与子公司之间的存货交易则为平流交易。存货的销售方向不同，进行的抵销处理也不相同。

9.7.2 顺流交易的抵销

1）当期发生的存货顺流交易

（1）子公司购入的存货当期全部向集团外部实现销售。

在这种情况下，母公司与子公司都在个别利润表中确认了收入，结转了销售成本。但

从企业集团整体看，这一购销业务只是实现了一次对外销售，即最终向集团外部实现的销售，母公司向子公司销售存货实现的收入属于集团内部销售收入，子公司向企业集团外部销售该存货的销售成本也属于集团内部销售成本。因此，在编制合并财务报表时，必须将重复反映的内部销售收入与内部销售成本予以抵销。编制的抵销分录为：借记“营业收入”项目，贷记“营业成本”项目。

（2）子公司购入的存货当期全部未实现销售。

在这种情况下，母公司在个别利润表中确认了销售收入、销售成本和销售毛利。子公司按照母公司销售价格确认存货的成本，即存货的价值中包含了该内部销售毛利。由于子公司购入的存货并没有实现销售，从企业集团角度来看，该顺流交易只是使存货的存放地点发生了变动，并不应确认销售收入、销售成本和销售毛利，也不应增加存货的价值。因此，在编制合并财务报表时，需要将母公司确认的内部销售收入、内部销售成本以及子公司存货中包含的未实现内部销售损益予以抵销。编制的抵销分录为：借记“营业收入”项目，贷记“营业成本”“存货”项目。

（3）子公司购入的存货当期部分实现对集团外部销售。

该种情况可以将顺流交易形成的存货分成两部分，一部分是当期购进全部实现对外销售，另一部分是当期购进但全部未实现销售而形成了期末存货，即前文两种情况的结合，按前文的处理编制抵销分录即可。

其实对于上述三种情况，可以由下列一笔统一的分录进行抵销：

借：营业收入（母公司内部销售收入）

　　贷：营业成本（倒挤）

　　　　存货（子公司期末存货中包含的母公司未实现内部销售损益）

特别提示

1.贷方存货的金额为子公司内部购入存货中包含的母公司未实现内部销售损益，它可以由下列两个公式计算得出：

公式Ⅰ：子公司期末存货×母公司的销售毛利率

公式Ⅱ：母公司的内部销售损益×（1-存货销售百分比）

2.如果当期存货全部实现对外销售，贷方存货的金额为零。

【例9-10】P公司是S公司的母公司。20×7年P公司向S公司销售商品5 000万元，销售成本为3 500万元，销售毛利率是30%，S公司本期将该批内部购入存货对集团外部实现销售60%，销售收入为3 750万元，销售成本为3 000万元。

在本例中，P公司对S公司的内部销售收入是在集团角度应抵销的收入，而S公司对集团外部实现的销售收入是合并财务报表应反映的收入，不需要抵销。

借：营业收入　　　　50 000 000

　　贷：营业成本　　　　　　44 000 000

　　　　存货　　　　　　　　6 000 000（（50 000 000-35 000 000）×（1-60%））

特别提示

上述存货的价值是根据公式Ⅱ得出，若按照公式Ⅰ，期末存货的价值=期初存货+本期购入存货-本期销货成本=0+5 000-3 000=2 000（万元），存货中包含的未实现内部销售损益=2 000×30%=600（万元）。

合并工作底稿（局部）见表9-21。

表9-21　**合并工作底稿（局部）**　单位：万元

项目	母公司	子公司	合计金额	调整、抵销分录		少数股东权益	合并金额
				借方	贷方		
（利润表项目）							
营业收入				5 000			
营业成本					4 400		
（资产负债表项目）							
存货					600		

2）存货顺流交易的连续抵销

在连续编制合并财务报表时，首先，将上期抵销的存货价值中包含的未实现内部销售损益对本期年初未分配利润的影响进行抵销。上期编制的抵销分录中抵销了上期的营业收入和营业成本项目，该损益类项目对本期的影响就是减少“年初未分配利润”。上期顺流交易形成的存货本期可能全部实现销售，可能依然未对外实现销售，也可能部分销售、部分形成存货。为了简化抵销处理，一律按本期全部实现销售情况处理，即贷方抵销“营业成本”项目。编制的抵销分录为：

借：年初未分配利润（上期抵销分录中营业收入-营业成本）　①

　贷：营业成本

其次，对于本期发生的存货顺流交易，继续抵销本期内部销售收入和期末存货中包含的未实现内部销售损益，将二者的差额调整营业成本。编制的抵销分录为：

借：营业收入（本期母公司内部销售收入）　②

　贷：营业成本（倒挤）

　　存货（子公司期末存货中包含的母公司未实现内部销售损益）

【例9-11】承【例9-10】，20×8年P公司又向S公司销售商品6 000万元，销售成本为4 200万元。S公司本期将从P公司购入的存货对外销售，收入为5 625万元，销售成本为4 500万元。

（1）抵销上期内部销售业务对本期的影响。

借：年初未分配利润　6 000 000

　贷：营业成本　6 000 000

（2）抵销本期顺流交易的影响。

借：营业收入　　　　　　　　　　　　　60 000 000

　贷：营业成本　　　　　　　　　　　　　　　49 500 000

　　　存货　　　　　　　　　　　　　　　　　10 500 000（35 000 000×30%）

特别提示

抵销存货包含的未实现内部销售损益可以由前文中的两个公式计算得出：

按照公式Ⅰ，期末存货的价值=期初存货+本期购入存货-本期销货成本=2 000+6 000-4 500=3 500（万元），与母公司销售毛利率相乘得出1 050万元（3 500×30%）。

按照公式Ⅱ，当期母公司的未实现内部销售损益=6 000-4 200=1 800（万元），子公司当期销售的存货4 500万元，按照先进先出法的假设，本期购入的存货销售2 500万元，销售百分比为2 500÷6 000×100%=41.67%，所以，1 800×（1-41.67%）=1 050（万元）。

合并工作底稿（局部）见表9-22。

表9-22　　　　　　　　合并工作底稿（局部）　　　　　　　　单位：万元

项目	母公司	子公司	合计金额	调整、抵销分录		少数股东权益	合并金额
				借方	贷方		
（利润表项目）							
营业收入				6 000			
营业成本					600 4 950		
（所有者权益变动表项目）							
年初未分配利润				600			
（资产负债表项目）							
存货					1 050		

9.7.3 逆流交易的抵销

子公司向母公司逆流销售存货时，未实现的内部销售损益保留在子公司当中，如果子公司为非全资子公司，即存在少数股东权益时，该未实现内部销售损益不但影响母公司确认的净利润，还会影响少数股东损益。如果子公司为全资子公司，由于不存在少数股东权益，存货逆流交易编制的分录与顺流交易完全相同，编制的抵销分录为：

借：营业收入（子公司内部销售收入）　　　　　　　　　　　　　　①

　贷：营业成本（倒挤）

　　　存货（母公司期末存货中包含的子公司未实现内部销售损益）

2014年，财政部修订的《企业会计准则第33号——合并财务报表》要求子公司向母公司出售资产所发生的未实现内部交易损益，应当按照母公司对该子公司的分配比例在“归属于母公司所有者的净利润”和“少数股东损益”之间分配抵销。

当子公司为非全资子公司时，在计算归属于少数股东损益的时候，有两种处理方法：一种是在调整子公司盈亏时考虑逆流交易未实现的内部交易损益，在编制抵销分录时确定的少数股东损益中含有少数股东相关的未实现内部交易损益；另一种方法是，在调整子公司盈亏时不考虑未实现内部交易损益，单独编制分录调整少数股东权益和少数股东损益。两种会计处理的方法结果相同。本教材采用第二种方法。编制的抵销分录为：

借：少数股东权益（子公司当期未实现内部销售损益×少数股东持股比例） ②

贷：少数股东损益

1）当期发生的存货逆流交易

【例9-12】P公司拥有S公司80%的股权。20×4年S公司向P公司销售商品，销售收入2 000万元，销售成本1 400万元。当年P公司全部未实现销售。20×4年P公司编制的抵销分录为：

借：营业收入　20 000 000

贷：营业成本　14 000 000①

存货　6 000 000

该笔抵销分录与顺流交易的抵销处理完全相同。由于逆流交易抵销了子公司的未实现内部销售损益600万元，应将该抵销的损益在母公司和少数股东之间分配。另外需要编制的抵销分录为：

借：少数股东权益　1 200 000（6 000 000×20%）

贷：少数股东损益　1 200 000 ②

合并工作底稿（局部）见表9-23。

表9-23 **合并工作底稿（局部）** 单位：万元

项目	母公司	子公司	合计金额	调整、抵销分录		少数股东权益	合并金额
				借方	贷方		
（利润表项目）							
营业收入				2 000			
营业成本					1 400		
少数股东损益					120	120	
（资产负债表项目）							
存货					600		
少数股东权益				120		120	

2）存货逆流交易的连续抵销

同顺流交易连续抵销唯一不同的是，在逆流交易的连续抵销时，需要对上年影响过的少数股东权益和少数股东损益连续抵销。编制的抵销分录为：

借：年初未分配利润（上期抵销分录中营业收入-营业成本） ①

贷：营业成本

借：营业收入（本期子公司内部销售收入）　②
　贷：营业成本（倒挤）
　　存货（母公司期末存货中包含的子公司未实现内部销售损益）
借：少数股东权益
　贷：年初未分配利润（上期少数股东损益的金额）　③

【例9-13】承【例9-12】，20×5年P公司以3 000万元将该批商品全部销售给集团外部企业。

对【例9-12】分录①的连续抵销分录为：

借：年初未分配利润　6 000 000
　贷：营业成本　6 000 000

对【例9-12】分录②的连续抵销分录为：

借：少数股东权益　1 200 000
　贷：年初未分配利润　1 200 000

由于少数股东损益项目为合并利润表项目，在连续编制合并财务报表时，由“年初未分配利润”“替换”。上述两笔分录综合起来，可以编制成下列一笔抵销分录：

借：年初未分配利润　4 800 000
　　少数股东权益　1 200 000
　贷：营业成本　6 000 000

合并工作底稿（局部）见表9-24。

表9-24　**合并工作底稿（局部）**　单位：万元

项目	母公司	子公司	合计金额	调整、抵销分录		少数股东权益	合并金额
				借方	贷方		
（利润表项目）							
营业成本					600		
（所有者权益变动表项目）							
年初未分配利润				480			
（资产负债表项目）							
少数股东权益				120		120	

特别提示

2014年，财政部对《企业会计准则第33号——合并财务报表》的修订，使得归属于母公司和少数股东的利润都是基于子公司真正实现的利润基础上确认的，子公司的净利润除了要对股权投资日可辨认净资产公允价值进行调整之外，还要考虑对未实现内部交易损益进行调整。实质上就是按照完全权益法对子公司的净利润进行调整，分配给母公司和少数股东，使合并利润表中列示的项目之间更具可比性。从实务操角度而言，只要正确计算出少数股东损益的金额，从合并净利润中扣除，就可以得出归属于母公司所有者的净利润，因此，未实现内部交易损益的分配问题实质上就转化为少数股东损益金额的确定问题。

9.7.4 平流交易的抵销

在平流交易中，只有非全资子公司作为销售方，才会影响到子公司的少数股东权益，此时非全资子公司作为销售方的平销与逆销的抵销原理完全相同。

【例9-14】P公司拥有S1公司80%的股权、S2公司70%的股权。20×4年S2公司向S1公司销售商品，销售收入2 000万元，销售成本1 400万元。当年S1公司全部未实现销售。20×5年S1公司以3 000万元将该批商品全部销售给集团外部企业。

（1）20×4年12月31日，P公司编制的抵销分录为：

借：营业收入　20 000 000

　贷：营业成本　14 000 000

　　存货　6 000 000

借：少数股东权益　1 800 000（6 000 000×30%）

　贷：少数股东损益　1 800 000

在该例中，发生内部销售子公司的少数股东权益所占比例为30%，因此，应该调整少数股东权益和少数股东损益180万元。

合并工作底稿（局部）见表9-25。

表9-25　**合并工作底稿（局部）**　单位：万元

项目	母公司	子公司	合计金额	调整、抵销分录		少数股东权益	合并金额
				借方	贷方		
（利润表项目）							
营业收入				2 000			
营业成本					1 400		
少数股东损益					180	180	
（资产负债表项目）							
存货					600		
少数股东权益				180		180	

（2）20×5年12月31日，P公司编制的抵销分录为：

借：年初未分配利润　6 000 000

　贷：营业成本　6 000 000

借：少数股东权益　1 800 000

　贷：年初未分配利润　1 800 000

上述分录若合二为一则为：

借：年初未分配利润　4 200 000

　　少数股东权益　1 800 000

　贷：营业成本　6 000 000

合并工作底稿（局部）见表9-26。

表9-26　　**合并工作底稿（局部）**　　单位：万元

项目	母公司	子公司	合计金额	调整、抵销分录		少数股东权益	合并金额
				借方	贷方		
（利润表项目）							
营业成本					600		
（所有者权益变动表项目）							
年初未分配利润				420			
（资产负债表项目）							
少数股东权益				180		180	

9.7.5　存货跌价准备的抵销

根据《企业会计准则第1号——存货》的规定，企业必须定期或者至少于年度终了时，对存货进行全面清查，采用成本与可变现净值孰低法进行期末计价，按单个存货项目计提存货跌价准备。计提跌价准备的存货不仅包括从企业集团外部购进的，而且包括从企业集团内部购进形成的部分。编制合并财务报表时对存货跌价准备的抵销，是站在整个企业集团的角度，对因内部购进存货形成的跌价准备中不合理的部分予以抵销。

微课9.3　存货跌价准备的抵销

1）首次编制合并财务报表对存货跌价准备的抵销

企业账簿中“存货跌价准备”账户的期末贷方余额反映的是期末存货的成本高于可变现净值的金额。存货的可变现净值受存货的毁损或陈旧、过时等原因影响，不论是对持有存货的个别企业，还是对整个企业集团而言都是唯一的。而存货的成本，站在不同的会计主体角度会有不同的价值。对于持有存货的个别企业而言，成本包括了内部销售方的未实现内部销售损益；对于整个企业集团而言，存货的成本仅仅是最初的成本，即内部销售方的生产成本。

因此，在比较存货的成本与可变现净值的过程中会出现以下三种情况，即可变现净值高于持有存货企业的成本，可变现净值低于对企业集团而言的成本，可变现净值介于前两种情况之间。在这三种不同的情况下，编制合并财务报表时对存货跌价准备中不合理部分的抵销处理是不同的。

例如，某企业内部购进存货的价值为150万元，销售方的销售成本为100万元，当可变现净值分别是180万元、120万元、80万元时：

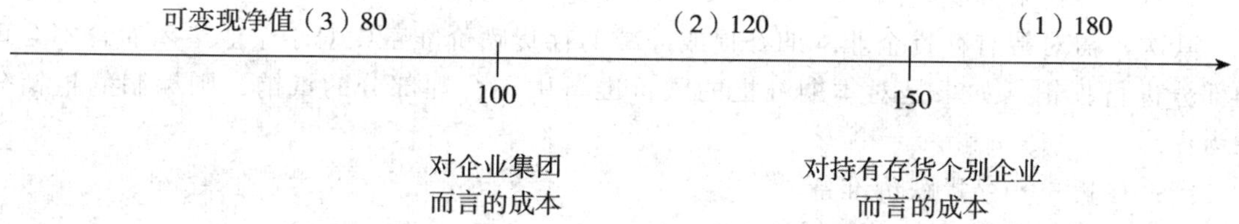

对于第一种情况，持有存货的个别企业的成本150万元已然低于可变现净值180万

元，该企业不会计提存货跌价准备，企业集团更无须计提，因此不存在对跌价准备中不合理部分的抵销问题。

对于第二种情况，持有存货的个别企业会按成本与可变现净值的差额30万元（150-120）计提存货跌价准备，但对于整个企业集团而言，存货的成本100万元依然低于可变现净值，因此不应存在该跌价准备，应将30万元全部作为不合理的部分进行抵销。由于资产负债表中并没有“存货跌价准备”报表项目，对存货跌价准备的抵销，就是对存货账面价值的调整。为了便于理解，抵销分录以“存货——存货跌价准备”反映对存货跌价准备的抵销。编制的抵销分录为：

借：存货——存货跌价准备　　300 000

　贷：资产减值损失　　300 000

对于第三种情况，持有存货的个别企业会按成本与可变现净值的差额70万元（150-80）计提存货跌价准备，此时，对于整个企业集团而言，可变现净值仅低于成本20万元（100-80），因此应仅体现20万元的存货跌价准备，对于持有存货的个别企业多计提的50万元（70-20）作为不合理的部分进行抵销。编制的抵销分录为：

借：存货——存货跌价准备　　500 000

　贷：资产减值损失　　500 000

通过上述三种情况的示例，可以得出一个结论：企业集团在首次编制合并财务报表时对存货跌价准备的抵销不是必然发生的，若抵销也仅是对因内部购进存货计提的跌价准备中对于整个企业集团而言不合理的部分。当存货的可变现净值介于对集团而言和对持有存货个别企业而言的成本之间时，如上文第二种情况，则抵销的不合理部分是个别企业当期计提的全部跌价准备；当存货的可变现净值低于对集团而言的成本时，如上文第三种情况，则抵销的不合理部分是存货中的未实现内部销售损益。因此，当期对存货跌价准备的抵销分录应为：

借：存货——存货跌价准备（个别企业实际提取的跌价准备-企业集团应有的跌价准备）

　贷：资产减值损失

2）连续编制合并财务报表对存货跌价准备的抵销

如果企业集团上期编制合并财务报表时，涉及对存货跌价准备的抵销，导致上期资产减值损失的减少，进而增加了上期的年末未分配利润，结转到本期就是增加了年初未分配利润，因此，在连续编制合并财务报表时，应首先按上期的抵销数额反映出该影响数，分录为：

借：存货——存货跌价准备

　贷：年初未分配利润

其次，需对持有存货企业本期补提或冲减的存货跌价准备中对于企业集团而言不合理的部分进行抵销。如果是对本期补提的跌价准备中不合理部分的抵销，则编制的抵销分录为：

借：存货——存货跌价准备

　贷：资产减值损失

如果是对本期冲减的跌价准备中不合理部分的抵销，则编制的抵销分录为：

借：资产减值损失

　贷：存货——存货跌价准备

与9.6节对坏账准备的连续抵销可以编制一笔分录的原理相同，上述对存货跌价准备的连续抵销也可以综合为一笔分录进行抵销：

借：存货——存货跌价准备（个别企业实际提取的跌价准备-企业集团应有的跌价准备）

　贷：年初未分配利润（上年抵销分录中“资产减值损失”的金额）

　　资产减值损失（倒挤得出，可能在借方）

该抵销分录借方出现的存货跌价准备，实际上就是对存货跌价准备中对于整个企业集团而言不合理部分的抵销；贷方的年初未分配利润体现的是上期抵销资产减值损失对本期的影响；资产减值损失是为平衡分录的倒挤金额，可能在借方，也可能在贷方。

【例9-15】P公司为S公司的母公司。20×3年，P公司向S公司销售商品10 000万元，销售成本为8 000万元，S公司当期未实现对外销售，期末的可变现净值为9 200万元。20×4年，S公司将期初存货全部实现销售，又从P公司购入存货15 000万元，P公司销售成本为12 000万元，期末实现销售40%，剩余存货的期末可变现净值为6 500万元。

（1）20×3年

S公司提取的存货跌价准备为成本与可变现净值的差额800万元（10 000-9 200），由于该存货对于企业集团而言的成本8 000万元低于可变现净值9 200万元，无须计提跌价准备，即对集团而言的存货跌价准备的金额为零，所以编制的抵销分录为：

借：存货——存货跌价准备　　　　8 000 000（8 000 000-0）

　贷：资产减值损失　　　　8 000 000

合并工作底稿（局部）见表9-27。

表9-27　　**合并工作底稿（局部）**　　单位：万元

项目	母公司	子公司	合计金额	调整、抵销分录		少数股东权益	合并金额
				借方	贷方		
（利润表项目）							
资产减值损失					800		
（资产负债表项目）							
存货				800			

（2）20×4年

期末S公司存货成本9 000万元（15 000×60%），对企业集团而言的存货成本7 200万元（12 000×60%），这二者均高于当日的存货可变现净值6 500万元，因此，对S公司和企业集团而言的跌价准备应分别为2 500万元（9 000-6 500）和700万元（7 200-6 500）。编制的抵销分录为：

借：存货——存货跌价准备　　　　18 000 000（25 000 000-7 000 000）

　贷：年初未分配利润　　　　8 000 000

　　资产减值损失　　　　10 000 000（倒挤）

合并工作底稿（局部）见表9-28。

表9-28　　合并工作底稿（局部）　　单位：万元

项目	母公司	子公司	合计金额	调整、抵销分录		少数股东权益	合并金额
				借方	贷方		
（利润表项目）							
资产减值损失					1 000		
（所有者权益变动表项目）							
年初未分配利润					800		
（资产负债表项目）							
存货				1 800			

9.8 集团内部交易的抵销（2）——固定资产

9.8.1 集团内部固定资产交易概述

固定资产交易是企业集团内部交易中另外一种常见的形式。企业集团内部发生的固定资产交易主要有以下三种类型：第一种是企业将生产的产品销售给集团内其他企业作为固定资产使用；第二种是企业将使用的固定资产变卖给集团内其他企业作为固定资产使用；第三种是企业将使用的固定资产变卖给集团内其他企业作为存货使用。由于第三种类型的固定资产交易在企业集团内部极少发生，本教材不做探讨。

同集团内部存货交易的销售方向相同，固定资产交易也分为顺流交易、逆流交易和平流交易。

9.8.2 当期对顺流交易形成的固定资产的抵销

1）母公司向子公司销售商品，子公司作为固定资产管理

假设内部销售形成的固定资产中包含的毛利大于零，即内部销售收入大于内部销售成本。在这种情况下，母公司在个别利润表中确认了销售收入、销售成本和销售毛利。子公司按照母公司销售价格确认固定资产的成本，即固定资产的价值中包含了未实现的内部销售毛利。由于购入的固定资产在子公司持续使用，因此从企业集团角度来看，该顺流交易只是使母公司生产的商品存放地点发生了变动，并不应确认销售收入、销售成本和销售毛利，也不应增加固定资产的价值。因此，在编制合并财务报表时，需要将母公司确认的内部销售收入、内部销售成本以及子公司固定资产中包含的未实现内部销售损益抵销。编制的抵销分录为：

借：营业收入（母公司内部销售收入）

　　贷：营业成本（母公司内部销售成本）　　①

　　　　固定资产（母公司未实现内部销售损益）

不难发现，该抵销分录与存货的顺流交易中，子公司当期存货全部未实现销售的抵销原理完全相同。但是和存货交易不同的是，该固定资产投入使用后，往往要跨越若干个会

计期间，通过计提折旧的方式将价值逐渐转移到生产的商品成本或各会计期间的费用中去。随着第①笔分录对固定资产历史成本中包含的未实现内部销售损益的抵销，固定资产由此多计提的累计折旧也应进行抵销。假设固定资产是管理部门使用，还应编制下列抵销分录：

借：固定资产——累计折旧（$\frac{\text{未实现内部销售损益}}{\text{年限}} \times \frac{\text{当期应折旧的月份}}{12}$）　②

　贷：管理费用

【例9-16】P公司是S公司的母公司。20×1年6月，P公司将自己生产的产品销售给S公司作为管理部门的固定资产使用。P公司销售该产品的销售收入为1 680万元，销售成本为1 200万元。该固定资产不需要安装，当月投入使用，按年限平均法计提折旧，预计使用年限为3年，预计净残值为0。P公司编制合并财务报表时，应当进行如下抵销处理：

微课9.4　对固定资产折旧月数的讲解

（1）抵销当期内部销售收入、销售成本和固定资产中包含的未实现内部销售损益。

借：营业收入　16 800 000

　贷：营业成本　12 000 000

　　固定资产　4 800 000

（2）抵销当期计提的累计折旧中包含的未实现内部销售损益。

借：固定资产——累计折旧　800 000（4 800 000÷3×6÷12）

　贷：管理费用　800 000

合并工作底稿（局部）见表9-29。

表9-29　**合并工作底稿（局部）**　单位：万元

项目	母公司	子公司	合计金额	调整、抵销分录		少数股东权益	合并金额
				借方	贷方		
（利润表项目）							
营业收入				1 680			
营业成本					1 200		
管理费用					80		
（资产负债表项目）							
固定资产				80	480		

2）母公司将自身使用的固定资产变卖给子公司作为固定资产使用

母公司在处置自身使用的固定资产时，在个别财务报表中确认了资产处置利得或损失，体现在个别利润表的“资产处置收益”项目中。由于站在企业集团的角度，上述处置只是固定资产转移了地理位置继续使用，不应使资产的价值发生变动，也不应确认处置利得或损失，因此，母公司在编制合并财务报表时，应编制下列抵销分录：

借：资产处置收益（母公司内部处置固定资产的利得）
　贷：固定资产
或：借：固定资产
　　贷：资产处置收益（母公司内部处置固定资产的损失）

由于上述分录对子公司固定资产的历史成本进行了调整，因此还要对本期计提的累计折旧中包含的未实现内部处置利得或损失进行抵销，编制的抵销分录为：

借：固定资产——累计折旧（母公司内部处置利得对子公司本期折旧的影响）
　贷：管理费用
或：借：管理费用
　　贷：固定资产——累计折旧（母公司内部处置损失对子公司本期折旧的影响）

【例9-17】 P公司是S公司的母公司。20×7年6月，P公司将其净值为1 280万元的厂房，以1 500万元的价格变卖给S公司作为固定资产使用。P公司因该内部固定资产交易实现处置利得220万元，S公司按1 500万元将该厂房作为固定资产入账，按年限平均法计提折旧，预计使用年限11年，预计净残值为0。P公司编制的抵销分录为：

借：资产处置收益　　2 200 000
　贷：固定资产　　2 200 000
借：固定资产——累计折旧　　100 000（2 200 000÷11×6÷12）
　贷：管理费用　　100 000

特别提示

固定资产按处置方式的不同，分别适用不同的处理方法：

（1）因已丧失使用功能或因自然灾害等原因而报废清理产生的利得或损失计入“营业外收入”或“营业外支出”。

（2）因出售、转让等原因产生的固定资产处置利得或损失计入“资产处置损益”。利润表中该科目的列报项目为“资产处置收益”。

合并工作底稿（局部）见表9-30。

表9-30　　**合并工作底稿（局部）**　　单位：万元

项目	母公司	子公司	合计金额	调整、抵销分录		少数股东权益	合并金额
				借方	贷方		
（利润表项目）							
管理费用					10		
资产处置收益				220			
（资产负债表项目）							
固定资产				10	220		

9.8.3　顺流交易下形成固定资产持续使用时的抵销

不论是按照上述第一种方式还是第二种方式形成的子公司固定资产，在该固定资产持续使用的过程中，母公司编制的抵销分录是完全一致的。

首先，需要将该内部交易形成的固定资产原价中包含的未实现内部销售损益或内部处置利得进行抵销，并调整“年初未分配利润”。编制的抵销分录为：

借：年初未分配利润（固定资产原价中包含的未实现内部销售损益）　①

　贷：固定资产

其次，将该内部交易形成的固定资产中多计提的折旧进行连续抵销，分录为：

借：固定资产——累计折旧（至本年末该固定资产累计折旧的调整总额）　②

　贷：年初未分配利润（对以前年度累计折旧的调整）

　　　管理费用（对当年累计折旧的调整）

如果是对内部处置损失和形成的固定资产少计提的折旧的抵销，则编制和上述分录借贷相反的分录即可。

【例9-18】承【例9-16】，20×2、20×3年P公司编制合并财务报表时，应当编制如下抵销分录：

（1）20×2年

借：年初未分配利润　4 800 000

　贷：固定资产　4 800 000

借：固定资产——累计折旧　2 400 000（800 000+1 600 000）

　贷：年初未分配利润　800 000

　　　管理费用　1 600 000（4 800 000÷3）

合并工作底稿（局部）见表9-31。

表9-31　**合并工作底稿（局部）**　单位：万元

项目	母公司	子公司	合计金额	调整、抵销分录		少数股东权益	合并金额
				借方	贷方		
（利润表项目）							
管理费用					160		
（所有者权益变动表项目）							
年初未分配利润				480	80		
（资产负债表项目）							
固定资产				240	480		

（2）20×3年

借：年初未分配利润　4 800 000

　贷：固定资产　4 800 000

借：固定资产——累计折旧　4 000 000

贷：年初未分配利润　　2 400 000

　　管理费用　　1 600 000

合并工作底稿（局部）见表9-32。

表9-32　　**合并工作底稿（局部）**　　单位：万元

项目	母公司	子公司	合计金额	调整、抵销分录		少数股东权益	合并金额
				借方	贷方		
（利润表项目）							
管理费用					160		
（所有者权益变动表项目）							
年初未分配利润				480	240		
（资产负债表项目）							
固定资产				400	480		

9.8.4　顺流交易形成固定资产清理期间的抵销

顺流交易形成的固定资产在清理期间可能出现三种情况：（1）提前清理；（2）到期清理；（3）超期清理。应当根据不同情况进行抵销处理。（下文假定固定资产均为报废清理）

1）提前清理

在这种情况下，子公司从母公司购入固定资产的实体已不复存在，即子公司个别报表中已没有该固定资产的信息，因此不存在对包含了未实现内部销售损益的固定资产的原价与累计折旧的连续抵销。但是，如果当初固定资产的原价和累计折旧中没有包含该未实现内部销售损益，子公司对该固定资产清理时产生的利得或损失应有所不同，因此应该对企业集团角度的处置利得或损失进行调整。编制的抵销分录为：

微课9.5　固定资产清理的抵销处理

借：年初未分配利润（固定资产原价中包含的未实现内部销售损益）

　　贷：营业外收入/营业外支出　　①

借：营业外收入/营业外支出（至固定资产清理日该固定资产累计折旧的调整金额）

　　贷：年初未分配利润（对以前年度累计折旧的调整）　　②

　　　　管理费用（对当年累计折旧的调整）

特别提示

1.上述分录其实与该固定资产连续使用时编制的抵销分录原理相同，只不过随着固定资产的清理，报表中已没有该固定资产项目，无须对固定资产进行调整，而转变为对固定资产清理时的利得进行调整。

2.在不考虑固定资产清理期间发生的相关税费和固定资产减值准备的情况下，固定资产清理时确认的利得=固定资产的处置价款－（固定资产的历史成本－固定资产的累计折旧）。由该公式可以看出，固定资产的历史成本越小，清理时确认的利得越大，因此站在企业集团的角度，如果抵销了固定资产历史成本中包含的未实现内部销售损益，固定资产清理时确认的利得理应更大，因此分录①中“营业外收入”的贷方发生额意味着调高了站在企业集团角度的处置利得。

3.从该公式中还可以看出，固定资产的累计折旧越小，固定资产清理时确认的利得越小，因此站在企业集团的角度，如果抵销了固定资产累计折旧中包含的未实现内部销售损益，固定资产清理时确认的利得理应变小，因此分录②中“营业外收入”借方发生额意味着调低了站在企业集团角度的处置利得。

4.如果子公司清理固定资产在个别报表中确认的是损失，与上述相同的原理，用“营业外支出”替换“营业外收入”即可。

【例9-19】承【例9-16】、【例9-18】，S公司的固定资产在20×4年3月进行清理。在清理过程中确认的利得为3万元。

借：年初未分配利润　　4 800 000

　贷：营业外收入　　4 800 000

借：营业外收入　　4 400 000

　贷：年初未分配利润　　4 000 000（800 000+1 600 000+1 600 000）

　　　管理费用　　400 000（4 800 000÷3×3÷12）

合并工作底稿（局部）见表9-33。

表9-33　**合并工作底稿（局部）**　单位：万元

项目	母公司	子公司	合计金额	调整、抵销分录		少数股东权益	合并金额
				借方	贷方		
（利润表项目）							
管理费用					40		
营业外收入				440	480		
（所有者权益变动表项目）							
年初未分配利润				480	400		

2）到期清理

顺流交易形成的固定资产到期清理，在子公司个别报表中已不存在该固定资产，因此与提前清理的原理相同，不对固定资产的原价和累计折旧进行连续抵销，而是从企业集团角度对清理时确认的利得或损失进行调整。编制的抵销分录和提前清理相同，唯一不同的是，该内部交易形成的固定资产到期清理，该固定资产已经提足折旧，因此累计折旧中包含的未实现内部交易损益全部实现，全部转变为真正实现的利得或损失。

【例9-20】承【例9-16】、【例9-18】，S公司的固定资产在20×4年6月进行清理，在清理过程中确认的利得为3万元。

借：年初未分配利润　　4 800 000

　贷：营业外收入　　4 800 000

借：营业外收入　　4 800 000

　贷：年初未分配利润　　4 000 000（800 000+1 600 000+1 600 000）

　　　管理费用　　800 000（4 800 000÷3×6÷12）

合并工作底稿（局部）见表9-34。

表9-34　**合并工作底稿（局部）**　单位：万元

项目	母公司	子公司	合计金额	调整、抵销分录		少数股东权益	合并金额
				借方	贷方		
（利润表项目）							
管理费用					80		
营业外收入				480	480		
（所有者权益变动表项目）							
年初未分配利润				480	400		

3）超期清理

对于超期使用后再进行清理的固定资产，由于清理当期实物已不存在，不存在固定资产原价中包含未实现内部销售损益的抵销问题；同时，该固定资产累计折旧也随着固定资产清理而转销，也不存在固定资产使用多计提折旧的抵销问题，即当内部交易固定资产超期使用进行清理的情况下，其固定资产原价和累计折旧中包含的未实现内部销售损益均全部实现，因此在编制该固定资产清理期间的合并财务报表时，不再需要进行任何抵销处理。

【例9-21】承【例9-16】、【例9-18】、【例9-20】，S公司的固定资产在20×5年12月进行清理，在清理过程中确认的利得为3万元，则20×4年、20×5年的抵销处理分别为：

（1）20×4年

借：年初未分配利润　　4 800 000

　贷：固定资产　　4 800 000

借：固定资产——累计折旧　　4 800 000

　贷：年初未分配利润　　4 000 000

　　　管理费用　　800 000

合并工作底稿（局部）见表9-35。

表9-35　　合并工作底稿（局部）　　单位：万元

项目	母公司	子公司	合计金额	调整、抵销分录		少数股东权益	合并金额
				借方	贷方		
（利润表项目）							
管理费用					80		
（所有者权益变动表项目）							
年初未分配利润				480	400		
（资产负债表项目）							
固定资产				480	480		

（2）20×5年

借：年初未分配利润　　4 800 000

　贷：营业外收入　　4 800 000

借：营业外收入　　4 800 000

　贷：年初未分配利润　　4 800 000（800 000+1 600 000+1 600 000+800 000）

由上述可见，编制上述两笔抵销分录与不做任何处理的结果是相同的，所以在超期清理时，不再需要进行任何抵销处理。

合并工作底稿（局部）见表9-36。

表9-36　　合并工作底稿（局部）　　单位：万元

项目	母公司	子公司	合计金额	调整、抵销分录		少数股东权益	合并金额
				借方	贷方		
（利润表项目）							
营业外收入				480	480		
（所有者权益变动表项目）							
年初未分配利润				480	480		

9.8.5　逆流交易和平流交易形成的固定资产的抵销

对集团内部逆流交易和平流交易形成的固定资产的抵销，原理同逆流交易和平流交易形成的存货交易的抵销。不同点在于：（1）固定资产需要对包含未实现内部销售损益的累计折旧进行抵销。（2）在考虑对少数股东损益的影响时，存货只要对集团外部实现销售，未实现的内部交易损益便实现，因此可以全额转回；固定资产是通过折旧的计提分期实现未实现的内部交易损益，因此需要按照折旧的进度按比例转回。

【例9-22】P公司拥有S公司80%的股权。20×4年12月1日，S公司将生产成本为12 000万元的商品以14 000万元销售给P公司作为管理用固定资产，使用年限为10年，残值为0，则20×4年和20×5年的抵销处理为：

（1）20×4年

借：营业收入　　140 000 000
　贷：营业成本　　120 000 000
　　固定资产　　20 000 000
借：少数股东权益　　4 000 000（20 000 000×20%）
　贷：少数股东损益　　4 000 000

合并工作底稿（局部）见表9-37。

表9-37　　**合并工作底稿（局部）**　　单位：万元

项目	母公司	子公司	合计金额	调整、抵销分录		少数股东权益	合并金额
				借方	贷方		
（利润表项目）							
营业收入				14 000			
营业成本					12 000		
少数股东损益					400	400	
（资产负债表项目）							
固定资产					2 000		
少数股东权益				400		400	

（2）20×5年

借：年初未分配利润　　20 000 000　　①
　贷：固定资产　　20 000 000
借：少数股东权益　　4 000 000　　②
　贷：年初未分配利润　　4 000 000
借：固定资产——累计折旧　　2 000 000（20 000 000÷10）③
　贷：管理费用　　2 000 000
借：少数股东损益　　400 000（2 000 000×20%）④
　贷：少数股东权益　　400 000

特别提示

上述第①和第②笔分录是对20×4年编制的抵销分录的“复制”加“粘贴”，并用“年初未分配利润”“替换”原有分录中的损益类项目。第③笔分录是对当年累计折旧中包含的未实现销售损益的抵销。第④笔分录是对通过折旧方式当期实现的未实现损益转回调整增加少数股东权益。结合第②笔和第④笔分录，第二年，该逆流交易对少数股东权益的影响为减少360万元，即未实现内部销售损益1 800万元（2 000-200）分配给少数股东的部分。

合并工作底稿（局部）见表9-38。

表9-38 **合并工作底稿（局部）** 单位：万元

项目	母公司	子公司	合计金额	调整、抵销分录		少数股东权益	合并金额
				借方	贷方		
（利润表项目）							
管理费用					200		
少数股东损益				40		40	
（所有者权益变动表项目）							
年初未分配利润				2 000	400		
（资产负债表项目）							
固定资产				200	2 000		
少数股东权益				400	40	360	

【例9-23】P公司拥有S1公司90%的股份、S2公司80%的股份。S1公司于20×4年1月1日将某项商品以18 800万元销售给S2公司，生产成本为14 000万元。S2公司作为管理用固定资产使用，使用年限为10年，残值为0，不考虑相关税费的影响，则20×4年和20×5年的抵销处理为：

（1）20×4年

借：营业收入 188 000 000

　贷：营业成本 140 000 000

　　固定资产 48 000 000

借：固定资产——累计折旧 4 400 000（（48 000 000÷10×11÷12））

　贷：管理费用 4 400 000

借：少数股东权益 4 360 000（（48 000 000-4 400 000）×10%）

　贷：少数股东损益 4 360 000

合并工作底稿（局部）见表9-39。

表9-39 **合并工作底稿（局部）** 单位：万元

项目	母公司	子公司	合计金额	调整、抵销分录		少数股东权益	合并金额
				借方	贷方		
（利润表项目）							
营业收入				18 800			
营业成本					14 000		
管理费用					440		
少数股东损益					436	436	
（资产负债表项目）							
固定资产				440	4 800		
少数股东权益				436		436	

（2）20×5年

借：年初未分配利润　　48 000 000

　贷：固定资产　　48 000 000

借：固定资产——累计折旧　　9 200 000

　贷：年初未分配利润　　4 400 000

　　　管理费用　　4 800 000

借：少数股东权益　　4 360 000

　贷：年初未分配利润　　4 360 000

借：少数股东损益　　480 000（4 800 000×10%）

　贷：少数股东权益　　480 000

合并工作底稿（局部）见表9-40。

表9-40　　**合并工作底稿（局部）**　　单位：万元

项目	母公司	子公司	合计金额	调整、抵销分录		少数股东权益	合并金额
				借方	贷方		
（利润表项目）							
管理费用					480		
少数股东损益				48		48	
（所有者权益变动表项目）							
年初未分配利润				4 800	440 436		
（资产负债表项目）							
固定资产				920	4 800		
少数股东权益				436	48	388	

9.9 集团内部交易的抵销（3）——无形资产

9.9.1 集团内部无形资产交易概述

企业集团内部发生无形资产交易时，往往是由集团内一方将自身拥有的专利权、专有技术等转让出售给另一方作为无形资产继续使用，而不可能是一方生产的实物商品销售给对方作为无形资产使用。因此，处置无形资产的一方在个别利润表中确认的处置利得或损失，购买无形资产的一方在个别资产负债表“无形资产”的价值中包含了该内部处置利得或损失的金额，对于企业集团而言应该予以抵销。同时，与固定资产的交易类似，随着无形资产价值的摊销，无形资产价值中包含的未实现内部处置利得或损失也随之计入当期费用，因此也必须对无形资产摊销计入相关费用进行抵销处理。

同集团内部固定资产交易的销售方向相同，无形资产交易也分为顺流交易、逆流交易和平流交易。

9.9.2　顺流交易形成无形资产的抵销处理

1）当期发生的抵销处理

在进行合并抵销时，如果母公司处置无形资产时确认的是利得，则应按照该利得的金额，编制如下的抵销分录：

借：资产处置收益　①

　贷：无形资产

同时，按本期该无形资产摊销额中包含的未实现内部处置利得的数额，抵销累计摊销的金额，编制的抵销分录为：

借：无形资产——累计摊销　②

　贷：管理费用

如果母公司处置无形资产时确认的是损失，则应按照该损失的金额，借记“无形资产”科目，贷记“资产处置收益”科目；同时，对累计摊销进行抵销，借记“管理费用”科目，贷记“无形资产——累计摊销”科目。

【例9-24】P公司是S公司的母公司。20×1年1月31日，P公司向S公司转让一项无形资产，转让价格为840万元。P公司购买该无形资产的历史成本为800万元，按直线法摊销，预计使用年限为8年，已经使用了两年。不考虑相关税费的影响。

P公司处置该无形资产的利得=840-（800-800÷8×2）=840-600=240（万元）

对于企业集团来说并不认可该利得，编制的抵销分录为：

借：资产处置收益　2 400 000

　贷：无形资产　2 400 000

20×1年，该无形资产在S公司按照840万元的购入成本进行摊销，而企业集团应按照600万元摊销，则对无形资产的摊销编制的抵销分录为：

借：无形资产——累计摊销　400 000（2 400 000÷6）

　贷：管理费用　400 000

合并工作底稿（局部）见表9-41。

表9-41　**合并工作底稿（局部）**　单位：万元

项目	母公司	子公司	合计金额	调整、抵销分录		少数股东权益	合并金额
				借方	贷方		
（利润表项目）							
管理费用					40		
资产处置收益				240			
（资产负债表项目）							
无形资产				40	240		

2）持有期间的抵销处理

在子公司拥有无形资产的期间，母公司首先需要将内部交易形成的无形资产的原价中包含的未实现内部处置利得进行抵销，并调整“年初未分配利润”。编制的抵销分录为：

借：年初未分配利润（母公司内部处置无形资产的利得） ①

　贷：无形资产

其次，将该内部交易形成的无形资产中多计提的摊销进行连续抵销。

借：无形资产——累计摊销（对至本年末该无形资产累计摊销的调整总额） ②

　贷：年初未分配利润（对以前年度累计摊销的调整）

　　管理费用（对当年累计摊销的调整）

如果母公司当期处置无形资产确认的是损失，则编制和上述分录借贷相反的分录即可。

【例9-25】承【例9-24】，P公司在编制20×2—20×6年合并财务报表时，分别编制如下的抵销分录：

（1）20×2年

借：年初未分配利润 2 400 000

　贷：无形资产 2 400 000

借：无形资产——累计摊销 800 000

　贷：年初未分配利润 400 000

　　管理费用 400 000

合并工作底稿（局部）见表9-42。

表9-42 **合并工作底稿（局部）** 单位：万元

项目	母公司	子公司	合计金额	调整、抵销分录		少数股东权益	合并金额
				借方	贷方		
（利润表项目）							
管理费用					40		
（所有者权益变动表项目）							
年初未分配利润				240	40		
（资产负债表项目）							
无形资产				80	240		

（2）20×3年

借：年初未分配利润 2 400 000

　贷：无形资产 2 400 000

借：无形资产——累计摊销 1 200 000

　贷：年初未分配利润 800 000

　　管理费用 400 000

合并工作底稿（局部）见表9-43。

表9-43 合并工作底稿（局部） 单位：万元

项目	母公司	子公司	合计金额	调整、抵销分录		少数股东权益	合并金额
				借方	贷方		
（利润表项目）							
管理费用					40		
（所有者权益变动表项目）							
年初未分配利润				240	80		
（资产负债表项目）							
无形资产				120	240		

（3）20×4年

借：年初未分配利润　　2 400 000

　贷：无形资产　　2 400 000

借：无形资产——累计摊销　　1 600 000

　贷：年初未分配利润　　1 200 000

　　　管理费用　　400 000

合并工作底稿（局部）见表9-44。

表9-44 合并工作底稿（局部） 单位：万元

项目	母公司	子公司	合计金额	调整、抵销分录		少数股东权益	合并金额
				借方	贷方		
（利润表项目）							
管理费用					40		
（所有者权益变动表项目）							
年初未分配利润				240	120		
（资产负债表项目）							
无形资产				160	240		

（4）20×5年

借：年初未分配利润　　2 400 000

　贷：无形资产　　2 400 000

借：无形资产——累计摊销　　2 000 000

　贷：年初未分配利润　　1 600 000

　　　管理费用　　400 000

合并工作底稿（局部）见表9-45。

表9-45　　合并工作底稿（局部）　　单位：万元

项目	母公司	子公司	合计金额	调整、抵销分录		少数股东权益	合并金额
				借方	贷方		
（利润表项目）							
管理费用					40		
（所有者权益变动表项目）							
年初未分配利润				240	160		
（资产负债表项目）							
无形资产				200	240		

（5）20×6年

借：年初未分配利润　　2 400 000

　贷：无形资产　　2 400 000

借：无形资产——累计摊销　　2 400 000

　贷：年初未分配利润　　2 000 000

　　　管理费用　　400 000

合并工作底稿（局部）见表9-46。

表9-46　　合并工作底稿（局部）　　单位：万元

项目	母公司	子公司	合计金额	调整、抵销分录		少数股东权益	合并金额
				借方	贷方		
（利润表项目）							
管理费用					40		
（所有者权益变动表项目）							
年初未分配利润				240	200		
（资产负债表项目）							
无形资产				240	240		

至此，该无形资产已经全部摊销完毕，包含在无形资产原价和累计摊销中的未实现销售损益全部实现，以后无须再编制抵销分录。

9.9.3　逆流和平流交易形成的无形资产的抵销

逆流交易和平流交易形成的无形资产的抵销原理完全相同，本节仅以平流交易举例。

【例9-26】P公司拥有S1公司90%的股份、S2公司80%的股份。S1公司于20×4年1月1日将某项专利权以14 000万元销售给S2公司，该专利权是3年前S1公司以18 000万元从集团外部购入，使用年限为10年，残值为0，不考虑相关税费的影响。

（1）20×4年

①对无形资产原价中包含的未实现内部处置利得的抵销。

20×4年1月1日该无形资产在S1公司的账面价值=18 000−18 000÷10×3=12 600（万元）

处置时S1公司确认的资产处置收益=14 000−12 600=1 400（万元）

借：资产处置收益　　14 000 000

　贷：无形资产　　14 000 000

②对累计摊销中包含的未实现销售损益的抵销。

借：无形资产——累计摊销　　2 000 000（14 000 000÷7）

　贷：管理费用　　2 000 000

③对该平流交易影响的少数股东权益的抵销。

借：少数股东权益　　1 200 000（（14 000 000−2 000 000）×10%）

　贷：少数股东损益　　1 200 000

合并工作底稿（局部）见表9-47。

表9-47　**合并工作底稿（局部）**　单位：万元

项目	母公司	子公司	合计金额	调整、抵销分录		少数股东权益	合并金额
				借方	贷方		
（利润表项目）							
资产处置收益				1 400			
管理费用					200		
少数股东损益					120	120	
（资产负债表项目）							
无形资产				200	1 400		
少数股东权益				120		120	

（2）20×5年

①对年初未分配利润的抵销。

借：年初未分配利润　　14 000 000

　贷：无形资产　　14 000 000

②对累计摊销的连续抵销。

借：无形资产——累计摊销　　4 000 000

　贷：年初未分配利润　　2 000 000

　　　管理费用　　2 000 000

③对上年少数股东权益的连续抵销。

借：少数股东权益　　1 200 000

　贷：年初未分配利润　　1 200 000

④对本年累计摊销影响的少数股东权益的抵销。

借：少数股东损益　　　　　　　　　　　　　　　　200 000（2 000 000×10%）
　贷：少数股东权益　　　　　　　　　　　　　　　　200 000

合并工作底稿（局部）见表9-48。

表9-48　　　　　　　　　　合并工作底稿（局部）　　　　　　　　　　单位：万元

项目	母公司	子公司	合计金额	调整、抵销分录		少数股东权益	合并金额
				借方	贷方		
（利润表项目）							
管理费用					200		
少数股东损益				20		20	
（所有者权益变动表项目）							
年初未分配利润				1 400	200 120		
（资产负债表项目）							
无形资产				400	1 400		
少数股东权益				120	20	100	

9.10 递延所得税事项的抵销和确认

9.10.1 合并财务报表中对所得税事项的抵销和确认的原理

在之前的章节中，探讨的都是在不涉及所得税情况下的调整与抵销处理。本节将结合所得税的因素，进行合并财务报表的编制。本教材第3章“所得税”中论述过，资产负债表债务法下核算的所得税需要从应交税费和递延所得税两个角度进行考虑。美国税法规定“当母公司持有子公司80%以上股份时，可以选择母子公司合并缴纳所得税或单独缴纳所得税。”《中华人民共和国企业所得税法》规定，企业所得税是以独立的法人实体为对象计征，企业之间不得合并缴纳企业所得税。这意味着编制合并财务报表不会影响母公司、子公司缴纳的所得税，也就不影响企业集团的应交税费总额，因此，合并财务报表中涉及的所得税只有递延所得税。按照对递延所得税的影响，可以分为以下两大类：

1）在合并财务报表中抵销递延所得税

在工作底稿上进行的调整和抵销处理，使得个别财务报表中的暂时性差异在合并财务报表中“消失”了，因此，在合并财务报表中需要抵销由该暂时性差异产生的递延所得税资产或递延所得税负债，本质上属于“从有到无”的处理。

2）在合并财务报表中确认递延所得税

在工作底稿上进行的调整和抵销处理，使得个别财务报表中没有体现的暂时性差异在合并财务报表中“产生”了，因此，在合并财务报表中需要确认由该暂时性差异产生的递延所得税资产或递延所得税负债，本质上属于“从无到有”的处理。

9.10.2 递延所得税事项的抵销

1）因对坏账准备的抵销引起对递延所得税资产的抵销

在编制合并财务报表时，随着集团内部债权债务的抵销，对内部债权计提的坏账准备也予以抵销。通过该抵销处理后，合并财务报表中内部债权账面价值与计税基础之间的差异已不存在，因此，个别报表中依据该可抵扣暂时性差异确认的递延所得税资产在编制合并财务报表时也将予以抵销。

【例9-27】P公司是S公司的母公司。20×6年P公司个别资产负债表“应收账款”中有5 100万元为应收S公司账款，该应收账款账面余额为5 400万元，P公司当年对其计提坏账准备300万元。P公司和S公司适用的所得税税率均为25%。

P公司在编制合并财务报表时，进行的抵销处理如下：

（1）抵销集团内部的债权债务。

借：应付账款　　54 000 000

　贷：应收账款　　54 000 000

（2）抵销对内部债权计提的坏账准备。

借：应收账款　　3 000 000

　贷：信用减值损失　　3 000 000

（3）抵销个别企业确认的递延所得税资产。

本例中，P公司计提坏账准备300万元，应收账款的账面价值调整为5 100万元，税法对于未发生实质性毁损的资产减值损失不允许税前抵扣，因此，该应收账款的计税基础仍为5 400万元，形成当年可抵扣暂时性差异300万元，对此P公司在个别报表中确认了递延所得税资产75万元（300×25%）。由于上述编制的第（2）笔抵销分录使得该暂时性差异不复存在，因此在编制合并财务报表时应将个别企业确认的递延所得税资产予以抵销。编制的抵销分录为：

借：所得税费用　　750 000

　贷：递延所得税资产　　750 000

合并工作底稿（局部）见表9-49。

表9-49　　**合并工作底稿（局部）**　　单位：万元

项目	母公司	子公司	合计金额	调整、抵销分录		少数股东权益	合并金额
				借方	贷方		
（利润表项目）							
信用减值损失					300		
所得税费用				75			
（资产负债表项目）							
应收账款				300	5 400		
递延所得税资产					75		
应付账款				5 400			

【例9-28】承【例9-27】，20×7年P公司对S公司应收账款为10 800万元，当期坏账准备的余额为600万元，P公司和S公司适用的所得税税率均为25%。

P公司在连续编制合并财务报表时，进行的抵销处理如下：

（1）抵销本期集团内部的债权债务。

借：应付账款　　108 000 000

　贷：应收账款　　108 000 000

（2）连续抵销内部债权提取的坏账准备。

借：应收账款　　6 000 000

　贷：年初未分配利润　　3 000 000

　　　信用减值损失　　3 000 000

（3）连续抵销个别企业确认的递延所得税资产。

本例中，P公司账簿中对应收S公司账款计提的坏账准备余额达到600万元，因此个别财务报表中递延所得税资产的期末余额为150万元（600×25%）。随着对内部债权提取的坏账准备的连续抵销，递延所得税资产也将予以抵销，编制的抵销分录为：

借：年初未分配利润　　750 000（上年的所得税费用金额）

　　所得税费用　　750 000（倒挤）

　贷：递延所得税资产　　1 500 000

合并工作底稿（局部）见表9-50。

表9-50　　**合并工作底稿（局部）**　　单位：万元

项目	母公司	子公司	合计金额	调整、抵销分录		少数股东权益	合并金额
				借方	贷方		
（利润表项目）							
信用减值损失					300		
所得税费用				75			
（所有者权益变动表项目）							
年初未分配利润				75	300		
（资产负债表项目）							
应收账款				600	10 800		
递延所得税资产					150		
应付账款				10 800			

2）因对存货跌价准备的抵销引起对递延所得税资产的抵销

在编制合并财务报表时，需要对集团内部交易形成的存货提取的存货跌价准备中，针对企业集团而言不合理的部分进行抵销。个别企业计提的存货跌价准备会导致存货项目的账面价值与计税基础不一致，进而在个别财务报表中确认了递延所得税资产。随着存货跌价准备的抵销，引起存货账面价值与计税基础不一致的可抵扣暂时性差异已经消除，所以需要在合并财务报表中对个别财务报表确认的递延所得税资产进行抵销。

【例9-29】P公司是S公司的母公司。20×3年P公司向S公司销售商品20 000万元，销售成本为16 000万元，S公司当期未实现对外销售，期末的可变现净值为18 400万元。P公司和S公司适用的所得税税率均为25%。

P公司在编制合并财务报表时，进行的抵销处理如下：

（1）抵销集团内部的存货交易。

借：营业收入　200 000 000
　贷：营业成本　160 000 000
　　存货　40 000 000

（2）抵销存货跌价准备。

该存货对于持有存货的S公司而言的成本是20 000万元，可变现净值为18 400万元，S公司提取的存货跌价准备为1 600万元。该存货对于企业集团而言的成本是销售方P公司的销售成本16 000万元，由于目前尚低于可变现净值，所以企业集团无须计提存货跌价准备，编制的抵销分录为：

借：存货——存货跌价准备　16 000 000
　贷：资产减值损失　16 000 000

（3）抵销递延所得税资产。

上述第（2）笔抵销分录使得因计提存货跌价准备引起的存货账面价值与计税基础不一致的根源消除，由此确认的递延所得税资产也应予以抵销，针对该事项编制的抵销分录为：

借：所得税费用　4 000 000（16 000 000×25%）
　贷：递延所得税资产　4 000 000

合并工作底稿（局部）见表9-51。

表9-51　**合并工作底稿（局部）**　单位：万元

项目	母公司	子公司	合计金额	调整、抵销分录		少数股东权益	合并金额
				借方	贷方		
（利润表项目）							
营业收入				20 000			
营业成本					16 000		
资产减值损失					1 600		
所得税费用				400			
（资产负债表项目）							
存货				1 600	4 000		
递延所得税资产					400		

【例9-30】承【例9-29】，20×4年S公司上期从P公司购入的存货依然没有变卖出去，期末的可变现净值为12 000万元。P公司和S公司适用的所得税税率均为25%。

P公司在连续编制合并财务报表时，进行的抵销处理如下：

（1）连续抵销上期的内部销售对本期的影响。

借：年初未分配利润　　40 000 000

　贷：营业成本　　40 000 000

（2）连续抵销存货跌价准备。

本期S公司个别账簿中反映的存货跌价准备的余额是8 000万元（20 000-12 000），企业集团只需反映存货跌价准备4 000万元（16 000-12 000）即可，因此编制的连续抵销分录为：

借：存货——存货跌价准备　　40 000 000（80 000 000-40 000 000）

　贷：年初未分配利润　　16 000 000（上期的资产减值损失）

　　资产减值损失　　24 000 000（倒挤）

（3）连续抵销递延所得税资产。

本例中，在S公司个别财务报表中，根据存货跌价准备的期末余额8 000万元确认的递延所得税资产期末余额应为2 000万元（8 000×25%）。由于本期抵销4 000万元存货跌价准备，所以进而抵销递延所得税资产1 000万元（4 000×25%）。编制的抵销分录为：

借：年初未分配利润　　4 000 000（上年的所得税费用金额）

　所得税费用　　6 000 000（倒挤）

　贷：递延所得税资产　　10 000 000

如此一来，企业集团的合并财务报表中还有递延所得税资产1 000万元（2 000-1 000），对应企业集团应提取的4 000万元存货跌价准备确认的递延所得税资产。

合并工作底稿（局部）见表9-52。

表9-52　　**合并工作底稿（局部）**　　单位：万元

项目	母公司	子公司	合计金额	调整、抵销分录		少数股东权益	合并金额
				借方	贷方		
（利润表项目）							
营业成本					4 000		
资产减值损失					2 400		
所得税费用				600			
（所有者权益变动表项目）							
年初未分配利润				4 000 400	1 600		
（资产负债表项目）							
存货				4 000			
递延所得税资产					1 000		

9.10.3 递延所得税事项的确认

1）对存货交易抵销引起的递延所得税确认

在不考虑存货跌价准备的情况下，对于集团内部商品交易形成的存货，从持有存货的个别企业角度而言，取得成本就是该资产的历史成本，其中包括销售企业未实现的内部销售损益，这一取得成本也是从合并财务报表角度认可的存货的计税基础。但在编制合并财务报表时，应当将纳入合并范围的内部商品交易形成的存货价值中包含的未实现内部销售损益抵销，如此一来，合并资产负债表所反映的存货价值是以内部销售企业的销售成本列示的，不包含未实现内部销售损益，由此导致在合并资产负债表中所列示的存货的账面价值与计税基础不一致，产生了暂时性差异。因此，在合并财务报表中，应进一步确认递延所得税资产或递延所得税负债。

【例9-31】P公司是S公司的母公司。20×1年，P公司利润表列示的营业收入中有7 500万元是当年向S公司销售产品取得，销售成本为4 500万元。20×1年年末，S公司该批内部购进商品全部未实现对外销售。P公司和S公司适用的企业所得税税率均为25%。

P公司在编制合并财务报表时，进行的处理如下：

（1）抵销内部交易的影响。

借：营业收入　　75 000 000
　贷：营业成本　　45 000 000
　　存货　　30 000 000

（2）确认递延所得税资产。

本例中，从集团公司角度来说，通过上述抵销处理，合并资产负债表中该存货的价值即账面价值为4 500万元，而计税基础仍然是S公司购入存货的历史成本7 500万元，因此产生了可抵扣暂时性差异3 000万元，在编制合并财务报表时应确认递延所得税资产750万元（3 000×25%），编制的调整分录为：

借：递延所得税资产　　7 500 000
　贷：所得税费用　　7 500 000

合并工作底稿（局部）见表9-53。

表9-53　　**合并工作底稿（局部）**　　单位：万元

项目	母公司	子公司	合计金额	调整、抵销分录		少数股东权益	合并金额
				借方	贷方		
（利润表项目）							
营业收入				7 500			
营业成本					4 500		
所得税费用					750		
（资产负债表项目）							
存货					3 000		
递延所得税资产				750			

【例9-32】承【例9-31】，20×2年，P公司又向S公司销售产品，取得销售收入6 000万元，销售成本为3 600万元。本年S公司将内部购进商品全部实现对外销售。P公司和S公司适用的企业所得税税率均为25%。

P公司在编制合并财务报表时，进行的处理如下：

（1）抵销上期交易对本期的影响。

借：年初未分配利润　　30 000 000

　贷：营业成本　　30 000 000

（2）抵销本期的内部交易。

借：营业收入　　60 000 000

　贷：营业成本　　60 000 000

（3）连续确认递延所得税资产。

由于本期未对存货中包含的未实现内部销售损益进行抵销，所以没有产生新的暂时性差异，但需要对上期确认的递延所得税资产在本期合并财务报表中连续确认，编制的调整分录为：

借：递延所得税资产　　7 500 000

　贷：年初未分配利润　　7 500 000

合并工作底稿（局部）见表9-54。

表9-54　**合并工作底稿（局部）**　单位：万元

项目	母公司	子公司	合计金额	调整、抵销分录		少数股东权益	合并金额
				借方	贷方		
（利润表项目）							
营业收入				6 000			
营业成本					3 000 6 000		
（所有者权益变动表项目）							
年初未分配利润				3 000	750		
（资产负债表项目）							
递延所得税资产				750			

2）对固定资产交易抵销引起的递延所得税确认

对于内部交易形成的固定资产，对持有该固定资产的企业来说，取得成本就是该固定资产的历史成本，其中包括销售企业未实现的内部销售损益，在不考虑计提固定资产减值准备的情况下，个别企业按历史成本计提折旧进行持续计量，在个别财务报表中反映的价值即为计税基础。但在编制合并财务报表时，随着内部交易形成的固定资产和累计折旧中包含的未实现内部销售损益的抵销，导致在合并资产负债表中列示的固定资产价值与计税基础不同，产生了暂时性差异。因此，在编制合并财务报表时，需要确认相应的递延所得税资产或递延所得税负债。

【例9-33】P公司是S公司的母公司。20×1年1月1日，P公司将自己生产的产品销售给S公司作为管理用固定资产，销售收入为3 360万元，销售成本为2 400万元。按年限平均法计提折旧，折旧年限为4年，预计净残值为0。S公司对该固定资产确定的折旧年限和预计净残值与税法规定一致。P公司和S公司适用的企业所得税税率均为25%。

P公司在编制合并财务报表时，应当进行如下处理：

（1）抵销内部交易的影响。

借：营业收入　　33 600 000

　贷：营业成本　　24 000 000

　　　固定资产　　9 600 000

（2）抵销累计折旧中包含的未实现内部销售损益。

借：固定资产——累计折旧　　2 200 000（9 600 000÷4×11÷12）

　贷：管理费用　　2 200 000

（3）确认递延所得税资产。

本例中，合并资产负债表中该固定资产的账面价值为1 850万元（3 360−960−2 400÷4×11÷12），而计税基础为在S公司个别财务报表中的账面价值2 590万元（3 360−3 360÷4×11÷12），形成了可抵扣暂时性差异740万元，应在编制合并财务报表时确认递延所得税资产185万元（740×25%）。编制的调整分录如下：

借：递延所得税资产　　1 850 000

　贷：所得税费用　　1 850 000

其实，不计算固定资产的账面价值和计税基础，也可以得出递延所得税资产的金额。上述第（1）、（2）笔分录对固定资产调低了740万元（960−220），这就产生了资产账面价值小于计税基础的可抵扣暂时性差异，需要进而确认递延所得税资产。

合并工作底稿（局部）见表9-55。

表9-55　　**合并工作底稿（局部）**　　单位：万元

项目	母公司	子公司	合计金额	调整、抵销分录		少数股东权益	合并金额
				借方	贷方		
（利润表项目）							
营业收入				3 360			
营业成本					2 400		
管理费用					220		
所得税费用					185		
（资产负债表项目）							
固定资产				220	960		
递延所得税资产				185			

【例9-34】承【例9-33】，20×2年P公司在连续编制合并财务报表时，应当进行如下处理：

（1）抵销上期交易对本期的影响。

借：年初未分配利润　　9 600 000

　贷：固定资产　　9 600 000

（2）连续抵销累计折旧中包含的未实现内部销售损益。

借：固定资产——累计折旧　　4 600 000

　贷：年初未分配利润　　2 200 000

　　管理费用　　2 400 000（9 600 000÷4）

（3）连续确认递延所得税资产。

通过本期编制的上述两笔抵销分录，固定资产的账面价值调低了500万元（960-460），因此形成了可抵扣暂时性差异500万元，本年末递延所得税资产余额应为125万元（500×25%），结合上期对递延所得税的确认，编制的调整分录为：

借：递延所得税资产　　1 250 000

　所得税费用　　600 000

　贷：年初未分配利润　　1 850 000

合并工作底稿（局部）见表9-56。

表9-56　**合并工作底稿（局部）**　单位：万元

项目	母公司	子公司	合计金额	调整、抵销分录		少数股东权益	合并金额
				借方	贷方		
（利润表项目）							
管理费用					240		
所得税费用				60			
（所有者权益变动表项目）							
年初未分配利润				960	220 185		
（资产负债表项目）							
固定资产				460	960		
递延所得税资产				125			

3）控股合并取得的子公司存在暂时性差异需要确认递延所得税事项

《企业会计准则第20号——企业合并》将企业合并分为同一控制合并和非同一控制合并两种情况，根据该准则确定了同一控制和非同一控制子公司在合并财务报表中的账面价值。财政部、国家税务总局《关于企业重组业务企业所得税处理若干问题的通知》规定："企业重组的税务处理区分不同条件分别适用一般性税务处理规定和特殊性税务处理规定。"其中，一般性税务处理规定指的是应税合并，是指被合并企业应视为按公允价值转让，依法缴纳所得税，意味着应税合并取得的子公司按公允价值确认计税基础；而特殊性税务处理规定指的是免税合并，是指被合并企业不确认全部资产的转让所得或损失，不计算缴纳所得税，意味着免税合并取得的子公司按原有的账面价值确认计税基础。根据会计和税务的不同分类，对控股合并取得子公司产生的暂时性影响，见表9-57。

表9-57　**控股合并取得的子公司产生的暂时性差异分类**

项目	同一控制合并	非同一控制合并
应税合并	会计上按账面价值，税务上按公允价值，产生了暂时性差异	会计上按公允价值，税务上按公允价值，不产生暂时性差异
免税合并	会计上按账面价值，税务上按账面价值，不产生暂时性差异	会计上按公允价值，税务上按账面价值，产生了暂时性差异

由此可见，“会计上按同一控制合并，税务上按应税合并处理”和“会计上按非同一控制合并，税务上按免税合并处理”两种情况，都会产生账面价值与计税基础不一致的暂时性差异，应在合并财务报表中确认相关递延所得税资产或递延所得税负债。

【例9-35】20×2年1月1日，P公司购买S公司80%的股份，该合并为非同一控制合并，符合免税合并的条件。购买日，S公司可辨认资产、负债的公允价值与账面价值仅存在一项差异，即甲办公楼账面价值7 500万元，公允价值8 000万元，预计使用年限20年，按年限平均法计提折旧，无残值。P公司和S公司的所得税税率均为25%。

P公司在编制合并财务报表时，应当进行如下处理：

（1）购买日对S公司的固定资产进行调整。

借：固定资产　　5 000 000

　贷：资本公积　　5 000 000

（2）确认递延所得税事项。

上述调整分录使子公司固定资产的账面价值升高，而计税基础仍为原先子公司个别报表中的历史成本，因此产生了应纳税暂时性差异，确认的递延所得税事项也对应计入资本公积，而非计入所得税费用。

借：资本公积　　1 250 000

　贷：递延所得税负债　　1 250 000

（3）调整固定资产按公允价值计提的累计折旧。

借：管理费用　　250 000（5 000 000÷20）

　贷：固定资产——累计折旧　　250 000

（4）确认对累计折旧调整产生的递延所得税。

对固定资产累计折旧的调整，使得固定资产的账面价值与计税基础再次发生了背离，形成了账面价值低于计税基础的可抵扣暂时性差异，进而要在合并财务报表中确认递延所得税资产。

借：递延所得税资产　　62 500（250 000×25%）

　贷：所得税费用　　62 500

合并工作底稿（局部）见表9-58。

表9-58　　合并工作底稿（局部）　　单位：万元

项目	母公司	子公司	合计金额	调整、抵销分录		少数股东权益	合并金额
				借方	贷方		
（利润表项目）							
管理费用				25			
所得税费用					6.25		
（资产负债表项目）							
固定资产				500	25		
递延所得税资产				6.25			
递延所得税负债					125		
资本公积				125	500		

【例9-36】承【例9-35】，20×3年P公司编制合并财务报表时应进行的处理为：

（1）对S公司的固定资产持续调整。

借：固定资产　　5 000 000

　贷：资本公积　　5 000 000

（2）连续调整因公允价值变化引起的递延所得税负债。

借：资本公积　　1 250 000

　贷：递延所得税负债　　1 250 000

（3）连续调整固定资产按公允价值计提的累计折旧。

借：管理费用　　250 000

　　年初未分配利润　　250 000

　贷：固定资产——累计折旧　　500 000

（4）连续调整因按公允价值提取折旧引起的递延所得税资产。

借：递延所得税资产　　12 5000（500 000×25%）

　贷：所得税费用　　62 500

　　　年初未分配利润　　62 500

合并工作底稿（局部）见表9-59。

表9-59　　合并工作底稿（局部）　　单位：万元

项目	母公司	子公司	合计金额	调整、抵销分录		少数股东权益	合并金额
				借方	贷方		
（利润表项目）							
管理费用				25			
所得税费用					6.25		
（所有者权益变动表项目）							
年初未分配利润				25	6.25		
（资产负债表项目）							
固定资产				500	50		
递延所得税资产				12.5			
递延所得税负债					125		
资本公积				125	500		

对于“会计上按同一控制合并，税务上按应税合并处理”产生的暂时性差异确认的递延所得税资产或递延所得税负债，由于同一控制合并不产生商誉，不能对应“商誉”科目，所以应和“会计上按非同一控制合并，税务上按免税合并处理”情况相同，分别记入“资本公积”和“所得税费用”科目，不再赘述。

综上所述，在合并财务报表中对递延所得税进行处理的根本原因是合并财务报表中的资产、负债的账面价值和计税基础有所不同，这需要区分“暂时性差异消失”和“暂时性差异产生”两种不同情形，从而对递延所得税事项进行抵销和确认处理。另外，还需要注意，在连续编制合并财务报表时，需结合上期的抵销和调整处理，才能正确进行本期的会计处理。

9.11 合并现金流量表的编制

9.11.1 合并现金流量表概述

合并现金流量表是综合反映母公司及其子公司组成的企业集团在一定会计期间现金流入、现金流出数量以及增减变动情况的财务报表。合并现金流量表以母公司和子公司的现金流量表为基础，在抵销母公司和子公司、子公司相互之间发生的内部交易对合并现金流量表的影响后，由母公司编制。

9.11.2 编制合并现金流量表需要抵销的项目

在以母公司和子公司个别现金流量表为基础编制合并现金流量表时，需要进行抵销的内容主要有：

（1）母公司与子公司、子公司相互之间当期以现金投资或收购股权增加的投资所产生的现金流量应当抵销。

当母公司从子公司购买其持有的其他企业的股票时，由此所产生的现金流量，在购买股权方的母公司的个别现金流量表中，表现为“投资活动产生的现金流量”中的“投资支付的现金”的增加，而在出售股权方的子公司的个别现金流量表中则表现为“投资活动产生的现金流量”中的“收回投资收到的现金”的增加。编制的抵销分录为：

借：投资活动产生的现金流量——投资支付的现金

　　贷：投资活动产生的现金流量——收回投资收到的现金

在母公司对子公司投资的情况下，其所产生的现金流量，在母公司的个别现金流量表中表现为“投资活动产生的现金流量”中的“投资支付的现金”的增加，而在接受投资的子公司个别现金流量表中则表现为“筹资活动产生的现金流量”中的“吸收投资收到的现金”的增加，因此，编制合并现金流量表时将其予以抵销。编制的抵销分录为：

借：投资活动产生的现金流量——投资支付的现金

　　贷：筹资活动产生的现金流量——吸收投资收到的现金

（2）母公司与子公司、子公司相互之间当期取得投资收益收到的现金，应当与分配股利、利润或偿付利息支付的现金相互抵销。

母公司对子公司投资以及子公司之间进行投资分配现金股利或利润时，由此所产生的现金流量，在股利或利润支付方的个别现金流量表中表现为“筹资活动产生的现金流量”中的“分配股利、利润或偿付利息支付的现金”的增加，而在收到股利或利润方的个别现金流量表中则表现为“投资活动产生的现金流量”中的“取得投资收益收到的现金”的增加，因此，在编制合并现金流量表时必须将其予以抵销。编制的抵销分录为：

借：筹资活动产生的现金流量——分配股利、利润或偿付利息支付的现金

贷：投资活动产生的现金流量——取得投资收益收到的现金

（3）母公司与子公司、子公司相互之间以现金结算债权与债务所产生的现金流量应当抵销。

在现金结算的债权与债务属于内部往来的情况下，在债权方的个别现金流量表中表现为“收到的其他与经营活动有关的现金”的增加，在债务方的个别现金流量表中表现为“支付的其他与经营活动有关的现金”的增加，在编制合并现金流量表时必须将其予以抵销。编制的抵销分录为：

借：经营活动产生的现金流量——支付的其他与经营活动有关的现金

贷：经营活动产生的现金流量——收到的其他与经营活动有关的现金

（4）母公司与子公司、子公司相互之间销售商品所产生的现金流量应当抵销。

母公司与子公司、子公司相互之间销售商品没有形成固定资产、在建工程、无形资产等资产的情况下，该内部销售商品所产生的现金流量，在销售方的个别现金流量表中表现为“销售商品、提供劳务收到的现金”的增加，而在购买方的个别现金流量表中则表现为“购买商品、接受劳务支付的现金”的增加。编制的抵销分录为：

借：经营活动产生的现金流量——购买商品、接受劳务支付的现金

贷：经营活动产生的现金流量——销售商品、提供劳务收到的现金

在母公司与子公司、子公司相互之间销售商品形成固定资产、工程物资、在建工程、无形资产等资产的情况下，该内部销售商品所产生的现金流量，在购买方的个别现金流量表中表现为“购建固定资产、无形资产和其他长期资产所支付的现金”的增加，因此，在编制合并现金流量表时必须将由此所产生的现金流量予以抵销。编制的抵销分录为：

借：投资活动产生的现金流量——购建固定资产、无形资产和其他长期资产所支付的现金

贷：经营活动产生的现金流量——销售商品、提供劳务收到的现金

（5）母公司与子公司、子公司相互之间处置固定资产、无形资产和其他长期资产收回的现金净额，应当与购建固定资产、无形资产和其他长期资产支付的现金相互抵销。

内部处置固定资产时，由于处置固定资产等所产生的现金流量，对于处置方个别现金流量表来说，表现为“处置固定资产、无形资产和其他长期资产收回的现金净额”的增加；对于购置该资产的接受方来说，在其个别现金流量表中表现为“购置固定资产、无形资产和其他长期资产支付的现金”的增加，因此，在编制合并现金流量表时必须将由此所产生的现金流量予以抵销。编制的抵销分录为：

借：投资活动产生的现金流量——购置固定资产、无形资产和其他长期资产支付的现金

贷：投资活动产生的现金流量——处置固定资产、无形资产和其他长期资产收回的现金净额

9.11.3　合并现金流量表中有关少数股东权益项目的反映

编制合并现金流量表与个别现金流量表相比，一个特殊的问题就是在子公司为非全资子公司的情况下，涉及子公司与其少数股东之间的现金流入和现金流出的处理问题。

母公司与子公司、子公司之间的现金流量属于内部现金流量，在编制合并现金流量表时应予抵销。子公司与少数股东之间发生的现金流入或现金流出，从整个企业集团看，影响其整体的现金流入和现金流出，因此不属于内部现金流量，不应予以抵销，要在合并现金流量表中予以反映。

子公司与少数股东之间发生的影响现金流入和现金流出的经济业务包括：少数股东对子公司增加权益性投资、少数股东依法从子公司中抽回权益性投资、子公司向其少数股东支付现金股利或利润等。为了便于企业集团合并财务报表使用者了解和掌握企业集团现金流量的情况，有必要将与子公司少数股东之间的现金流入和现金流出的情况单独反映。

对于子公司的少数股东增加在子公司中的权益性投资，在合并现金流量表中应当在“筹资活动产生的现金流量”之下的“吸收投资收到的现金”项目下“其中：子公司吸收少数股东投资收到的现金”项目反映。

对于子公司向少数股东支付现金股利或利润，在合并现金流量表中应当在“筹资活动产生的现金流量”之下的“分配股利、利润或偿付利息支付的现金”项目下“其中：子公司支付给少数股东的股利、利润”项目反映。

对于子公司的少数股东依法抽回在子公司中的权益性投资，在合并现金流量表中“筹资活动产生的现金流量”之下的“支付其他与筹资活动有关的现金”项目反映。

需要说明的是，在企业合并当期，母公司购买子公司及其他营业单位支付对价中以现金支付的部分与子公司及其他营业单位在购买日持有的现金和现金等价物应当相互抵销，按以下两种情况分别处理：

（1）子公司及其他营业单位在购买日持有的现金和现金等价物小于母公司支付对价中以现金支付的部分，按减去子公司及其他营业单位在购买日持有的现金和现金等价物后的净额在“取得子公司及其他营业单位支付的现金净额”项目反映，应编制的抵销分录为：

借：取得子公司及其他营业单位支付的现金净额

　贷：年初现金及现金等价物余额

（2）子公司及其他营业单位在购买日持有的现金和现金等价物大于母公司支付对价中以现金支付的部分，按减去子公司及其他营业单位在购买日持有的现金和现金等价物后的净额在“收到其他与投资活动有关的现金”项目反映，应编制的抵销分录为：

借：取得子公司及其他营业单位支付的现金净额

　　收到其他与投资活动有关的现金

　贷：年初现金及现金等价物余额

思政园地

20世纪50年代至70年代，在我国技术空白、物质匮乏、环境恶劣的条件下，广大科技工作人员白手起家，发扬自力更生、艰苦奋斗精神，自主完成原子弹和氢弹爆炸、导弹飞行和人造卫星的发射，“两弹一星”震惊了全世界。2020年9月11日，习近平总书记在科学家座谈会上明确要求广大科技工作者要“弘扬‘两弹一星’精神，主动肩负起历史重任，把自己的科学追求融入建设社会主义现代化国家的伟大事业中去”。

编者对合并财务报表编制归纳的“两调一抵”法，源于内心向“两弹一星”经典的致敬。毫无疑问，合并财务报表的编制是“高级财务会计”课程中难度最大的章节，但编者希冀青年学子以“两弹一星”元勋为代表的老一辈科学家为榜样，继承和弘扬“两弹一星”精神，不畏困难、脚踏实地、苦干实干、永攀高峰，啃下“合并财务报表”这块硬骨头。

本章小结与思维导图

本章主要论述了如何利用“两调一抵”法对一般业务发生时进行合并财务报表的编制。

“两调一抵”法，指的是在编制合并财务报表时，遵循“对子公司调整、对母公司调整、对母子公司抵销”的步骤进行合并财务报表的编制。

对于非同一控制取得的子公司，需要在工作底稿中将子公司的可辨认资产、负债由账面价值调整为购买日的公允价值，并按该公允价值对子公司的账面净利润持续调整。

在工作底稿中，将母公司的长期股权投资由成本法调整为权益法核算。

在对母子公司进行抵销时，需要将母公司的长期股权投资与子公司的所有者权益项目、母公司的投资收益与子公司的利润分配、集团内部的债权债务、集团内部的存货、固定资产和无形资产交易，以及集团内部现金流量进行抵销。

在对集团内部交易进行抵销时，需要区分顺流交易、逆流交易和平流交易不同情况。其中，逆流交易和平流交易会对少数股东损益和少数股东权益造成影响，需要予以正确反映和抵销。

对于集团内部的递延所得税，需要区分“暂时性差异消失”和“暂时性差异产生”两种不同情形，从而对递延所得税进行抵销和确认处理。

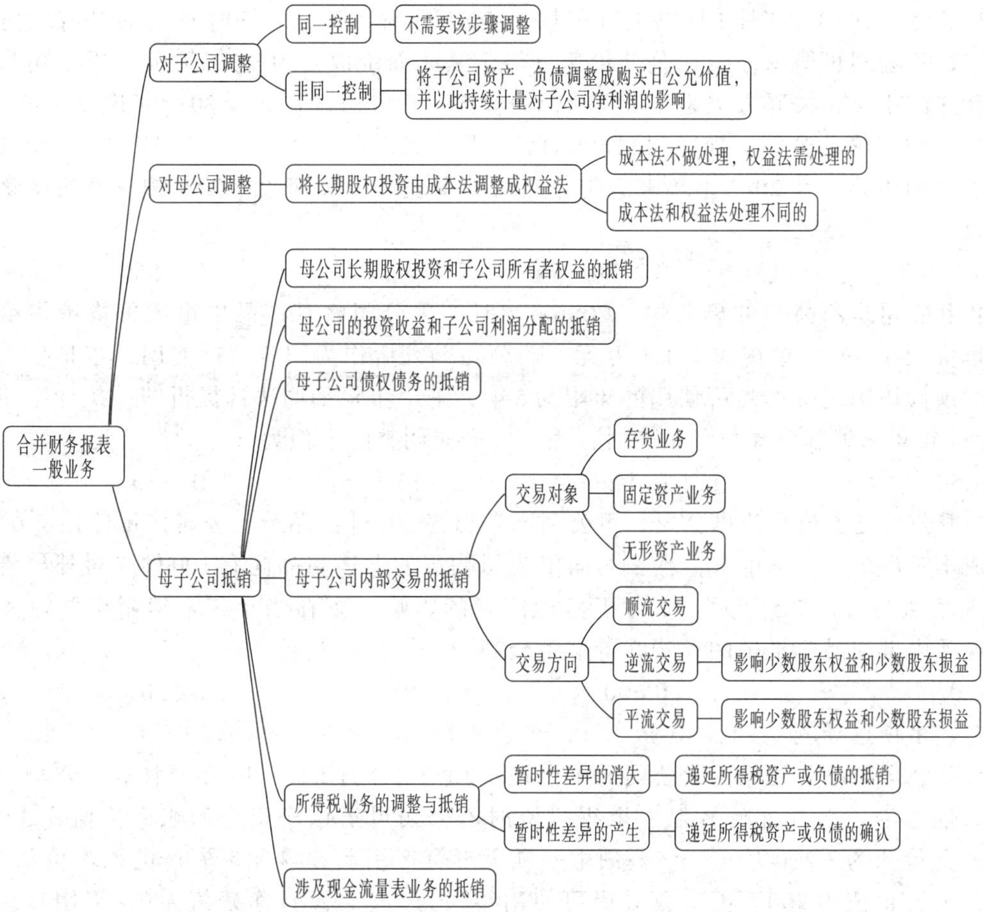

章末习题

一、单项选择题

1.20×5年3月，母公司以1 000万元的价格（不含增值税）将其生产的设备销售给其全资子公司作为管理用固定资产，款项已收到。母公司该设备的生产成本为600万元。子公司购入该设备后立即投入使用，并对其采用年限平均法计提折旧，该设备预计使用年限为10年，预计净残值为0。假定不考虑所得税等其他因素的影响，则编制20×5年合并财务报表时，因该设备相关的未实现内部销售利润的抵销而影响合并净利润的金额为（　　）万元。

微课9.6　第9章单项选择题第1题的讲解

A.30　　B.370　　C.400　　D.360

2.20×2年10月12日，甲公司向其子公司乙公司销售一批商品，不含增值税的销售价格为3 000万元，增值税税额为390万元，款项尚未收到；该批商品成本为2 200万元，至当年12月31日，乙公司已将该批商品对外销售80%，不考虑其他因素的影响。甲公司在编制20×2年12月31日合并资产负债表时，“存货”项目应抵销的金额为（　　）万元。

A.160　　B.440　　C.600　　D.640

3. 甲公司20×3年1月1日以银行存款2 200万元购入乙公司60%的有表决权股份，合并当日，乙公司可辨认净资产公允价值（等于其账面价值）为3 300万元，甲公司与乙公司在合并前不存在关联方关系。20×3年5月8日，乙公司宣告分派20×2年度现金股利200万元。20×3年度乙公司实现净利润600万元，甲、乙公司未发生内部交易。不考虑其他影响因素，则甲公司在20×3年年末编制合并财务报表时，长期股权投资按权益法调整后的金额为（　　）万元。

A.2 200　　B.2 080　　C.2 440　　D.2 560

4. 甲公司是乙公司的母公司，20×6年6月，甲公司将其产品以市场价格销售给乙公司，售价150万元，销售成本100万元。乙公司购入后作为固定资产使用，当日投入管理部门。预计该固定资产尚可使用的年限为5年，采用年限平均法计提折旧，预计净残值为0。20×7年年末编制合并财务报表时，固定资产应调整的金额为（　　）万元。

A.50　　B. 10　　C. −35　　D. −40

5. 甲公司是乙公司的母公司，甲公司当期出售200件商品给乙公司，每件售价6万元，每件成本3万元。当年年末，乙公司向甲公司购买的上述商品尚有100件未对外出售，其可变现净值为每件2.5万元。不考虑其他因素的影响，则在当年年末编制合并财务报表时，该项内部交易应抵销的存货跌价准备金额为（　　）万元。

A.0　　B.600　　C.300　　D.350

二、多项选择题

1. 甲公司与乙公司均为A公司的子公司。20×3年1月1日，甲公司取得乙公司80%的股权，能够对乙公司实施控制。取得投资时乙公司可辨认净资产的账面价值为3 000万元，公允价值为3 200万元，该差额由一项无形资产引起，该无形资产的账面价值为500万元，公允价值为700万元，预计尚可使用年限为5年，预计净残值为0，采用直线法摊销。假设甲公司与乙公司所采用的会计政策和会计期间一致，20×3年度甲公司与乙公司之间未发生内部交易，不考虑其他因素的影响。下列说法中，不正确的有（　　）。

A. 20×3年1月1日，甲公司在编制合并财务报表时，应以乙公司的个别财务报表为基础，不需要进行调整

B. 20×3年1月1日，甲公司在编制合并财务报表时，应对乙公司的个别财务报表进行调整，使乙公司的个别财务报表反映为在购买日的公允价值

C. 20×3年1月1日，甲公司在编制合并财务报表时，应将乙公司的无形资产调整为公允价值，借记“无形资产”科目，贷记“资本公积”科目

D. 20×3年12月31日，甲公司在编制合并财务报表时，应调增乙公司个别财务报表中无形资产的价值160万元

2. 下列说法中正确的有（　　）。

A. 在子公司为全资子公司的情况下，母公司对子公司长期股权投资的金额和子公司所有者权益各项目的金额应当全额抵销

B. 在子公司为非全资子公司的情况下，应当将母公司对子公司长期股权投资和少数股东权益的金额与子公司所有者权益相抵销

C. 同一控制下的企业合并，不会产生新的商誉

D. 子公司所有者权益中不属于母公司的份额，即子公司所有者权益中抵销母公司所享有的份额后的余额，在合并财务报表中作为资本公积处理

3. 编制合并现金流量表时，下列不应予以抵销的项目有（　　）。

A. 子公司的少数股东依法从子公司抽回权益性投资

B. 子公司向其少数股东支付的现金股利

C. 子公司吸收母公司投资收到的现金

D. 子公司吸收少数股东投资收到的现金

4. A公司为B公司的母公司。20×2年年末，A公司应收B公司账款为100万元，坏账准备5万元；20×3年年末，A公司应收B公司账款为200万元，坏账准备10万元。假定不考虑所得税的影响，A公司编制20×3年合并财务报表时，应编制的抵销分录有（　　）。

A. 借：应付账款　200
　　贷：应收账款　200

B. 借：应收账款　5
　　贷：信用减值损失　5

C. 借：信用减值损失　5
　　贷：应收账款　5

D. 借：应收账款　5
　　贷：年初未分配利润　5

5. 下列各项中，企业编制合并财务报表时，需要进行抵销的有（　　）。

A. 母公司对子公司的长期股权投资与子公司的所有者权益

B. 母公司向子公司转让无形资产中包含的未实现内部销售损益

C. 子公司向母公司销售商品价款中包含的未实现内部销售损益

D. 母公司和子公司之间的债权债务

三、业务题

新华公司于20×2年1月1日以银行存款6 600万元取得大海公司80%的股权，从而能够对大海公司实施控制。新华公司和大海公司在合并前不存在任何关联方关系，均按净利润的10%提取法定盈余公积。假定新华公司的会计政策和会计期间与大海公司一致。有关资料如下：

（1）20×2年1月1日，大海公司账面股东权益总额为7 700万元，其中股本为5 000万元、资本公积为700万元、盈余公积为200万元、未分配利润为1 800万元。可辨认净资产的公允价值为8 000万元。20×2年1月1日，大海公司除一项管理用固定资产和一项管理用无形资产的公允价值和账面价值不同外，其他可辨认资产和负债的公允价值与账面价值均相同。购买日，该项固定资产的公允价值为500万元，账面价值为300万元，预计尚可使用年限为10年，采用年限平均法计提折旧，预计净残值为0；该项无形资产购买日的公允价值为300万元，账面价值为200万元，预计尚可使用年限为5年，采用直线法摊销，无残值。

（2）20×2年，新华公司向大海公司销售A产品100台，每台不含税售价为7.5万元，价款已收存银行。每台成本为4.5万元，未计提存货跌价准备。当年大海公司购入的A产

品对外售出40台，其余部分形成期末存货，期末大海公司未对剩余A产品计提存货跌价准备。

（3）20×2年，大海公司实现净利润620万元，提取法定盈余公积62万元，宣告并分派20×1年现金股利100万元；大海公司因持有其他债权投资使得其他综合收益增加200万元。

（4）20×3年，大海公司又对外售出A产品30台，其余部分形成期末存货，期末未发生减值。

微课9.7 第9章业务题中完全权益法的讲解

（5）20×3年，大海公司实现净利润450万元，提取法定盈余公积金45万元，宣告并分派20×2年现金股利200万元；大海公司对外出售上期持有的其他债权投资使得其他综合收益减少200万元。

（6）其他相关资料：

① 新华公司、大海公司均系增值税一般纳税人，适用的增值税税率均为13%。

② 不考虑与合并现金流量表相关的抵销调整分录。

③ 不考虑除增值税外的其他相关税费。

要求：

（1）编制新华公司20×2年12月31日合并财务报表的相关调整、抵销分录。

（2）编制新华公司20×3年12月31日合并财务报表的相关调整、抵销分录。

四、思考题

1. 为什么在编制合并财务报表时需要将母公司的长期股权投资调整成权益法核算？

2. 为什么需要将子公司的利润分配项目进行抵销？

3. 如何进行内部债权、债务的抵销？

4. 如何对集团内部交易形成的存货计提的存货跌价准备进行抵销？

5. 集团内部的逆流交易和平流交易如何影响少数股东权益？应如何进行反映？

6. 如何对集团内部形成的固定资产进行抵销？

7. 编制合并财务报表时如何对递延所得税进行抵销和确认？

第9章习题答案

第10章/
合并财务报表（下）——特殊业务

学习目标：理解成本法直接编制合并财务报表的原理和步骤；理解企业集团内部债券业务的抵销处理；掌握间接控制和交叉持股时复杂股权结构的合并抵销处理；理解优先股的合并抵销处理；理解母公司股权比例变动时的抵销处理；理解下推会计的含义和核算。

引导案例

2010年4月7日，德国汽车制造商戴姆勒公司与雷诺-日产联盟宣布建立大战略联盟。戴姆勒将公司3.1%的股权转给雷诺-日产联盟，换得后者3.1%的股权。雷诺-日产联盟表示，与戴姆勒的合作产生的协同效应将帮助日产获得10亿欧元的净成本节约，而雷诺未来五年与戴姆勒结盟的协同效应的净现值至少有20亿欧元。显然，基于交叉控股的战略合作已经为双方逐步取得共赢的效果。

其实，汽车制造行业的交叉持股并不少见。2009年底，欧洲最大的汽车制造商大众和铃木就曾宣布交叉持股并展开合作，大众以25亿美元的价格收购铃木19.9%的股份，而铃木把售股所得约一半的资金用来购买大众股份，以巩固双方的联盟。另外，雷诺曾经在1999年获得了濒临破产的日产的控股权。双方的交叉持股也加强了二者长达11年的合作。

因为汽车行业巨大，全球竞争压力也比较大，从市场竞争角度出发的行业整合，一种是兼并收购，另一种便是交叉持股的合作。兼并收购是一个公司控制另一个公司的方式，而交叉持股更像是一种基于关系管理的紧密协作。过去汽车行业由于战略、核心能力、文化等不同，兼并收购失败多、成功少，并且在控制与被控制的模式下，企业的财务成本与风险也更高，所以现在汽车行业中有更多公司选择交叉持股的方式。这种方式的好处在于浅度合作，双方都保持自己的战略定位、核心产品、基本运营模式，在资源方面实现协同和规模效应，但是在消费者看得见的角度依旧保持竞争，独立发展。

交叉持股的存在将使合并财务报表的编制更具挑战性。本章将对包括交叉持股在内的特殊问题的合并财务报表编制进行探讨。

10.1 “一调一抵”的基本思路——成本法编制合并财务报表

在第9章探讨的合并财务报表编制中，遵循的是“两调一抵”的思路，即按照“对子公司调整、对母公司调整、对母子公司抵销”的步骤进行合并财务报表的编制。其中“对母公司调整”需要将母公司的长期股权投资由成本法调整为权益法，并在随后的“对母子公司抵销”中将调整后的长期股权投资抵销。既然调整之后再被抵销，那么不经过权益法的调整，直接将按成本法核算的长期股权投资进行抵销具备实务上的可行性。如此一来，“两调一抵”的合并财务报表编制思路简化为“一调一抵”（对子公司调整、对母子公司抵销）的思路。

10.1.1 成本法直接编制合并财务报表的可行性

2011年5月12日，IASB发布的《国际财务报告准则第10号——合并财务报表》应用指南第86段中，规定了“合并财务报表应将母公司和其子公司的资产、负债、权益、收益、费用、现金流量的相同项目加以合并，抵销母公司对子公司投资的账面金额与其在各子公司中所占的权益份额”，并未规定必须将长期股权投资由成本法调整为权益法才能编制合并财务报表。

根据美国会计研究公告第51号《合并财务报表》和FASB第94号准则《全资控股子公司的合并》，母公司甚至可以在其个别账簿中自由选择采用成本法还是权益法核算纳入合并范围的子公司的投资。因为母公司的投资账户余额、母公司来自子公司的收益和其他内容在编制合并财务报表时都会予以抵销，编制的合并财务报表是一致的。

我国曾在《企业会计准则第33号——合并财务报表》中规定，企业对子公司投资采用成本法核算，编制合并财务报表时调整为权益法。但同时准则又允许母公司在采用成本法的基础上直接编制合并财务报表，只要生成的合并财务报表符合准则的相关规定。2014年我国修订了该准则，删除了“长期股权投资调整为权益法再进行合并财务报表编制”的规定。

10.1.2 成本法直接编制合并财务报表的步骤

第一步，将子公司的资产、负债由账面价值调整为股权投资日的公允价值，并按该公允价值持续计量，对净利润进行调整。

第二步，将股权投资日的子公司所有者权益与母公司的长期股权投资抵销，并确认少数股东权益金额。

第三步，将股权投资日后子公司所有者权益变动的金额，按照少数股东持股比例分配给少数股东，追加确认少数股东权益。

第四步，抵销子公司的利润分配。

第五步，抵销集团内部交易和事项的影响。

上述步骤中第一步和第五步与“两调一抵”编制合并财务报表的处理相同。第三步则是利用成本法直接编制合并财务报表的关键。

由于引起子公司所有者权益变动的事项主要有盈利、亏损、分配股利以及发生的其他权益变动等，因此：

$$\text{少数股东权益}=\text{股权投资日可辨认净资产公允价值}\times\text{少数股权}+\text{基于股权投资日可辨认净资产公允价值计算子公司净利润(净亏损)}\times\text{少数股权}-\text{子公司分配的股利}\times\text{少数股权}+/-\text{子公司其他权益的变动}\times\text{少数股权}$$

只要正确确定了少数股东权益，采用成本法直接编制的合并财务报表一定等于采用权益法编制的合并财务报表。

10.1.3　两种方法编制合并财务报表的比较

【例10-1】20×2年1月1日，A公司用银行存款6 000万元购得B公司80%的股份（假定A公司与B公司的合并属于非同一控制下的企业合并）。B公司办公楼的公允价值为1 400万元，账面价值为1 200万元，按年限平均法计提折旧，预计使用年限为20年，无残值。其他资产和负债的公允价值与账面价值相等。

20×2年1月1日，B公司股东权益总额为7 000万元，其中股本4 000万元、资本公积3 000万元。20×2年，B公司实现净利润2 000万元，提取法定盈余公积200万元，分派现金股利1 200万元，未分配利润为600万元。B公司因持有其他权益工具投资的公允价值变动计入当期其他综合收益的金额为200万元。

在A公司个别财务报表中，按照成本法进行如下的会计处理：

借：长期股权投资　　60 000 000
　贷：银行存款　　60 000 000
借：银行存款　　9 600 000
　贷：投资收益　　9 600 000

由于股权投资日编制的合并财务报表尚不涉及两种方法的差异，因此本节不作涉及。

（1）年末按权益法编制合并财务报表时。

①将B公司固定资产账面价值调整成股权投资日的公允价值，并按公允价值与账面价值的差额对折旧进行调整。（“对子公司调整”）

借：固定资产　　2 000 000
　贷：资本公积　　2 000 000
借：管理费用　　100 000
　贷：固定资产——累计折旧　　100 000

②将母公司的长期股权投资由成本法调整为权益法。（“对母公司调整”）

以B公司20×2年1月1日各项可辨认资产的公允价值为基础，重新确定B公司20×2年的净利润为1 990万元（2 000−10）。

借：长期股权投资　　15 920 000（19 900 000×80%）
　贷：投资收益　　15 920 000
借：投资收益　　9 600 000（12 000 000×80%）
　贷：长期股权投资　　9 600 000
借：长期股权投资　　1 600 000（2 000 000×80%）
　贷：其他综合收益　　1 600 000

③对母公司长期股权投资与子公司的所有者权益，以及母公司的投资收益与子公司的

利润分配进行抵销。（“对母子公司抵销”）

借：股本　40 000 000

资本公积　32 000 000

其他综合收益　2 000 000

盈余公积　2 000 000

年末未分配利润　5 900 000

商誉　2 400 000（60 000 000−72 000 000×80%）

贷：长期股权投资　67 920 000

少数股东权益　16 380 000

借：投资收益　15 920 000（19 900 000×80%）

少数股东损益　3 980 000（19 900 000×20%）

年初未分配利润　0

贷：提取盈余公积　2 000 000

对股东的分配　12 000 000

年末未分配利润　5 900 000

（2）年末按成本法直接编制合并财务报表时。

①对子公司固定资产的原价及折旧按照股权投资日公允价值进行调整。（“对子公司调整”）

借：固定资产　2 000 000

贷：资本公积　2 000 000

借：管理费用　100 000

贷：固定资产——累计折旧　100 000

②对股权投资日母公司的长期股权投资与子公司所有者权益，以及母公司的投资收益与子公司股利分配进行抵销。（“对母子公司抵销”）

借：股本　40 000 000

资本公积　32 000 000

商誉　2 400 000

贷：长期股权投资　60 000 000

少数股东权益　14 400 000（（40 000 000+32 000 000）×20%）

借：投资收益　9 600 000

贷：对股东的分配　9 600 000

③将调整后的净利润分配给少数股东，并抵销子公司利润分配中属于少数股东的部分。

借：少数股东损益　3 980 000（19 900 000×20%）

贷：对股东的分配　2 400 000（12 000 000×20%）

少数股东权益　1 580 000

④将子公司的其他权益变动分配给少数股东。

借：其他综合收益　400 000（2 000 000×20%）

贷：少数股东权益　400 000

⑤抵销子公司利润分配中提取的盈余公积。

借：盈余公积　2 000 000

贷：提取盈余公积　2 000 000

经过编制上述调整与抵销分录，两种方法得到的结果完全相同，具体见表10-1。

表10-1　**权益法和成本法编制合并财务报表比较**　单位：万元

项目	权益法编制	成本法编制
长期股权投资	6 000+1 592−960+160−6 792=0	6 000−6 000=0
投资收益	960+1 592−960−1 592=0	960−960=0
商誉	240	240
股本	4 000−4 000=0	4 000−4 000=0
资本公积	3 000+200−3 200=0	3 000+200−3 200=0
其他综合收益	160−200=−40	−40
盈余公积	200−200=0	200−200=0
年初未分配利润	0	0
年末未分配利润	590−590=0	没有涉及，因此也是0
少数股东权益	1 638	1 440+158+40=1 638
少数股东损益	−398	−398
提取盈余公积	−200	−200
对股东的分配	−1 200	−960−240=−1 200

10.1.4　成本法下合并财务报表的连续编制

【例10-2】承【例10-1】，假设20×3年B公司实现净利润2 400万元，提取法定盈余公积240万元，无其他所有者权益变动，则由成本法直接编制合并财务报表，需要编制下列调整、抵销分录：

（1）连续调整子公司固定资产及累计折旧。

借：固定资产　2 000 000

贷：资本公积　2 000 000

借：年初未分配利润　100 000

管理费用　100 000

贷：固定资产——累计折旧　200 000

（2）依然对股权投资日子公司的所有者权益与母公司长期股权投资进行抵销。

借：股本　40 000 000

资本公积　32 000 000

商誉　2 400 000

贷：长期股权投资　　60 000 000

　　少数股东权益　　14 400 000

（3）确认累计净利润中归属于少数股东的权益，20×3年的金额为478万元（（2 400−10）×20%），20×2年的158万元通过“年初未分配利润”调整。

借：少数股东损益　　4 780 000

　　年初未分配利润　　1 580 000

　贷：少数股东权益　　6 360 000

（4）连续调整其他综合收益归属于少数股东的权益。

借：其他综合收益　　400 000

　贷：少数股东权益　　400 000

（5）连续抵销子公司利润分配中提取的盈余公积，20×3年的通过“提取盈余公积”抵销，20×2年的通过“年初未分配利润”抵销。

借：盈余公积　　4 400 000

　贷：提取盈余公积　　2 400 000

　　　年初未分配利润　　2 000 000

通过上例可以看出，股权投资日母公司的长期股权投资与子公司所有者权益的抵销分录，不管是股权投资日还是日后连续编制的情况下，编制的分录始终是相同的，每年只需要简单复制即可，省却了每年按照子公司年末的所有者权益进行抵销的过程。

在按照权益法编制合并财务报表时，子公司的“未分配利润”在抵销分录中通过一借一贷的处理，相当于没有对其进行抵销，纯粹是为了平衡分录而出现，没有实际意义。而在采用成本法编制合并财务报表时，完全不出现该项目，反而有利于把握抵销的实质。

综上所述，由权益法编制下的“两调一抵”转变为成本法编制下的“一调一抵”，更加直观，并且大大简化了合并财务报表的编制过程，因此本章的合并抵销处理都将遵循成本法直接编制合并财务报表的步骤进行合并财务报表的编制。

10.2 企业集团内部债券业务的合并抵销处理

随着资本市场的发展，利用债券融资的方式越来越被企业接受，集团内部的企业持有彼此发行的债券也变得日益常见。债券有私募发行和公募发行两种方式，不同的发行方式下债券业务的抵销处理是不同的。

10.2.1 私募发行方式下的抵销处理

私募发行无须经过证券公司等中介机构，直接面向少数特定的投资者发行债券，手续比较简便。集团内部的企业通过该方式发行债券时，母公司可以凭借其控制地位，促使投资者直接让渡资金给债券发行方，从而提高集团内部借贷的效率和灵活度，此时债券业务的抵销与集团内部其他债权债务的抵销原理相同。

由于私募发行的债券无法上市交易，不存在公开活跃的市场，债券持有方不应按“其他债权投资”或“交易性金融资产”核算，一般按“债权投资”进行核算，因此抵销分录通常为以下三笔：

（1）借：应付债券

　　贷：债权投资

（2）借：投资收益

　　贷：财务费用

（3）借：应付利息

　　贷：应收利息

本教材第9章9.6节已对该问题进行了探讨。

10.2.2　公募发行方式下的抵销处理

1）公募发行产生的债券推定赎回

公募发行是委托证券公司等中介机构承销，公开向广泛不特定的投资者发行债券。当集团内一方通过公募方式发行债券时，投资者可以通过代理银行或证券交易所购入债券，无法从债券发行方直接购入。此时从发债主体的角度看，债券尚未到期仍在市场流通；但从企业集团的角度看，从债券被集团内其他企业购回的那个时点起就认为该债券被赎回，即产生了推定赎回。

2）债券推定赎回利得或损失的确认和分配

由于市场利率的变动，投资者从公开市场上购入债券的价值和债券的发行价格已经背离。当发债企业债券的账面价值（面值+未摊销溢价-未摊销折价+发行成本）-债券投资方取得债券的成本大于0时，产生推定赎回利得；反之，则为推定赎回损失。由于债券不是真正的赎回，因此在个别财务报表中并没有体现该利得或损失，只能在合并财务报表层面予以确认。

债券推定赎回利得或损失的分配有四种方法：

（1）全部分配给母公司；

（2）由发债企业和投资企业共同承担；

（3）全部分配给投资企业；

（4）全部分配给发债企业。

不同的方法对合并财务报表中推定赎回利得或损失的总额不产生影响，但对非全资子公司少数股东权益的计算有差异。国际上流行的是第四种方法，即代理观的应用，认为投资企业只是代理发债企业赎回了自身发行的债券，因此将推定赎回产生的利得或损失分配给发债企业更具合理性。

3）企业集团内部债券业务的抵销处理

同集团内部发生交易的方向相同，集团内部的债券业务也有三种情况：子公司发行债券，母公司购回（债券的逆流）；母公司发行债券，子公司购回（债券的顺流）；一家子公司发行债券，另一家子公司购回（债券的平流）。

（1）子公司发行债券，母公司购回。

【例10-3】P公司拥有S公司80%的股本。20×1年1月1日，S公司以10.6万元溢价发行债券，票面价值10万元，票面利率12%，期限3年，每年12月30日支付债券利息。20×1年12月31日，P公司通过证券市场以9.6万元购买该债券，准备持有至到期。为简化处理，本节债券的溢折价都按照直线法摊销。20×1年年末至20×3年年末个别报表中有关科目金额见表10-2。

表10-2　　**个别报表有关科目金额**　　单位：元

个别报表项目	20×1.12.31	20×2.12.31	20×3.12.31
应付债券	104 000	102 000	100 000
债权投资	96 000	98 000	100 000
投资收益	0	14 000①	14 000
财务费用	10 000②	10 000	10 000

注：①=100 000×12%+4 000÷2=14 000（元）

②=100 000×12%−6 000÷3=10 000（元）

①20×1年的抵销分录为：

借：应付债券　　104 000

　贷：债权投资　　96 000

　　　投资收益　　8 000

当年产生的债券推定赎回利得为8 000元，实质上也等于债券投资时双方未摊销的溢价和折价之和（即债券的未摊销溢价4 000+债券的未摊销折价4 000）。由于子公司是发行债券的公司，根据代理观，该推定赎回利得归属于子公司的股东，即应该在母公司和少数股东之间按照持股比例进行分配，因此当年少数股东损益受该事项的影响额为1 600元（8 000×20%）。

由于20×1年12月31日发生债券推定赎回业务，所以个别企业20×1年确认的财务费用为企业集团的财务费用，不需要抵销。

特别提示

关于债券推定赎回利得或损失应记入的科目，有的学者认为应该记入“营业外收入”或“营业外支出”，但是根据FASB 2002年发布的Statement No.145的规定，“2002年3月15日之后的财政年度，公司只有当债务清偿满足APB No.30界定的‘罕见与非频繁’标准时，才被认为是非常项目”，因此大多数的债务清偿产生的利得或损失实质上是正常的利得或损失。本教材认同该观点，将推定赎回利得或损失记入“投资收益”科目。

②20×2年的抵销分录为：

借：应付债券　　102 000

　　投资收益　　14 000

　贷：债权投资　　98 000

　　　财务费用　　10 000

　　　年初未分配利润　　6 400（8 000×80%）

　　　少数股东权益　　1 600（8 000×20%）

由此可以看出，8 000元债券推定赎回利得在20×2年合并财务报表中不再出现。但由于上期确认的投资收益影响了合并利润表，所以在连续编制合并财务报表的情况下，按母公司持股比例调整年初未分配利润，按少数股东持股比例调整少数股东权益。只有这样，才能保证合并留存收益和少数股东权益的期初金额不会被低估。

分录中投资收益与财务费用的差额4 000元，是通过当期债券溢折价的摊销实现了的推定赎回利得。由于已经在个别财务报表上予以确认，所以在计算分配给少数股东的净利润金额中应予以扣除。受此影响，少数股东损益减少800元（4 000×20%）。综合影响下，20×2年少数股东权益增加额为800元（1 600−800）。

③20×3年的抵销分录为：

借：应付债券　　100 000
　　投资收益　　14 000
　贷：债权投资　　100 000
　　　财务费用　　10 000
　　　年初未分配利润　　3 200（4 000×80%）
　　　少数股东权益　　800（4 000×20%）

（2）母公司发行债券，子公司购回。

【例10−4】20×1年1月1日，P公司以10.6万元溢价发行债券，20×1年12月31日S公司从证券市场以9.6万元购买该债券。其他条件同【例10−3】。

①20×1年编制合并财务报表时的抵销分录为：

借：应付债券　　104 000
　贷：债权投资　　96 000
　　　投资收益　　8 000

②20×2年抵销分录为：

借：应付债券　　102 000
　　投资收益　　14 000
　贷：债权投资　　98 000
　　　财务费用　　10 000
　　　年初未分配利润　　8 000

③20×3年抵销分录为：

借：应付债券　　100 000
　　投资收益　　14 000
　贷：债权投资　　100 000
　　　财务费用　　10 000
　　　年初未分配利润　　4 000

可以看出，与第一种情况不同的是，推定赎回利得在连续编制合并财务报表的情况下只影响母公司的年初未分配利润，并不影响少数股东权益，因为推定赎回利得在该种情况下只分配给发行债券的企业即母公司。

（3）一家子公司发行债券，另一家子公司购回。

【例10−5】P公司拥有S1公司70%的股份、S2公司80%的股份。20×1年1月1日，S1

公司以10.6万元溢价发行债券。20×1年12月31日，S2公司从证券市场以9.6万元购买该债券，其他条件同【例10-3】。

① 20×1年的抵销分录为：

借：应付债券　　104 000
　贷：债权投资　　96 000
　　　投资收益　　8 000

② 20×2年的抵销分录为：

借：应付债券　　102 000
　　投资收益　　14 000
　贷：债权投资　　98 000
　　　财务费用　　10 000
　　　年初未分配利润　　5 600（8 000×70%）
　　　少数股东权益　　2 400（8 000×30%）

③ 20×3年的抵销分录为：

借：应付债券　　100 000
　　投资收益　　14 000
　贷：债权投资　　100 000
　　　财务费用　　10 000
　　　年初未分配利润　　2 800（4 000×70%）
　　　少数股东权益　　1 200（4 000×30%）

子公司之间购买债券业务的抵销与母公司购买子公司债券业务的抵销原理完全相同，只要在连续编制合并财务报表的情况下，分清发债子公司的少数股东持股比例，正确计算少数股东权益的金额即可。

4）特殊情况下的抵销处理

和私募发行债券不同，公募发行的债券存在活跃公开的市场，因此债券持有方可以按照“其他债权投资”或“交易性金融资产”进行核算。此时的抵销处理除了需要将分录中的“债权投资”替换为“其他债权投资”或“交易性金融资产”外，还需要将其他债权投资公允价值变动产生的其他综合收益一并抵销，其余处理与前文基本一致。虽然2014年我国修订的《企业会计准则第33号——合并财务报表》第三十四条未提及对交易性金融资产产生的公允价值变动损益进行抵销，但由于交易性金融资产往往是为了近期出售而持有，短期内债券的公允价值变动一般不会重大，从重要性程度上考虑，不涉及公允价值变动损益的抵销也是合乎常理的。

【例10-6】P公司拥有S公司80%的股本。20×1年1月1日，S公司以10.6万元溢价发行债券，票面价值10万元，票面利率12%，期限3年。该债券每年12月30日支付利息。20×1年12月31日，P公司通过证券市场以11万元购买该债券，作为其他债权投资管理。20×2年年末该债券的公允价值为10.9万元。假定不考虑所得税的影响。个别财务报表项目资料见表10-3。

表10-3　　**个别财务报表各项目资料**　　单位：元

个别报表项目	20×1.12.31	20×2.12.31
应付债券	104 000	102 000
其他债权投资	110 000	109 000
投资收益	0	7 000①
财务费用	10 000	10 000
其他综合收益	0	4 000②

注：①=100 000×12%-10 000÷2=7 000

②=109 000-（110 000-5 000）=4 000

①20×1年抵销处理为：

借：应付债券　　104 000
　　投资收益　　6 000
　贷：其他债权投资　　110 000

②20×2年抵销处理为：

借：应付债券　　102 000
　　年初未分配利润　　4 800（6 000×80%）
　　少数股东权益　　1 200（6 000×20%）
　　投资收益　　7 000
　　其他综合收益　　4 000
　贷：其他债权投资　　109 000
　　　财务费用　　10 000

综上所述，公募方式发行的债券比私募方式在抵销时的处理难度明显加大。但只要牢牢把握住债券推定赎回利得或损失只是当期合并财务报表上应列示的信息，在连续编制报表时应结合债券发行方的股权结构，相应转换为母公司的年初未分配利润或少数股东权益，同时将个别财务报表中确认的和债券业务有关的资产、负债、收益和费用金额通过多借多贷的复合分录进行抵销，问题就可迎刃而解。

10.3　母公司间接控制下的合并抵销处理

随着我国资本市场的发展，企业间的购并越来越频繁，股权结构也变得日益复杂。在复杂的股权关系中，母公司通过一个或多个中间层级公司实现对子公司的间接控制，或通过直接加间接的混合方式实现对子公司的控制。与母公司直接控制子公司不同，上述两种方式即为本节探讨的母公司间接控制。

10.3.1　间接控制的形式

1）母-子-孙结构

如图10-1所示，P公司直接拥有S公司80%的股份，S公司又直接拥有T公司70%的股份。就P公司而言，虽未直接拥有T公司股份，却可以通过S公司间接拥有T公司56%（80%×70%）的股份，从而对T公司实现间接控制。在编制合并财务报表时，P公司需要将S公司和T公司都纳入合并范围。

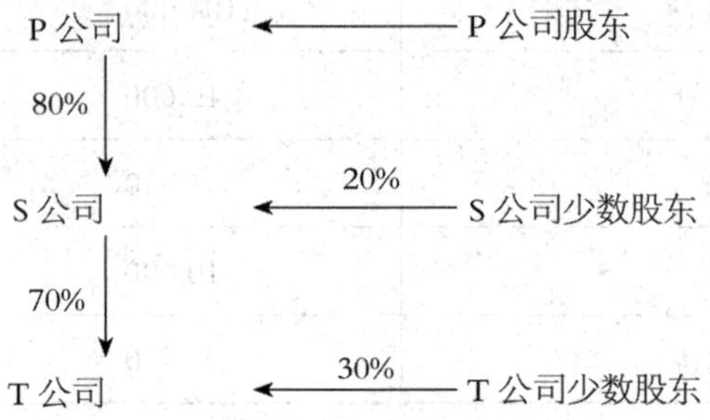

图10-1　母-子-孙结构

特别提示

此种结构下需要区分P公司对T公司的间接股权和投票权。间接股权，是P公司对T公司的间接持股比例，即56%；投票权则是S公司对T公司的直接持股比例，即70%。由于合并财务报表的合并范围应当以控制为基础予以确定，按照实质重于形式的原则，即使P公司对T公司的间接股权不超过50%，但只要投票权超过50%，就可以对T公司进行控制。如果图10-1中S公司只拥有T公司60%股份，则P公司在T公司中虽然仅间接持有48%（80%×60%）的股份，但由于P公司通过控制S公司，享有在T公司中60%的投票权，从而能够控制T公司，因此仍需将T公司纳入合并范围。

2）母-子-子结构

图10-2中P公司通过持有S公司80%的股份，对S公司进行控制。另外，P公司直接持有T公司20%股份，未达到半数以上，但通过其子公司S公司持有的40%股份，间接拥有了T公司32%（80%×40%）的股份，累计共拥有T公司52%的股份，因此S公司和T公司都应纳入P公司的合并范围。

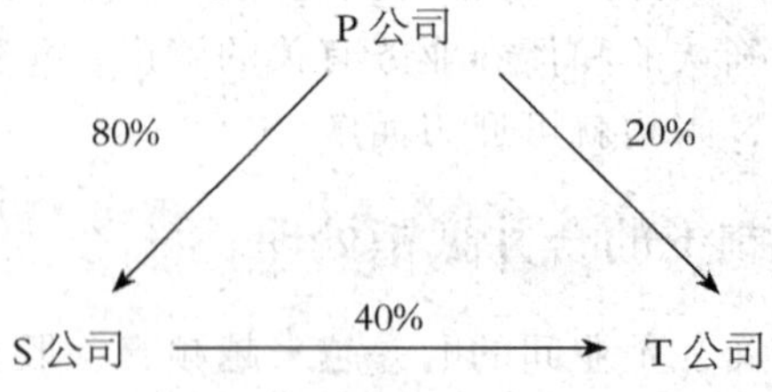

图10-2　母-子-子结构

由于2014年财政部修订的《企业会计准则第2号——长期股权投资》中将对被投资单位在重大影响之下的权益性投资剥离出长期股权投资的核算范围，改按金融资产核算，因此在该结构下会出现表10-4归纳的7种情况。

表10-4　　母-子-子投资的核算分类

序号	P对T的投资	核算方法	S对T的投资	核算方法
1	控制	成本法	重大影响	权益法
2	控制	成本法	无控制、共同控制、重大影响	金融资产
3	重大影响	权益法	控制	成本法
4	重大影响	权益法	重大影响	权益法
5	重大影响	权益法	无控制、共同控制、重大影响	金融资产
6	无控制、共同控制、重大影响	金融资产	控制	成本法
7	无控制、共同控制、重大影响	金融资产	重大影响	权益法

对于第1和第2种情况，属于P公司已经直接控制了T公司，S公司对T公司的持股，使P公司的控股比例“锦上添花”。对于第3至第7种情况，则属于P公司本身无法直接控制T公司，借助S公司对T公司持股比例的“雪中送炭”，方达到对T公司的间接控制。可以看出，表10-4不包括以下三种情况：

（1）P公司和S公司同时对T公司控制，因为该情形不符合经济常识。

（2）P公司和S公司对T公司共同控制，因为共同控制的合营企业不属于合并财务报表编制的范围。

（3）P公司和S公司同时对T公司按金融资产核算，因为即使将持股比例累加，P公司也无法对T公司控制。

10.3.2　母-子-孙结构下合并财务报表的编制

【例10-7】如图10-1所示，20×1年1月1日，P公司取得S公司80%的股份。S公司20×1年无盈利，无其他所有者权益变动。20×2年1月1日，S公司取得T公司70%的股份，假定股权投资日，被投资单位可辨认净资产的公允价值均等于账面价值。20×2年S公司实现净利润100万元，分配股利60万元，T公司实现净利润80万元，分配股利40万元。20×2年1月1日相关账户资料见表10-5。

表10-5　　相关账户资料　　单位：万元

	P公司	S公司	T公司
其他资产合计	800	390	380
长期股权投资——S	400	—	—
长期股权投资——T	—	210	—
资产总计	1 200	600	380
负债	200	100	80
股本	800	380	200
留存收益	200	120	100
负债与股东权益合计	1 200	600	380

20×2年编制合并财务报表时：

（1）抵销股权投资日（20×1年1月1日）S公司所有者权益与P公司的长期股权投资，并确认少数股东权益的份额。

借：股本——S公司　　3 800 000

　　留存收益——S公司　　1 200 000

　贷：长期股权投资——P公司　　4 000 000

　　　少数股东权益　　1 000 000（5 000 000×20%）

（2）抵销S公司的股利分配与P公司确认的投资收益。

借：投资收益　　480 000（600 000×80%）

　贷：对股东的分配　　480 000

（3）将S公司的净利润分配给S公司少数股东，确认少数股东拥有的部分。

借：少数股东损益　　200 000（1 000 000×20%）

　贷：对股东的分配　　120 000（600 000×20%）

　　　少数股东权益　　80 000

（4）抵销股权投资日（20×2年1月1日）T公司所有者权益与S公司的长期股权投资，并确认少数股东权益的份额。

借：股本——T公司　　2 000 000

　　留存收益——T公司　　1 000 000

　贷：长期股权投资——S公司　　2 100 000

　　　少数股东权益　　900 000（3 000 000×30%）

（5）抵销T公司的股利分配与S公司确认的投资收益。

借：投资收益　　280 000（400 000×70%）

　贷：对股东的分配　　280 000

（6）将T公司的净利润分配给少数股东，确认少数股东拥有的部分。

借：少数股东损益　　352 000（800 000×44%）

　贷：对股东的分配　　120 000（400 000×30%）

　　　少数股东权益　　232 000

特别提示

1.T公司分配给少数股东损益的比例为44%。由于P公司间接持有T公司56%的股份，少数股东持股比例则为剩余的44%。该股份由直接拥有T公司30%股份的T公司少数股东和间接拥有T公司14%（（1-80%）×70%）股份的S公司少数股东共同持有。

2.合并资产负债表中少数股东权益的金额为221.2万元，该金额为S公司与T公司少数股东权益之和。与少数股东损益相同，该金额无须分别列示。这是因为合并财务报表主要使用者更关注的是合并股东权益中不属于P公司的权益是多少，而较不在意不属于P公司的权益究竟为何人所有。

10.3.3　母-子-子结构下合并财务报表的编制

【例10-8】如图10-2所示，20×1年1月1日，P公司以200万元取得S公司80%的股份，该日S公司的股权结构为：股本220万元，留存收益30万元。20×1年S公司无盈利，无股利分配。20×2年1月1日，P公司和S公司分别投资40万元和80万元取得T公司20%和40%的股份，该日T公司的股权结构为：股本100万元，留存收益50万元，可辨认净资产的公允价值等于账面价值。20×2年S公司实现净利润50万元，分配股利30万元，T公司实现净利润40万元，分配股利20万元。

20×2年编制合并财务报表时：

（1）P公司对S公司编制的抵销分录。

①抵销股权投资日（20×1年1月1日）S公司所有者权益与P公司的长期股权投资，并确认少数股东权益的份额。

借：股本——S公司　　2 200 000
　　留存收益——S公司　　300 000
　贷：长期股权投资——P公司　　2 000 000
　　　少数股东权益　　500 000

②抵销S公司的股利分配与P公司确认的投资收益。

借：投资收益　　240 000（300 000 ×80%）
　贷：对股东的分配　　240 000

③将S公司的净利润分配给S公司少数股东，确认少数股东拥有的部分。

借：少数股东损益　　100 000（500 000 ×20%）
　贷：对股东的分配　　60 000（300 000 ×20%）
　　　少数股东权益　　40 000

（2）P公司对T公司编制的抵销分录。

①抵销股权投资日（20×2年1月1日）T公司所有者权益与S公司的长期股权投资，并确认少数股东权益的份额。

借：股本——T公司　　1 000 000
　　留存收益——T公司　　500 000
　　商誉　　300 000
　贷：长期股权投资——P公司　　400 000
　　　　　　　　　——S公司　　800 000
　　　少数股东权益　　600 000（1 500 000×40%）

商誉=长期股权投资成本-被投资单位可辨认净资产公允价值×持股比例
　=（400 000+800 000）-1 500 000×60%
　=300 000（元）

②抵销T公司的股利分配与S公司确认的投资收益，并调整长期股权投资的金额。

借：投资收益　　240 000（400 000×60%）
　贷：对股东的分配　　120 000（200 000×60%）
　　　长期股权投资——P公司　　40 000

贷：——S公司　　　　　　　　　　　　　　　　　　　　80 000

由于P公司与S公司对T公司的长期股权投资都按权益法核算，20×2年年末余额分别为44万元（40+8-4）和88万元（80+16-8）。经过上述两笔分录将长期股权投资的余额都抵销完毕。

③将T公司的净利润分配给少数股东，确认少数股东拥有的部分。

借：少数股东损益　　　　　　　　　　　　160 000（400 000×40%）

　贷：对股东的分配　　　　　　　　　　　　80 000（200 000×40%）

　　少数股东权益　　　　　　　　　　　　80 000

本例中P公司与S公司都按权益法进行核算，对应表10-4中的第4种情况。对于其余6种情况，可以由下列抵销分录统一概括。为简化处理，假设P公司与S公司同时对T公司投资，投资日T公司可辨认净资产的公允价值等于账面价值，且不考虑集团内部购销业务。

①抵销股权投资日T公司所有者权益与对T公司投资的成本，并确认少数股东权益的份额。

借：股本——T公司

　资本公积——T公司

　其他综合收益——T公司

　盈余公积——T公司

　未分配利润——T公司

　商誉（倒挤）

　贷：长期股权投资（股权投资日按成本法或权益法核算的投资成本）

　　其他权益工具投资或交易性金融资产（股权投资日的成本）

　　少数股东权益（股权投资日T公司股东权益合计×少数股东持股比例）

②抵销T公司的股利分配与P公司和S公司确认的投资收益，并调整长期股权投资余额。

借：投资收益（T公司净利润×权益法持股比例+T公司分配股利×成本法持股比例+T公司分配股利×金融资产持股比例）

　贷：对股东的分配（T公司当期分配给P公司和S公司的股利）

　　长期股权投资（（T公司净利润-T公司分配股利）×权益法持股比例）

③将T公司的净利润分配给少数股东，确认少数股东拥有的部分。

借：少数股东损益（T公司净利润×少数股东持股比例）

　贷：对股东的分配（T公司当期分配给少数股东的股利）

　　少数股东权益（（T公司净利润-T公司分配股利）×少数股东持股比例）

④调整金融资产期末公允价值的变动。

若P公司、S公司将对T公司的股权投资按照金融资产核算，则还应根据期末与股权投资日相比金融资产公允价值的增加，编制下列调整分录：（若公允价值减少，则编制相反的分录）

借：其他综合收益

借：或公允价值变动损益

　贷：其他权益工具投资

　　　或交易性金融资产

⑤将T公司其他所有者权益的变动分配给少数股东。

借：资本公积

　　其他综合收益

　贷：少数股东权益（期末与股权投资日相比其他所有者权益的变动额×少数股东持股比例）

⑥抵销T公司利润分配中提取的盈余公积。

借：盈余公积

　贷：提取盈余公积

10.3.4　相关问题的思考

1）间接控制下的合并主体

在间接控制的复杂股权关系下，合并主体可以是对孙公司直接控制的子公司，并逐级向上最终由母公司编制整个企业集团的合并财务报表，也可以由母公司编制所有纳入合并范围的子公司、孙公司的合并财务报表。本节运用的都是母公司为合并主体的一次合并法。由于旧的合并财务报表准则中规定“对子公司的长期股权投资按照成本法核算，编制合并财务报表时由成本法调整为权益法”，才导致母公司一次合并时的补充调整。如果按照本节探讨的运用成本法直接编制合并财务报表的步骤，可以使一次合并法的优势得到极大的发挥，因此在实务中应加以推广。

2）对合并商誉的探讨

在母-子-孙结构下，如果子公司取得孙公司的股权早于母公司取得子公司股权，在确定商誉时，除需要估计子公司净资产账面价值与公允价值不相等之外，还要评估孙公司净资产的公允价值。省略对孙公司净资产的评估步骤，则会影响合并财务报表中商誉金额的确认。在母-子-子结构下，P公司与S公司对T公司不同的投资时点、不同的持股比例也会影响合并商誉的计量，此时应借鉴多次交易分步合并中商誉的确定。2014年修订的《企业会计准则第33号——合并财务报表》中虽然涉及了合并商誉的确认、计量和列示等方面的要求，但间接控制情况下合并商誉的问题仍然处于真空状态。这不但给实务界在编制合并财务报表时带来了困扰，也增加了合并财务报表中商誉处理的随意性和报表粉饰的空间，因此准则应在该领域进行进一步的规范和明确。

10.4　交叉持股情况下的合并抵销处理

2014年修订的《企业会计准则第33号——合并财务报表》对交叉持股分为两种情况：子公司对母公司的交叉持股和子公司之间的交叉持股。这两种情况下合并财务报表的编制原理是不同的。

10.4.1　子公司对母公司的交叉持股

当子公司持有母公司股份时，不可能对母公司进行控制或者共同控制。如果是施加重大影响，则子公司持有的股份应在“长期股权投资”科目中核算，并且按照权益法进行后续计量。而如果没有控制、共同控制或重大影响，无论是否具有活跃市场，公允价值是否能可靠确定，按照2014年修订的《企业会计准则第2号——长期股权投资》的规定，都不再属于长期股权投资的核算范围，改按《企业会计准则第22号——金融工具确认和计量》的规定处理。因此，子公司持有的该部分股份应在“其他权益工具投资”科目中核算。

1）子公司持有母公司的股份作为“长期股权投资”核算

根据2014年《企业会计准则第33号——合并财务报表》第三十条的规定：“子公司持有母公司的长期股权投资，应当视为企业集团的库存股，作为所有者权益的减项，在合并资产负债表中所有者权益项目下以‘减：库存股’项目列示。”该方法实质就是国际上常用的库藏股法。

【例10-9】P公司为S公司母公司。20×4年1月1日，S公司支付7万元购买了P公司10%的股份，能够对P公司施加重大影响。P公司的股本为50万元，留存收益为20万元。20×4年12月31日，P公司净利润为5万元，分配股利3万元。

在S公司个别报表中的会计处理为：

（1）20×4年1月1日，确认投资成本。

借：长期股权投资——投资成本　70 000

　贷：银行存款　70 000

（2）20×4年12月31日，按照权益法确认投资收益。

借：长期股权投资——损益调整　5 000

　贷：投资收益　5 000

（3）收到股利。

借：银行存款　3 000

　贷：长期股权投资——损益调整　3 000

企业集团在编制合并财务报表时，对上述内部交叉持股进行的抵销处理为：

（1）确认库存股。

库存股的价值仅为S公司当初购买P公司股份时实际支付的成本，而不是“长期股权投资”按权益法计量的期末余额。

借：库存股　70 000

　贷：长期股权投资　70 000

（2）抵销S公司确认的投资收益。

借：投资收益　5 000

　贷：长期股权投资　5 000

（3）抵销P公司的利润分配。

借：长期股权投资　3 000

　贷：对股东的分配　3 000

特别提示

对于母子公司之间的交叉持股，我国准则规定使用相对简单的库藏股法，而国际上还有另一种处理方法——惯例法（conventional method）。由于在惯例法下，子公司持有的母公司股份被认为是“推定收回”（constructive retirement），子公司持有的股份直接抵销母公司的各项股东权益，合并财务报表中列示的也是抵销后的母公司股东权益金额。由于我国是注册资本制，母公司的注册资本在没有发生实际减资的情况下，只因为合并财务报表编制过程中被“推定收回”而减少，与我国目前的法律不符，同时也不便于会计信息需求者评价企业整体的盈利及成长能力，因此，我国不采用惯例法是合情合理的。

2）子公司持有母公司的股份作为“其他权益工具投资”核算

【例10-10】承【例10-9】，S公司支付7万元购买了P公司10%的股份，无法对P公司施加重大影响，按其他权益工具投资进行核算。20×4年12月31日，S公司持有的股份公允价值为8万元。

S公司的个别报表中的处理为：

（1）20×4年1月1日，确认资产成本。

借：其他权益工具投资——成本　　70 000

　贷：银行存款　　70 000

（2）20×4年12月31日，确认公允价值变动。

借：其他权益工具投资——公允价值变动　　10 000

　贷：其他综合收益　　10 000

（3）收到股利。

借：银行存款　　3 000

　贷：投资收益　　3 000

编制合并财务报表时，对交叉持股涉及的抵销分录为：

（1）确认库存股。

借：库存股　　70 000

　贷：其他权益工具投资　　70 000

（2）抵销S公司确认的公允价值变动。

借：其他综合收益　　10 000

　贷：其他权益工具投资　　10 000

（3）抵销P公司的利润分配。

借：投资收益　　3 000

　贷：对股东的分配　　3 000

特别提示

2014年修订的《企业会计准则第33号——合并财务报表》中没有涉及该种情况，这是准则修订过程中出现的衔接漏洞。第三十条的表述如改为“子公司持有母公司的股份，应当视为企业集团的库存股”，这样就能涵盖该种情况。

由上可见，库藏股法下子公司持有的母公司股份不论作为“长期股权投资”还是“其他权益工具投资”核算，在合并抵销的时候，都应按照当初购买的成本作为库存股成本。按照权益法后续计量或公允价值计量产生的价值变化需要在编制合并财务报表时单独抵销。

10.4.2 子公司之间的交叉持股

2014年修订的《企业会计准则第33号——合并财务报表》规定：“子公司相互之间持有的长期股权投资，应当比照母公司对子公司的股权投资的抵销方法，将长期股权投资与其对应的子公司所有者权益中所享有的份额相互抵销。”准则在表述的时候同样遗漏了相互持股形成其他权益工具投资的情形。进一步细分，子公司之间交叉持股又可以分为以下三种情况：双方都按照“长期股权投资”核算；双方都按照“其他权益工具投资”核算；一方按照“长期股权投资”核算，另一方按照“其他权益工具投资”核算。

1）双方都按照“长期股权投资”核算

【例10-11】S1公司和S2公司都是P公司的子公司。20×4年1月1日，P公司支付180万元取得S2公司90%的股份，S1公司支付20万元取得S2公司10%的股份，S2公司支付10万元取得S1公司10%的股份，都能对对方施加重大影响。其他资料见表10-6。

表10-6 **S1、S2公司相关资料** 单位：万元

项目	S1公司	S2公司
20×4年1月1日股本	100	200
20×4年净利润（不包括投资收益）	20	40
20×4年分配股利	10	20

在S1公司的个别报表中，需要按权益法对该部分交叉持股进行计量。

（1）确认初始投资成本。

借：长期股权投资——投资成本　　200 000

　贷：银行存款　　200 000

（2）确认投资收益。

由于S1公司和S2公司都按权益法进行计量，确认投资收益需要在对方完整净利润（包含了投资收益）的基础上进行，因此形成一种“你中有我，我中有你”的互为依赖情形，此时需要利用类似成本会计中对辅助生产费用的交互分配法得出。

假设　X=包含投资收益的S1公司净利润

　　　Y=包含投资收益的S2公司净利润

$$\begin{cases} X = 20 + 0.1 \times Y \\ Y = 40 + 0.1 \times X \end{cases}$$

计算得出：

$$\begin{cases} X = 24.24 \\ Y = 42.4 \end{cases}$$

S1公司确认的投资收益=42.4×10%=4.24（万元）

借：长期股权投资——损益调整　　42 400

　贷：投资收益　　42 400

（3）收到股利。

借：银行存款　　20 000

　贷：长期股权投资——损益调整　　20 000

特别提示

对于子公司之间的交叉持股，如果双方都采用权益法进行后续计量，在对投资收益采用交互分配的程序进行确定时，不可避免地带来各自利润的虚增。如【10-11】中，S1公司的投资收益4.24万元，其中4万元是按照S2公司40万元的净利润确定，另外0.24万元则是按照自身净利润24.24万元的10%确认了S2公司的投资收益后，再按10%分配回来的，属于自身利润的重复叠加。尽管在编制合并财务报表时该部分内部投资收益会被抵销，但是作为子公司报表的信息需求者需要格外注意，剔除重复因素，才能正确评价其真实的投资收益。

编制合并财务报表时，对S1公司交叉持股的抵销分录为：

（1）在抵销P公司长期股权投资和S2公司的所有者权益时，一并将S1公司内部交叉持股的部分进行抵销。

借：股本　　2 000 000

　贷：长期股权投资（S1）　　200 000

　　　长期股权投资（P）　　1 800 000

需要注意的是，本笔分录是按照成本法直接编制合并财务报表的抵销分录。该方法能避免母公司的长期股权投资经过复杂的权益法调整，从而简化合并财务报表的编制工作。

（2）抵销S1公司确认的投资收益。

借：投资收益　　42 400

　贷：长期股权投资　　42 400

（3）抵销P公司的利润分配。

借：长期股权投资　　20 000

　贷：对股东的分配　　20 000

由于对S2公司的抵销处理与S1公司原理相同，本节不再赘述。

2）双方都按照“其他权益工具投资”核算

【例10-12】承【例10-11】，S1和S2都无法对对方施加重大影响，因此按照其他权益工具投资进行核算。20×4年12月31日，S1公司持有股份的公允价值为40万元。

S1公司个别报表的处理为：

（1）确认初始投资成本。

借：其他权益工具投资——成本　　200 000

　贷：银行存款　　200 000

（2）确认公允价值变动。

借：其他权益工具投资——公允价值变动　　200 000

　贷：其他综合收益　　200 000

（3）确认投资收益。

借：银行存款　　20 000

　贷：投资收益　　20 000

合并财务报表中对S1公司交叉持股的抵销处理为：

（1）在抵销P公司长期股权投资和S2公司的所有者权益时，一并将S1公司内部交叉持股部分进行抵销。

借：股本　　2 000 000

　贷：其他权益工具投资　　200 000

　　　长期股权投资　　1 800 000

（2）抵销公允价值变动。

借：其他综合收益　　200 000

　贷：其他权益工具投资　　200 000

（3）抵销S2公司利润分配。

借：投资收益　　20 000

　贷：对股东的分配　　20 000

3）一方按照“长期股权投资”核算，另一方按照“其他权益工具投资”核算

该情况是上述两种情况的结合，编制的抵销分录与前文一致。唯一不同的是，由于作为“其他权益工具投资”核算的投资方在确认投资收益时是按对方分配的股利确定，而不是在实现的净利润基础上确认自身的投资收益，所以不存在交互分配的问题，简化了处理。

由上可见，子公司之间的交叉持股与子公司对母公司的交叉持股，编制抵销分录的不同主要体现在是直接抵销子公司股东权益，还是以库存股形式冲减母公司股东权益，除此之外的抵销处理完全相同。

10.5 优先股的合并抵销处理

10.5.1 优先股概述

优先股是指依照《公司法》，在一般规定的普通种类股份之外，另行规定的其他种类股份，其股份持有人优先于普通股股东分配公司利润和剩余财产，但参与公司决策管理等权利受到限制。2013年12月9日，证监会通过了《优先股试点管理办法》，于2014年3月21日公布。优先股主要有以下几种：

（1）累积优先股和非累积优先股。累积优先股是指在某个营业年度内，如果公司所获

的盈利不足以分派规定的股利，日后优先股的股东对往年未给付的股息，有权要求如数分派。对于非累积的优先股，虽然对于公司当年所获得的利润有优先于普通股获得分派股息的权利，但如果该年公司所获得的盈利不足以按规定的股利分配时，非累积优先股的股东不能要求公司在以后年度中予以补发。一般来讲，对投资者来说，累积优先股比非累积优先股具有更大的优越性。

（2）参与优先股与非参与优先股。当企业利润增加时，除享受既定比率的股利外，还可以跟普通股共同参与利润分配的优先股，称为“参与优先股”。除了既定股利外，不再参与利润分配的优先股，称为“非参与优先股”。一般来讲，参与优先股较非参与优先股对投资者更为有利。

（3）可转换优先股与不可转换优先股。可转换的优先股是指允许优先股持有人在特定条件下把优先股转换成为一定数额的普通股；否则，就是不可转换优先股。可转换优先股是日益流行的一种优先股。

（4）可收回优先股与不可收回优先股。可收回优先股是指允许发行该类股票的公司，按原来的价格再加上若干补偿金将已发生的优先股收回，当该公司认为能够以较低股利的股票来代替已发生的优先股时，就往往行使这种权利；反之，就是不可收回的优先股。

根据优先股发行的合同条款及其所反映的经济实质，它在初始确认时可以作为权益工具处理，也可以作为金融负债处理，且后续计量时能够在这两种分类之间进行重分类。毫无疑问，这一复杂的新生事物增加了本已复杂的合并财务报表的编制难度。本节将按照成本法直接编制合并财务报表的步骤进行优先股的抵销处理。

10.5.2　子公司发行的优先股作为权益工具

当子公司发行的优先股作为权益工具时，在“其他权益工具”科目中核算，分配的股利作为利润分配处理。

1）母公司未持有子公司的优先股

【例10-13】20×2年1月1日，P公司以39.6万元购入S公司90%的普通股。20×1年12月31日S公司股东权益合计50万元，分别为：1 000股面值100元、赎回价格105元、股利率10%的累积非参与优先股10万元，普通股20万元，资本公积4万元，留存收益16万元。股权投资日，S公司资产和负债的账面价值等于公允价值。至20×2年1月1日S公司没有积欠的优先股股息。20×2年，S公司报告的净利润为5万元，支付的股利为3万元，其中普通股股利2万元、优先股股利1万元。

（1）商誉的确定。

商誉等于支付的普通股投资成本与享有的普通股权益份额之间的差额。当存在优先股时，需要将被投资单位的股东权益首先分配给优先股股东，剩余的才归属于普通股股东。当优先股存在赎回或清偿价格时，需利用该价格计算分配给优先股股东的权益，如果累积优先股存在前期积欠的股利，也应包括在计算优先股股东权益之中。本例中20×2年1月1日S公司股东权益为50万元。

分配给优先股的权益=1 000×105=105 000（元）

普通股股东权益=500 000−105 000=395 000（元）

商誉=396 000−395 000×90%=40 500（元）

（2）少数股东损益的确定。

在存在优先股的情况下，普通股股东的损益为企业的净利润扣除优先股股利后的剩余收益。如果是累积优先股，本年分配给优先股的净收益就是当年优先股应得的股利，与子公司是否宣告股利无关；如果是非累积优先股，则只有当年宣告的股利才是分配给优先股的净收益。

本例中优先股股东的损益=100 000×10%=10 000（元）

普通股股东的损益=50 000−10 000=40 000（元）

少数股东损益=当期归属于集团外部优先股股东的损益+当期归属于少数普通股股东的损益

=10 000+0.1×40 000=14 000（元）

（3）少数股东权益的确定。

20×2年12月31日S公司股东权益=500 000+50 000−30 000=520 000（元）

普通股股东权益=520 000−105 000=415 000（元）

少数股东权益=期末归属于集团外部优先股股东权益+期末归属于少数普通股股东权益

=105 000+0.1×415 000=146 500（元）

编制的抵销分录为：

①对股权投资日子公司的普通股股东权益与母公司的长期股权投资进行抵销。

借：股本　200 000
　　资本公积　40 000
　　留存收益　160 000
　　商誉　40 500
　贷：长期股权投资——普通股　396 000
　　　少数股东权益（倒挤）　44 500

②抵销子公司的普通股股利分配。

借：投资收益　18 000
　贷：对普通股股东的分配　18 000
借：少数股东损益　4 000（40 000×0.1）
　贷：对普通股股东的分配　2 000（20 000×0.1）
　　　少数股东权益　2 000

③将优先股转为少数股东权益。

借：其他权益工具　100 000
　贷：少数股东权益　100 000

④抵销子公司的优先股股利分配。

借：少数股东损益　10 000
　贷：对优先股股东的分配　10 000

【例10-14】承【例10-13】，20×3年S公司亏损40 000元，没有发放任何股利。

对于累积优先股，当年积欠的优先股股息将增加优先股股东权益，在编制合并财务报表时转化为少数股东权益。由于S公司亏损40 000元，扣除优先股的股息10 000元后为亏损50 000元，归属于普通股股东。

少数股东损益=当期归属于集团外部优先股股东的损益+当期归属于少数普通股股东的损益

=10 000+（−40 000−10 000）×0.1=5 000（元）

少数股东权益=期末归属于集团外部优先股股东权益+期末归属于少数普通股股东权益

=（105 000+10 000）+（520 000−40 000−115 000）×0.1=151 500（元）

编制的抵销分录为：

（1）依然对股权投资日子公司的普通股股东权益与母公司的长期股权投资进行抵销。

借：股本	200 000	
资本公积	40 000	
留存收益	160 000	
商誉	40 500	
贷：长期股权投资——普通股		396 000
少数股东权益		44 500

（2）将优先股转为少数股东权益。

借：其他权益工具	100 000	
贷：少数股东权益		100 000

（3）确认积欠优先股的股利。

借：少数股东损益	10 000	
贷：少数股东权益		10 000

（4）确认累计净利润中归属于少数股东的权益，本年的金额为−5 000元（（−40 000−10 000）×0.1），去年的2 000元通过年初未分配利润调整。

借：少数股东损益	−5 000	
年初未分配利润	2 000	
贷：少数股东权益		−3 000

2）母公司持有子公司的优先股

【例10−15】承【例10−14】，20×4年1月1日，P公司以8万元购买了S公司80%发行在外的优先股800股，S公司当年实现净利润2万元，依然没有发放股利。

当母公司购入子公司发行的优先股时，形成了集团内部的优先股，站在合并财务报表的角度，相当于优先股的推定赎回。需要将母公司持有的优先股投资与子公司的其他权益工具抵销，两者的差额不确认为损益，而是作为权益性交易调整母公司的资本公积，如果资本公积不足以弥补该差额，将减少母公司的留存收益。20×4年1月1日，S公司优先股股东权益的账面价值为92 000元（（105 000+10 000）×0.8），与P公司购买成本80 000元的差额为12 000元，为个别报表中没有确认的推定利得，将通过每年编制合并财务报表时增加P公司的资本公积。

少数股东损益=当期归属于集团外部优先股股东的损益+当期归属于少数普通股股东的损益

=10 000×0.2+（20 000−10 000）×0.1=3 000（元）

少数股东权益=期末归属于集团外部优先股股东权益+期末归属于少数普通股股东权益

=（105 000+20 000）×0.2+（480 000+20 000−125 000）×0.1=62 500（元）

编制的抵销分录为：

（1）继续对股权投资日子公司的普通股股东权益与母公司的长期股权投资进行抵销。

借：股本　200 000

　资本公积　40 000

　留存收益　160 000

　商誉　40 500

　贷：长期股权投资——普通股　396 000

　　少数股东权益　44 500

（2）抵销母公司持有的子公司的优先股。

借：其他权益工具　100 000

　贷：长期股权投资——优先股　80 000

　　资本公积——P公司　12 000

　　少数股东权益（倒挤）　8 000

（3）确认积欠集团外部优先股股东的股息。

借：少数股东损益　2 000

　贷：少数股东权益　2 000

（4）确认累计净利润中归属于少数股东的权益，本年的金额为1 000元（（20 000-10 000）×0.1）。以前年度的7 000元，即【例10-14】的第（3）和（4）笔分录的金额，通过年初未分配利润调整。

借：少数股东损益　1 000

　年初未分配利润　7 000

　贷：少数股东权益　8 000

由上可见，当子公司发行的优先股作为权益工具时，母公司持有的优先股投资需与子公司的优先股权益抵销，并在合并财务报表中确认推定赎回利得或损失。被企业集团外部持有的优先股转作少数股东权益。子公司分配的优先股股息，只有分配给集团外部的份额才作为少数股东损益。

10.5.3　子公司发行的优先股作为金融负债

当子公司发行优先股的条款中规定了强制付息的条款时，将导致发行方承担交付现金的义务。此时优先股尽管名称中带“股”字，但按照经济实质应作为金融负债处理，在个别报表中按照“应付债券”进行核算，债务存续期间需计提利息并对账面的利息进行调整，按照摊余成本进行后续计量。

如果母公司没有购入优先股，则不需要对该部分优先股进行抵销处理，因为子公司的负债不能作为企业集团的少数股东权益，子公司的债务利息也不能作为企业集团的少数股东损益。但如果母公司购买了作为金融负债核算的优先股，应当与子公司对优先股属性的分类保持一致，作为“债权投资”核算。从子公司角度看，该负债尚未到期仍在市场流通；但从企业集团的角度看，从优先股被母公司购入的时点就产生了推定赎回。因此，在个别报表中没有体现的赎回利得或损失，只能在合并财务报表层面予以确认。

【例10-16】P公司拥有S公司90%的股份。20×2年1月1日，S公司以106万元发行优先股，票面价值100万元，票面利率12%，期限3年，每年12月31日支付利息。20×2年12月31日，P公司以102万元购买了全部的优先股，准备持有至到期。为简化处理，溢价按照直线法摊销。20×2年年末至20×4年年末个别财务报表中有关科目金额见表10-7。

表10-7 **个别财务报表有关科目余额** 单位：万元

个别报表项目	20×2.12.31	20×3.12.31	20×4.12.31
应付债券	104	102	100
债权投资	102	101	100
投资收益	0	11②	11
财务费用	10①	10	10

注：①=100×12%-6÷3=10（万元）

②=100×12%-2÷2=11（万元）

（1）20×2年的抵销分录为：

借：应付债券 1 040 000

　贷：债权投资 1 020 000

　　　投资收益 20 000

该优先股推定赎回利得为20 000元，归属于子公司的股东，母公司和少数股东之间按照持股比例进行分配。由于20×2年12月31日发生优先股推定赎回业务，所以子公司20×2年确认的优先股利息作为企业集团的财务费用，不需要抵销。

（2）20×3年的抵销分录为：

借：应付债券 1 020 000

　　投资收益 110 000

　贷：债权投资 1 010 000

　　　财务费用 100 000

　　　年初未分配利润 18 000（20 000×90%）

　　　少数股东权益 2 000（20 000×10%）

优先股推定赎回利得20 000元在20×3年合并财务报表中不再出现。由于上期确认的投资收益影响了合并利润表，所以在连续编制合并财务报表的情况下，按母公司持股比例调整年初未分配利润，按少数股东持股比例调整少数股东权益。

（3）20×4年的抵销分录则为：

借：应付债券 1 000 000

　　投资收益 110 000

　贷：债权投资 1 000 000

　　　财务费用 100 000

　　　年初未分配利润 9 000（10 000×90%）

　　　少数股东权益 1 000（10 000×10%）

由上可见，当子公司发行的优先股作为金融负债时，需要抵销个别财务报表中确认的和优先股业务有关的资产、负债、收益和费用，并在合并财务报表中确认优先股推定赎回利得或损失。在连续编制合并财务报表时，需结合子公司普通股的股权结构，将推定赎回利得或损失相应转换为母公司的年初未分配利润和少数股东权益。实质上，该种情况下的抵销处理与10.2节“企业集团内部债券业务的合并抵销处理”中公募发行债券的原理完全相同。

10.5.4 优先股其他特殊情况的抵销

当子公司发行的优先股为复合金融工具时，子公司需要将其进行拆分，按负债成分的公允价值计入“应付债券”，按实际收到的金额扣除负债成分的公允价值计入“其他权益工具”。当发行的优先股合同条款中规定了随着时间的推移或经济环境的改变发生变化时，可以对优先股进行重分类，可以由原来归类为“其他权益工具”重分类为“应付债券”，也可以由“应付债券”重分类为“其他权益工具”。在期末编制合并财务报表时，按“其他权益工具”核算的优先股，根据本节第二部分归纳的情况进行抵销；按“应付债券”核算的优先股，根据本节第三部分归纳的情况进行抵销，就可以完成包含优先股事项的合并财务报表的编制工作。

10.6 母公司持股比例变化时合并财务报表的编制

本教材的以前章节都是探讨母公司对子公司持股比例不变时合并财务报表的编制。实务中，在保证母公司对子公司控制的前提下，可能由于发生下列六类交易事项，使得母公司对子公司的持股比例发生变化：（1）母公司从少数股东购买股份；（2）母公司向少数股东出售股份；（3）子公司向母公司增发股份；（4）子公司从母公司回购股份；（5）子公司向少数股东增发股份；（6）子公司从少数股东回购股份。

权益性交易是指所有者以其所有者身份与主体之间，以及不同所有者之间的交易。权益性交易的一个显著特点是与交易有关的利得或损失不得确认损益，而应直接计入权益。上述第（1）和第（2）项属于不同所有者之间的交易，第（3）、（4）、（5）、（6）项则属于所有者以其所有者身份与主体之间的交易。显然，在不丧失母公司控制地位的前提下，引起母公司所有权比例变化的交易都属于权益性交易。本节都将按照成本法直接编制合并财务报表的步骤进行抵销处理。

10.6.1 母公司从少数股东购买股份

母公司从少数股东购买股份，会增强其在子公司的控制地位。母公司与少数股东之间的股份交易不会使子公司的股东权益总额发生变化，仅仅是股东名册的变更，但会引起归属于母公司股东和少数股东的权益发生变化。《企业会计准则第33号——合并财务报表》第四十七条规定：“因购买少数股权新取得的长期股权投资与按照新增持股比例计算应享有子公司自购买日或合并日开始持续计算的净资产份额之间的差额，应当调整资本公积（资本溢价或股本溢价），资本公积不足冲减的，调整留存收益。”这体现了权益性交易的处理特点。

【例10-17】20×4年12月31日，P公司支付8 500万元取得S公司80%的股权，该日S公司的可辨认净资产公允价值等于账面价值。股东权益为：股本4 000万元，资本公积

4 000万元，留存收益2 000万元，合计10 000万元。20×5年S公司盈利1 000万元，没有分配股利。20×5年12月31日，P公司又支付2 000万元从少数股东取得S公司15%的股权。P公司并购S公司属于非同一控制下的企业合并。

（1）按照购买日的长期股权投资与子公司股东权益进行抵销。

借：股本　　40 000 000

　　资本公积　　40 000 000

　　留存收益　　20 000 000

　　商誉　　5 000 000

　贷：长期股权投资　　85 000 000

　　　少数股东权益　　20 000 000（100 000 000×20%）

（2）确认子公司的盈利对少数股东权益的影响。

借：少数股东损益　　2 000 000（10 000 000×20%）

　贷：少数股东权益　　2 000 000

（3）调整少数股东权益的账面价值。

处置前少数股东权益的金额为2 200万元（2 000+200），处置部分的账面价值是1 650万元（2 200÷0.2×0.15），收到的对价是2 000万元。这意味着在该交易中，是以损失母公司股东的权益为代价“补贴”了少数股东权益，因此应调减母公司的资本公积，如资本公积不足以冲减，应调整留存收益，编制的调整分录为：

借：少数股东权益　　16 500 000

　　资本公积/留存收益（P公司）　　3 500 000

　贷：长期股权投资　　20 000 000

处置后少数股东权益为550万元（2 200−1 650），是20×5年12月31日S公司可辨认净资产公允价值11 000万元的5%。

10.6.2 母公司向少数股东出售股份

母公司向少数股东出售股份但并没有丧失控制地位的时候，母公司依然需要编制集团的合并财务报表。在母公司的个别财务报表中会确认和处置与股份有关的损益，但从合并财务报表的角度，该权益性交易不应确认损益，需要将个别财务报表中的损益进行抵销。《企业会计准则第33号——合并财务报表》第四十九条规定：“母公司在不丧失控制权的情况下部分处置对子公司的长期股权投资，在合并财务报表中，处置价款与处置长期股权投资相对应享有子公司自购买日或合并日开始持续计算的净资产份额之间的差额，应当调整资本公积（资本溢价或股本溢价），资本公积不足冲减的，调整留存收益。”

【例10-18】承【例10-17】，20×5年12月31日，P公司向少数股东处置15%的股权，取得现金2 000万元。处置后P公司持股比例为65%，依然控制S公司。

（1）按照购买日的长期股权投资与子公司股东权益进行抵销。

借：股本　　40 000 000

　　资本公积　　40 000 000

借：留存收益　　20 000 000
　　商誉　　5 000 000
　贷：长期股权投资　　85 000 000
　　　少数股东权益　　20 000 000

（2）确认子公司的盈利对少数股东权益的影响。

借：少数股东损益　　2 000 000
　贷：少数股东权益　　2 000 000

（3）调整少数股东权益的账面价值。

P公司处置的长期股权投资的账面价值为1 593.75万元（8 500÷0.8×0.15），在股权处置日该部分股份对应的净资产份额为1 650万元（11 000×15%），差额56.25万元作为母公司股东对少数股东的贡献，应调整母公司的资本公积或留存收益。

借：长期股权投资　　15 937 500
　　资本公积/留存收益（P公司）　　562 500
　贷：少数股东权益　　16 500 000

（4）调整母公司处置长期股权投资的收益。

P公司在其个别报表中将收到的对价2 000万元与处置部分的成本1 593.75万元之间的差额406.25万元作为投资收益处理，合并财务报表中需要将投资收益抵销并调整资本公积。

借：投资收益　　4 062 500
　贷：资本公积　　4 062 500

至此，少数股东权益的金额为3 850万元（2 000+200+1 650），是20×5年12月31日S公司可辨认净资产公允价值11 000万元的35%。

10.6.3　子公司向母公司增发股份

子公司向母公司增发股份时，增发的价格不同，对少数股东权益的影响是不同的。当增发股份的价格等于每股账面价值时，母公司增加的长期股权投资与子公司增加的所有者权益相同，因此少数股东权益不变；当增发股份的价格和每股账面价值不相等时，势必会导致母公司增加的长期股权投资与子公司增加的所有者权益不相同，该差额将影响少数股东权益的变化。

【例10-19】20×5年1月1日，P公司支付1 800万元获得S公司800万股股份，持股比例为80%。该日S公司的可辨认净资产公允价值等于账面价值。股东权益为：股本1 000万元，资本公积600万元，留存收益400万元，合计2 000万元。假设20×5年S公司无盈利，无股利分配。20×5年12月31日，S公司分别以每股2元、3.5元、1.5元的价格向P公司增发股份200万股。P公司并购S公司属于非同一控制下的企业合并。

购买日，P公司支付的对价1 800万元与取得的S公司可辨认净资产公允价值的份额1 600万元之间的差额200万元为商誉，增发股份前每股账面价值为2元（2 000÷1 000）。不同的增发价格对少数股东权益的影响见表10-8。

表10-8　　**不同的增发价格对少数股东权益的影响**　　金额单位：万元

项目	增发之前	以每股2元增发股份	以每股3.5元增发股份	以每股1.5元增发股份
股本	1 000	1 200	1 200	1 200
资本公积	600	800	1 100	700
留存收益	400	400	400	400
S公司股东权益合计	2 000	2 400	2 700	2 300
P公司的持股比例	80%	$\frac{800+200}{1000+200}\times 100\%=83.33\%$	83.33%	83.33%
少数股东的持股比例	20%	16.67%	16.67%	16.67%
少数股东在S公司的权益	400	400	450	383.41

（1）以每股2元增发股份时。

①按照购买日的长期股权投资与子公司股东权益进行抵销。

借：股本　10 000 000

　　资本公积　6 000 000

　　留存收益　4 000 000

　　商誉　2 000 000

　贷：长期股权投资　18 000 000

　　　少数股东权益　4 000 000

②抵销增发的股份。

借：股本　2 000 000

　　资本公积　2 000 000

　贷：长期股权投资　4 000 000

由于增发的股份是按照每股账面价值进行的，因此该交易不影响少数股东权益。期末的少数股东权益400万元等于S公司可辨认净资产公允价值2 400万元的16.67%。

（2）以每股3.5元增发股份时。

①按照购买日的长期股权投资与子公司股东权益进行抵销。

借：股本　10 000 000

　　资本公积　6 000 000

　　留存收益　4 000 000

　　商誉　2 000 000

　贷：长期股权投资　18 000 000

　　　少数股东权益　4 000 000

②抵销增发的股份。

借：股本　2 000 000

　　资本公积　5 000 000

贷：长期股权投资　　7 000 000

③调整少数股东权益。

以高于每股账面价值的金额增发股份，母公司支付了700万元的对价，在S公司净资产中的份额由过去的1 600万元（2 000×80%）增至2 250万元（2 700×83.33%），即增加了650万元。该50万元差额是母公司股东对少数股东的贡献，使少数股东权益由400万元增至450万元，所以应调整母公司的资本公积或留存收益。

借：资本公积/留存收益（P公司）　　500 000

贷：少数股东权益　　500 000

期末的少数股东权益450万元，等于S公司可辨认净资产公允价值2 700万元的16.67%。

（3）以每股1.5元增发股份时。

①按照购买日的长期股权投资与子公司股东权益进行抵销。

借：股本　　10 000 000

资本公积　　6 000 000

留存收益　　4 000 000

商誉　　2 000 000

贷：长期股权投资　　18 000 000

少数股东权益　　4 000 000

②抵销增发的股份。

借：股本　　2 000 000

资本公积　　1 000 000

贷：长期股权投资　　3 000 000

③调整少数股东权益。

以低于每股账面价值的金额增发股份，母公司支付了300万元的对价，在S公司净资产中的份额由过去的1 600万元（2 000×80%）增至1 916.59万元（2 300×83.33%），即增加了316.59万元。该16.59万元差额作为少数股东对母公司股东的贡献，使少数股东权益由400万元降为383.41万元，同时调整母公司的资本公积。

借：少数股东权益　　165 900

贷：资本公积（P公司）　　165 900

期末的少数股东权益383.41万元，等于S公司可辨认净资产公允价值2 300万元的16.67%。

10.6.4 子公司从母公司回购股份

子公司从母公司回购的股份形成了子公司的库存股。母公司对处置股权在个别报表中确认的损益，需在合并财务报表中抵销。不同的回购股份价格对于少数股东权益的影响也会不同。

【例10-20】承【例10-19】，20×5年12月31日，S公司分别以每股2元、3.5元、1.5元从P公司购回40万股股份。不同的回购价格对少数股东权益的影响见表10-9。

表10-9　**不同的回购价格对少数股东权益的影响**　金额单位：万元

项目	回购之前	以每股2元回购股份	以每股3.5元回购股份	以每股1.5元回购股份
股本	1 000	1 000	1 000	1 000
资本公积	600	600	600	600
减：库存股		2×40=80	3.5×40=140	1.5×40=60
留存收益	400	400	400	400
S公司股东权益合计	2 000	1 920	1 860	1 940
P公司的持股比例	80%	$\frac{800-40}{1\ 000-40}\times 100\%=79.17\%$	79.17%	79.17%
少数股东的持股比例	20%	20.83%	20.83%	20.83%
少数股东在S公司的权益	400	400	387.44	404.1

（1）以每股2元回购股份。

①按照购买日的长期股权投资与子公司股东权益进行抵销。

借：股本　10 000 000
　　资本公积　6 000 000
　　留存收益　4 000 000
　　商誉　2 000 000
　贷：长期股权投资　18 000 000
　　　少数股东权益　4 000 000

②抵销回购的库存股。

借：长期股权投资　900 000
　贷：库存股　800 000
　　　投资收益　100 000

在P公司的个别报表中，处置40万股时收到的对价80万元与处置部分的成本90万元（1 800÷800×40）之间的差额为投资损失10万元。但从合并财务报表的角度看，子公司从母公司回购股票是权益性交易，不应确认损益，因此需要抵销个别报表中确认的投资收益。由于按每股账面价值进行股份回购，少数股东在S公司账面价值份额不变，期末少数股东权益400万元等于S公司可辨认净资产公允价值1 920万元的20.83%。

（2）以每股3.5元回购股份。

①按照购买日的长期股权投资与子公司股东权益进行抵销。

借：股本　10 000 000
　　资本公积　6 000 000
　　留存收益　4 000 000
　　商誉　2 000 000

贷：长期股权投资　　18 000 000

　　少数股东权益　　4 000 000

②抵销回购的库存股。

借：长期股权投资　　900 000

　　投资收益　　500 000

　贷：库存股　　1 400 000

③调整少数股东权益。

由于以高于每股账面价值进行股份回购，少数股东权益减少12.56万元（400-387.44），这是少数股东对母公司股东的贡献，因此在合并财务报表中调整子公司少数股东权益的同时，调整母公司的资本公积。

借：少数股东权益　　125 600

　贷：资本公积（P公司）　　125 600

期末少数股东权益为387.44万元，等于S公司可辨认净资产公允价值1 860万元的20.83%。

（3）以每股1.5元回购股份。

①按照购买日的长期股权投资与子公司股东权益进行抵销。

借：股本　　10 000 000

　　资本公积　　6 000 000

　　留存收益　　4 000 000

　　商誉　　2 000 000

　贷：长期股权投资　　18 000 000

　　　少数股东权益　　4 000 000

②抵销回购的库存股。

借：长期股权投资　　900 000

　贷：库存股　　600 000

　　　投资收益　　300 000

③调整少数股东权益。

由于以低于每股账面价值进行股份回购，少数股东权益增加了4.1万元（404.1-400），这是以母公司股东的权益弥补了少数股东的权益，所以还应有下列调整分录：

借：资本公积/留存收益（P公司）　　41 000

　贷：少数股东权益　　41 000

期末少数股东权益为404.1万元，等于S公司可辨认净资产公允价值1 940万元的20.83%。

10.6.5 子公司向少数股东增发股份

当子公司向少数股东增发股份时，会相应降低母公司的持股比例。少数股东增加持有股份，会在合并财务报表中增加少数股东权益的金额。虽然母公司没有参与增发股份，但是不同的增发价格，会影响母公司在子公司的权益份额。

【例10-21】承【例10-19】，20×5年12月31日，S公司分别以每股2元、3.5元、1.5

元的价格向少数股东增发股份200万股。不同的增发价格对少数股东权益的影响见表10-10。

表10-10　**不同的增发价格对少数股东权益的影响**　金额单位：万元

项目	增发股份前	以每股2元增发股份	以每股3.5元增发股份	以每股1.5元增发股份
股本	1 000	1 200	1 200	1 200
资本公积	600	800	1 100	700
留存收益	400	400	400	400
S公司股东权益合计	2 000	2 400	2 700	2 300
P公司的股权比例	80%	$\frac{800}{1\ 000+200}\times 100\%=66.67\%$	66.67%	66.67%
P公司在S公司的股东权益	1 600	1 600	1 800	1 533
少数股东在S公司的权益	400	800	900	767

（1）以每股2元增发股份时。

①按照购买日的长期股权投资与子公司股东权益进行抵销。

借：股本　10 000 000
　　资本公积　6 000 000
　　留存收益　4 000 000
　　商誉　2 000 000
　贷：长期股权投资　18 000 000
　　　少数股东权益　4 000 000

②将增发的股份确认为少数股东权益。

借：股本　2 000 000
　　资本公积　2 000 000
　贷：少数股东权益　4 000 000

由于按照每股账面价值增发股份，母公司的权益份额没有变化。期末少数股东权益800万元为S公司可辨认净资产公允价值2 400万元的33.33%。

（2）以每股3.5元增发股份时。

①按照购买日的长期股权投资与子公司股东权益进行抵销。

借：股本　10 000 000
　　资本公积　6 000 000
　　留存收益　4 000 000
　　商誉　2 000 000
　贷：长期股权投资　18 000 000
　　　少数股东权益　4 000 000

②将增发的股份确认为少数股东权益。

借：股本　　2 000 000

　　资本公积　　5 000 000

　贷：少数股东权益　　7 000 000

③调整少数股东权益。

子公司按照高于每股账面价值的金额增发股份，相当于少数股东对子公司的超额缴入，使得母公司的股权份额增加了200万元（1 800−1 600）。由于P公司的个别报表中长期股权投资按成本法核算，没有体现该交易对投资账面价值的影响，因此在编制合并财务报表时，通过对少数股东权益的调整，增加母公司的资本公积。编制的调整分录为：

借：少数股东权益　　2 000 000

　贷：资本公积（P公司）　　2 000 000

期末少数股东权益900万元（400+700−200）等于S公司可辨认净资产公允价值2 700万元的33.33%。

（3）以每股1.5元增发股份时。

①按照购买日的长期股权投资与子公司股东权益进行抵销。

借：股本　　10 000 000

　　资本公积　　6 000 000

　　留存收益　　4 000 000

　　商誉　　2 000 000

　贷：长期股权投资　　18 000 000

　　　少数股东权益　　4 000 000

②将增发的股份确认为少数股东权益。

借：股本　　2 000 000

　　资本公积　　1 000 000

　贷：少数股东权益　　3 000 000

③调整少数股东权益。

子公司以低于每股账面价值的金额增发股份时，少数股东的“廉价”投资实质上损害了母公司股东的权益，因此差额67万元（1 600−1 533）应当调减母公司的资本公积，如果资本公积不足冲减，将调整留存收益。

借：资本公积/留存收益（P公司）　　670 000

　贷：少数股东权益　　670 000

期末少数股东权益767万元（400+300+67）等于S公司可辨认净资产公允价值2 300万元的33.33%。

10.6.6　子公司从少数股东回购股份

由于少数股东并不能对子公司施加控制，当子公司回购股份的价格高于每股账面价值时，少数股东是愿意进行该笔交易的，况且股份回购后母公司的持股比例相对提高，有利于巩固控制地位，因此母公司也乐意让子公司进行股份回购交易。少数股东减持股份，会减少合并财务报表中少数股东权益的金额，但是不同的回购价格对母公司的权益份额影响也会不同。

【例10-22】承【例10-19】，20×5年12月31日，S公司分别以每股2元、3.5元、1.5元的价格从少数股东回购40万股股份。不同的回购价格对少数股东权益的影响见表10-11。

表10-11　　不同的回购价格对少数股东权益的影响　　金额单位：万元

项目	回购之前	以每股2元回购股份	以每股3.5元回购股份	以每股1.5元回购股份
股本	1 000	1 000	1 000	1 000
资本公积	600	600	600	600
减：库存股		2×40=80	3.5×40=140	1.5×40=60
留存收益	400	400	400	400
S公司股东权益合计	2 000	1 920	1 860	1 940
P公司的持股比例	80%	$\frac{800}{1\,000-40}\times 100\%=83.33\%$	83.33%	83.33%
P公司在S公司的股东权益	1 600	1 600	1 550	1 616.6
少数股东在S公司的权益	400	320	310	323.4

（1）以每股2元回购股份时。

①按照购买日的长期股权投资与子公司股东权益进行抵销。

借：股本　　10 000 000
　　资本公积　　6 000 000
　　留存收益　　4 000 000
　　商誉　　2 000 000
　贷：长期股权投资　　18 000 000
　　　少数股东权益　　4 000 000

②抵销回购的库存股。

借：少数股东权益　　800 000
　贷：库存股　　800 000

按照每股账面价值的金额回购股份，虽然母公司的持股比例上升，但在S公司中的权益份额没有变化。期末少数股东权益为320万元，等于S公司可辨认净资产公允价值1 920万元的16.67%。

（2）以每股3.5元回购股份时。

①按照购买日的长期股权投资与子公司股东权益进行抵销。

借：股本　　10 000 000
　　资本公积　　6 000 000
　　留存收益　　4 000 000
　　商誉　　2 000 000

贷：长期股权投资　　18 000 000
　　少数股东权益　　4 000 000

②抵销回购的库存股。

借：少数股东权益　　1 400 000
　贷：库存股　　1 400 000

③调整少数股东权益。

按照大于每股账面价值的金额回购股份，对少数股东的额外补偿损害了母公司在S公司的权益，母公司的股东权益下降了50万元（1 600−1 550），因此编制合并财务报表时，应编制下列调整分录：

借：资本公积/留存收益（P公司）　　500 000
　贷：少数股东权益　　500 000

期末少数股东权益为310万元（400−140+50），等于S公司可辨认净资产公允价值1 860万元的16.67%。

（3）以每股1.5元回购股份时。

①按照购买日的长期股权投资与子公司股东权益进行抵销。

借：股本　　10 000 000
　　资本公积　　6 000 000
　　留存收益　　4 000 000
　　商誉　　2 000 000
　贷：长期股权投资　　18 000 000
　　　少数股东权益　　4 000 000

②抵销回购的库存股。

借：少数股东权益　　600 000
　贷：库存股　　600 000

③调整少数股东权益。

由于按照低于每股账面价值的金额回购股份，相当于牺牲少数股东权益来增加母公司的股东权益，母公司的权益增加了16.6万元（1 616.6−1 600），因此编制合并财务报表时，编制下列调整分录：

借：少数股东权益　　166 000
　贷：资本公积（P公司）　　166 000

期末少数股东权益为323.4万元（400−60−16.6），等于S公司可辨认净资产公允价值1 940万元的16.67%。

由此可见，交易越复杂，利用成本法直接编制合并财务报表的优势越明显，这也是2014年修订的《企业会计准则第33号——合并财务报表》取消按权益法调整之后才能进行合并财务报表编制的主要原因。综上所述，母公司持股比例发生变动时的合并财务报表编制存在以下三个要点：

首先，利用成本法编制合并财务报表时，购买日或合并日对长期股权投资与子公司股东权益的抵销是“以不变应万变”的分录，在不同权益性交易下都需进行该分录的编制，并且在连续编制合并财务报表时也只需简单“复制”即可。

其次，子公司盈利、亏损、分配股利、所有者权益发生变动等事项都会对少数股东权益的变动产生影响，只要正确计算期末少数股东权益的金额，就可以保证合并财务报表编制的正确性。

最后，需要秉承权益性交易不得确认损益的原则，将母公司和少数股东之间的权益转化为调整母公司的所有者权益项目。

10.7　“不调一抵”的思路——对下推会计的探讨

10.7.1　合并财务报表编制的路径选择

母公司在编制合并财务报表时，其实有三种路径选择：

第一种是“两调一抵”法，即在工作底稿中将子公司的账面价值调整为购买日的公允价值（同一控制下不需要该调整）；将母公司的长期股权投资由成本法调整为权益法；抵销母子公司内部的交易和事项。本教材第9章都是按照该方法编制合并财务报表的。

第二种是“一调一抵”法，即只需对子公司调整和对母子公司抵销，无须将母公司的长期股权投资进行调整，按照成本法直接编制合并财务报表。本章前5节都是按照该方法进行特殊业务的合并财务报表编制。

不论选择两种路径中的哪一种，母公司都需要在工作底稿中将子公司的账面价值调整为购买日的公允价值，而且以后连续编制合并财务报表时都需要进行这样的调整工作。为了进一步简化合并财务报表的编制，合并财务报表的编制还有第三种路径选择，即“不调一抵”法，也就是下推会计推行的理念。

下推会计，最早是在美国开始应用的，是指在合并日对被并购子公司的资产和负债在其账簿中进行价值重估的一种方法。由于该方法下母公司不必在工作底稿中对子公司的账面价值进行调整，将工作“下推”至子公司，母公司只需编制简单的抵销分录即可，可极大地简化合并财务报表的编制工作。

10.7.2　下推会计的例证

【例10-23】20×2年1月1日，P公司在公开市场上以3 960万元购买S公司90%的股份，当天S公司资料见表10-12。20×2年S公司实现净利润380万元，分配股利200万元。

重估价准备是股东权益的组成部分，它由三部分构成，即商誉、子公司可辨认净资产的重估价增值，以及购买日子公司留存收益的结转。表10-12中的重估价准备2 000万元尚不包括留存收益的结转。将留存收益结转是下推会计的一个显著特征，这也符合新起点法（fresh-start method）的特质，即除了要改变子公司的计量基础，将子公司的账面价值调整为公允价值以外，还要把原有的留存收益全部清空，使得以后年度的财务报表中仅仅包括购买日后新实现的留存收益，从而与购买日之前进行明确的区分。

表10-12　**S公司资产负债表（简表）**　单位：万元

项目	账面价值	公允价值	公允价值与账面价值差额
货币资金	100	100	0
应收账款	600	700	100
存货	800	1 000	200
固定资产	1 200	1 600	400
其他资产	200	200	0
商誉			1 300*
资产合计	2 900		2 000
负债	500	500	0
股本	2 000		
留存收益	400		
重估价准备			2 000
权益合计	2 900		2 000

注：*=S公司的整体价值-S公司账面净资产-下推给S公司资产和负债的公允价值

=3 960÷0.9-2 400-（100+200+400）=1 300（万元）

（1）20×2年1月1日，S公司按资产与负债的公允价值进行调账并确认商誉：

借：应收账款　1 000 000

　　存货　2 000 000

　　固定资产　4 000 000

　　商誉　13 000 000

　贷：重估价准备　20 000 000

（2）20×2年1月1日，S公司将留存收益结转：

借：留存收益　4 000 000

　贷：重估价准备　4 000 000

（3）20×2年1月1日，P公司编制购买日的抵销分录：

借：股本　20 000 000

　　重估价准备　24 000 000

　贷：长期股权投资　39 600 000

　　　少数股东权益　4 400 000（（20 000 000+24 000 000）×10%）

（4）20×2年12月31日，P公司编制的抵销分录：

①按照购买日S公司的股东权益与P公司的长期股权投资进行抵销。

借：股本　20 000 000

　　重估价准备　24 000 000

贷：长期股权投资　　　　39 600 000

　　少数股东权益　　　　4 400 000

②抵销P公司的投资收益与S公司的利润分配。

借：投资收益　　　　1 800 000

　贷：对股东的分配　　　　1 800 000

③确认S公司净利润中归属于少数股东的部分。

借：少数股东损益　　　　380 000（3 800 000×10%）

　贷：对股东的分配　　　　200 000（2 000 000×10%）

　　少数股东权益　　　　180 000

通过抵销确认的少数股东权益为458万元（440+18）。它也等于20×2年12月31日S公司个别报表中股东权益的10%，年末S公司的股东权益=股本2 000万元+重估价准备2 400万元+留存收益180万元（380-200）=4 580（万元）。

通过上例可以清楚地看出，由于P公司将公允价值的调整下推给了S公司，因此在购买日的抵销分录只有简单的一笔，即分录（3）。而在购买日后连续编制合并财务报表时，也仅仅需要将购买日的分录简单“复制”即可，即分录（4）中的①。而分录（4）中的②和③则是按照成本法直接编制合并财务报表时的既定分录。总之，母公司在采用下推会计时，如果结合采用成本法直接编制合并财务报表，可以轻松实现“不调一抵”的效果，从而大大简化合并财务报表的编制工作。

10.7.3　对下推会计的相关思考

1）使用下推会计的门槛

美国证券交易委员会（SEC）多年来一直支持采用该方法，最早将下推会计的门槛限定在97%以上，也就是只有当母公司购买子公司97%以上的股份时才允许使用，同时要剔除子公司发行在外的债务和优先股对母公司施加控制作用的影响。后来又放宽了条件，即根据ASC（会计准则汇编）805-50-S99-2的规定，当收购多于95%的公司股份时，应当采用下推会计；当收购80%～95%的公司股份时，允许但不强制使用下推会计；当收购不足80%的股份时，则不允许使用下推会计。

我国目前的准则体系中尽管没有明确出现下推会计的条款，但其实早在1998年财政部颁布的财会字〔1998〕16号中，就透露出了下推会计的意味。当时的规定为：“公司购买其他企业的全部股权时，被购买企业保留法人资格的，被购买企业应当按照评估确认的价值调账。”从2007年起，我国每年的注册会计师统一辅导教材——《会计》“企业合并”一章中都有这样一句表述：“非同一控制下的企业合并中，被购买方在企业合并后仍持续经营的，如购买方取得被购买方100%的股权，被购买方可以按合并中确定的有关资产、负债的公允价值调账。”这表明我国将下推会计的门槛界定为最高的100%。

2）公允价值的运用

支持采用下推会计的观点除了认为它能简化合并财务报表的编制外，另外一个主要的原因是：在整个企业合并中，来源于讨价还价交易中的公允价值是最客观的成本，最能反映出被购买企业资产与负债的真实价值，以此为契机调整子公司的账簿记录，改变原有的历史成本计量基础，可使提供的信息更加相关。但是企业合并中的讨价还价得到的就一定是真正的公允价值吗?

2011年10月，惠普公司花费110亿美元收购英国Autonomy公司87%的股权，仅仅一年之后惠普就宣称由于受到了Autonomy公司虚增收入、隐匿销售成本、人为调高毛利率等错弊的误导和欺诈，需对Autonomy的估值进行88亿美元的资产减记。对于该公司历史上金额第二大的一次收购，惠普事先也曾咨询过15家不同的金融、法律和会计公司，其中包括德勤会计公司，然而没有任何一家公司对Autonomy会计欺诈提出警告。经过了讨价还价以及市场评估的110亿美元的“公允价值”现在看来简直是一个笑柄。

不仅如此，鉴于历史上也曾经多次发生过欺诈丑闻，容易歪曲所谓的公允“成本”，因此和SEC积极的态度不同，FASB和IASB一直对下推会计持消极态度，GAAP长期以来不鼓励应用下推会计，在国际财务报告准则中下推会计也难觅踪影。

3）商誉的确认和计量

通过上面的例题可以看出，在使用下推会计时，子公司将公司市场价值超过账面净资产的价值，在分配给可辨认资产和负债后剩余的部分作为商誉登记入册。仅仅根据发生了企业合并这样一个交易事项，就将会计上多年来的禁区打破，即“自创商誉在任何状态下都不能被确认”。这样的做法是否符合稳健性原则？另外，S公司1 300万元商誉的计算遵循的是实体观理论，这也是目前IFRS推崇的一种理论。但是该商誉的计算具有明显的推理性质，S公司的整体价值4 400万元是根据P公司支付的对价3 960万元与取得的90%股份比例推导出来的，并不是公司真正的价值。因为P公司支付的价款中除了取得的90%的股份外，还包括为了取得控制地位而支付的“溢价”。而少数股东是不需要支付该部分“溢价”的，也就是说，少数股东根本不需要支付4 400万元的10%就可以取得该少数股份，因此商誉的计量本身含有水分。

综上所述，利用下推会计在编制合并财务报表时着实可以简化合并财务报表的编制工作，但是由于它的应用范围过于苛刻，加之不能回避的公允价值是否真正公允，将自创商誉贸然入账是否过于激进，以及自创商誉的计量是否稳健等缺陷，因此下推会计“看上去很美”，但距离广泛推广和应用还比较遥远。

本章小结与思维导图

本章主要论述了借助成本法直接编制合并财务报表对特殊业务的处理。

采用成本法直接编制合并财务报表时，不需要将母公司的长期股权投资进行权益法的调整，只要正确确定少数股东权益的金额，就可以正确编制合并财务报表。

企业集团内部涉及的公募方式发行债券时的抵销，需要在合并财务报表中确认债券的推定赎回利得或损失，并在连续编制合并财务报表时，结合债券发行方的股权结构，相应转换为母公司的年初未分配利润和少数股东权益。

母公司间接控制子公司时，需要区分“母-子-孙”结构和“母-子-子”两种结构，对于后一种结构要结合长期股权投资的类型进行不同的抵销处理。

交叉持股的合并抵销处理需要区分子公司对母公司的交叉持股和子公司之间的交叉持股两种情况，同时还要进一步细分持有的股份作为“长期股权投资”和“其他权益工具投资”两种情况进行抵销。

对涉及优先股业务的抵销，需区分优先股为权益工具和债务工具两种情况，进行不同的抵销处理。

在保证母公司对子公司控制的前提下，六类业务会使母公司持股比例发生变动，六类业务都是权益性交易，应按照权益性交易的特点进行相应的会计处理。

重估价准备是下推会计股东权益的组成部分。它由三部分构成，即商誉、子公司可辨认净资产的重估价增值，以及购买日子公司留存收益的结转。

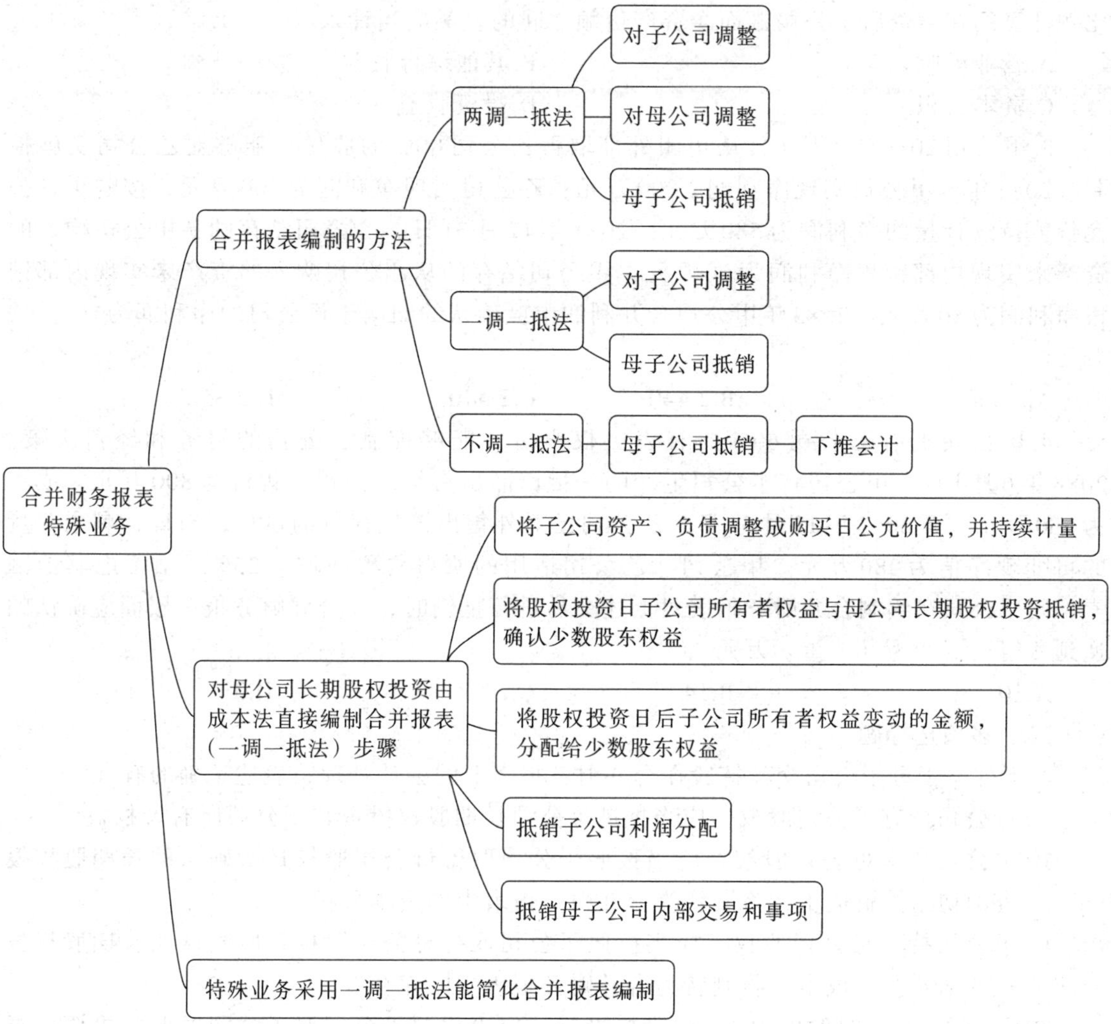

章末习题

一、单项选择题

1.A公司20×2年1月1日以100万元取得B公司60%的股权，能够对B公司实施控制，购买日B公司可辨认净资产公允价值为180万元；20×3年1月1日，A公司以银行存款15

万元取得原少数股东持有的B公司5%的股权。当日B公司可辨认净资产公允价值为200万元，B公司自购买日开始持续计算的可辨认净资产公允价值为220万元，购买日A公司资本公积的余额为10万元，A公司和B公司无关联方关系。20×3年1月1日合并财务报表应确认的资本公积为（　）万元。

A.4　　B.-4　　C.5　　D.-5

2.子公司的少数股东对子公司进行增资，导致母公司股权稀释，母公司应当按照增资前的股权比例计算其在增资前子公司账面净资产中的份额，该份额与增资后按母公司持股比例计算的在增资后子公司账面净资产份额之间的差额应当计入（　）。

A.营业外收入　　B.其他综合收益

C.资本公积　　D.投资收益

3.甲公司20×3年1月1日从集团外部取得乙公司80%的股份，能够对乙公司实施控制。20×3年，甲公司实现净利润2 000万元；乙公司实现净利润为600万元，按购买日公允价值持续计量的净利润为580万元。20×3年12月31日，乙公司结存的从甲公司购入的资产未实现内部销售净利润为60万元，甲公司结存的从乙公司购入的资产未实现内部销售净利润为80万元。20×3年甲公司合并利润中应确认的归属于母公司的净利润为（　）万元。

A.2 600　　B.2 440　　C.2 340　　D.2 352

4.甲公司拥有乙公司60%的有表决权股份，能够控制乙公司的财务和经营决策。20×3年6月1日，甲公司将本公司生产的一批产品出售给乙公司，售价为800万元，成本为560万元。至20×3年12月31日，乙公司已对外售出该批存货的60%，当日，剩余存货的可变现净值为280万元。甲公司、乙公司适用的所得税税率均为25%。不考虑其他因素，则甲公司在编制合并财务报表对上述交易进行抵销时，在合并财务报表层面应确认的递延所得税资产为（　）万元。

A.10　　B.14　　C.24　　D.0

二、多项选择题

1.下列关于母子公司交叉持股在合并财务报表上的会计处理，表述正确的有（　）。

A.母公司持有子公司股权，应当抵销母公司长期股权投资和子公司所有者权益

B.子公司持有母公司股权，应当按照子公司取得母公司股权日所确认的长期股权投资的初始投资成本，将其转为合并财务报表中的资本公积

C.子公司持有母公司股权，应当按照子公司取得母公司股权日所确认的长期股权投资的初始投资成本，将其转为合并财务报表中的库存股

D.子公司相互之间持有的长期股权投资，应当比照母公司对子公司的股权投资的抵销方法，将长期股权投资与其对应的子公司所有者权益中所享有的份额相互抵销

2.下列说法中正确的有（　）。

A.在子公司为全资子公司的情况下，母公司对子公司长期股权投资的金额和子公司所有者权益各项目的金额应当全额抵销

B.在子公司为非全资子公司的情况下，应当将母公司对子公司长期股权投资和少数股东权益的金额与子公司所有者权益相抵销

C. 同一控制下的企业合并，不会产生新的商誉

D. 子公司所有者权益中不属于母公司的份额，即子公司所有者权益中抵销母公司所享有的份额后的余额，在合并财务报表中作为资本公积处理

3. 下列关于一次处置子公司部分股权的表述中正确的有（　　）。

A. 处置子公司部分股权不丧失控制权的，个别财务报表和合并财务报表均不确认损益

B. 处置子公司部分股权不丧失控制权的，处置日不减少合并财务报表商誉金额

C. 处置子公司部分股权丧失控制权的，个别财务报表和合并财务报表均确认损益

D. 处置子公司部分股权丧失控制权的，处置日不减少合并财务报表商誉金额

4. 甲公司于20×2年12月31日取得乙公司60%的有表决权股份，能够对乙公司实施控制，形成合并商誉100万元，甲公司和乙公司无关联方关系。下列各项中不会引起合并财务报表商誉金额发生变化的有（　　）。

A.20×3年12月31日购买乙公司40%有表决权股份，使其成为甲公司全资子公司

B.20×3年12月31日购买乙公司5%有表决权股份

C.20×3年12月31日处置乙公司20%有表决权股份，丧失控制权

D.20×3年12月31日处置乙公司5%有表决权股份，不丧失控制权

三、思考题

1. 如何利用成本法直接编制合并财务报表？

2. 影响少数股东权益的事项有哪些？

3. 推定赎回利得或损失可以归属于哪个企业承担？

4. 存在交叉持股的情况下，如何编制合并财务报表？

5. 如何对优先股进行合并抵销？

6. 在母公司控制地位不变的情况下，哪些交易能影响母公司的持股比例？

7. 什么是下推会计？下推会计的应用前景如何？

第10章习题答案

主要参考文献

［1］刘永泽，傅荣．高级财务会计［M］．7版．大连：东北财经大学出版社，2021.

［2］周华．高级财务会计［M］．3版．北京：中国人民大学出版社，2019.

［3］戴德明，林钢，赵西卜．财务会计学［M］．11版．北京：中国人民大学出版社，2018.

［4］李秀莲．高级财务会计［M］．北京：清华大学出版社，2015.

［5］牛运盈．所得税会计精讲［M］．北京：中国纺织出版社，2015.

［6］中国注册会计师协会．2022年度注册会计师全国统一考试辅导教材——会计［M］．北京：中国财政经济出版社，2022.

［7］财政部会计资格评价中心．中级会计实务［M］．北京：经济科学出版社，2022.

［8］企业会计准则编审委员会．企业会计准则案例讲解（2022年版）［M］．上海：立信会计出版社，2022.

［9］中华人民共和国财政部．企业会计准则应用指南（2021年版）［M］．上海：立信会计出版社，2021.

［10］瑞华会计师事务所（特殊普通合伙）技术与信息部．计学撮要（2018）［M］．上海：立信会计出版社，2018.

［11］郭建华．会计应试指南：上下册［M］．北京：中国商业出版社，2022.

［12］李莉．存货跌价准备在合并抵销时的会计处理［J］．财会月刊，2005（10）．

［13］王赵亮．权益结合法在我国的今生后世［J］．会计之友，2007（3）．

［14］党红．国际会计准则关于企业合并会计的最新进展［J］．会计之友，2008（11）．

［15］张维宾，郑先弘，应华羚．权益性交易的界定及其会计问题——主体观在权益性交易会计中的运用［J］．财务与会计，2009（7）．

［16］牛延庆．企业合并中会计核算与税务处理的差异探析［J］．财务与审计，2009（10）．

［17］张艳萍．从ST雅砻重组并购看反向购买的会计处理方法［J］．财会通讯，2010（25）．

［18］张丽梅，张志凤．采用成本法编制合并财务报表［J］．会计之友，2011（5）．

[19] 李莉. 成本法直接编制合并财务报表探讨 [J]. 财会通讯, 2012 (34).

[20] 李莉. "其他资本公积"与"其他综合收益"辨析 [J]. 财会月刊, 2013 (1).

[21] 李莉. "三个一"法在所得税会计教学中的运用探索 [J]. 商业会计, 2013 (1).

[22] 李莉. 权益法顺逆流交易抵销探讨 [J]. 财会通讯, 2013 (1).

[23] 林钢. 交叉持股投资收益确认问题的探讨 [J]. 财务与会计, 2013 (6).

[24] 李莉. 少数股东权益之我见 [J]. 会计之友, 2013 (23).

[25] 降艳琴, 刘洪锋, 任伟峰. 同一控制下企业合并的递延所得税确认 [J]. 财会月刊, 2014 (5).

[26] 高丽华. 上市公司债务重组典型案例 [J]. 财会月刊, 2014 (11).

[27] 李莉. 顺流、逆流和平流交易在合并报表中的抵销 [J]. 财会月刊, 2015 (1).

[28] 李莉. 合并报表编制中交叉持股账务处理探析 [J]. 财会通讯, 2015 (10).

[29] 李莉. 企业集团内部债券业务的合并抵销处理 [J]. 商业会计, 2015 (14).

[30] 李莉. 优先股合并抵销处理管见 [J]. 财会月刊, 2015 (22).

[31] 李莉. 股权投资比例变化时的会计处理浅析 [J]. 商业会计, 2015 (15).

[32] 张晶, 李莉. 所得税税率变化对递延所得税的影响探讨 [J]. 商业会计, 2015 (20).

[33] 李莉. 母公司持股比例变化对合并报表编制影响分析 [J]. 财会通讯, 2015 (31).

[34] 李莉. 合并财务报表中递延所得税探讨 [J]. 财会通讯, 2016 (1).

[35] 李莉. 复杂股权结构下合并财务报表编制探讨 [J]. 财会通讯, 2016 (19).